何怀宏学术作品集

选举社会

何怀宏 著

秦汉至晚清
社会形态研究

北京大学出版社
PEKING UNIVERSITY PRESS

图书在版编目（CIP）数据

选举社会：秦汉至晚清社会形态研究/何怀宏著. —北京：北京大学出版社，2017.10
ISBN 978-7-301-28695-1

Ⅰ.①选… Ⅱ.①何… Ⅲ.①社会形态—研究—中国—秦汉时代—清后期 Ⅳ.①K230.7

中国版本图书馆CIP数据核字（2017）第214954号

书　　名	选举社会：秦汉至晚清社会形态研究 XUANJU SHEHUI: QINHAN ZHI WANQING SHEHUI XINGTAI YANJIU
著作责任者	何怀宏　著
责任编辑	邹　震　于海冰
标准书号	ISBN 978-7-301-28695-1
出版发行	北京大学出版社
地　　址	北京市海淀区成府路205号　100871
网　　址	http://www.pup.cn 新浪微博：@北京大学出版社
电子信箱	pkuwsz@126.com
电　　话	邮购部 62752015　发行部 62750672　编辑部 62750883
印刷者	三河市腾飞印务有限公司
经销者	新华书店
	660毫米×960毫米　16开本　29.25印张　368千字 2017年10月第1版　2017年10月第1次印刷
定　　价	79.00元

未经许可，不得以任何方式复制或抄袭本书之部分或全部内容。
版权所有，侵权必究
举报电话：010-62752024 电子信箱：fd@pup.pku.edu.cn
图书如有印装质量问题，请与出版部联系，电话：010-62756370

序　言

　　《世袭社会》与《选举社会》两书是为一连贯的研究，所以，我把我写这两本书的简略回顾和要表达的感谢一并放在这里。

　　我对中国历史的浓厚兴趣或可说是肇始于1974年的"批林批孔"运动，那是1966至1976年的"文化大革命"这一"大运动"中所套的一个"小运动"，其实从规模上说倒也不小，照例是全国上下轰轰烈烈的全民动员。那时我在军队当兵，被调到了理论组，要完成宣讲"评法批儒"的任务，有了一些读书的时间和书的来源，就开始比较系统地阅读《论语》、《史记》等古籍。此前像我这样20世纪50年代出生的人大致都是属于"文化断代"的一代，而我却是从将孔子及以其为标志的中国历史文化作为"反面教员"的运动中开始直接阅读古代原典的。其时报纸上充满了像《柳下跖痛骂孔老二》这样的批判文章，连小学生也被动员起来在群众大会上用"孔老二要复礼，林彪要复辟"一类话语发言批判。我不敢说我当时对这场政治运动的性质就有多深的怀疑，但日后是慢慢地认识到了：这类将孔子陪绑的政治批判话语并不代表历史的真实，如果有可能，我还应该努力去探寻历史的真相。

到 20 世纪 80 年代，中国实行改革开放，学界乃至一般文化界开始几乎是一致地引领向西。而我想，我在这期间所接触到的一些西方思想家，尤其是罗尔斯、韦伯、托克维尔等，对我后来探讨中国社会历史的视角、方法和概念还是很有影响的。他们对社会结构和制度的重视，对主要社会资源的分配与社会分层结构关系的阐释，对分配正义、平等及其作为现代性标志的意义的分析，对我后来解释中国社会历史的演变启发良多。

但是，要写有关中国历史的书，最好还是要自己"亲历"历史。在1989 年之后到小平南巡的三年里，知识界经历了一个大洗牌的过程：有些人出去了，更多的人留下来，而留下的又有一些人下海了。还在埋头读书的人也是各有所志，各有所获。而我在那三年多里，则是几乎完全沉浸到中国的古代典籍中去了。

那几年的阅读有两个和我以前读书相当不同的特点：一是相当的非目的性，不仅没有其他的目的，甚至也没有学术研究的计划。或者说，我是抱着要获得作为一个中国知识者所应具有的文化修养的愿望来读这些书的，是要满足我探究古人心灵及制度的渴望。所以，这一段时间的历史阅读读得相当从容，也相当投入。二是严格的时间次序。我是"顺读"而非"逆读"，"广读"而非"窄读"，相当严格地按照历史顺序读过来，且不分科：文史哲不分、或者说经史子集不分。这样，或就避免了"逆读"容易导致的只是透过近现代（往往是西方）的眼镜来看待中国漫长而独特的历史的偏颇；也不易患"窄读"容易造成的只是张扬传统的某一方面——比如仅仅重视思想或理想化的思想——的"褊狭症"。我其实更关心制度，尤其是作为社会结构的制度，当然，也希望不偏废思想理念。我也比想获得历史的知识更想获得一种恰如其分的历史的位置感和分寸感。

尽管当时的阅读不带任何具体和直接的学术目的，但作为一个学者，这样一种长期集中投入的阅读日后大概总是会有一种学术产出的"发酵"的，只是我没想到后来是在西方而非本土"发酵"。我在1993年夏完成有关传统良知的社会转化的《良心论》一书之后，本来打算接着做的是一种对传统正义理论和观念进行现代引申和阐释的工作，但自我1993年秋到哈佛大学访学之后，由于较多地接触到国外的社会理论与文化研究，也能读到一些当时在国内还接触不到的中国历史的研究著作，我开始考虑对社会正义的研究工作换一种作法，即先不取一种哲学伦理学的作法，而取一种历史社会学或社会理论的做法，亦即首先考察古代中国在社会基本制度及结构的层面上，历史正义究竟实际地展现为何种正义。

当然，这一工作的意义和范围又必然还要超越于此，它不会仅仅只是一种道德理论或政治哲学的工作，由于对流行的解释中国社会历史发展的"五阶段论"固定模式早已感觉到的不满意（这种不满意我想显然不只是我个人的），我也想借此提出一种新的比较连贯的对于中国社会历史形态的解释。这样，按照我在《良心论》"跋"中对学术著作的分类，这两本书就与《良心论》不同，不是属于第二类，而大致是属于第三类了：即一种虽然依据了某些思想观念，但其主旨是想说明其对象的真实历史的著作。所以，它们于我在方法上也是一个新的尝试，读者一定可以感觉到这两本书与《良心论》在学术风格上的明显不同，本来我想仿《良心论》的"跋"，在方法上也对读者有所交代，但限于心力，大概只能付之阙如了。

我想在此表达在我酝酿和写作这两本书过程中给过我各种帮助的人们的感谢之情。我不打算在此追溯得太远，而就从我决定要进行这一研究的海外访学时期开始。我首先要感谢当时在普林斯顿的苏炜等朋友，他们对我最初实地接触和认识美国社会提供了帮助和方便，另外，在访美的近一年时光里，数次和余英时先生的见面和交谈使我受益匪浅，尤其有两次是到他家拜访，使我感受到一种史学的氛围和睿智，并承蒙他惠赠著作数种。我的这两本书可以说从他及其老师钱穆先生的著述中获得了一种最初的思想学术的契机。

我在1993至1994年逗留哈佛期间，哈佛大学的杜维明先生作为我的东道主，我从参加他主持的儒学讨论会和交谈中，得到不少教益，他提供的不计短期功效的资助，其泽也惠及我回国之后，帮助改善了我的工作和研究条件。我还要感谢时正在哈佛读博士的於兴中兄，他与我的多次长谈使我相当受益。回国后一年，应刘梦溪先生多次热情诚邀，我终于如愿调入他主持的中国文化研究所，并迁居到了颐和园边一个乡村的小四合院，这一变迁使我获得了宝贵的专心致志进行研究的条件和心仪已久的生活环境，否则，我想，我是难以胜任在三年多的时间里写完这两本书这一相当繁重的工作的。

本书的一部分研究还得到过《中国社会科学季刊》学术基金的资助；阎步克兄在看过《世袭社会及其解体》一书后，提出了认真而富于启发性的书面意见；我的这一研究还曾于1997年春在中国文化研究所的一次学术讨论会上专门做过介绍，得到了刘梦溪、梁治平等同仁的批评指教；又其中部分内容曾在《战略与管理》、《东方》(北京)、《中国社会科学季刊》(香港)、《二十一世纪》(香港)等杂志发表，得到了一些学者的支持和关注，尤其是刘青峰和金观涛教授。另外，我还怀念和感谢季羡林先生以八五高龄不辞辛劳地接连为《三联·哈佛燕京学术丛书》审读这两部书的书稿，我后来读到封底所载他写的意见，深为其奖掖和鼓励感动。当年先生身体还相当健朗，如今却已驾鹤西归，在此谨祝先生在天安宁。最后我还要感谢初版的三联书店责编、也是我的老朋友的许医农女士，以及这次出修订本的北京大学出版社的新知高秀芹与于海冰为这两本书付出的辛勤劳动。

这次的修订本除了在通读两书时随手增补、删削和改正之外，还增加了一些附录，并更改了书名。《世袭社会及其解体——中国历史上的春秋时代》，原由三联书店 1996 年出版，现将书名易为"世袭社会——西周至春秋社会形态研究"，并增加了一篇较长的附录：《权与名——对六朝士族社会的一个初步观察》，这样或可使我对中国社会的历史观察和描述更趋连贯与完整。《选举社会及其终结——秦汉至晚清历史的一种社会学阐释》原由三联书店 1998 年出版，这次更名为"选举社会——秦汉至晚清社会形态研究"，并增加了三篇附录：《中国的儒学与太学》、《1905：终结的一年》和《不仅是科举，不仅是教育制度》。总之，我希望这次增加和修订的内容能够补充以前的一些缺失，这两本书新的题名也能比以前更为简明扼要（最后的"解体"或"终结"本就是任何一种社会形态的题中应有之义，故索性略去），同时也更为准确地概括全书的内容和主旨。我还希望本书的读者能够继续不吝指正，共同促进对于中国社会历史的探讨。

何怀宏

2010 年 5 月 12 日于褐石园

目 录

序 言 I

导论 "选举社会"的概念 001

  "中国古代的选举"与"现代选举" 002

  古代中国人的社会历史观 004

  现代"封建社会"的解释模式 013

  "官僚帝国社会"的解释模式 016

  一个新的观察角度 021

  "选举社会"的概念如何能够成立？ 030

第一编 趋 向

第一章 平等与现代性 043

  中国历史上的"现代"因素问题 043

  平等作为"现代"的基本特征 046

  什么样的平等？ 054

第二章 中国古代对平等的诉求 063

  平等的思想资源 063

  对平等的暴力诉求 071

第三章 中国古代选举制度的发展 075

  走向制度化的选举 075

  从推荐到考试 082

  考试制度的完备 086

第四章 古代选举是否体现了一种"平等精神"? 090

  怀疑的意见 090

  是否所有人都能参加考试? 093

  是否一切以程文为去留? 100

  是否还有实质性的机会平等? 107

第五章 古代选举带来的社会变化 113

  统治阶层社会成分的变化 113

  还是等级社会,还是少数统治 122

第二编 标 准

引 言 问题与资料 129

第一章 经 义 141

  历代考试内容的演变 141

  经义应试文的产生 145

  四书首要地位的确定 153

第二章　八　股......158

　　　　　八股的形成......158

　　　　　基本范式......167

　　　　　考八股究竟在考什么......189

第三章　考　生......195

　　　　　读　书......195

　　　　　学　文......199

　　　　　应　试......204

第四章　考　官......208

　　　　　资　格......208

　　　　　出　题......211

　　　　　衡文标准......212

　　　　　衡文过程......215

第五章　中　卷......217

　　　　　童试卷......217

　　　　　乡试卷......220

　　　　　会试卷......229

第六章　落　卷......248

　　　　　黜落种种......248

　　　　　黜落佳卷......253

　　　　　得失总评......259

第七章　昔　议 266

　　明末清初的野议 266

　　清中叶的朝议 277

　　清中叶的野议 281

第八章　今　评 288

　　今人对八股的批评 288

　　八股是否能得人？ 296

　　人才能否得八股？ 302

　　敲门砖 309

　　余　论 313

第三编　终　结

第一章　历史的困境 319

　　"科举累人"与"人累科举" 320

　　人之量累 327

　　人之质累 337

　　传统的批评与改革意见 342

第二章　衰落与改革 351

　　晚清科场的衰落 351

　　一位乡绅所见的清末世变 357

　　改革科举的意见 362

　　改革的最后尝试 371

第三章　走向终结 ……375

　　　　实力派变革科举的基本思路 ……375

　　　　从主张渐废到主张立废 ……378

　　　　废除科举后的反应 ……388

　　　　废除科举对社会变迁的影响 ……391

附　录

中国的儒学传统与太学 ……405

　　　　1. 尊崇儒学与太学的建立 ……408

　　　　2. 太学最初的发展与儒学的兴盛 ……411

　　　　3. 魏晋南北朝时期的一段曲折 ……414

　　　　4. 走向最盛期的太学（国子监）……416

　　　　5. 学校与科举的合流及国子监的衰落 ……419

　　　　6. 余　论 ……422

1905：终结的一年 ……425

　　　　古代选举制度的终结 ……427

　　　　"选举社会"的终结 ……429

　　　　传统等级社会的终结 ……431

　　　　未终结的"唯政治" ……432

　　　　新的开端？……434

不仅是科举，不仅是教育制度 ……436

索　引 ……440

Contents

Preface I

Introduction: The Concept of "Selection Society" 001

    The Distinction between "Selection System in Ancient China" and the "Elections System" in Modern Society 002

The Perspectives of Society and History in Ancient China 004

The Explanatory Model of the "Feudal Society" 013

The Explanatory Model of the "Bureaucratic ImperialSociety" 016

A New Perspective 021

How is the Concept of "Selection Society" Possible? 030

PART 1 Tendency

Chapter 1 Equality and Modernity 043

The Elements of Modernity in Chinese History 043

Equality as a Basic Character of "Modernity" 046

What Kind of Equality? 054

Chapter 2 The Appealing to Equality in Ancient China 063
The Thought Resources of Equality 063
The Violent Appealing to Equality 071

Chapter 3 The Development of Selection System in Ancient China 075
Towards an Institutionalized Selection 075
　From Chaju (Recommendation-based Selection) to Keju (Examination-based Selection) 082
The Perfectionalization of Examination System 086

Chapter 4 Whether Selection System Expressed a Kind of "The Principles of Human Equality"? 090
Some Skeptical Views 090
Whether Everyone Could Take Part in Examination? 093
Whether Admission Totally Dependson Examination Result? 100
Whether There Was a Substantive Equal Opportunities? 107

Chapter 5 The Change of Social Structure Due to Selection 113
The Change of Social Component of the Ruling Class 113
Remaining Hierarchical Society, Remaining Minority Rule 122

PART 2 Standards
Introduction Questions and Material 129

Chapter 1 Jingyi (the Contents of Examination) 141
The Development of Examination Contents 141

The Emergence of Jingyi 145

The Establishment of the Primary Position of the Four Books 153

Chapter 2 Bagu (the Form of Examination) 158

The Formation of the Bagu 158

The Basic Model 167

What Bagu Actually Examined? 189

Chapter 3 Examinee 195

Reading 195

Writing 199

Examination 204

Chapter 4 Examiner 208

Qualifications 208

Drafting Examination Questions 211

The Standards 212

The Process 215

Chapter 5 The Selected Papers 217

The Elementary Examination 217

The Intermediate Examination 220

The High-level Examination 229

Chapter 6 The Papers not Selected 248

The Various Losses 248

The Good Papers that Were not selected 253

The General Evaluation of Success and Failure 259

Chapter 7 Historical Disputes 266

The Nongovernmental Disputes from the Late-Ming to the Early-Qing Period 266

The Governmental Disputes in the Middle-Qing Period 277

The Nongovernmental Disputes in the Middle-Qing Period 281

Chapter 8 Contemporary Evaluations 288

The Criticism of Bagu 288

Whether Bagu Could Select Talents? 296

Whether Talents Could Pass Bagu? 302

A Stepping Stone to Prosperity 309

Some Remarks 313

PART 3 End

Chapter 1 Historical Predicament 319

"Keju Encumbers Men" and "Keju Encumbered Men" 320

The Encumbrance of Quantity of Men 327

The Encumbrance of Quality of Men 337

Traditional Criticism and Proposals of Reformation 342

Chapter 2 Decline and Reformation 351

The Decline of Keju in Late-Qing Period 351

The Social Changes of Late-Qing Period in the Eyes of a Local Gentleman 357

The Thought of Reformation of Keju 362

The Last Practice of Reformation of Keju 371

Chapter 3   Towards End 375

The Basic Ideas of the Reformation of Keju 375

Proposal of Gradual Abolishment to Immediate Abolishment 378

The Reaction to Abolishing Keju......388

The Influence of Abolishing Keju on Social Transformation 391

Appendices

Chinese Confucianism and Taixue 405

1905: the Year of the End 425

Not only Keju, nor Education System 436

Index 440

导论　"选举社会"的概念

我在本书中尝试性地提出了一个"选举社会"（selection society）的基本概念，这个概念是其狭义，或是指古代文献认为在三代就已存在的"乡举里选"，或是指从西汉起已确定的形成制度的察举（荐选），[1] 这种狭义的"选举"常提出来与后来的"科举"（考选）相对而言，如元代陈祐"三本"言："今之议者互有异同，或以选举为尽美而贱科第，或以科第为至公而轻选举。"[2] 但如果要概括自察举到科举的全部历史，叙述古代选拔人才入仕的全部内容，则古人常用"选举"一词来做此概括，这就是自唐代以来历代正史的"选举志"，以及《通典》中的"选举典"，《通志》中的"选举略"，《文献通考》中的"选举考"，以及《十通》后续作者所取的用法。[3] 而我现在所使用的"选举"，也正是这样一种本来意义上的用法，即不仅包括古代选举前期的"荐选"（"察举"），也包括后期的"考选"（"科举"）。

---

[1]　汉人以为此是仿三代的"乡举里选"而行。
[2]　《渊鉴类函》第六册，卷一百三十七。
[3]　《清史稿》中的"选举志"第一次既包括了"旧选举"，又包括了"新选举"的内容，其中叙述了清末议员的选举。新意义上的"选举"一词来自日文对英文"election"的意译。

"中国古代的选举"与"现代选举"

中国古代的"选举"(selection)与源自西方、现在流行的"选举"(election)虽然中文字面相同,在实质内容方面无疑是有着根本性的差别的。《布莱克维尔政治学百科全书》"election"词条的作者巴特勒指出:该词源于拉丁语动词"eligere"(意为"挑选"),虽然起源甚早,但现代含义上的、作为民主前提的自由和普遍的选举,其历史实际上只有两个世纪。选举是一种具有公认规则的程序形式,人们据此而从所有人或一些人中选择几个人或一个人担任一定职务。《选举制度》的撰稿人波格丹诺说,选举制度是一种向候选人和政党分配公职,把选票转换成席位的方法。[1] 按科特雷与埃梅里的意见,现代的选举可以被定义为由种种程序、司法的和具体的行为构成的一个整体,其主要目的是让被统治者任命统治者。[2] 又迈克尔·曼主编的《国际社会学百科全书》的"选举"词条说,选举是较大的群体为自己提供一个较小的领导群体的一种方法。[3] 我们或许可以说:现代选举是以"多"选"少",以"众"选"贤"("贤"不含褒贬义),即通过多数自下而上地来选择实施治理的少数。

现代选举(election)可以从三个方面去把握,即谁参与、做什么和怎样做。人们可以参与选举的范围在近代经历了一个不断扩大至普选的过程,财富与性别不再成为限制,而人们一般是通过投票来进行表决,选出一个或一些人来代表他们的意见或者实行对全社会的治理。现代选举主要是一种投票,比如说选举国家元首或政府首脑,理论上是所有公民参加,

---

[1] 戴维·米勒等:《布莱克维尔政治学百科全书》,邓正来译,中国政法大学出版社1992年版,第215页。

[2] 埃梅里:《选举制度》,张新木译,商务印书馆1996年版,第8页。

[3] 迈克尔·曼:《国际社会学百科全书》,袁亚愚译,四川人民出版社1989年版,第185页。

至少也是多数人参加才有效，它对几乎全部选民来说只是选举他人，但最后被选上的这个人却要成为最高决策者，竞选者提出一定的政策纲领，通过一定的组织（一般是政党）来进行宣传，来动员群众和争取选票；它是大众的，或者说"民主"的，虽说大众仍可被操纵，但至少它形式上是"民主"的。它是自下而上的选择，理论上是不应该有任何先定的、意识形态的实质内容的限制的，而是要一切以民意或者说众意、多数意见为定。它也必须容有选择对象的多种可能，使人们有选择的自由才符合"选举"的本义。选举的胜利者常常不止是一个人，而是一个集团（政党），于是胜利者的更迭是可以带来国家方针政策的某些改变的。由此可以和平地更换统治者，并为现代政府提供一种合法性的基础。

而中国古代的选举（selection）则可以说是由统治者自上而下地来选择治理者，或者说是以"贤"选"贤"，即还是通过少数来选择少数，但它又是被相当强韧地客观化和制度化了的，不以个人的意志和欲望为转移。[1] 它是一种自上而下的选择。它从理论上虽说也是几乎所有人都不被排斥在外，但实际上却总是只有很少数人参加或被选，甚至只有少数人参加，更少人被选才能顺利运作，参与者或被选者不是选他人，而实际是自己被选或自荐，最后或者是通过他人的推荐，[2] 或者是通过客观的考试而被选中。选中者自然是一批人，而非一个人，他们亦非成为最高决策者，而只是成为君主制下的官员或者获得任官资格。竞选者所依凭的主要是体现在个人自身的德行、才能、名望、族望，或者文化修养，每次的被选中者也不构成一个统一的集团而仍是一些个别的人，每次选举也不带来国家

---

[1] 比方说，它与立足于个人意志的、个别的"选接班人"完全不同。

[2] 古代推荐仍是自上而下，而非自下而上的推荐，即也是"以贤选贤"而非"以众选贤"，这是与"文革"期间推荐工农兵学员上大学很不同的地方，虽然"文革"中的推荐最后实际上还是转为要由权力机关或权势人物的幕后运作来决定，但仍有一层名义上的牵制。

政策上的改变，而只是为统治阶层输送新血。所以，它总是精英的，从形式到实质都是少数人的一种活动。它的选择标准是受到某种先定的实质内容的限制的，它也不涉及国家和政府合法性的根本基础，但它为社会提供了一种稳定的、可以合理预测的期望，对社会资源的分配、社会分层的确立以及个人地位的变迁意义至关重大。

至于"中国古代的选举"与"现代选举"的类似点以及可以有何种联系，是一个值得继续探讨的问题，但我们在此主要是从两者的区分立论。下面，我想继续察看亲历这一段生活的古代中国人的社会历史观和近代以来提出来解释这一段历史的主要解释模式，再阐述据以提出"选举社会"概念的一个新的观察角度，以及必要的理论说明和初步的史实验证。

古代中国人的社会历史观

这是一个很大的题目，使我们感兴趣，并能够在此探讨的只是这样一个比较特殊的问题，即：古代中国人是否提出了明确的社会基本结构或形态的范畴，建立了系统的社会理论来概括自己所处的社会，解释他们所亲历及传闻的历史？这一问题并不意味着他们没有自己的社会观和历史观，而是问古人有没有采取系统的方式来阐述他们的社会历史观，形成一种明确的社会理论。

对这一问题自然很难遽然作答，但如果说中国历史上确实不见如柏拉图、亚里士多德所提出的那种类型的系统社会理论，于是，随之而来的一个问题就是，如果说古人没有提出这种理论，那是一些什么样的情况使他们没有这样做？

人们可以方便地指出古代中国和现代中国境况的不同：古代中国人长期生活在一个文明程度颇高，自我感觉是"中央之国"的国度里，他们和其他精神文化和社会组织方面甚高的文明社会基本上是相互隔绝，没有发生多少联系，因而根本形不成系统的比较，更勿论缺乏比较的动机和压力，[1] 由此，我们或可指出"社会观"范畴所隐含的一个特点：即它总是意味着某种其他的类型，意味着其他的可能性（alternatives）。而在古代中国，无论是从其自身的历史，还是从其与国外的交往中，我们看到，实际上是相当缺少这种其他的可能性的。

我不欲分析造成这种情况的广泛而复杂的各种因素，而只限于指出，由此种情况形成的古代中国人的独特的社会观和历史观本身，又反过来加入和影响了这一过程，延续和巩固了这一情况，我们现在主要也就是想从这种观念本身来说明上面提出的问题：为什么古代中国人没有（尽管也许是无须，甚至是不屑于）明确地提出自己的系统社会理论来解释中国的历史发展？

在古代中国并不缺乏有关社会政治结构的功能性分析和描述（使用的当然并非今天我们所熟悉的概念），甚至也不乏有关社会起源的理论，先秦时期荀子、墨子、孟子等对此早已有精到的论述。[2] 在古代中国，纵向的历史意识极为发达，相当缺乏的主要是社会变迁和变革的理论，再加上没有一种空间的展开，没有可资比较的对象，一种横向的、比较的"社会类型"的概念自然就不容易从内部产生。

不过，我们还是可以先来注意古代中国人所使用的类似于"社会"的概念，如"群"、"世"、"天下"等等。其中"群"与"独"相对，较多地用来说明社会的起源，如荀子的"明分使群"。"世"则类似于一个历史时代下的社会概念，如《商君书·开塞》说："然则上世亲亲而爱私，中世

---

[1] 另外，中国人也是一个较少纯粹思辩兴趣的民族，很少做乌托邦的社会理论的系统思考。

[2] 有些西方学者，如与马林诺斯基齐名的布朗（Brown）曾说，社会学的老祖应当是中国的荀子。参见费孝通《文化：传承与创造》，《中国书评》第7期，1995年9月。

上贤而说仁，下世贵贵而尊官。"《韩非子·五蠹》也说："上古竞于道德，中世逐于智谋，当今争于气力。"不过，在此我们想特别注意一下"天下"这一概念。

"天下"最直接的意思是指在天之下的大地，是指"世界"，但当时的"世界"实际上还主要是指中国，因而"天下"自地域而言是中国，自人民而言是百姓，且非贵族的"百姓"，而是"编户齐民"的百姓。它常和"天子"和君主乃至和君臣相对，也就是说，意味着和政治、国家相对而言的"社会"。此一区别在顾亭林一段著名的话里表现最为明显。他说，易姓改号只是"亡国"，人无仁无义而至于率兽食人，人将相食才是"亡天下"，"保国"只是君臣、肉食者的"责任"，而保天下才是所有人的责任，亦即："保国者，其君其臣、肉食者谋之；保天下者，匹夫之贱，与有责焉耳矣。"[1] "保国"与"保天下"当然有联系，但顾氏在此强调的是国家与社会之间的区别而非联系，对两者间的联系他只提到一句"知保天下，然后知保其国"，也是强调社会对国家的重要性和优先性。[2] 古人并常上以"天"、"天命"，下以"天下"、"民"、"百姓"形成对"天子"（君主权力）的某种观念上的制约，认为天之设君并不是为天子一人，而是为天下所设，天下是天下人的天下。[3]

值得注意的是，古人所理解的"天下"是相当单纯一贯的，如董仲舒说："古之天下，亦今之天下；今之天下，亦古之天下。"[4] 而对三代及其之后，孔子说："殷因于夏礼，所损益，可知也；周因于殷礼，所损益，

---

[1] 顾炎武：《日知录》卷十三"正始"。

[2] 此意后来扭转为"国家兴亡，匹夫有责"，显是对顾氏理解有误。

[3] 如《吕氏春秋》、魏源《默觚·治篇三》："故天子自视为众人中之一人，斯视天下为天下之天下。"

[4] 《汉书·董仲舒传》。

可知也。其或继周者，虽百世，可知也。"[1] 对秦汉以后变化了的中国社会，柳宗元仍然说："继汉而帝者，虽百代可知也。"[2] 我们今天对任何一种制度及社会的未来，都不敢再有这样认为其不会大变的信心。古代中国确实有一种数千年一贯的连续性，不仅生活在这块土地上的种族基本上没有改变，[3] 其政制、思想、信仰和文化也没有如西方历史上那样大的变化转折。

这也许可以有助于解释为何古代中国人虽然也注意到了春秋战国期间那样一场社会大变动，并有"封建废而郡县行"，"封建废而选举行"[4]，"爵非世及，用贤之路斯广"[5]，"于是三代世侯世卿之遗法始荡然净尽，而成后世征辟，选举、科目、杂流之天下矣。"[6] 等种种描述，但他们并没有给春秋之前或战国之后的中国社会一个明确的社会学概括，没有提出诸如"封建社会"、"世袭社会"这样一类总体的社会类型或基本结构的概念，因为这种概括是要在某种共时性的或历时性的根本差异的对比中提出来的，而中国的情况是，在与西方遭遇之前，它所达到的外部处境还没有出现这种鲜明对比的社会类型的可能。古代中国的社会结构和文明程度高于其周边的部族（至少它自己乃至对方都这样认为），而其本身历史上发生的变动也尚不足以提出相当独立的社会类型。

除了这种外在的不可能，还有一种内在的不可能则与中国人的历史观念和时间意识有关。这种历史观念接近于是一种循环的历史观念（如果

---

[1] 《论语·为政》。
[2] 柳宗元：《封建论》，《全唐文》第六册，中华书局1987年版，第5876页。
[3] 钱穆曾喻之为中国文明是一个人（种族）连续跑，而西方文明则是换人（种族）的接力跑，中国历史上虽然不断融入种族的"新血"，但无明显的民族更换。
[4] 王夫之：《读通鉴论》第一册，中华书局1975年版，第1—2页。
[5] 李百药：《封建论》，《全唐文》第二册，中华书局1987年版，第1447页。
[6] 赵翼：《廿二史札记》，中国书店1987年版，第22页。

不说是一种希望复古的历史观的话)。严复说:"尝谓中西事理,其最不同而断乎不可合者,莫大于中之人好古而忽今,西之人力今以胜古;中之人以一治一乱、一盛一衰为天行人事之自然,西之人以日进无疆,既盛不可复衰,既治不可复乱,为学术政化之极则。"[1] 先秦时期,已有阴阳五行、"五德终始",此类循环不已的思想流行。《周易》所展示的一个变动世界亦是一个在大圆圈中无限循环往复的世界:"一阖一辟谓之变,往来不穷谓之通。"[2] 中国最有影响力的几位思想家老子、庄子、孔子、朱子都程度不同地表现出一种对以往时代的向往,表现出一种社会历史循环往复的观点。孟子说:"五百年必有王者兴。"大致五百年是一个圆圈。[3] 现实主义地主张"法后王"的荀子,在放长眼光时也仍然认为:"千岁必反,古之常也。"[4] 董仲舒认为,改朝换代是黑统、白统、赤统"三统之变"的依次循环;[5] 王充说:"文质之复,三教之重,正朔相缘,损益相因,圣贤所共知也。古之水火,今之水火也。今之声色,后世之声色也。鸟兽草木,人民好恶,从今而见古,以此而知来。千岁之前,万世之后,无以异也。"[6] 而最通俗,最为人所熟知的一种循环论大概是《三国演义》的第一句话:"话说天下大势,分久必合,合久必分。"[7]

中国的纪年法也都可以说是作为其表征,由这种循环观产生,反过来又加强着这种循环观的。无论是天干地支的纪年还是按一个王朝年号的

---

[1] 严复:《论世变之亟》,《严复集》第一册,中华书局1986年版,第1页。

[2] 《系辞上传》第十章。

[3] 《孟子·公孙丑下》。

[4] 《荀子·赋》。

[5] 董仲舒:《春秋繁露·三代改制质文》。又参见顾颉刚:《五德终始说下的政治和历史》,载《古史辨》第五册,陈俊华:《论董仲舒的循环史观》,载台湾师范大学《历史学报》第24期,1996年6月号。

[6] 王充:《论衡·实知》。

[7] 民间广泛流传的一些谚语也反映了这种历史观,如"三十年河东,三十年河西"。

纪年，都是始而复终，终而复始的，一个个逝去的王朝像一个个大圆圈，而一个个接替的皇帝像一个个小圆圈，王朝告终或皇帝死去，纪年即重新开始。它们没有如公元（亦即西元）纪年法那种以一个年份将历史截然分成两段，又不断指向未来的直线和屡加迭进的性质。而一个人记录自己生命的方法也是循环的，如记以生肖，则十二生肖周而复始，以天干地支纪年亦复如此。一个甲子六十年，差不多正好是古人一生的平均寿命，或者说，是一个人从懂事（有自我意识）到死亡的大致时段，人在这一生中要碰到数次自己的本命年。

将这一循环的历史观念和时间意识上升到更抽象的哲学层次，与自然、宇宙的运行相连，并给予了明确具体的阐述和预测的是宋儒邵雍。邵雍认为，自然的历史可以"元会运世"来计算。他根据一年十二月，一月三十日，一日十二时辰，一时辰三十分的数字来规定一元的时间及其变化：一世为三十年；一运为十二世，计三百六十年；一会为三十运，计一万零八百年，一元为十二会，计十二万九千六百年。"一元"代表自然的一次大生灭。在这一过程中，首先"天开于子"，于第一会（子会）中产生了天；其次"地辟于丑"，于第二会（丑会）中产生了地；最后"人生于寅"，于第三会（寅会）中产生了人。自此以后，发展到第六会（巳会）为唐尧盛世；发展到第七会（午会）为盛极而衰的夏商周到唐宋时期；以后到第十一会（戌会），万物将归于消灭；最后是十二会（亥会），天地也将归于消灭。这样从始到终的"一元"共计十二万九千六百年。以后自然的历史仍然按照既定的阶段、时间照样循环下去，以至于无穷。其间人类的历史还可以"皇、帝、王、霸"来划分阶段。这四个阶段的情况是：

三皇之世——"以道化民者，民亦以道归之，故尚自然。"
五帝之世——"以德教民者，民亦以德归之，故尚让。"

三王之世——"以功劝民者，民亦以功归之，故尚政。"

　　五伯之世——"以力率民者，民亦以力归之，故尚争。"[1]

邵雍又认为："所谓皇、帝、王、霸者，非独谓三皇、五帝、三王、五霸而已。但用无为则皇也，用恩信则帝也，用公正则王也，用智力则霸也。霸以下则夷狄，夷狄则是禽兽也。"[2] 按照这个标准，他判定五霸以后直到宋代的历史是：汉代是"王而不足"；晋代是"霸而有余"；隋代是"晋之子也"；唐代是"汉之弟也"；[3] 也就是说，在人类历史中，又各自有大大小小的循环，大圆圈中又套着小圆圈，人类乃至宇宙的历史，就是这样由一串串小圆圈组成的大圆圈。[4]

这种循环往复的观点与线性进步的观点之别，又不仅仅是简单的中、西之别，而且也是古、今之别，并与人们的时间意识紧密相关。前苏联历史学家古列维奇（A. J. Gurevich）指出：当人类学会了测量时间并精确地加以分割后，也就发现自己成了时间的奴隶，时间观念在现代人头脑中逐渐呈现出它的不可逆性。在古代，时间是具体的、可感的，每隔固定时间，那以前存在的又会重新出现，时间观念服从于季节性的周期变化的

---

[1]　邵雍：《观物内篇》。

[2]　邵雍：《观物外篇》。

[3]　邵雍：《观物内篇》。

[4]　尼采亦有一"永恒轮回"的思想可资比较。尼采认为：世界是按照极其漫长的时间周期，即所谓"生成的大年"，周而复始地永恒循环的；这个周期因为过于漫长而实际上无法测量，但又是完全确定的；在这个永恒循环的过程中，世上的一切，包括我们每个人以及我们一生中的每个细节，都已经并且将要无数次地按照完全相同的样子重现，绝不会有丝毫改变。参见周国平：《尼采与形而上学》，湖南教育出版社1990年版，第220页。周国平并评论说："我们必须把一切细节的绝对重复当作尼采纯粹个人的幻觉从这个理论中剔除，而仅仅观其大体。……这样，一个允许改变细节的轮回就为人的自由留出了余地，因为，从整个宇宙无限生成的眼光看，人的自由不正限于改变细节吗？"见第236页。

事实，与淳朴的农民心灵有关。许多创造了伟大的古代文明的民族都持有循环的时间意识。没有什么能比对时间的解释更清晰地表明古代文明和现代文明之间的显著差别：现代社会几乎完全受着矢量时间的支配，而时间在古人的意识中仅仅起着很小的作用。但在基督教诞生时期发生了一个重要的变化，基督教在放弃异教的循环世界观后，从《旧约》中汲取了把时间体验为一种末世论过程的观念，即热烈地期待着救世主的降临。历史时间既在量上，更是在质上被清楚地分为两个重要的时代，即基督前（公元前）和基督后（公元后）。人类的历史可以以"基督"为中心简捷地理解为"基督将要降临，基督正在降临，基督已经降临"。时间变成矢量的、线性的和不可逆的。然而，在基督教中，尽管时间是矢量的，它并未摆脱循环观念，而仅仅是对这种观念的解释发生了根本变化。真理与时间无关，也不随时间而变。更重要的变化则是从"圣经时间"向"商人时间"的转变。近代的时间观念开始永久地以一条直线从过去，经过一个称作现在的点，向未来"延伸"。现代的时间变得急若流星、不可逆转和难以捉摸。[1] 时间且被看作是一种极为有用的东西、一种物质价值的来源（例如"时间就是金钱！"）。[2]

一幅循环的世界图景在一个已经习惯了"进步"观念的现代人看来会是难于忍受的，[3] 但古代中国人看来却相当平和地接受了这一点。至少，他们生活在一个并不相信"未来一定比现在好"、"明天一定比今天强"的

---

[1] "一天等于二十年"的"革命时间"观念亦可视为是这种现代时间的一个变种或一个亚型，包括积极的"只争朝夕"。

[2] A. J. 古列维奇：《时间：文化史的一个课题》，《文化与时间》，浙江人民出版社1988年版。又可参布克哈特反对近世"为无休止的改变提供正当性的证明"，见其《历史的反思》一书。

[3] 虽然现代人的平均寿命也只是六七十年，却希望有一个千百年乃至数万年的进步图景来支撑其生命。

氛围中而依然安之若素,依旧保持着生活的平静甚至相当快乐的心境。古人也时而会有对理想社会的期望,但此时他们憧憬的对象亦不在未来而在远古,但像"复三代"、"复井田"、"复封建"这样的理想也并不曾认真地实行,因为稍微清醒地考虑一下社会情势,就知其不太可能。宇宙、社会的大循环纵有,个人的生命相对于此一大循环来说毕竟太过渺小。对个体生命来说,最重要的还是这一生命的过程。古代中国人的心态基本上是保守的,秦以后,历史上真正尚变、尚革的著名政治家大概只有王莽、王安石等寥寥几人,且也只是主张上层改革,而非社会革命,并且是以"托古改制"的名义。

古人强调历史的单纯一贯、循环往复也是为了强调"道"的一贯,"纲常"的一贯,"人伦"的一贯,此正如董仲舒所说"天不变,道亦不变"[1];朱子所说"纲常万年,磨灭不得"[2];"三纲五常,礼之大体,三代相继,皆因之不能变。""其所损益,不过文章制度小过不及之间,而其已然之迹,今皆可见,则自今以往,或有继周而王者,虽百世之远,所因所革亦不过,岂但十世而已乎?"[3] 此正是朱熹注释子张问"十世可知",孔子说"百世可知"一节。"纲常"的社会也就是名分等级的社会,[4] 春秋战国之变并没有变掉这一等级社会,后世的社会变化也没有积累到足以使人预见一个新社会的程度,古人在思想资源及客观条件上难于设想,在思想兴趣上似也缺乏足够的动力去设想还有另外的社会形态。

---

[1] 《汉书·董仲舒传》。
[2] 《朱子语类》卷二十四。
[3] 《四书章句集注》中《论语集注·为政》,北京:中华书局1983年版,第59页。
[4] 《汉书·董仲舒传》。

现代"封建社会"的解释模式

然而,当中国与西方遭遇,突然发现一个与自己在社会形态上全然新异、在实力上又远超过自己的文明时,传统单纯和循环的社会历史观即告破产。中国人相当迅速地接受了一种线性、单向、不可逆转、不断进步的历史观与时间观,[1] 而在一个短暂的各种西方社会理论在中国舞台上竞争的时期之后,经由俄国人解释的一种社会理论终于占据了支配的地位,成为普遍流行的观点。这一观点按照斯大林简化了的"五阶段"模式,对中国的历史也尝试做出相应的分期(在具体分期的问题上却引起许多争论)。它第一次使广大的中国人开始用社会形态的眼光来看待自己的历史,并在学术界导致了丰硕的研究成果。

现在,我们已经相当习惯了便捷地以"封建社会"模式解释中国近两千多年来的社会历史,以"封建"指称我们的文化传统的基本性质和主要成分,不假思索地使用"封建专制"、"封建大一统"这样一类字眼,而并不思考这样的语词组合从其本义来说其实是自相矛盾的,[2] "封建社会"的模式成了解释中国历史占主导地位的模式。虽然近十年来大陆亦有一些学者开始相当谨慎地使用或不用这类概念,甚至尝试提出新的解释范畴,[3] 这类概念还是不仅在广泛的社会层面为诸多部门和领域,如新闻、

---

[1] 一位思想史学者曾经推测其原因说:"我时常想中国(至少汉民族)是一个极其现实的(或重实利的)民族,所以她可以毫不在意地接受任何信仰(如三教并存,各种宗教与巫术并存,乃至再加上洪秀全的天父、天兄),其实正是由于她并不真正信仰任何东西。轻而易举地就接受一个信仰,轻而易举地就放弃一个信仰,都是出于同一个原因。"见何兆武:《历史理性批判散论》,湖南教育出版社1994年版,第14页。

[2] "封建"意味着分封,意味着权力分散,因而,如果是"封建"就不可能是中央集权,不可能是君主一人"专制",不可能是天下"大一统"。

[3] 海外包括西方学者的质疑,自然早已出现,并有种种有关中国社会历史的解释,如"官僚帝国制社会""治水社会""家产官僚制社会""宗法社会"等。

广播、电视、学校所共享,也在相当程度上仍为文化学术界具有不同甚至对立思想倾向的学者所共享,具有虽在削弱,但在大陆仍居主导地位的影响。

我曾经在《世袭社会》一书中对"封建社会"解释模式的由来和内容做了较详细的说明,[1] 故此处仅做一点补充。我想指出:"封建社会"这一概念显然是相当晚近才出现和流行的一个概念,其在目前含义上的论定迄今不过五六十年,总之,它是一个相当"现代"的概念,与几千年来中国传统社会中的人对自己所处社会的解释相当不同乃至对立。古人认为"封建"盛于周代,至秦帝国建立,"封建"即已废除而改行中央集权的"郡县";而持"封建社会"说的郭沫若一派则认为春秋以前是"奴隶社会",战国至秦正好是中国进入"封建社会"的开始,其他如"西周封建"、"魏晋封建"等派虽把封建社会的上限或者提早到西周,或者推迟到东汉、魏晋,但都肯定晚清以前一两千年的中国社会基本上是"封建社会",因为在近代"资本主义社会"(在中国是变形为"半殖民地半封建社会")之前,必须上接一个"封建社会",否则就不符合社会由"封建社会"发展到"资本主义社会"的科学规律和客观必然性,就无法解释中国革命首先作为一种资产阶级民主主义革命的性质、任务、动力和对象。习惯的思路大致是:在资本主义社会之前怎么可能不是封建社会?如果不是,岂不意味着社会发展阶段模式和规律甚至于唯物史观的失效?如果不是,这场革命要依靠谁、联合谁、反对谁、夺谁的权、革谁的命,岂不是没有着落?这一思路渐渐成为一种潜在的但却公认的前提,它并不总是出现,因为它已经变得毫无疑义。

---

[1] 何怀宏:《世袭社会》第二章:"'封建社会'的概念",以及引言"解释中国社会的另一种可能性"。北京大学出版社 2010 年版。

"封建社会"的模式是在 20 世纪这一动员和革命的时代提出来的，而这一时代越来越显示为仅仅是一种社会形态向另一种社会形态转移的过渡时代。北伐时期革命的主要锋芒是指向"封建军阀"，"反封建"首先是指"反军阀"。[1] 这时所指的"封建"还主要是从政治上层的角度观察，所说的"封建军阀"中"封建"之义与古人的"封建"亦无大的违拗，虽然失去了"亲亲"色彩，却可以类比于唐代的藩镇割据，是与中央集权、大一统相对而言的"封建"。国民党领导的北伐战争首先是指向国家统一，基本上没有广泛地触动社会下层，未变革农村的土地关系。而要进行大规模的社会革命，"打倒军阀"就显然是不够的，还要把农村中的地主、富户列为革命的对象。而革命的主要对象由"封建军阀"向"封建地主"的转移也意味着观察角度从政治向经济、从社会上层到整个社会的转移。"封建地主"的概念意味着一个系统的"封建社会"的理论已经呼之欲出。郭沫若在 1930 年的《中国古代社会研究》中明确地抛弃了"封建"的古义，提出了以地主与农民的经济关系和阶级对抗为基础的新的"封建社会"的概念，这一概念经由毛泽东的《中国革命与中国共产党》等著作成为定论，在中国共产党成功地动员群众参与土地改革和革命战争，最后夺得政权的过程中起了巨大的作用，在 1949 年以后与旧传统实行彻底决裂的"继续革命"中也依然发挥着生动、持久的效力。[2]

"封建社会"模式的政治意义自然非同小可。其学术意义则主要在于把中国学者的注意力引向社会的经济层面，引向被统治的下层，而这一向

---

[1] 潘洪其：《近代以来中国社会史论讨中"封建"概念的演变》，《学人》第 4 辑，南京：江苏文艺出版社 1993 年版。

[2] 黄仁宇在其《赫逊河畔谈中国历史》、《放宽历史的视界》、《资本主义与廿一世纪》等近著中反复强调 20 世纪国民党改造了传统社会的上层结构，而共产党翻转了下层结构，中国大陆 80 年代以来的改革则是在重订上下之联系，20 世纪中国社会的变迁最终显示出一种宏观、长远的"历史的合理性"。

是中国传统学术比较忽略的方面。所以，它确实使中国学者在研究历史上一向被忽视的社会下层人们的历史，研究"除去了政治的历史"方面发挥了积极的作用。

然而，由于它极强的政治目的性，又由于它是在革命战争或准备战争的时期作为动员大众的工具相当仓促地提出来的，它就不能不具有很强的工具特点和批判否定的色彩。由于号召要推翻"三座大山"，中国几千年的历史几乎被看成一片黑暗或至少相当阴暗。而当今天社会已脱离动荡的过渡时期而进入一个较为和平安定的时期，人们的心态也由造反转为建设，就不能不对以前激烈地反对传统和非难历史的看法有所修正，但问题还在于，这种看法所依据的理论也有需要修正之处。对于一个中国学者来说，另一个重要的问题是，由于中国流行的社会理论原本是在现代社会中提出来的，是西人分析近代资本主义社会的一个结果，以之解释中国独特的数千年文明史就不免使人怀疑：它是否确实具有解释者所以为的那样大的解释力，是否确实能够吻合中国历史的真相。于是，出于尊重历史、探究历史真实的目的，似有必要尝试一种新的、更合乎史实，也更合乎古人对自己历史的理解的解释性社会理论。

"官僚帝国社会"的解释模式

我们还有必要注意另一种源自韦伯的、以前在海外，现在在国内也颇有影响力的"官僚帝国社会"的解释模式。这种模式大致认为中国春秋及春秋以前是"封建贵族社会"，战国至秦以下则为"官僚帝国社会"，这一模式主要着眼于国家和政治体制的变迁，在一些外国学者以及怀疑"奴隶—封建"社会演进线索的中国学者中颇为流行，各种"专制社会"的解释似也与此有关。

韦伯在他的统治社会学中，区分出传统性统治与合法性统治，传统性统治以"家产制"和"封建制"为两极，在这两极之间又有一些中间的形态，他认为父权家长制结构（Patriachale Struktur der Herrschaft）是传统性统治的原型，这并不是说一般性的传统性统治就是父权家长制统治，而是说可以把它解释为父权家长制统治的派生物。"家长制的"（Patriarchale）是指以一个礼仪含义上的最高祭司长来呈现世袭神性的家父长制，或如经典所描述的，最高祭司长的神性原先是通过指定继承人的方式来传递，后来才转变成世袭的。[1] 封建制（Feudalismus）则是指许多在各个地域自然产生的小领主世袭地领有各自的地域，这些领主通过同中央君主（国王）结成封臣关系，把自己的领地变成国王封授的采邑，以此取得国王的保护，作为效忠的报偿。但他们与国王之间并无忠孝关系，国王也不能向领主土地上的人民摊派徭赋。在封建时代里，采邑制度是与世袭神性的等级层次相一致的。在中国，分封制废止之后，俸禄制度则与取而代之的官僚行政相适应，在秦朝统治时期，就已经制定出俸禄的固定等级，汉袭秦制，将俸禄分成授钱和授米等诸多等级，这意味着封建主义的全面废除。一个凭个人功绩而获官职的政权建立了起来。社会秩序里的封建要素逐渐消退，而家产制（Patrimonialismus）则成为儒教精神的根本的结构形式。韦伯认为，中国从秦汉帝国到明清达两千年的大规模统治基本上就是这种形态。家产官僚制度在政治上是与封建制度以及任何世袭等级的划分相对立的。这种对立符合古典儒家的伦理学说，因为它以人的原则上的平等为前提，以个人能力和功绩为标准。中国的皇权为了防止封建等级制的复辟，亦即防止官吏从中央集权中独立出去，采取了一套举世闻名、成效卓著的办法；实行科举，以教育资格而不是出身或世袭的等级来授予官职，

---

[1] 韦伯：《儒教与道教》，洪天富译，江苏人民出版社1995年版，第48页。

这对中国的行政和文化都具有决定性的重要意义。在中国，和西方一样，家产官僚制是个稳定的核心，并以此为基础而形成一个庞大的国家。但是，官僚制运行的"精神"，在中国与在西方却是非常不一样的。与封建制相比，家产官僚制这样一种统治形态的主要特征是中央集权：首先在中央有专制君主的君权，同时有靠忠孝情感与国王联系起来的家臣集团。家臣集团以忠孝关系与中央君主联系着，被赠予国王的一部分土地和人民而分散于全国。在这种统治形态下，君主一元化地、集权地统治全部国土和人民，家臣集团只是在一定的期间、作为中央派出的官员来治理地方。尽管该地区人民缴纳的一部分租贡会变成家臣的收入，但因为是中央摊派的徭赋，因此还是全属于君主，更不可能有世袭。君王可以把自己的家计需要作为徭赋摊派给各地，作为给官员的报酬，君主则发给他们俸禄。[1]

艾森斯塔得（S. N. Eisenstadt）试图从社会结构的角度来观察政治体系，他的研究集中关注一种历史上的，或者说非现代的中央集权的官僚帝国或政权，他把自汉至清的中华帝国与古埃及、巴比伦帝国、古罗马帝国、拜占庭帝国、阿拉伯哈里发国家和从封建体系衰落时期到绝对专制时期的欧洲国家等都列入这一类型之下，统称为"中央集权的历史官僚帝国"或简称为"历史官僚社会"。然而，在下面一点上他不同于韦伯，他所称的"家产制"（Partrimonial）帝国另有所指，例如像加洛林王朝等，而中国并不属于这类国家。"家产制"确实是一个容易混淆的概念，尤其是当与官僚制合称的时候更是如此。[2] 将秦汉至晚清的中国官僚系统称之为皇帝的"家臣"也低估了这一系统的政治独立性，更不用说构成中国官员主

---

[1] 韦伯：《儒教与道教》，洪天富译，江苏人民出版社1995年版，第43—47、58、63、171页。
[2] 王容芬译《儒教与道教》中将洪天富所译"家产官僚制"另译为"世袭官僚制"则更易产生误解，见其商务印书馆1995年译本。"家产"实际上只是指皇权，或可译为"家国官僚制"。

体的士阶层自有其价值和信仰的道义系统。

艾森斯塔得认为：中央集权的官僚政权的主要特征，是政治领域的有限自主性。这表现于：1. 统治者以及政治斗争参与者的自主政治目标的发展；2. 政治活动和政治角色的有限分化的发展；3. 把政治共同体组织为一个中央集权单位的企图；4. 专门性的行政组织和政治斗争组织的发展。[1] 它们大部分产生于家产制的帝国，或者封建制的社会，或者城邦国家，从社会分化的角度上看；是处在缺乏分化的传统社会（家产制或封建制的社会）和高度分化的现代社会（现代官僚社会）之间。家产制或封建制的社会与历史官僚社会可能在政治目标和统治者的合法性的内容上类似。然而，它们在政治活动和政治组织的分化程度及其政治目标的精致化和专门化程度上存在着重大不同。与历史官僚社会相比，家产制体系和封建制体系的特征是：1. 明确的地域性中央集权的缺乏；2. 即便不是完全一致的，也是紧密对应着社会、政治和经济的等级制的存在；3. 政治领域较少地表现为一个具有特殊组织和自主目标的领域；在家产制社会和封建制社会之中，行政官员总是被视为君主、某些领主或氏族的私人官员。官员对他们及其资源的重大依赖，使之无法成为自主的组织。而历史官僚政治体系与现代官僚政治体系之间的主要差异则在于后者具有如下特征：1. 政治活动以及"被统治者"角色的巨大分化，以及统治机构的各主要方面的"权力分割"的出现；2. 政治权利被分配给了被统治者——如同选举制度所反映的那样，以及由之而来的社会之中远为宽广的政治活动范围；3. 在决定政治目标上各个群体的参与可能；4. 专门性的政治组织和行政组织，特别是专门性的党派政治组织的长足发展；5. 统治者的传统的、世袭的合法性类型的衰落，统治者政治权利拥有者及其代表的正式负责制的日益

---

[1] 艾森斯塔得：《帝国的政治体系》，阎步克译，贵州人民出版社1992年版，第20页。

制度化；6. 围绕权力和获得执政地位的竞争在形式或实际上的某种制度化。[1]

在上述"历史官僚社会"的类型中，中国又是被作者作为一种具有深厚性文化取向的、农业官僚占支配地位的东方社会来叙述的。传统中国的官僚是同时为君主和公共事务服务的。艾森斯塔得认为，在"历史官僚社会"的身份等级制中，我们已经看到了固定的、先赋的和特殊主义的标准的某种衰落。在社会组织的某些部分中，发展出了成就的标准。对于先赋的、特殊主义的活动内容与某种以成就为标准的流动和录用制度的结合，艾森斯塔得认为中国的士人可能是最好的例证。中国的科举制度，提供了以成就为标准的主要流动通道。与此同时，考试的内容、习得的象征都显然是弥散性的、非专门化的；这些内容完全由儒教传统构成，不包含任何专门化活动或知识。尽管跻身于精英的途径在很大程度上是"开放的"、以成就为基础的，在分层和社会组织领域之中，还出现了"自由的"流动资源，亦即能够成为那种灵活的群体和组织的潜在源泉。但是，精英内部的组织价值观、生活方式和吸收成员的标准和程序，显然还是先赋的、弥散的，甚至是传统的。由于所有这些原因，非精英转化为精英的规模以及精英对非精英群体的直接依赖，就都是有限的了。这样，通行成就和普遍主义的标准并没有占据主导地位，而且或多或少与这一体系的先赋性因素相调适，在其中占据了关键性的、但却又是第二位的重要地位。[2] 艾森斯塔得的这一观点正是我想质疑的，尽管他和韦伯都注意到了中国自秦汉开始的选举制度发展所带来的重大变化，但仍然把这种变化视为是次要的，而我却认为这是涉及社会结构的根本变化。

---

[1] 艾森斯塔得：《帝国的政治体系》，阎步克译，贵州人民出版社1992年版，第25—26页。
[2] 同上书，第90—92页。

总之，上述"官僚帝国社会"的解释模式确实抓住了春秋战国期间世变的一个关键，深深地触及了中国一种数千年一贯制的突出政治、重视官制的特点，以及一种权力、财富、地位、名望等资源紧密地结为一体的特点。秦汉以后的中国确实是成了一个君主集权的官僚帝国，并日益向更严密、更完备的官僚帝国的方向发展。

但是，"官僚帝国社会"的模式与其说是一个社会形态、社会学的概念，不如说是一个国家形态、政治学的概念，[1] 其主要的注意力与其说是注意官僚与社会下层的关系，社会的等级结构，政治上层的社会构成及其补充渠道，不如说是更注意官僚与上面君主的关系，官僚本身的政治功能、官僚帝国的合法性及理性因素等等。并且，按此模式，较能解释由春秋战国至秦汉这几百年间的政治发展，却不易解释此后近两千年中国历史富有意义的社会变化，尤其不易显示出中国文化的固有特色。所以，我们还希望眼光更为向下，不仅注意皇权之下的官僚，更注意中国传统社会的基础及其与政治上层的关联。

一个新的观察角度

一位社会学家克莱伯（Ian Craib）说："每一回你观察世界的角度有所移动时——无论是多么轻微的移动，你就会看到前此未曾看过的事物。"[2] 我们现在正是想尝试从另一个新的角度来观察中国历史。

前面说道：古代中国人没有提出一种系统的社会理论来解释他们所

---

[1] 也许正由于它不是一个独立自足的社会解释理论，所以它可以方便地与其他的社会解释模式结合，比如和"封建社会"的模式结合，而它当然也能和"选举社会"的模式相容。

[2] 克莱伯：《当代社会理论》，廖立文译，桂冠图书有限公司1986年版，第332页。

经历的历史,[1] 而现代以来逐渐占据了支配地位的一种"五阶段论"的社会发展模式,却明显地不仅带有强烈的现代西方的色彩(如集中于经济原因),而且带有中国所处的 20 世纪这一激烈动荡的过渡时代的特定色彩(如集中于阶级斗争)。且不说这样一个强调不断变动和造反的理论是否适合于一个正欲进入长治久安的社会之需,对于兴趣尤其在过去而不在未来,尤其在对历史的学术性解释而不在对未来行动及决策的政治性预测的学者来说,心平气和地立足于中国自身的历史(当然也要有一种世界的眼光),大概能使我们更恰如其分地看待我们祖先的历史,从而也更接近历史的本来面目。

由于上述"封建社会"模式的支配性影响,1949 年以来的国内学术界一直不重视对中国古代选举制度的研究,此一领域是冷门中的冷门。在迄至 20 世纪 80 年代初之前的三十多年中,笔者仅见有张晋藩等著的薄薄一册《科举制度史话》及商衍鎏的《清代科举考试述录》出版。80 年代中期以来,此类书籍先是有王道成《科举史话》及许树安《古代的选士任官制度与社会》等,后来黄留珠考证甚详的《秦汉仕进制度》及宏观叙述的《中国古代选官制度述略》、阎步克选材精审、叙述连贯的《察举制度变迁史稿》等亦纷纷问世。程千帆《唐代进士行卷与文学》、傅璇琮《唐代科举与文学》等著作深入细致地研讨了科举与文学的关系。90 年代以来,此类书籍明显增多,显示出一种繁荣,然而质量尚参差不齐,其中有一些在材料之爬梳、考订方面反不如以前之精审,而是常为泛泛的叙述,有些著作则过于注意如状元等鼎甲人物或者奇闻轶事。台、港近半个世纪来不间断地有研究科举的著作推出,但总的说,这些研究与大陆近几年的

---

[1] 甚至今天的中国人也很难说是已经独立地从中国自身的历史中引申出了一种自己的社会理论。

著作一样，主要还是一种制度史的研究，并因受孙中山思想的影响，特别注意于选举后期的考试制度。而当大陆学界进入21世纪以来，在对选举制度，尤其是科举制度的深入细致的研究方面，则在从资料的分析整理到实物收集方面，都有了很大的发展。围绕着科举废除一百年，也有过一阵"科举热"。人们越来越认识到科举不仅是一种考试制度或教育制度，而且具有一种基本的政治制度乃至社会结构的涵义。

海外一些学者受到欧美社会科学的影响，又有从社会流动的角度来研究古代选举者，其中成就最著者如何炳棣《明清社会史论》，其英文书名直译为《中华帝国的成功阶梯》，副标题即为："社会流动的方面，1368—1911"，[1] 作者通过对大量功名获得者家世资料的量化处理与统计，发现明清社会上层的垂直流动程度甚至是现代西方国家也难以企及的。作者在此引入了社会学的概念，然而主要是从社会流动、而非从社会结构着眼。[2]

社会的垂直流动意味着个人在社会等级阶层之间的地位变化。除了某些简单和原始的社会，所有社会大概都有某种垂直的社会流动。在欧洲

---

[1] Ho, Ping-ti: *The Ladder of Success in Imperial China—Aspects of Social Mobility*. 1368—1911, Columbia University Press, 1962. 又 见 Chang, Chung-li: *The Chinese Gentry*：*Studies on Their Role in Nineteenth-Century Chinese Society*, University of Washington Press, 1955；R. Marsh: *The Mandarin*, The Free Press of Clencoe, 1961。

[2] 贾志扬（John Chaffee）在其所著《宋代科举》（台北：东大图书公司1995年版）中认为：科举考试的制度化及其广泛应用主要出现在宋朝，因此宋朝可谓历史上第一个考试取向的社会，他说他试图阐明这个考试取向的社会的历史和社会结构。继 E.A.Kracke 指出科举考试推动了社会向上流动之后，他进一步认识到考试具有连接社会和政治的重要意义。其作用涉及：皇室的目标、官僚人事安排、社会地位、地方士绅社会的形成、地方的发展以及家庭结构和作用的变化。他同时指出：宋代考试的重要性超出中国之外，因为中国考试本身具有相当的世界史意义，西方传统诸如民主、人权和自由在欧洲和美国以及世界各地一再被确认，但很少有人认识到现代社会的另一个普遍特征——学校和考试不但用于教育青年人，并且在选择员工和区分地位中起着关键作用，而这一特征正是发源于中国而并非西方的。得西方耶稣会士和其他晚明和清朝的观察家之赐，精英政治的中国模式为启蒙哲学家们提供了有利的模式，并帮助铸造了现代西方社会。但考试取向的社会有一个令人困扰的"应试教育"的问题。

中世纪的封建社会，上升流动的一条捷径是通过教会。[1] 过去一般认为，现代工业社会里的垂直流动（特别是个人的垂直流动）现象要比以前的社会为多，但新的研究表明，即使如此，其数目亦属有限。[2]

涉及社会流动的一个较极端观点是普兰查斯（N. Poulantzas）的观点，他认为，即使所有的资产者一天一天（或一代又一代）地下落到工人们的位置，或工人们一天一天（或一代又一代）地上升到资产者的相对位置，资本主义的本质也没有发生任何变化，因为总会有资产者和无产者的位置，这是资本主义关系再生产的主要方面。普兰查斯的观点是一种相当极端的结构决定论的观点，在普兰查斯看来，重要的是社会结构，与社会结构中的人毫不相干。泰洛德（Claude Thelot）不同意这一观点，他指出，在此，个人或家庭的命运没有被当作注意的中心，且社会结构与结构内人的流动规模之间并非互不相关。他认为，一种社会地位可以世袭的等级制社会，和另一种新一代青年人都可以有机会发展的社会，在本质上不是一回事。[3]

最深刻地影响着社会流动的自然是社会的基本结构，然而，许多对社会流动的研究往往是孤立的量化研究，没有与社会结构发生联系。这正如波兰社会学者韦索沃夫斯基（W. Wesolowski）等所批评的一样。[4] 而我不仅想注意社会结构对流动的影响，还想注意一种也许在中国历史上才有的现象，即一种制度性的上升流动不仅已成为持久的结构性流动，而且这

---

[1] 可参见司汤达的小说《红与黑》。

[2] 参见《简明不列颠百科全书》第七卷，中国大百科全书出版社1986年版，第120—121页。

[3] 克洛德·泰洛特：《父贵子荣——社会地位和阶级出身》，殷世才，孙兆通译，社会科学文献出版社，1992年版，第2页。

[4] Bogdan. W. Mach and W. Wesolowski：*Social Mobility and Social Structure*，Routledge & Kegan Paul，1986。作者试图沟通马克思与韦伯，以他们的共同点为起点，将马克思的阶级结构理论与社会流动的研究结合起来。

种结构性流动已使社会形成一种流动性结构，即流动已进入了社会的基本结构成为其持久不变的成分。在我看来，仅仅从社会流动入手，还不足以透出秦汉至晚清这两千多年来社会变动的深度与广度，尤其是不足以透出它与西方社会形态相比的自身特色。中国在这种历史发展中，社会已渐渐由一种封闭和凝固的等级社会，转变成为一种开放和流动的等级社会——此即为"选举社会"。

我们还须再观察一下"结构"的含义。布罗代尔（F. Braudel）指出，"结构"一词在"长时段"问题中居于首位。在考察社会问题时，"结构"是指社会上现实和群众之间形成的一种有机的、严密的和相当固定的关系。所有的结构都具有促进和阻碍社会发展的作用。这些阻力表现为人及其经验几乎不可超越的限制。可以设想，要打破某些地理格局、生物现实、生产率限度和思想局限是何等困难的事。对历史学家来说，接受长时段意味着改变作风、立场和思想方法，用新的观点去认识社会。他们要熟悉的时间是一种缓慢地流逝，有时接近静止的时间。[1] 这是一种与在现代人中流行的急遽变化的短时段时间观相当不同的时间观，这也正是我们所要采取的时间观，即如明人张和仲所谓的"千百年眼"。[2] 断代的或更为局部的时间和地域的研究或能更真切地展示细节，但有时我们不得不对一个较长的历史单元做出一种社会结构的解释。

琼斯（Jones）说，近年来社会学对历史研究的最主要影响是引入了阶级与社会结构的概念。[3] 社会"结构"或"组织"（structure or organization）的概念借自物理学与解剖学，有多种看待社会结构的模式，

---

[1] 蔡少卿：《再现过去：社会史的理论视野》，浙江人民出版社1988年版，第54—57页。
[2] 张和仲：《千百年眼》，《笔记小说大观》第15册，江苏广陵古籍刻印社1983年版。
[3] 蔡少卿：《再现过去：社会史的理论视野》，浙江人民出版社1988年版，第235—237页。

如强调个性、强调类型差别的文化模式型；强调共性、强调普遍原理的结构功能型；以及强调矛盾、斗争的冲突型。[1] 后一种模式也许较适于描述一个过渡时期的社会变迁，而要描述一个较持久的社会类型，则可能最好诉诸前两种模式的某种结合。这也涉及我们所欲采取的一个观点，即希望从和平、从合作中看进展。

除了历史文化的因素之外，我在社会结构的形式定义方面相当接近于布劳（Peter Blau）的观点。布劳指出，在词典里，"结构"通常被定义为由一些相互依赖的要素和部分所组成的事物。"社会结构"的定义就是由下述这些基本要素所确定的：不同的社会位置、社会位置占据者的数量以及位置分化对社会关系的作用。根据这一定义，一个社会结构既是由不同部分组成的，这些不同部分又是相互关联的，即一方面是社会的分化、分层，另一方面又是社会的弥合、整合。社会结构的一个根本特征就是各种形式的不平等和异质性相交叉的程度或者各个方面的社会差异发生关联的范围。布劳并指出学术界有关社会结构的两点歧异：1. 它是指社会关系的经验结构还是指理论模式；2. 它主要应是微观的还是宏观的分析。[2]

富永健一把社会结构定义为构成社会的如下各种要素间相对恒常的结合，这些构成要素可以从接近个人行动的层次（微观层次）到整个社会的层次（宏观层次）划分出若干阶段，按照从微观到宏观的顺序排列为：角色、制度、社会群体、社区、社会阶层、国民社会。他认为在这些阶段的哪一个层次上进行结构分析，是社会结构概念化时的层次选择问题。社会阶层或分层（social stratification）同社会群体及社区一样，是由一定的界线所划定的人们的集合，但它不像社会群体那样以内部有互动的积累

---

[1] 参见《简明不列颠百科全书》第七卷，中国大百科全书出版社1986年版，第120—121页。
[2] 布劳：《不平等与异质性》，中国社会科学出版社1991年版，第1—3页。

为条件，也不像社区那样以居住地域的共同性为前提。而国民社会是与现代国民国家的地理广延相吻合的最大社区，对现代社会阶层的分析通常是以国民社会为单位来进行的，所以它可以说是国民社会的横切面。富永健一指出在社会阶层定义中所使用的关键概念是"社会资源"（social resources），所谓"社会资源"，是对满足个人需求或实现社会系统的功能先决条件所有用的、因之人人都想得到而又相对稀少的、为此从个人的观点和社会的观点出发赋予其价值的有形及无形的对象。社会阶层亦即社会资源在国民社会内部不平等分配的状态，是指一种基于社会资源的不平等分配的地位划分。将20世纪美国型的社会阶层概念与19世纪欧洲型的阶级概念相比较，社会阶层的研究具有分析性、多元性、过程论和实证性的特征。[1]

我所取的观察社会结构的角度自然也可以说是属于一种广义的、基于全体社会的社会阶层的分析，但我所涉的不是现代社会中那种相当松散、微殊、变换和多元的社会分层，而是历史上的一种严格、悬殊、一元和数目很少的等级分层，而且，我所集中注意的是个人在其间的流动。等级阶层与流动结构可以说是我把握中国传统社会形态的两个基本点。

贝尔（Bell）倾向于认为现代社会的几个主要领域是分离的，社会可分为社会结构、政体和文化三个部分，社会结构主要指经济、技术和职业制度，是决定社会上个人生活的主要组织的结构：如个人的职业分配、青年人的教育、政治冲突的调节等。社会结构不是一种社会现实的"反映"，而是一种概念性图式的"反映"。思想靠发现一种表达基本格局的语言来认识自然，犹如爱因斯坦曾经说过的："理论决定着我们所能观察的问题。"

---

[1] 富永健一：《社会结构与社会变迁——现代化理论》，董兴华译，云南人民出版社1988年版，第19—21, 71, 76—77页。

概念性图式的基础是中轴原理。例如，对托克维尔来说，平等是说明美国社会的中轴原理。对韦伯来说，合理化过程是理解西方世界从传统社会变为现代社会的中轴原理。对马克思来说，商品生产是资本主义的中轴原理。对阿隆来说，机械技术是工业社会的中轴原理。[1]

而我在考察中国社会结构的历史形态时所关注的中心问题是什么呢？这个中心问题又是否可以作为考察它的一个恰当基础呢？我所关注的中心问题，从社会的角度来看可以说是广义的社会资源（包括政治权力、经济财富和社会地位与声望，或可简称为"权、钱、名"）的不断再分配，统治阶级的不断再生产；从个人的角度来说则是个人在一个社会中所能有的合理期望，个人所不断寻求的上升途径和发展机会。借用政治学者拉斯威尔（H. Lasswell）的话来说，我关注的主要问题是：谁得到什么，什么时候得到，怎样得到。[2] 这些人们所欲得到的东西，当然是那些普遍为人珍视、能使自己超出社会水平线、从而也总是显得匮乏的资源，而究竟哪一些人能够得到，他们以什么方式、按什么标准得到，在我看来，就构成了社会分层结构的基本轴心。

我认为，这种资源分配或者说归谁所有的问题确实是划分社会形态的一个基本标志，而不论我们如何理解这类资源的范围或者在其中最强调什么——如生产资料，或者政治权力、法律身份等，这种强调只涉及不同的社会历史形态，并且，划分不同的社会历史形态恰恰有必要不使用一元的标准，而是使用多元的标准。贝尔说，财富、权力和地位的分配问题，"这对于任何社会来说都是中心问题"[3]。布罗代尔也认为：要把皮

---

[1] 贝尔：《后工业社会的来临——对社会预测的一项探索》，商务印书馆1986年版，第13—18页。

[2] H. Lasswell：*Who Gets What, When, How*，可参见台湾时报文化出版企业有限公司译本。

[3] 同上书，第54页。

埃尔·布迪厄（P. Bourdieu）的激进社会学理论应用于过去，并打一开始就承认任何社会的基本任务都是实现社会上层的再生产。[1] 然而，近代以来，人们常常容易对社会资源作过于狭窄的纯经济的理解。

我曾经在实际构成为本书前编的《世袭社会》的"引言"中指出：现代社会中的人们划分社会结构往往有这样一个特点，即极其重视经济因素的作用，认为它对社会结构来说具有决定性的意义。但是，当我们将此一原则应用到历史上的社会形态的时候，尤其是应用到非西方的历史社会形态时，却宜有一种自我反省和警惕，因为中华文明确实表现出与西方文明相当不同的特点。如果说西方的封建社会是一个相当"武化"的封建社会，中国在春秋战国之前的封建社会就已具有浓厚的礼乐"文化"的色彩，古代中国那些左右形势的人们，看来也不把经济发展作为他们的首要目标，不把经济财富的不断和大量的增长作为人们幸福的主要成分。而在春秋战国之后的中国社会中，文化道德因素对社会等级分层的作用似乎愈加重要和明显。

这就回到了我为什么要提出"世袭社会"和"选举社会"这样一对概念的考虑，它们意味着一种观察角度。简单地说，提出这一类范畴所依据的标准从社会历史的角度看就是社会的分层以及不断的再生产，尤其是统治阶层的不断再生产；从个人发展的角度看就是看社会提供给个人的上升渠道和发展条件，看在这个社会中生活的人们有多少实现和发展自己的机会。在此我对社会结构的理解是实质性的，即社会的等级分层结构，注意的中心是社会分层与人的发展之间的关系。

在中国几千年的传统社会中，由于有一种政治权力、经济财富与社

---

[1] 费尔南·布罗代尔：《15 至 18 世纪的物质文明、经济与资本主义》第二卷，顾良译，生活·读书·新知三联书店 1993 年版，第 523 页。

会名望这三种主要价值资源联为一体的情况,而政治权力又是其中表现最突出的,所以"仕"成为主要的出路,对"仕"的强调可以说是一种数千年的一贯制。就像现代社会相当"突出经济"一样,在中国社会的漫长历史中,也一直有一种"突出政治"的色彩,但是,如何能够入"仕",究竟以什么方式、按什么标准入"仕",对于社会等级分层来说还是更关键、更优先的问题,而在这方面,秦汉之后的中国显然摸索着走出了一条在世界文明中极为独特的道路,需要我们做出一种恰当的解释。

"选举社会"的概念如何能够成立?

我所做的研究是希望对中国社会的历史结构及其变迁提出另一种有别于流行观点的观察角度、提出另一个解释的社会理论框架。这一解释的框架并非是社会的经验构成,而只是我提出的一个试图用来把握中国社会历史的一种宏观的概念模式,一种假说,亦即一种类似于韦伯所说的"观念类型"(ideal type)或"纯粹类型"(pure type)。

然而,即便是一种尝试性的假说,提出这样的解释历史的概念必须回答两方面的问题:第一个方面是从理论上说明它所取的观察立场或角度是否恰当,它本身是否在逻辑上能够首尾一贯地成立,亦即我上一节试图说明的从主要社会资源的分配来观察中国社会结构的历史变迁是不是一个合适的角度;第二个方面则是还要提供历史史料的证据,尽量实际地验证所提出的基本解释概念。而且,在我看来,从理论和逻辑上说明"选举社会"这一概念如何能够成立,如何能够言之成理固然重要,更重要的还是要将这一假说性的概念验之于这一段历史,看看它对史实是否有足够的解释力,因而是否能使"选举社会"这一概念比较起其他解释概念来确实具有一种新的阐释意义。这一检验性的证明自然并不限于"导论",可以说全书都在致力于这一目标。

但是，在这一节中，我们想首先提示一下"选举社会"得以成立的一些制度前提，然后再初步观察一下古代选举在中国传统社会中所达到的地位和影响。为此，我们先来看一下我们所理解的传统社会的基本格局：这一基本格局主要是指秦汉以来，一直延续到清廷覆亡时的传统秩序，其间虽有种种变化，但其基本特征却没有改变，这些基本的特征包括：

1. 君主集权制。君主处于一个至尊的地位，他虽然也在某种程度上要受天命、祖宗成规乃至某些法律的制约，但基本上来说，他是最高权威者，是权力与法律之源。

2. 官僚制。在君主之下，运作着一套以文官为中心的官僚制度。

3. 社会等级制。社会上始终存在着两大等级：即与君主一起进行统治的士人官员阶层和接受统治的农工商阶层。

4. 社会秩序与伦理秩序的融合。我们这里所说的伦理秩序是家族伦理、亲亲原则，即传统所理解的"伦理"的基本含义。在春秋以前，这种融合也体现在政治制度的层面，其中最突出的是封建制，在秦汉之后，这种融合则主要表现在观念和意识的层面以及体现为社会基层的宗法制度。

这其中，政治上的官僚制和社会的等级制对选举社会的确立至关重要：没有一个专门的、非世袭却又不断需要吐故纳新的常备官员队伍，选举制就根本不可能产生；而"古代选举"的本意，也就是要由下举上，把一些符合其标准的人推到社会的上层。而没有一种等级制，也就无所谓上下。

我们现在来简略观察一下古代选举在中国传统社会中所达到的地

位,首先看由选举入仕的官员在政治上的重要性。根据黄留珠的研究,在两汉作为察举常科的孝廉已列出的 307 人中,任用情况可考者计有 183 人。其中由孝廉拜官授职者为 159 人,占 183 人的 86.9%;察孝廉后又被辟除者为 16 人,占 8.7%;举孝廉后被再察举者(例如察举茂才等)8 人,占 4.4%,孝廉所拜授的官职,中央属官约占 69.8%,地方官吏约占 30.2%,中央官分别属于光禄勋、少府、太仆、将作大匠和城门都尉,而又以光禄勋属官最为集中(约占 53.5%),其次是少府属官(约占 13.1%)。地方官主要是郡国长官的高级助手(约占 5%),以及县级长官(约占 20.8%)。郎官在孝廉拜授的诸官职之中,所占比例最大,超过 50%。所以《汉官仪》关于"郡国举孝廉以补三署郎"的记载,确实反映了孝廉任用中的规律性现象。孝廉拜授官职,其秩最高者为千石,不过这部分人所占比例很小(大约不超过 9%),秩六百石者为数也不多(约占 11%),而绝大多数还是秩六百石以下的低级官吏(约 80%)。[1] 作为察举特科的茂才,其被举后的使用绝大多数是县令或相当于县令一级的官职,汉制:郎中秩比三百石,而县令秩千石至六百石,显然茂才的使用远较孝廉为重。还有个别茂才,起家则拜二千石,虽属特例,但亦同样反映了茂才任用之重。这里明显存在着一种升迁关系:孝廉—三署郎—茂才。[2] 同样是作为察举特科的被举为贤良方正者的资历,绝大多数都是现任官吏(或故官出身者),以及州郡的属吏。贤良方正经过对策,高第者所授官职基本都秩比六百石以上,个别特殊情况者,起家即为九卿。[3] 黄留珠据此认为,与茂才、贤良方正比较,孝廉的任用规格是比较低的。事实确实如此,但如果我们考虑到茂才、贤良方正多为已入仕者,而孝廉多为初入仕

---

[1] 黄留珠:《秦汉仕进制度》,西北大学出版社 1985 年版,第 143—145 页。
[2] 同上书,第 172—173 页。
[3] 同上书,第 186 页。

者,是由一介草民转登仕途,则其最初的任用又决不低,至少在总体上不低于后来远为辗转艰难的科举时代的初入仕者,另外我们还须注意他们最后可以达到的地位。

这种最后地位可以科举时代的宰相为例,根据黄留珠的统计,唐代科举在选官中的地位进一步提高,首先反映在高级官员中特别是宰相中科举出身者的比重不断上升。宰相中科举出身者的比例,唐太宗时期为3.4%,唐高宗时期为25%,武则天时期已达50%。[1] 唐宪宗时期宰相总数29人,进士所占的比例为58.6%;穆宗时期宰相总数14人,进士占57.1%;敬宗时期宰相总数7人,进士占85.7%;文宗时期宰相总数24人,进士占75%;武宗时期宰相总数15人,进士占80%;宣宗时期宰相总数23人,进士占87%;懿宗时期宰相总数21人,进士占81%。[2] 黄留珠据此指出,进士出身者在宰相中逐渐占据多数,标志着科举制在选官中主导地位的完全确立。而到宋以后,科举更是完全占据了支配地位,整个北宋的71名宰相中,有64名为进士或制科出身,除去一些特殊情况,真正不由科第而任宰相者,仅有3人。[3] 明清以后,首相宰辅更是以科甲为重,科甲又尤以入翰林为重。《明史·选举志》论一代宰辅出身说:"成祖初年,内阁七人,非翰林者居其半。翰林纂修,亦诸色参用。自(英宗)天顺二年(1458)李贤奏定纂修专选进士,由是非进士不入翰林,非翰林不入内阁,南、北礼部尚书,侍郎及吏部右侍郎,非翰林不任。而庶吉士始进之时,已群目为储相。通计明一代宰辅一百七十余人,由翰林者十(之)九。"清代汉人官大学士者共119人,皆为科举出身,且除左宗棠一人系举人出

---

[1] 黄留珠:《中国古代选官制度述略》,陕西人民出版社1989年版,第200—201页。
[2] 同上书,第204页。
[3] 同上书,第270页。

身以外,皆起家进士。[1]

我们再看科举在社会上的地位和影响。陈寅恪说:"进士之科虽设于隋代,而其特见尊重,以为全国人民出仕之唯一正途,实始于唐高宗之代,即武曌专政之时。及至玄宗,其局势遂成凝定,迄于后代,因而不改。"[2] 至唐德宗贞元时,韩愈"上宰相书"也已经谈道:"今天下不由吏部而仕者几稀矣。""方闻国家之仕进者,必举于州县,然后升于礼部吏部,试之以绣绘雕琢之文,参之以声势之顺逆,章句之短长,中其程式者,然后得从下士之列,虽有化俗之方,安边之画,不由是而稍进,万不有一得焉。"[3] 宋代科举在社会上的地位更加重要,已成为当时人们一条主要的上升之阶、而对寒俊甚至是唯一的出路,虽圣人亦不能免。朱熹就曾言:"居今之世,使孔子复生,也不免应举。"[4]《今古奇观》中一篇《老门生三世报恩》的小说中,一位46岁的老秀才鲜于同也这样说:"只是如今是个科目的世界,假如孔夫子不得科第,谁说他胸中才学?……不止于此,做官里头还有多少不平处,进士官就是个铜打铁铸的,散漫做去,没人敢说他不是。"《儒林外史》中的选家马二先生也说:"举业二字是从古及今人人必要做的。……就是夫子在而今,也要念文章、做举业,断不讲那'言寡尤,行寡悔'的话。何也?就日日讲究'言寡尤,行寡悔',那个给你官做?孔子的道也就不行了。"又说:"人生世上,除了这事,就没有第二件可以出头。不要说算命、拆字是下等,就是教官、作幕,都不是个了局。只是有本事进了学,中了举人、进士,即刻就荣宗耀祖。"明

---

[1] 朱彭寿:《旧典备征·汉大学士人数》。
[2] 《唐代政治史述论稿》上篇《统治阶级之氏族及其升降》,上海古籍出版社1982年版,第22页。
[3] 《韩昌黎集校注》卷三。
[4] (宋) 黎靖德编,王星贤点校:《朱子语类》,中华书局1986年版,第246页。

朝末年进士金声,原来家庭极为贫困,遂题书斋联曰:"穷已彻骨,尚有一分生涯,饿死不如读死;学未惬心,正须百般磨炼,文通即是运通。"由于政治权力、经济财富和社会名望等种种资源都与此相连,所以,社会上有"一路通,路路通"之谓。而要求"学而优则仕"的结果,则是社会上从上到下都极其鼓励读书,如宋真宗《劝学文》:"富家不用买良田,书中自有千钟粟;安居不用架高堂,书中自有黄金屋;出门莫恨无人随,书中车马多如簇;娶妻莫恨无良媒,书中有女颜如玉。男儿欲遂平生志,六经勤向窗前读!"王安石《劝学文》也说:"读书不破费,读书利万倍,……窗前读古书,灯下寻书义,贫者因书富,富者因书贵。"传统社会上下长期流动的结果大致造成了一个弥漫着书香的世界,使中华民族成为世界历史上一个最具书卷气的民族,甚至目不识丁者也知"敬惜字纸",普遍有一种对于文字、文献的崇拜。

或说古代选举只是涉及少数人,被选上者更少,为何说它造成了一种社会的结构?然而,不仅少数居上、少数治理正是无论中外传统社会结构的真相(甚至也是现代社会隐蔽的真相),[1] 而且,我们还须注意到古代选举,尤其科举的宏大场面和某种表演性质,各种仪式的耸动视听对于旁观的大众的广泛影响。[2] 科举考试有各种层次,一般人所能直接接触的还是初级功名的人,然而,甚至最初级的层次也有其社会效应。如清代湖

---

[1] 由此,批评以往文字的历史只是"帝王将相"史,"才子佳人"史而主张颠倒过来,就可能陷入一种矛盾:或者坚持现在的价值"应当"而不管历史的真相,或者不得不为了历史的真相而放弃现在强烈的价值诉求。并且,如果说过去的历史就已经是大众占据舞台,担任主角,过去的王朝也就不是一片黑暗而需要革命了。

[2] 中唐赵儋《李弈登科记序》:"于是献艺输能、擅场中的者,榜第揭出,万人观之,未浃旬而名达四方矣。近者佐者外藩,司言中禁,弹冠宪府,起草粉闱,由此与能,十恒七八。至于登台阶、参密命者,亦繁有徒。所谓选才授爵之高科,求仕滥觞之捷径也。"载《文苑英华》卷七百三十七。

南桂阳县地处万山之中，读书者绝少，偶有一二生监，其尊无对，物稀为贵。某令尝撰一联纪其实曰："鱼龙鸡凤鸭孔雀，贡阁廪尚童翰林。"[1] 这正好可以印证社会学中"参考群体"的理论。齐如山曾经在《中国的科名》一书中逐一分析各级功名的社会意义，他指出，童生本不算一种科名，可也是一层阶梯，哪怕只考过一次县考，以此他在官府中就有了名，否则在国家机构中是没有姓名的（只是数目中的一个，这数目还不一定是真的），而一报考，则姓名载于国家学校的人名簿上，比平民稍受优待，例如，遇诉讼写状纸可写"童生某人"，堂上虽还须跪着回话，但县官问话总较客气，年老者则县官可命起而回话（秀才以上都不跪，平民则均不许站）；小考时社会给的面子更大，到处受优待，甚至不自爱者多有闹事，有事县官也得稍稍庇护，因怕误了考试，担待不起；去世后，神主可写："侍赠登仕郎。"

考秀才时，县城、四乡均有跑报的团体，出榜日，有应考者之家必彻夜等候，报喜人到，则不仅本家、街坊均起来共贺，并到亲戚家报喜，到一家时先放三声炮，以便合村皆知。秀才在政治方面多于平民的特权有：1. 秀才与知县，教官等上公事，可写禀帖（平民只能写呈子），显得亲近得多，有些私信色彩。2. 秀才只可传讯，无大事不可拘提，过堂时站立回话，这样，与之打官司的平民说话就气馁得多，遇有大罪先要革去秀才功名再动刑，遇小过应受责，知县也不许打而得交教官责罚，且只许打手板。所以，在杭州有句俗语叫秀才作"屁股盖儿"；[2] 3. 地方公事秀才可禀见县官（私事仍不行），平民则什么时候都不行。因进士都做官，举人居乡者也不多，秀才在乡村社会中的情形可以说占据最高的地位。乡间

---

[1] 徐珂：《清稗类钞》第二册"考试类"，中华书局 1984 年版，第 599 页。

[2] 钟毓龙：《科场回忆录》"甲　小试"，浙江古籍出版社 1987 年版。

有顶戴之人多是秀才,称呼总是"先生",婚丧必请秀才,所以北方俗谚有谓"秀才不可不进,席面多吃几顿",又说"秀才吃的真是美,小米白面偎着嘴",[1] 秀才还可以改换门闾,屋门一般七尺,秀才家则七尺三寸,总要高三寸,秀才还可以少出一些地丁钱粮。[2]

  如此,由选举所得的功名就不仅是民间人要想出头,尤其是要想获得社会上的最佳地位而舍此未由的途径,在观念上也深深地影响到了民众中的渴望、艳羡、尊敬和畏惧之情。陈独秀在其回忆录中表示虽不同意但却理解他母亲崇重科举的思想,"因为在那一时代的社会,科举不仅仅是一个虚荣,实已支配了全社会一般人的实际生活,有了功名才能做大官……普遍的吉利话,一概是进学,中举,会进士,点状元;婆婆看待媳妇之厚薄,全以儿子有无功名和功名大小为标准,丈夫有功名的,公婆便捧在头上,没有功名的,连佣人的气都得受;贫苦农民的儿子,……如果能够跟着先生进城过一次考,胡乱写几百字交了卷,哪怕第一场就榜上无名,回家去也算得出人头地。穷凶极恶的地主们,对这一家佃户,便另眼看待,所以当时乡间有这样两句流行的谚语:'去到考场放个屁,也替祖宗争口气'"[3]。韦伯曾经指出过在中国中举儒生的头上有一种卡里斯马(Charisma)的光环,这一点从《儒林外史》中胡屠户对中举前后的范进判若两人,以及在壮胆打了喜极而疯的范进一掌以后,马上就觉得自己的手"隐隐地疼将起来"也可以得到旁证。

  我们还可以从作为清代启蒙读物的道德语录中流传最广的《增广贤文》

---

[1] 齐如山家乡一村三百家,能天天吃白面的仅四、五家,偶尔吃的十几家,而除过年外一年不得吃者则总一百余家,而齐如山说他家乡尚非穷村,当然这是晚清衰落时的情况。

[2] 齐如山:《中国的科名》第二、六章,载杨家骆主编:《中国选举史料·清代编》,鼎文书局1977年版。又中唐姚合即有诗云:"阙下科名出,乡中赋籍除。"《姚少监诗集》卷一"送喻凫校书归毗陵"。

[3] 陈独秀:《陈独秀文章选编》下,三联书店1984年版,第556—557页。

一书，看到古代选举对于塑造社会心态的广泛而深刻的影响，而这些语录本身又是社会现实状况的一种反映。反映了对子弟上升入仕之路唯有读书应举一途的认识的语录如民间流行本《增广》："家无读书子，官从何处来。""欲昌和顺须为善，要振家声在读书。""好学者如禾如稻，不好学者如蒿如草。""万般皆下品，唯有读书高。""学在一人之下，用在万人之上。""士者国之宝，儒为席上珍。""欲求生富贵，须下死功夫。""一举首登龙虎榜，十年身到凤凰池。十载寒窗无人问，一举成名天下知。""劝君莫将油炒菜，留与儿孙夜读书。书中自有千钟粟，书中自有颜如玉。"同治中周希陶重订《增广》："要好儿孙须积德，欲高门第快读书。""救人一命，胜造七级浮屠；积金千两，不如一解经书。""贫不卖书留子读，老犹栽竹与人看。""传家二字耕与读。"而相对于读书来说，财富是不很靠得住的，例如："积金千两，不如多买经书。有田不耕仓廪虚，有书不读子孙愚。""积钱积谷不如积德，买田买地不如买书。"依赖于门第出身的世家也早已成往事："好学者则庶民之子为公卿，不好学者则公卿之子为庶民。""蒿草之下还有兰香，茅茨之屋或有侯王。无限朱门生饿殍，几多白屋出公卿。""榜上名扬，蓬门增色。"

总之，纵观自秦汉至晚清这两千多年的总趋势，说古代选举在政治上和社会上的地位愈来愈重，最终达到了一个以"学而优则仕"为重心的"选举社会"，应当说是大致不差、有相当多的历史证据可以支持的。[1]

当然，本节非常初步的叙述只是一个开始。"选举社会"的概念还必

---

[1] 从西汉到东汉，察举已经发展到了一个在入仕各途中至重至显的地步，但是，其后魏晋时期向门第世家的发展，却使选举社会的发展似乎呈现出一个"之"字形。魏晋南北朝，尤其是东晋时期需要作为一个特例来处理。但即使在那一个时期，王权对世族还是保留了一种远非春秋时代所能比拟的凌驾地位，有助于支持王权的察举制度也时强时弱地始终存在。而退一步说，我们甚至也可以考虑一种社会形态并不一定要是连续的，而也可以是非连续的。

须从以下三个方面予以进一步的系统阐发和说明：一是中国古代选举的发展究竟如何影响到了社会的结构，如何造成了一个主要依赖于选举来分配社会资源的社会？二是这种选举的基本原则和标准是什么？成效如何？它按照这种标准是否基本上达到了它的目的，履行了它的社会功能？三是这一社会的内在矛盾是什么，它如何摆脱自己的困境？又如何在近代由于外来的因素而不得不归于终结？

所以，在随后的三编中，第一编"趋向"是探讨中国古代选举制度的形成，以及由察举向完备的科举发展的社会蕴涵，我借助于托克维尔对欧美社会近代以来的主要潮流和现时代的基本特征的一个概括，描述了中国社会伴随着选举的发展所形成的、一种朝向单一的最佳政治机会的平等发展的趋向，以及由此确立的一种流动的等级制社会结构。第二编"标准"集中分析选拔入仕的标准，尤其是将注意力放在构成后期科举考试制度中心环节的八股试卷上，我由此考察了古代选举的内容、形式、性质、功能及社会意义和影响，其"得人"以及"人得"的状况，试图澄清20世纪以来一直笼罩在科举及八股之上的浓厚无知与攻讦的乌云，而更深的目的也还是细探这种考试选举千百年来反复锻打所形成的社会结构。第三编"终结"先是分析了古代选举社会发展的固有矛盾、经常陷入的困境及其传统对策，然后考察了晚清遭受西方冲击之后所导致的废除科举的过程、理由及其所带来的社会变革的深远意义，指出这不仅意味着古代中国两千多年选举社会的覆亡，也是其数千年来等级社会历史的终结。本书作为《世袭社会》的续作，主旨是对中国经战国这一过渡时代所进入的直至晚清的两千多年的历史发展，提出一种有别于流行观点的社会学阐释，以便为诠解中国自秦汉至晚清这一迥异于西方的独特"历史之谜"（梁漱溟语），提供一条新的合理思路。笔者希望，上述两书能对中国历史构成一个比较完整、互相补充的社会理论解释框架。

但是，我们又不仅仅是要指出中华文明的特殊性，我们也注意到传统社会向现代社会转化的某种普遍性，在中国的传统社会中，实际上也已包含有丰富的现代因素，中国也有向"现代"发展的某种趋势，只是在发展中呈现出与西方迥然有别的特点而已。中国两千多年来先为荐选（察举），后为考选（科举）的选举制度的演变，体现了一种进入社会上层的单一的最大机会平等的发展。这一平等的趋向与西方封建制社会崩溃以后的平等潮流既有相合之处，同时又有自己的显著特色，中国也可说是以自己的方式参与了托克维尔以"平等的潮流"所概括的一个走向"现代"的世界性历史进程，我们甚至可以说，古代中国已经在某些方面率先承受了"现代性"的负担与困境，因此，"选举社会"的解释范畴也是一种想从中国的内部探究中国的过去与"现代"的关系、并开始从自身的角度反省和批评"现代性"的尝试。

第一编

趋 向

第一章　平等与现代性

中国历史上的"现代"因素问题

　　1995年7月,金耀基为《中国文化》杂志写了一段"学人寄语",以下一些话看来反映了目前萦绕在这位研究中国现代化问题有年的学者心中的重要问题:

> 在跨世纪之前夕,中国人最应深省的是中国文化与"现代性"课题:在中国现代化进程中,中国文化是一被变项,也是一自变项,现代化之路是多元的,"现代性"也可以是多元的。但有没有可能出现"中国"的现代性?主要视乎中国文化能不能及如何回应现代的普遍性问题。[1]

　　这里指出了"现代"或"现代化"、"现代性"有它的普遍性,[2] 或毋

---

[1] 刘梦溪:《中国文化》第11期,中国文化杂志社1995年7月出版,封二。
[2] "现代"(modern)显然不只是一个"时间性"的概念,不是一个简单的"现时代"或"当代"的概念,它还有着一个作为社会范畴的丰富性,并隐含着一种与它之前的时代、乃至（转下页）

宁说，当谈到"中国的现代化"或"现代性"时，"现代"一类概念本身就是在指示一种普遍性、指示一种近数百年，尤其20世纪以来，各个国家、各个民族先后不同程度地、不管愿意或抗拒与否都被卷入的一个世界性历史进程，并且，这一过程首先是在西方世界发生的，并首先在那里得到仔细的阐述、分析、反省和批评。我想，任何一种对"现代"的研究，任何一种对各民族"现代化"道路或"现代性"之独特性的强调，都不宜否认或脱离这一基本事实。因而，在分析"现代"时，不宜如弃敝屣似的匆忙摈弃西方的一些分析范畴。[1]

但是，中国走向"现代化"的道路显然又是相当独特的，中国"现代性"的烦恼也无疑将越来越多地显示出自己的特殊性。这不仅对中国是这样，对其他国家和民族也是如此。换言之，"现代"将越来越多地被全球、被世界各民族和各国所分享和负担，西方的色彩可能淡化，而非西方的色彩却可能突出起来。这种前景又是深深地植根于各民族不同的文化传统，植根于过去。中国走向现代化的巨变，虽然自19世纪被西方激起之后，大致到20世纪才真正发生并初步成形，但是，"现代"的某些趋势可能在中国内部却早已存在，并在发展中呈现出与西方迥然有别的特点。

实际上，我们已经看到不少学者寻找中国内部固有的"现代"因素的种种努力：一些马克思主义学者尝试从宋、明、清，或更早的时期发现资本主义生产关系、商品经济的萌芽；另一些受到韦伯式问题启发或刺激的学者则试图在中国乃至东亚发现可以支持工业化或者民主化的精神因素、

（接上页）与整个传统的对照关系，所以，我们可以使之进入一种历史的分析，可以讨论一种"历史上的'现代'"这一看似悖论的主题。而与之相关的两个概念："现代化"（modernization）常被看作是一种值得追求的价值目标或者发展的必由之路，"现代性"（modernity）则看来更适合作一个批判性反省的范畴。本文将考虑到这些用法上的差别，而较多使用的还是比较中性的"现代"这一概念。

价值观念或者某种张力。这些尝试是有意义的，但可能尚未充分考虑到中国历史上"现代"因素的独特性。因而，他们寻找的东西可能恰恰是虽然"现代"、但在中国历史上却相当缺乏的东西，而中国历史上缺乏这些东西并不意味着中国历史上缺乏"现代"因素和倾向，尤其是如果我们恰当和全面地理解"现代"，理解"现代"不仅是一个偶然的产物，而且是人类社会演变的某种大势就更其如此。

我在此也想做一种从中国的内部、以一种较长远的眼光，探究中国的过去与"现代"关系的初步尝试。借助于托克维尔考察欧美近代以来的社会变迁所形成的一个概括，本编试图对中国自春秋战国之际封建世袭制解体以来平等的趋向提出一种概略的描述。这一平等的趋向与西欧中世纪封建制崩溃以后的平等潮流既有相合之处，同时又有自己的显著特色。托克维尔以平等的发展来概括一个走向"现代"的世界性历史进程，中国与西方相遇以后自然不可能自外于这一进程，但问题是在中国社会的内部也早就发展着这一趋势。

我们可以先浏览一下中国从秦汉至晚清两千多年来大致不变和发生变化的方面，对基本不变的方面我们可以简略地指出：君主制、官僚制、政教合一、士农工商、宗法关系的社会格局，相对停滞的经济发展水平等。对变化的主要方面，参照一些学者的归纳可以大略地指出：版图或经济地域由中原向外部的扩展，尤其是自北向南的不断拓殖；人口大致有了十倍的增长；土地私有及小农化日益发展，租税由征收实物变为征收银钱，徭役也渐变为募役，货币经济亦曾有过兴盛的发展，农业耕作日趋集约化；中央统一帝国的形成并趋巩固；君主专制加强；官僚组织日益完备有序，入仕机会扩大，统治阶层从下层吸收其成员的措施已演成一套客观严密的制度；法令细密，废除了肉刑，刑罚的残酷程度也得以减轻；奴隶日渐消失，贱民也在减少，贵族门第阶层消失，身份越来越不固定；家族纽带在民间社会中虽仍相当凝固，但越来越退出上层政治的领域；文化教育亦趋普及，纸和印刷术的发明推动了文化的扩展，其应用和效果远超过火药和罗盘；儒家意识形态获得统治地位之后，显示了它极大的吸纳、包容和同化力量，这包括佛教的中国化以及北方部族入侵和入主中原之后的多次大规模汉文化等等。这些变化当然是就总的趋势而言，尤其是就最后在明、清所达到的状态而言，中间不无曲折和反拨。这些变化是和平的、渐进的和积累的，并无彻底的断裂、变革和创新，这并不是说其间没有暴烈的实践，而是说那些不时迸发的暴烈实践并未带来社会结构实质性的变化，故从变化迅速的现时代或短时段的眼光看社会不免呈"停滞"或"缓进"之象。但它的内部实在是酝酿并产生了相当的变化，对这些变化我们是否可以用一个总的名称来概括呢？它们是否仅凭自身最终也将把中国带入一种"现代社会"呢？对此还邃难判断。但在上面的变化中，我们看到至少有不少方面是指向平等、指向等级关系的松解的。

但是，我在本编中尚非全面地考察这一平等的趋势，而只是从一个在我看来十分重要的侧面：即联系中国两千多年来先为荐选（察举），后为考选（科举）的选举制度的发展，来考察一种进入统治阶层的机会平等的发展及其所带来的社会变动。

平等作为"现代"的基本特征

托克维尔1848年在为《论美国的民主》写的"第12版序言"中提醒他的读者，该书的每一页都在向人们庄严宣告："社会正在改变面貌，人类正在改变处境，新的际遇即将到来。"[1] 那么，他所观察和感受到的这

---

[1] 托克维尔：《论美国的民主》，董果良译，商务印书馆1988年版，第1页。

个新的时代、新的社会,具有什么样的基本特征呢?

托克维尔并不很严格地定义和区分他所使用的一些基本概念,有时异名同义,或同名异义,[1]但他相当清楚和直接地表述了《论美国的民主》的中心思想。他在全书一开始就写道:他在美国所见到的事物中,最引起他注意的,"莫过于身份平等",[2] 身份平等"赋予舆论以一定的方向,法律以一定的方针,执政者以新的箴言,被治者以特有的习惯"。[3] 15 年后他又回顾说,该书"写作时始终专注的一个思想,是认为民主即将在全世界范围内不可避免地和普遍地到来"。[4] 然后,他又重申了该书"绪论"中所说的话:

> 身份平等的逐渐发展,是事所必至,天意使然。这种发展具有的主要特征是:它是普遍的和持久的,它每时每刻都能摆脱人力的阻挠,所有的事和所有的人都在帮助它前进。
>
> 以为一个源远流长的社会运动能被一代人的努力所阻止,岂非愚蠢!认为已经推翻封建制度和打倒国王的民主会在资产者和有钱人面前退却,岂非异想!在民主已经成长得如此强大,而其敌对者已经变得如此软弱的今天,民主岂能止步不前![5]

从以上的引文中,我们已经可以看出,托克维尔所说的"民主"与"平等"(或更确切地说"身份平等")是相通的,是经常可以互相代用的。

---

[1] 这一点自然翻译者感受最深,参见《论美国的民主》中译者董果良所写的"译者序言"第 8 页,商务印书馆 1988 年版。
[2] 托克维尔:《论美国的民主》,商务印书馆 1988 年版,第 4 页。
[3] 同上。
[4] 同上书,第 1 页。
[5] 同上书,第 1、4 页。

这和我们现在常常把"民主"仅理解为一种政治统治方式,把"平等"理解为社会经济利益方面的平等是有差别的。[1] 托克维尔的眼光是投向整个社会而不仅仅是政治。拉斯基指出:托克维尔使用"民主"一词时有些含混,他有时用"民主"一词指"代议制政府",有时指散漫的"民众",有时指"普选制",但他基本上是把"民主"这个词看成是社会的各个方面走向平等的趋势的同义语。[2] 雷蒙·阿隆也认为托克维尔没有明确区分社会状态和统治方式,然而他最常用"民主"指一种社会状态而非一种统治方式,民主首先是一种社会事实:即地位平等。[3] "民主"在托克维尔那里主要不是被视作一种政治统治方式,而是一种社会状态,这种状态的主要特征就是平等。

托克维尔描述了在欧洲,尤其是在法国发生的不可阻挡、不可逆转的平等进程。他回顾了七百年前的法国,当时法国被少数占有土地的家族所据有,权力世代相传,但后来僧侣阶级的权力开始建立并很快扩大起来,僧侣阶级对所有的人都敞开大门,本是农奴的神甫现在可以与贵族平起平坐,法学家、金融家、文人,也开始形成一些独立的阶层,并与王室、贵族分享政治权利,而贵族与国王的相互斗争也给下层阶级参政提供了机会,贵族有时为了反对王权而拉拢人民,国王则总是以最积极和最彻底的平等主义者自诩,如路易十一和路易十六,始终关心"全体臣民在他们的王位之下保持平等",工艺方面的新发现,工商业方面的改进,也都不断在人们中创造出新的平等因素,平等的观念也在广泛流行。他认为过去七百年内所发生的大事都在推动平等:十字军东征和对英战争消灭了一

---

[1] 这种差别可以见之于:假如我们把《论美国的民主》的书名改为《论美国的平等》,我们对这本书的感觉和预期会发生多大的变化。

[2] 参见拉斯基为《论美国的民主》所写的"导言",该书中译本下卷,第 949 页。

[3] 雷蒙·阿隆:《社会学主要思潮》,胡秉诚等译,上海译文出版社 1988 年版,第 674—675 页。

部分贵族,地方自治制度把民主的自由带进了封建的君主政体,新崛起的新教宣布所有的人都能同等地找到通往天堂的道路,美洲的发现为平民开辟了千百条致富的新路。

这样,对这七百年,托克维尔说:

> 如果我们从十一世纪开始考察一下法国每五十年的变化,我们将不会不发现在每五十年末社会体制都发生过一次双重的革命:在社会的阶梯上,贵族下降,平民上升。一个从上降下来,一个从下升上去。这样,每经过半个世纪,他们之间的距离就缩短一些,以致不久以后他们就汇合了。
>
> 而且,这种现象并非法国所独有。无论面向何处,我们都会看到同样的革命正在整个基督教世界进行。[1]

在《旧制度与大革命》中,托克维尔指出了法国大革命与旧制度的内在关联。他认为法国大革命的实质是一场争取平等的社会政治秩序的革命。[2] 但是,在堤坝被冲决之前,平等的浪潮早已把大堤冲击得百孔千疮了。法国大革命只是给了它公开和最后的猛烈一击。当然,法国大革命由此开启了新的世界性平等潮流则又另当别论。无论如何,托克维尔认为:大革命之前的数百年中,所有欧洲古老国家都已经在默默地从事摧毁国内的不平等现象了。[3] 而 17 世纪以降,封建制度已基本废除,各个阶级已互相渗透,贵族阶级已经消失,贵族政治已经开放,财富成为一种势力,

---

[1] 托克维尔:《论美国的民主》,商务印书馆 1988 年版,第 7 页。
[2] 托克维尔:《旧制度与大革命》,冯棠译,商务印书馆 1992 年版,第 59 页。
[3] 同上书,第 275 页。

法律面前人人平等,赋税人人平等,出版自由,辩论公开。这一切都是中世纪所没有的现象。[1]

托克维尔所描述的 11 至 18 世纪这一段平等发展的时间,也正是法国及欧洲中世纪的封建贵族制解体,君主专制的中央集权国家形成的时期,这一时期和中国春秋战国以来世族社会解体,自秦汉开始形成和巩固着一种君主集权的官僚帝国的时期颇有相合之处,当然,这一过程在欧洲只有数百年,而在中国却延续了两千多年。[2] 在此期间,王权的上升与平等的发展差不多正好构成了一对平行线。这也就是托克维尔所谈到的"与专制结合在一起的平等",这个观念对我们将是一个重要的观念。

在新大陆的美国,托克维尔感觉观察到了一个比欧洲社会看来在各方面更为平等、并且是"与自由结合在一起的平等"的社会。他注意到:独立战争时期,美国的各州几乎都已废除英国的继承制度。限嗣继承法已被修改得默认财产的自由流通。六十年后,社会的面貌已经全部改观,大地主家族几乎全部进入大众的行列。那些富人的儿子们,现今都是职业的商人、律师或医生了,他们大部分已经默默无闻。世袭等级和世袭特权的最后痕迹已经消失。继承法到处都在发挥其平均化的作用。而且,在美国,人们不仅在财富上平等,甚至学识在某种程度上也是平等的。世界上再没有一个人口与美国大致相等的国家会像美国这样,无知识的人如此之少,而有学识的人又如此不多。因此,美国并不存在使求知的爱好随世袭的财富和悠闲而代代相传,从而以脑力劳动为荣的阶级。此外,他强调,不能认为平等在进入政界或其他界之后就不再发生作用。不要以为人们会永远安于在其他方面均已平等而还剩下某一个方面不平等的局面,他们早

---

[1] 托克维尔:《旧制度与大革命》,北京:商务印书馆 1992 年版,第 58—59 页。
[2] 严复、梁启超、梁漱溟等都已注意到这一现象。

晚想要在一切方面享有平等。[1]

我们在此不多涉及托克维尔对平等与人性，平等与自由的关系，以及对平等极度扩展的忧虑和恰当引导的期望。我们想强调的只是：托克维尔对平等潮流感受的强烈性；他对平等潮流的必然性、普遍性的强调；以及把平等作为近代以来社会变迁的中心事件和我们所生活的时代的支配事实和基本标志的观点。

托克维尔实际上认为人们已无可选择，必须接受社会将发展为一个平等的、或者说民主的社会的事实，领导者所能做的只是对民主加以引导，重新唤起对民主的宗教信仰，洁化民主的风尚，规制民主的行动而已。而且，如果说我们通过长期的观察和认真的思考，"知道平等的逐渐向前发展既是人类历史的过去又是人类历史的未来"的话，那么，这一平等的发展就还被赋予了一种上帝神启或天意的性质，企图抗拒它就等于抗拒天意，各民族只有顺应上天的这种安排。[2]

托克维尔给我们描绘了一幅在他那个时期正在进入，在我们这个时期大部分特征可能已经实现了的"平等"社会的理想图画，他写道：

> 我看到，善与恶在世界上分布得相当平等，各占一半。巨富已经不见，小康之家日益增加。欲求和享受成倍增加，但既无特大的繁荣又无极端的悲惨。人人都有奋进之心，但怀大志者不多。每一个个人都是孤立而软弱的，但整个社会是活跃的、有远见的、强大的。私人做小事，国家做大事。
>
> 精神失去力量，但民情温和，立法仁慈。尽管见不到伟大的献

---

[1] 托克维尔：《论美国的民主》，商务印书馆 1988 年版，第 58—59 页。注意这些情况是考虑到：美国时尚在今天显然比欧洲风尚对世界和中国有着更大的影响。

[2] 同上书，第 8 页。

身精神,最高尚、最光辉和最纯洁的德行,但人们的习惯是纯朴的,暴力现象极为少见,残酷更是闻所未闻。人的寿命越来越长,人的财富越来越有保障。生活虽然不光华瑰丽,但非常安逸舒适。享乐既不高雅又不粗鄙。不讲究繁文缛节,没有低级趣味的嗜好。既没有学问渊博的雅士,又没有愚昧无知的平民。天才越来越少,但知识日益普及。人的理性的发展将是众人的微小努力的集少成多的结果,而不是某几个人的强大推动的结果。文艺作品的杰作虽然不会太多,但作品的数量将会大增。种族、阶级、祖国的各种束缚将会消失,而人类的大团结却要加强。

如果让我从这些特征中找出最普遍和最显著的特点,我将指出它表现在资产具有千百种不同的形式方面。几乎所有的极端现象将会日趋减少和消失;几乎所有最高的东西将会逐渐下降,并为中等的东西所取代;这些中等的东西比起世界上存在过的类似东西既不高又不低,既不光彩又不逊色。[1]

在各个方面都为中等的东西所弥漫、所充满,这可能就是现代人的所趋。我之所以要这样不厌其详地引述托克维尔的描绘,因为这一图画也许将有助于了解把我们自己所属文化也包裹在其中的"现代"的过去、现在与未来。这将会是一个相当长的时代,托克维尔认为"平等"是这一时代的主要特征,他有时也把这一时代称之为"民主的时代",他说:"显示民主时代的特点的占有支配地位的独特事实,是身份平等。在民主时代鼓励人们前进的主要激情,是对这种平等的热爱。……因为平等是他们生活的时代的最基本特点。"[2] 其他思想家和学者虽然也曾指出过由传统社

---

[1] 托克维尔:《论美国的民主》,商务印书馆1988年版,第882—883页。
[2] 同上书,第621页。

会转为现代社会的类似特征,[1]但都不像托克维尔如此把"平等"作为一个中心的范畴,并描绘得这样集中和鲜明。我们也许可以这样通俗地解释托克维尔的意思:在"现代"以前,世界上几乎到处都是等级社会,而自世界进入"现代"以来,到处都在走向社会"平等"。

我们注意到,中国人在思想文化的较深层面上接触西方,并认识到中国将不能不卷入一个由西方开启的现代化进程之后,对平等是一种不可阻挡的历史潮流,现时代是一个平等要求呼声最高的时代,现代与古代正因平等而分野等方面与托克维尔有着类似的认识,例如,五四学生运动的早期领导、《新潮》主编傅斯年在五四后不久写就的一篇未刊稿中自问:"现在是什么时代?"他的回答是:现代是在一步步以理性为根据、要求平等的长时期中的一级,近世史是要求平等的历史。最初一步的宗教改革,本着理性,是觉悟的宗教信徒,向教会要求平等的要求。后来的政治革命,是觉悟的人民,本着理性向政权的僭窃者要求平等的运动。他认为:历史是记录人的动作的,人的动作不外两种方向:一是对优越的要求,二是对平等的要求。古罗马城内的争是下级对上级争平等的要求,古罗马城外的

---

[1] 在类似的观点中,我们可以指出:马克思的把平等理解为"消灭阶级",认为社会的必然趋势是由迄今为止的阶级社会过渡到未来的无阶级社会,由按劳分配(这还是"资产阶级权利")的社会主义发展到按需分配(一种实质性的平等)的共产主义;意大利马克思主义学者德拉-沃尔佩曾专门分析过马克思的平等观及其对卢梭平等主义的发展(参见《卢梭和马克思》,重庆出版社1993年版);韦伯以"理性化"概括西方进入现代社会的过程,其"形式合理性"与"实质合理性"的区分颇接近于"形式平等"与"实质平等"的区分,可视是从另一角度观察这一问题,其"世界的脱魅"等观点也指出了现代社会在精神上的世俗化(参见苏国勋:《理性化及其限制》对韦伯这方面观点的概述,尤其是第226—233页。上海人民出版社1988年版);梅因说所有进步社会的运动,是一个"从身份到契约"的运动,从法律的角度说明了社会从固定的等级特权过渡到平等的公民权利的变迁。然而,对正在到来的"平等"时代最为敏感,并采取了一种最为拒斥的抗议态度的思想家首推尼采,尼采在这方面的观点可参见《论道德的谱系》第二章第9节,第12节,第16节;《偶像的黄昏·一个不合时宜者的漫游》第37—39节,第48节;《权力意志》(施莱希塔选编本、张念东、凌素心中译本,商务印书馆1994年版)第111、116、118、120—122、125—126、135—136、141—144、163、167、170—171、175—176、414、459—461页等。

争是罗马人对外族人争优越的要求。希腊各城邦内部的争是对平等的要求，各城邦的互争是对优越的要求。对优越的要求是生物学上的遗传，所谓竞争之后最适者得其生。但人却有超于动物的理性和同情心，所以在前一种要求之上又有平等的要求，这两种要求在近代古代都有，不过有消长的关系。在古代，事迹多从优越的要求而出；平等的要求虽然力量和意味极大且长，而所占据的面积非常的小。近代则是平等的要求向最大面积伸张的时代，最后的结果将是社会上的"山渊平"。[1]

什么样的平等？

但是，"平等"的内涵尚须进一步说明。"平等"本身是一个含混的字眼，现在的问题是，为了考察中国历史上的平等趋向，我们有必要建立一些合适的分析范畴，因此，我们需要对过于汗漫的种种"平等"概念的涵义做一些区分。

一般来说，有两个方面的平等：一方面是"权利的平等"，即所有公民在信仰、良心、表达自由（言论、出版等），政治参与（投票选举）方面的平等，这方面的平等一般都被现代国家载入宪法，得到至少形式上的保障，不会被断然地公开否定；颇有争议的是另一方面的平等，或许可称之为"状态（条件）的平等"。"权利的平等"意味着你可以履行这些权利，如去发表言论或投票选举，也可以不去履行这些权利，但如果你可以去而不去，这并不说明你的权利与别人的同样权利是不平等的，并且，即使你去投票了，而投票的结果不是你赞成的，你投票与不投票的结果实际上一样，你也不可能抗议权利的不平等，只有在你被无端剥夺投票权，或者出

---

[1] 傅斯年：《时代与曙光与危机》，载刘梦溪主编：《中国文化》1996年12月，第14期。

现非边沁所说"一票只是一票,不能算作更多"的情况时你才可以抗议权利的不平等。"权利"的特点是:你必须在使用中才能得到它,也就是说,你必须履行它们,你才可以说是实际地拥有它们,所以,它们在某种意义上还是潜在的、虚拟的,而不是现成的,它们要求一定的付出,要求某种程度的参与,甚至需要一定的训练和培养。它们所含的"平等"实际上只是同等的标准,是以同一个标准去衡量所有的人,去对待所有的人,即所谓"一视同仁",它们所持的是一种普遍的观点,所具有的合理性是一种形式的合理性,而由于现实中的人们是千差万别的,所以也就有了事实上的差别。

"权利的平等"与否并不是从现实状态衡量,但"状态的平等"无疑是以现实结果为衡量的。"权利的平等"更关注人,关注精神领域、关注保持人格,"状态的平等"更关注物、关注经济利益,关注使所有人都得到均等的份额。这些份额是实际的,是现实可见的"利益"。"状态平等"无需对主体提出要求,它要求条件平等,利益平等,而由于人事实上有差别,它就实际上要以不同的标准来对待人,或用庄子的话说,是"以不平平"。[1]

但我们有必要注意特别重要的一点:即那些有关基本生存的物质条件和经济利益,又可纳入"基本权利"的范围,而被即便是"权利平等优先"的支持者看作是最优先的"权利",此即所谓"生存权",在这方面为所有人保障一种基本的生活水平,被普遍认为应当得到最优先的考虑,这也可以说是一种"底线的平等",但它在许多社会里是看不到的,因为平等的状况不会从下面,而常常只会从上面去衡量。不过,我们必须注意:这种普遍接受的物质利益的最优先权始终是在"基本生存"的范围内给予

---

[1] 《庄子·列御寇》。

的,[1] 它意味着一种弥补和救助,如果超出"基本生存"的范围,涉及社会可能提供、个人可能达到的最大利益、机会和发展时,那么,在此是否还必须采取措施使所有人达到最终状态的平等就是相当有争议的了。所以,有必要在状态和利益中区别"基本"和"最佳"。

我们现在已经看到了"权利平等"和"状态平等"的一些区别:例如前者是用同一标准去对待所有的人,后者则是用不同的标准去对待所有的人;前者是要求人做出一定努力,或至少有一点付出(哪怕是写一张选票)的平等,后者则是无须付出,或至少是不要求付出、不以付出为前提条件的平等;前者是尚有待于个人去实现乃至去争取的平等,后者是国家即可付诸实施的平等,因而前者可以说只是一种潜在的平等,由于人的种种差别,实行的结果是社会还会有较大差别,甚至可以说总是导致不平等,后者的平等则是现实的,虽然总是需要某种政治权力的干预,但能够导致一个状态一概平等,或至少相当平等的社会。[2]

率先进入"现代"的西方国家,在19世纪以前的几百年中,随着宗

---

[1] "基本生存"当然不是在仅仅能维持人的肉体生命的意义上理解,它还包括一特定时代或社会的文化认为作为人必须拥有的基本物。

[2] 我们也可参考亚里士多德区分"数量平等"与"比值平等"的观点,他认为:所有内讧,都常常以"不平等"为发难的原因——虽然在本来不相等的人们之间,倘若依据比例而作相应的不等待遇,实际上并不能说是"不平等"。内讧总是由要求"平等"的愿望这一根苗生长起来的。所谓平等有两类,一类为数量相等,另一类为比值相等。"数量相等"的意义是你所得与他人所得的相同事物在数目和容量上相等;"比值相等"的意义是根据各人的真价值,按比例分配与之相衡称的事物。现在的人们大都承认:政治权利的分配,按照各人的价值为之分配这个原则是合乎绝对的正义(公道)的;可是,在实践的时候,各人的主张又相分歧了:有些人因自己在某一方面与人平等而要求一切平等;另一些人则凭自己在某一方面有所优胜就要求一切优先。由于人们各取两种不同的途径,平民和寡头这两个类型的政体就特别流行于世间。门望(贵胄)和才德在各邦都属少数,但群众和财富却遍地都有。然而,一个按照寡头主义或平民主义(以财富或人数为凭),在任何方面要求一律地按绝对平等观念构成的政治体制,实际上不是良好的政体。史实已经证明:这些政体都不能持久。正当的途径应该是在某些方面予以"数量平等",而另一些方面则以"比值平等"为原则。见《政治学》,商务印书馆1981年版,第234页。

教信仰、良心、言论自由的确立和普选权的获得，首先争取和达到的是第一种"权利的平等"，托克维尔所说的"身份平等"亦即这种平等。[1] 然后，随着20世纪以来"福利国家"的种种实践，第二种"状态的平等"也在一些西方国家获得了某种程度的实现。

现在我们想联系道格拉斯·雷（Douglas Rae）和罗尔斯（John Rawls）所使用的概念，主要分析一下"机会平等"的含义，下面我先就"机会平等"与其他平等概念的关系提供一张简单的对照表，列表的一个好处是比较清晰，不易含混；另一个好处是它们可以互相补充、互相说明，省去许多解释的文字：

一般概念	机会平等	结果平等
	形式平等	实质平等
	起点平等	终点平等
道格拉斯·雷	前途考虑的平等	手段考虑的平等
罗尔斯	机会的形式平等	与差别原则相结合的公平机会的平等
	公平机会的平等	

列在上表中同一纵列中的概念的含意虽然大致接近，但还是不可能完全相同。比方说，右列中的"结果平等""终点平等"自然可理解为是彻底的平等主义，而"手段平等"、"与差别原则结合的机会公平平等"却

---

[1] 雷蒙·阿隆的解释是："在他看来，民主就是地位平等。不存在等级和阶级的差别、组成集体的每一个人在社会上彼此平等的社会才是民主的社会。当然这不是说智力上的平等，因为这是荒谬的；也不是经济上的平等，因为在托克维尔看来这是不可能的。社会平等意味着不存在地位上的世袭差别，意味着人人都可以得到各种工作、各种职业、各种尊严和荣誉。"见雷蒙·阿隆：《社会学主要思潮》，上海译文出版社1988年版，第240页。这一解释从价值欲求上说，大致是符合托克维尔原意的，虽然托克维尔也预测平等的潮流事实上可能浸润到社会的各个方面，想把一切抹平。

还是容有差别,"实质平等"的"实质性"也可以容有程度不同的解释。在左边一列中,"起点平等"的意思不言而喻,"形式平等"主要是指以同样一个标准对待所有人,而"机会平等"被列在左边,与"结果平等"相对立,显然与右边的其他观念也基本上是对立的,"机会平等"有纯粹形式的、完全起点的,但它也可以加入不同的"实质性"因素,比方说作为"机会的公平平等",从而可能较前更接近于终点的平等。

与前面"权利平等"和"状态平等"的区分联系起来,我们可以注意"机会"及"机会平等"的这样一些含义:即它的目的与"状态"有关,指向一种实际状态(地位、权力、财富、声望)的改善,而尤其是指向某些职位,这些职位是一般人所艳羡并且有限的,因而这种改善常常并不止是要达到平均线,而是要超出平均线,甚至力求最大值,即要求"最佳"而不只是"基本",就此而言,要求"机会平等"就常常不是要状态平等,而宁可说是要状态不平等。[1] 而另一方面,"机会平等"从其性质而言,又类似于上面所说的"权利平等",即对这些机会可以利用也可以不利用,如果愿意利用,也还需要一定的付出。"机会"虽然可能带来状态的改善,但又并非现实。由于"机会"所涉及的是某些较高的利益,"机会平等"就必须是在竞争的基础上实行,就意味着在竞争中给所有人提供相等的机会,而这可能只意味着参与竞争的同等资格,同一条起跑线,衡量成绩的同一标准这些纯粹形式的、起点的机会平等,如果要再对条件不优越者给予某些特殊偏爱和关照,则这种"机会平等"就有了一些实质的含义。故此,"机会平等"是容有各种不同程度的解释的,从自然放任主义者到平等主义者都可能拥护"机会平等",但他们所理解的"机会平等"当然相当歧异,同时由于现代社会基本生存的问题不很突出,基本权利的问题也

---

[1] 大多数人并不会以与大多数人相等而满足,而是更愿成为至少在某一方面出众的少数。

难以非议,"机会平等"又与人的最大幸福,人所能达到的最高目标息息相关,"机会平等"也就成为一个注意的焦点,同时也是一个争论的焦点。总之,我们在此所说的"机会平等"不是指生存,而是指发展,不是指基本权利,而是指理想前景,以政治领域为例,所有人平等的投票权一般并不意味着这种"机会平等",而是否人人都能被选举担任某些高级职位却意味着一种"机会平等"。不过,现代的"机会平等"似更多或首先应用在经济领域,大量涉及财产和收入、物质的条件和手段。下面我们来具体地看看道格拉斯·雷和罗尔斯的观点。

道格拉斯·雷指出:"机会平等"有两种不同的涵义:1.前途考虑——每个人都有达到一个既定目标的相同可能性;2.手段考虑——每个人都有达到一个既定目标的相同手段。如果你主张前一种前途考虑的机会平等,那么你主要是考虑地位和职务,考虑不要给它们围上封闭的外墙,你可以宣称任何地位和职务对每一个人都不是封闭的,都没有任何涉及种族或身份的限制,所有人都有平等的权利去达到它们,然而你并不考虑他们实际上是否同等地拥有达到它们的手段和资源,而只是考虑地位和职务形式上是向所有人开放的就够了。而如果你主张后一种一般考虑的机会平等,你就不仅要考虑人们对于各种机会的平等权利,而且要考虑人们对于各种机会的平等手段,就要努力保证每个人都拥有利用这些机会的手段、工具、资源或能力。他认为这两种平等不能够共存,实行一个必然取消另一个。[1]

罗尔斯对"机会平等"主要提供了两种解释:一种是"机会的形式平等"(formal equality of opportunity),亦即"唯才是举"的"前途的平等"(careers are open to talents);另一种是"公平机会的平等"(equality of fair

---

[1] Douglas Rae, *Equalities*, Cambridge, Mass: Harvard University Press, 1981, pp. 65—71.

opportunity)。所谓"机会的形式平等",就类似于上文道格拉斯·雷所说的"前途考虑的平等"。这种"机会的形式平等"原则在此是受到他的第一正义原则限制的,即是在一种自由市场和立宪代议制的背景制度下,在所有人都享有平等的基本自由的情况下,其中所有地位和职务是向所有能够和愿意努力去争取它们的人开放的,每个人都至少有同样的合法权利进入所有有利的社会地位。在此权利是平等的,各种前途是向各种才能开放的,至于结果如何,机会是否能够同等地为人们利用,则任其自然,只要严格遵循了地位不封闭或开放的原则,就可以说这一结果是正义的,这也可以说是"自然放任主义的平等"。

罗尔斯并不满意对"机会平等"的这种解释,他认为,由于这种解释没有做出努力来保证一种平等或相近的社会条件,就使资源和手段的最初使用仍然受到自然和社会偶然因素的强烈影响。换言之,不仅人们的自然禀赋个个不同,千差万别,而且这些禀赋的培养、训练和发展也受到各人所处的不同社会条件的影响,这样,即使有类似天资的人,也可能因为其社会出身的不同而没有同等的机会,这样,分配的份额就不仅受到自然天赋的偶然因素的影响,也受到社会出身的偶然因素的影响。所以,罗尔斯转向一种对"机会平等"的"自由主义解释":即他所称的"机会的公平平等"原则,也就是说,各种地位不仅要在一种形式的意义上开放,而且应使所有人都有平等的机会达到它们。

"机会的公平平等"原则比起"机会的形式平等"原则来说进了一步,它排除了社会偶然因素的影响,使具有类似才能的人不再因其社会出身而受到妨碍。具体地说,按照这一原则,就有必要通过比方说教育方面的立法,实施一种免费的义务教育或补助金制度,使贫民中有才能的儿童得到和富人中同等才能的儿童大致同样的教育,使他们不致因家境窘迫而失去受教育的机会,失去以后达到他们凭最初天质本可以达到的地位职务。在这方面对机会平等所需的社会条件的保障，还可以见之于高额累进税制、遗产税等防止产业和财富过度积聚的法律和政策。[1]

这样，道格拉斯·雷所称的"手段考虑的机会平等"看来就还可以一分为二，即我们可以设想，造成机会和最初起点实际上仍不平等的因素主要来自两个方面：1. 人们之间存在的自然禀赋的差别；2. 人们之间存在的社会条件方面的差别；罗尔斯在"机会的形式平等"之上加上"公平"的限制，从而把影响机会平等的人们之间的社会差别因素排除了，但还没有排除人们之间的自然差别因素。"机会的公平平等"补偿了人们因社会条件差异造成的手段匮乏，但仍然允许财富和收入的分配、各种职务和地位的获得受能力和天赋差别的影响，在权利平等的前提下，天赋高者自然有更多的机会进入较高地位和职务，这是否是合理的呢？许多人认为这是自然和合理的，而罗尔斯却为这还不够合理，仅仅排除了社会条件的干扰还不够，还必须考虑排除自然的偶然因素的影响，正像没有理由让历史和机会的偶然因素来确定收入和财富的分配一样，也没有理由让天资的自然分配来确定这种分配，而且，如果不减轻自然偶然因素对分配的影响，社会偶然因素也不可能完全地排除。只要家庭制度存在，排除社会和后天条件的任意影响的公平机会原则实际上也不可能完全地实行，因此，在罗尔斯看来，仅仅接受机会的公平平等原则就还是不够的，还必须把这一原则与另一种有助于同时减轻自然偶然因素对分配的影响的"差别原则"联系起来，即必须实行一种任何差别和不平等都应当最有利于主客观条件最差者的"民主的平等"（democratic equlity）。

以上所述对我们有一种澄清"机会平等"含义的意义，尤其通过罗尔斯我们看到：如果要实行彻底的实质性的机会平等，最终就必须像罗

---

[1] 罗尔斯：《正义论》，中国社会科学出版社1988年版，第61、68页。

第一编 趋 向

尔斯那样尖锐地提出这一问题：即人们对于他们的天赋是否是"应得的"（desert），他们的天赋是否完全属于他们自己？他们能否享有主要由他们的天赋带来的超过平均线的各种利益，等等。

除了"机会平等"是形式的还是实质的这一重要区分之外，我们还可以做一些别的划分。其中最重要的是："机会平等"是单一的还是多元的，亦即"机会"是否是一个复数，在一个社会中，是否有多种多样的机会，每个人是否都有可能在其所长方面超过平均线而高出别人一等，并且，这种种高低层次本身是构成一种等级序列还是完全价值同等？[1] 其次，"机会平等"中的"机会"是一般欲求还是最高欲求，是平均值还是最大值，是社会的最大值还是个人的最大值？最后，我们也许还可以区分"机会平等"的提供是稳定的还是不稳定的，是制度性的还是非制度性的，是体制内的还是体制外的，是合法的还是非法的，是和平的还是暴力的，等等。但一般说来，我们大概只能在前一种意义上谈论"机会平等"，因为"机会平等"是对制度的要求，它与要求个人如何最大限度地利用机会甚至创造机会完全不同。

---

[1] Douglas Rae 的著作《平等》一书就特意用了"平等"的复数，并认为平等的实践就意味着平等"由一到多"的发展，参见：*Equities*, Cambridge, Mass：Harvard University Press, 1981, pp.131—144. 又参见 M.Walzer 所主张的一种"复合的平等"：*Spheres of justice*, New York：Basic books, 1983.

第二章　中国古代对平等的诉求

平等的思想资源

　　中国古代社会是一个等级社会，占支配地位的是一种等级秩序的思想，但在大、小传统中均不乏对平等的思想主张和暴力诉求，而这种乍看去的矛盾现象实是由于对平等的不同理解，两者之间由此保持了一种巨大的张力。[1] 我们先来考察一下中国古代春秋战国时期的平等思想。

　　从春秋末到战国结束，是中国历史上的"百家争鸣"时代，也是一个为后世提供了主要思想资源的"轴心时代"。数百年间，各家各派各抒己见，并多有交锋，但我们还是可以发现为同处这一时代的各家所共同享有的一些东西。这些共识在某种程度上反映了对世袭制解体的社会变动的积极推动、适应或至少消极的认可。而我们列出这些言论也可以说明，后世

---

[1]　美国一位学者孟旦认为，先秦儒家与道家都主张一种人的自然属性的平等，西方则主张一种人的价值上的平等，见 D. Munro：*The Concept of Man in Early China*，Stanford University Press, 1969。但在我看来，儒家对人的自然差别一直是敏感和强调的，而下面我要讲到的"人格平等""形式平等"的观点都是属于从人的价值上讲平等。

的平等趋向并不只是简单地顺应时势,而是还有一种深厚的价值资源,这种平等的趋势并不只是由下层本能地推动,而是在社会上层,在"大传统"中也有一种动力的支持。[1]

一、关于人格平等

儒家在意识到人有差别的同时主张人格的平等,这特别深刻地表现在孔子以"忠恕"为核心规范的仁学思想中,例如:"己所不欲,勿施于人。"[2] "忠恕违道不远,施诸己而不愿,亦勿施于人。"[3] "己欲立而立人,己欲达而达人。"[4] 由上面的话可以看出,"忠恕"的要求必须是在把他人视为与自己在人格上平等的前提下才能成立,才能做到,所以,在它后面隐含着的是一种"人格平等"的精神。我们甚至可以在某种意义上说,这一忠恕一贯、人格平等的精神在儒家那里是其所有社会政治主张的核准。正是由于这一点,防止了儒家像法家中的极端派别那样将某一方面的平等推到极致,而使之变成丢失人乃至戕害人的东西。而儒学之所以要求视人如己,平等看待,又是与儒学恻隐仁爱的价值核心分不开的,这一点,可明白地见之于孔子的"仁者爱人"与孟子"恻隐为仁之端"的思想。儒学中又有"爱有差等",仁爱要从"亲亲"开始的命题,但这一般是指比较积极意义、目标较高的爱,在基本生存的层次上,或者说,在恻隐的层次上,儒家主张对所有人都一视同仁,认为每个人都有生存的权利,对每个人的痛苦都有必要关心,每个人也都应有接受教育的权利和发展自己

---

[1] 这并不是说在春秋之前就没有类似的思想,由于中国思想连续性的特点,纵使在巨变时期亦非决裂,下列思想在春秋前就有萌芽,但它们还是在百家争鸣时代才集中的发展,并有了一种新时代的意蕴和转折。所以,我们仅围绕这一时代列举各种观点。

[2] 《论语·卫灵公》,又见《论语·颜渊》。

[3] 《礼记·中庸》。

[4] 《论语·雍也》。

的机会，这一点我们后面马上就会看到。

在墨子那里，"人格平等"则表现为一种摆脱了"亲亲"色彩的"兼爱"精神，墨子主张"圣王"要"以天为法""兼爱天下之百姓""兼而有之""兼而食之"，对所有人公平无私，无有厚薄，例如他说："今天下无大小国，皆天之邑也；人无幼长贵贱，皆天之臣也。"[1]但他虽认为人均为"天之臣"，还是接受人有"幼长贵贱"的等级制，这一点和儒家一样。

道家的思想比较特殊，有一种非政治、甚至非社会的倾向，所以我们提出来在此总说。道家倾向于一种自然状态中的平等，即一种无别贵贱，毋分贫富，不问智愚的天然平等，这种平等自然包含着一种"人格平等"的意蕴，但又可说已经不止是一种"人格平等"，而且是一种"生命平等"乃至"物格平等"。这种平等是否能够建立当然是大有疑问的，但道家主要不在解释社会历史，而在给出一种生活理想。所以，他们特别反对"政治化"，或至少反对一种积极有为、进行干预的政治。例如：

> 天之道，其犹张弓与？高者抑之，下者举之，有余者损之，不足者补之。天之道，损有余而补不足。人之道，则不然，损不足以奉有余。[2]

> 不尚贤，使民不争，不贵难得之货，使民无知无欲，不见可欲，使民心不乱。……为无为，则无不治。[3]

> 彼民有常性，织而衣，耕而食，是谓同德；一而不党，命曰天放。……夫至德之世，同与禽兽居，族与万物并，恶乎知君子小人哉？同乎无知，其德不离；同乎无欲，是谓素朴。[4]

---

[1] 《墨子·法仪》。
[2] 《道德经》第 77 章。
[3] 《道德经》第 3 章。
[4] 《庄子·马蹄》。

我们看到，庄子在此甚至把平等推到了"同与禽兽居，族与万物并"，这不是一种社会状态的平等，甚至不是一种人类状态的平等，这种与天地万物合一的平等在文明社会中实际上是一种个人的精神世界，需要一种极大的精神力量才能达到或接近。所以，它看起来虽然是特别平等的、大众的和原始的，在文明社会里却实际上是非常特殊和精英性质的（也许还是非常超前的）。但是，这种"自然平等"虽难实行，其中却不乏可以引来（也许通过误解）支持"社会平等"的思想资源，尤其是其中隐含的重视真正"好的生活"、蔑视官位、反对政治对生活世界的侵夺的观点，是对春秋战国前后，无论"血而优则仕"还是"学而优则仕"都极其重视"仕"，以"仕"为主要出路和最大机会的一种有效批评，从而在中国历史上保留了一种虽非政治，却犹有声望的隐士的生活方式。

二、关于形式平等

"人格平等"是可以与各种具有不同内容的平等观相联系的，因为它本身只是一种肯定的价值，主张所有人都拥有某种应当被作为人来对待的共同点，但究竟这种共同点或"人格"应定于何处，怎样才算是按合符人格的方式对待人（"人其人"），还可以有不同的理解，我们在此首先叙述与"人格平等"联系最为紧密的一种普遍的"形式平等"的观点，或者说一种"天道之公"的观点，这在各家各派的观点中都不同程度地存在：[1]

> 早期法家："天公平而无私，故美恶无不覆，地公平而无私，故小大莫不载。"[2]

---

[1] 尤其是在由道入法的思想家，如慎子等那里。
[2] 《管子·形势》。

儒家:"子夏曰:'三王之德参于天地,敢问何如斯可谓参于天地矣。'孔子曰:'奉三无私以劳天下。'子夏曰:'敢问何谓三无私。'孔子曰:'天无私覆,地无私载,日月无私照,奉斯三者以劳天下,此之谓三无私。'"[1]

杂家:"昔先圣王之治天下也,必先公,公则天下平矣,平得于公。尝试观于上志,有得天下者众矣,其得之以公,其失之必以偏。"[2]

当然此公心、天心并不意味着完全不分厚薄地对待所有人,不意味着完全平等,而只是使人人各得其所,各安其分,各施所能,各尽其职。也就是说,把各人所应得的给各人,这是一种"形式的公正""形式的平等",其间还是可以容纳各种正义观,包括等级主义的正义观。因为对何谓"各人所应得"可以有不同的理解。等级主义的正义观也可以概括为:平等地对待所有人,只有你具有了某种血统、身份、才能、德行、金钱、学问等,你就能列身于某一等级。但这些条件有的是后天可以改变的(如才能等),有的是后天不可改变的(如血统),究竟是所有人还只是一部分人被纳入考虑也还有不同,[3] 但至少到战国时期,上述"天道之公"的观点已有了在某些方面、在某种程度上对所有人一视同仁,打破血统论的意蕴。

具体到各个方面的平等中,儒家最强调受教入仕的机会平等:

孔子:"有教无类。"[4]

---

[1] 《礼记·孔子闲居》。
[2] 《吕氏春秋·贵公》。
[3] 比方说古希腊曾把奴隶、印度曾把贱民,排除在外。
[4] 《论语·卫灵公》。

"自行束修以上,吾未尝无诲焉。"[1]

"面貌不足观也,先祖天下不见称也,然而名显天下,闻于四方,其惟学者乎!"[2]

子张:"学而优则仕。"[3]

孟子:"贤者在位,能者在职。"[4]

"尊贤使能,俊杰在位,则天下之士皆悦而愿立其朝矣。"[5]

"唯仁者宜在高位。"[6]

荀子:"我欲贱而贵,愚而智,贫而富,可乎?曰:其唯学乎!"[7]

荀子并明确地反对世袭制:"虽王公士大夫之子孙也,不能属于礼义,则归之庶人。虽庶人之子孙也,积文学正身行,能属于礼义,则归之卿相士大夫。"[8]主张"论德而定次,量能而授官"。[9]

墨子的"尚贤"思想,矛头也明显地指向固定的身份制,他说:"王公大人骨肉之亲,无故富贵,面目美好者,此非可学能者也,……是以使百姓皆攸心解体,沮以为善,垂其股肱之力,而不相劳来也,腐臭余财,而不相分资也,隐匿良道,而不相教诲也。若此则饥者不得食,寒者不得衣,乱者不得治。"[10]"故古圣王能审以尚贤使能为政,而取法于天。虽

---

[1]《论语·述而》。
[2]《尸子》,《二十二子》,上海古籍出版社1986年版,第378页。
[3]《论语·子张》。
[4]《孟子·公孙丑上》。
[5] 同上。
[6]《孟子·离娄上》。
[7]《荀子·儒效》。
[8]《荀子·王制》。
[9]《荀子·君道》。
[10]《墨子·尚贤下》。

天亦不辨贫富贵贱，远迩亲疏，贤者举而尚之，不肖者抑而废之。"[1] "古者圣王之为政，列德而尚贤，虽在农与工肆之人，有能则举之，高予之爵，重予之禄。……故官无常贵而民无常贱，有能则举之，无能当下之。"[2] "故大人之务，将在于众贤而已。"[3] 墨子甚至主张不仅官员，天子也应由选举或禅让产生："选择天下之贤者，立以为天子。"[4]

战国时代的法家也是明确反对世袭制的，商鞅变法，改行"效功而取官爵"的制度，"宗室非有军功论，不得为属籍"，但法家也反对"人治"，主张"法治"，因而对"贤人政治"颇有批评，在如何选人、用什么标准和程序等问题上与儒家更有诸多不同。法家比儒家在程序上更强调入仕的客观化和形式化，强调臣民的自进，[5] 在入仕标准上更强调官能吏才和试用，而儒家则更重学问、德行，强调人格的完整性，强调君主的礼贤。与其他政治制度相类似，后世选举制度的发展也在一定程度上体现出儒、法两家合流的影响：在选择标准、内容等主要方面更接近儒家；在选择程序、规则上却日近法家（尤其在科举时代）。

法家予以强调的是另一方面的形式平等：即法律方面的平等，他们主张："法不阿贵，绳不挠曲。法之所加，智者弗能辞，勇者弗敢争。刑过不辟大臣，赏善不遗匹夫。"[6] 但由于传统法律的性质主要是刑法，而并非近代包括公民各种基本权利的法律，所以上述法律面前的人人平等就主要是刑法面前的人人平等。墨子也说到刑罚须公正平等："古者文武为

---

[1] 《墨子·尚贤中》。
[2] 《墨子·尚贤上》。
[3] 《墨子·尚贤上》。
[4] 《墨子·尚同上》。
[5] 如韩非说："明君不自举臣，臣相进也；不自贤，功自徇也。论之于任，试之以事，谋之以功。"（《韩非子·难三》）
[6] 《韩非子·有度》。

正,均分赏贤罚暴,勿有亲戚兄弟之所阿。"[1]但刑罚平等的思想的主要表述者还是法家,儒家对此则颇不以为然,孔子曾反对铸刑鼎。儒家忧虑此会伤害"亲亲贵贵"的原则,他们也期望一种更积极地通过教育感化而达到的"其无讼乎"的状态,以及在平等方面采取更积极的入仕机会平等,吸纳贤才的方针。

总之,形式平等的种种观点在春秋战国时期已经相当流行,而在这些观点中,对后世影响最大,形成了固定持久的制度,并影响和改造了社会面貌的,看来还是儒家"受教入仕的机会平等"的思想。

三、关于实质平等

儒家也支持一种等级制下的"均平"思想,亦即民众生活和财富的大致平等。孔子说"不患寡而患不均""均无贫"[2];孟子拥护井田制,主张相当平均地"制民之产",还有《礼记·礼运》中的"大同""小康"之说,都表现出儒家也主张一种"实质平等"的倾向。

这里有必要注意一个重要的区分:即官员(包括候补、退休官员)与一般民众的二分,亦即"治人者"与"治于人者"的二分。官、民之间并不存在平等。官、民之间在权力、财富与声望方面差距悬殊,然而儒者又不断有"均平"之说,历代王朝又时有"均田"之令以及抑制兼并,缩小贫富之策。那么,这些平均主义的论说和政策究竟何指?它们实际是指要在民众内部实行某种平等。官员毕竟占人口的极少数,民众是绝大多数,使这一绝大多数的物质生活尽量不太悬殊,不仅可以使他们大致能安居乐业,客观上也可使其中有可能上升到统治层的少数精英置于一个比较平等

---

[1] 《墨子·兼爱下》。
[2] 《论语·季氏》。

的起点上,即不仅保证一种前途考虑的平等,也考虑一种手段的平等。当然,这只是就"均平"政策的理想而言。总之,多数和少数、大众与贤能、常人与英才的福利是不同的,是两分的,这可以见之于《礼记·礼运》有关大同理想的那一段著名的话,一方面是"选贤与(举)能",另一方面是"使老有所终,壮有所用,幼有所长,矜寡孤独废疾者皆有所养"。

对平等的暴力诉求

我们可以再观察一下一种旨在平等的暴力实践。平等的要求可以说本来就潜存于人们的心中,当战国之后封闭的世袭制被打破,社会上、下层不再如天堑那样难于相通,就为平等意识的觉醒与平等要求的萌发提供了机会,而实现这些平等的要求则有暴力手段与和平手段的不同道路。

我们可以在中国历史上看到周期性的平等要求的猛烈迸发。这种平民(主要是农民)的暴动常常是以"平等"为号召的,是对社会两极分化、贫富悬殊的一种激烈的、行动的抗议,虽然这方面的史料并不是很多,但我们还是可以摘抄几条,以显示要求"平等"的激情在这些暴烈的实践中的分量:

> 1. 陈涉少时,尝与人佣耕,辍耕之垄上,怅恨久之,曰:"苟富贵,无相忘。"庸者笑而应曰:"若为庸耕,何富贵也?"陈涉叹息曰:"嗟乎,燕雀安知鸿鹄之志哉!"陈涉又在号召戍卒起义时说:"王侯将相,宁有种乎!"[1]
>
> 2. 张鲁"又置义米肉,悬于义舍,行路者量腹取足"。[2]

---

[1] 《史记》卷四十八《陈涉世家》。
[2] 《三国志》卷八《张鲁传》。

3. 王仙芝在举事时自称"天补平均大将军",黄巢亦曾自称为"天补大将军","天补均平大将军",又"时巢众累年为盗,行伍不胜其富,遇穷民于路,争行施遗"。[1]

4. 王小波:"蜀民不足,故小波得以激怒其人曰:'吾疾贫富不均,今为汝均之',贫者附之益众。"[2]

5. 李顺:"顺初起,悉召乡里富人大姓,令具其家所有财粟,据其生齿足用之外,一切调拨,大赈贫乏。"[3]

6. 钟相:"法分贵贱贫富,非善法也。我行法,当等贵贱,均贫富。"[4]

7. 李自成:"牛金星教以慈声惑众,谓五年不征,一民不杀,且有贵贱均田之制"。[5]

又"李岩教自成以虚誉来群望,伪为均田免粮之说相煽诱。"[6]

8. 洪秀全:"凡分田,照人口,不论男妇,算其家口多寡,人多则分多,人寡则分寡。……务使天下共享天父上圣皇上帝大福,有田同耕,有饭同食,有衣同穿,有钱同使,无处不均匀,无人不饱暖也。"[7]

这种暴烈行动所追求的是一种什么样的平等?在此,也许有必要区

---

[1] 《旧唐书》卷二百下《黄巢传》。
[2] 王辟之:《渑水燕谈录》卷八,中华书局1981年版,第105页。
[3] 沈括:《梦溪笔谈》。
[4] 《建炎以来系年要录》建炎四年二月。
[5] 查继佐:《罪惟录》纪十七。
[6] 同上书,传三十一,《李自成传》。
[7] 《天朝田亩制度》。王庆成认为:"《天朝田亩制度》所设计的,是一个平均主义的和一切政治经济权力归于'主'的专制社会,它与近代的平等观念不相容。""它们从未包含一切公民都有平等的政治地位和社会地位的内容。"见其《太平天国的历史和思想》,北京:中华书局1985年版,第42页。

分发动者与群众，区分动机与实际行为和效果。从发动者来说，其动机包含着一种改变个人命运的努力，他们要争平等，但首先是为自己争平等，从对佣耕"怅恨久之"的陈涉，到屡试不第的王仙芝、黄巢、洪秀全，被斥革的举人牛金星等，他们自然都不是民间的等闲人物，但由于运气不佳，或仕进标准与自己的才能不符，又值有举事之机或生死逼迫，便铤而走险而举大事。他们无疑期望改变自己政治上的卑微地位，但如果认为他们期望为所有人争取一种普遍的政治与社会平等，则显然与事实不符，这在当时的历史条件下亦不可能。[1] 所以，往往在最初一段振奋人心的同甘共苦、平等相处之后，他们很快就会建立起一种内部严格的等级制度。[2] 例如开始告诫"毋相忘"的陈涉后来不仅淡忘了自己原来的伙伴，甚至为了维护等级的威严而杀了他们。洪秀全也是如此。这并非一种诛心之论，也并不意味他们原来的想法不真诚或有意欺骗，而是说即使初衷完全真诚，由于地位和时势变了，原先的想法也就可能改变。

但是，我们又确实可以看到他们想为群众所争取的一种平等，至少在初期是如此，并相当地见诸行动。但这种平等并非政治与社会地位的平等，并非"贵贱"方面的平等，而主要是一种经济和物质需求方面的平等、"贫富"方面的平等，[3] 或更准确地说，是一种基本生存方面的平等。也就是说，他们的行动常常为活不下去的民众打开了一条生路。故农民暴动一般总是发生在贫困地区，且常值灾荒年景，甚至陷入一种濒死境地，此时正如陈胜、吴广所言："今亡亦死，举大计亦死，等死，死国可乎？"除了

---

[1] 马克思主义学者亦承认这一点，并解释为他们不代表新的生产关系。

[2] 按莫斯卡（G. Mosca）的说法；这是政治组织的一般趋势，也是为了有力量。

[3] 当然实际上不可能完全或持久地实行，《天朝田亩制度》就并未实行，所以它经常还只是一种号召。并且，作为号召来说，"均贫富"常常还不如"不纳粮""抗税"等针对政府而非富人的口号来得有力。

暴政和外患,历代皇朝末年的大动荡常常是由于人口增加、土地兼并累积所造成的经济压力,所以,当大动荡过去,人口锐减,土地空余并趋于比较平均时,新统治者慑于记忆犹新的暴乱经验(有的自身就是与乱者,自然深谙内情)更着意于一种较平等的民生,一轮新的循环就又可以预期了。

总之,这种暴烈的争取平等的行动,其最成功的,也只是对统治层成员的一次大量和急剧的更换,它并不改变社会政治的等级结构,甚至不会从表面形式上改变,它所提供的上升之路极其狭小,并极其冒险,所要求的才能也仍属单一(主要是政治动员、组织和军事的才能,当然,这种才能是和平时期下民不易满足和实现的),而它付出的鲜血和生命的代价则极其惨重,有时全国人口经大动荡之后减少一大半。[1] 往往不论哪一方,都只留下不多的幸存者,能够上升的自然更少,而能逃脱"狡兔死,走狗烹"之命运的就更少而又少了。群众总是可悯的,那种暴烈的实践即便成功,往往也只是为极少数人提供了机会,尤其是为一个人——一个新的皇帝提供了机会。自秦至晚清,从陈胜、吴广到洪秀全,最后一次大规模农民战争与第一次大规模农民战争并无性质上的大差别,缺乏积累的社会进展或变革因素,无论其成也好,败也好,社会结构并没有实质性的改变,然而,客观上它却成了一轮轮历史循环的转换器(有时这种转换器的作用由异族入侵的战争履行),构成了中国历史上一种要紧的、却是非常态的环节。所以,说到平等的趋向,更值得注意的还是另一种常态的、和平的、虽然进展缓慢但却不断积累的、不仅改变统治阶层成分、也导致社会结构改变的变化——这就是中国古代选举制度的发展。

---

[1] 何炳棣:《1368—1953 中国人口研究》表 40,上海古籍出版社 1989 年版,第 239 页。他根据县志较为精确地统计了皖、浙、苏 8 个县太平天国前后人口的变化,最多的两个县减少人口 83% 以上,最少的也减少了 48%。

第三章　中国古代选举制度的发展

走向制度化的选举

前面我们已经从思想和价值资源上,说明了春秋战国时代取代"血而优则仕"的"学而优则仕"主张的兴起,这一主张自春秋末年起就已开始成为现实,许多庶民通过学术而得仕进,甚至达到很高的职位。例如,孔门弟子多出自贫寒;在战国时的卿相中,庶人出身的也占一个相当的比例。[1] 据余英时所引,世风的变迁可见以下记载:

> 子张,鲁之鄙家也,颜涿聚,梁父之大盗也,学于孔子;段干木,晋国之大驵也,学于子夏;高何、县子石,齐国之暴者也,指于乡曲,学于子墨子;索卢参,东方之巨狡也,学于禽滑黎。此六人者,刑戮死辱之人也。今非徒免于刑戮死辱也,由此为天下名士显

---

[1] Cho-yun Hsu:*Ancient China in Transition*, Chapter 2, Stanford University Press, 1965;亦可参见拙著《世袭社会》第六章,北京大学出版社 2011 年版。

人,以终其寿,王公大人从而礼之。此得之于学也。[1]

宁越,中牟之鄙人也,苦耕稼之劳。谓其友曰:"何为而可以免此苦也?"其友曰:"莫如学。学,三十岁则可以达矣。"宁越曰:"请以十岁。人将休,吾将不敢休;人将卧,吾将不敢卧。"十五岁而周威公师事之。[2]

故中章、胥己任,而中牟之民弃田圃而随文学者邑之半。[3]

余英时认为这些事大致都是发生在春秋战国之交,虽然可能有相当夸张,却并非毫无根据,至少可以见出风气的转移:[4] 亦即身份、血统,甚至本人的"前科",已不构成什么大的问题,只需靠自己今后的努力、靠"学"都有可能上进。以后到战国七雄迭经变法,争强图存,对人才需求甚急,上升的机会更是大大扩展,游士所受的礼遇相当优渥。战国时代对各类人才是一个相当有刺激性和吸引力的时代,也是一个机会相当平等的时代,不管一个人出身如何,有时与君主片言投合即可立登显位。其最初所依凭也少:例如张仪第一次去游说楚国时被痛殴而归,妻子责怪,他说,只要"舌在"就够了;而其最终所获得也大:当张仪再次去游说秦王成功后,很快就登上相位;家无恒产的苏秦乃至于能"佩六国相印"。那时的游士还有相当大的自由,他们可以奔走于列国之间,一处不用则可奔赴他处,暂时不做事也可以被养起来,可以参政,也可以仅仅议政,还可以隐于市井、草野,却仍然拥有相当大、有时甚至更大的声望和影响力。上升的途径不仅一途,所需的才能也不止一种,从德行到文学、从勇武到

---

[1] 《吕氏春秋·尊师》。
[2] 《吕氏春秋·博志》。
[3] 《韩非子·外储说左上》。
[4] 余英时:《士与中国文化》,上海人民出版社1987年版,第16页。

辩才、从强国安邦之大道到鸡鸣狗盗之小技，都可能有施展的机会。

但是，战国时代同时也是一个上升之途非制度化的时代。虽然有局部的养贤的制度化，如齐宣王时候的稷下学宫，又如孟尝、平原、信陵、春申四公子的养客，但这种养贤是相当依赖于主人的，往往人存则存，人亡则息。各种机会也都带有很大的偶然性，即便得到，也缺乏保障，可能朝为座上宾，夕成阶下囚，甚至飞来横祸，身首异处。韩非不仅有《说难》、《孤愤》诸篇，其自身遭遇也说明这种机遇的不确定性。那是一个冒险家的时代，在世俗之眼已可视作成功的苏秦、张仪后面，肯定还有不少未及扬名就弃诸沟壑的"苏秦""张仪"。无怪乎当时有大量的隐者，除有不能施道之原因外，恐还有为保身之计。不过，总的看来，至少在离最高政治权力较远的地方，游士们确实拥有中国历史上最大的活动空间。

秦帝国的建立结束了这一切，游士的黄金时代被画上了一个句号。奔放的战国时代只能是一个过渡的时代，那样一种状况在当时的情势下无法持久。游士们很快就无法再游，必须要么入仕为吏，要么为一介草民，其才能要有大施展，就必须被纳入国家的政治体制之内。新起的中央统一集权的帝国也不必再像战国时代争雄的七国那样"礼贤下士"。秦帝国是一个短暂的时代，其赫赫的"武功"尚未转变成长久的"文治"，仅传二世便江山易主。然而，嬴政一姓一系的皇朝虽然短暂，却创造了一种中央集权的官僚帝国的模式，继起的汉王朝终于使这一模式垂之长久，从而为后世选举入仕的制度化提供了一种直接的客观需要和可能。

从统治阶层的来源和成分看，汉王朝确实可以说是有可靠文献以来中国历史上第一个官员出身最卑微的政权。赵翼说：

> 汉初诸臣，惟张良出身最贵，朝相之子也。其次则张苍秦御史，叔孙通秦待诏博士，次则萧何沛主吏掾，曹参狱掾，任敖狱吏，周苛

泗水卒史，傅宽魏骑将，申屠嘉材官，其余陈平、王陵、陆贾、郦商、郦食其、夏侯婴等皆白徒。樊哙则屠狗者，周勃则织薄曲吹箫给丧事者，灌婴则贩缯者，娄敬则挽车者。一时人才，皆出其中，致身将相，前此所未有也。[1]

钱穆也因此说汉朝政权是一个"平民政权"。[2] 一般来说，一代王朝在最初数十年间不会遇到统治阶层再生产的严重问题，新起者作为一个以暴力推翻前朝的阵营，一般有不少很年轻的成员，且可实行一种事实上的终身制。从汉初丞相的来源看：汉高帝到汉文帝的五十年间，九位丞相：萧何、曹参、王陵、陈平、审食其、周勃、灌婴、张苍、申屠嘉均属功臣，然而，至文帝时，功臣所剩无几，申屠嘉虽然是随高祖打天下的第一代功臣，但那时只是"队率之微"，属于功臣中最年轻资浅的一辈。而且，我们可以想见，在作为最高行政首脑的相位之下，各级官员的来源肯定早已成为问题。这时一个自然的办法是任用功臣子弟，所以，作为主要官吏储备所的"郎吏"最初大都是来自功臣之家，如果始终沿用这一办法，并与政治上的宗室封建配合，我们可以设想一个新的世族社会就可能重现，但是，这毕竟是在战国打破世袭制的社会大动荡之后，社会的基础已不复如春秋时代之前，战国时代的百家争鸣，以及种种招贤养士的实践也已经为后世提示出一条新的补充统治阶层的途径。所以，我们看到：在汉初一度任用功臣及功臣子弟的时期之后，到汉武帝时，统治阶层的再生产便发生了一种意义深远的变化。

---

[1] 赵翼：《廿二史札记》，中国书店，第21页。

[2] 钱穆：《国史大纲》上册，第128页："秦灭六国，二世而亡，此乃古代贵族封建势力之逐步崩溃，而秦亡为其最后之一幕。直至汉兴，始为中国史上平民政权之初创。"商务印书馆1994年版。

王朝建立之初，总需大量治国人才，且不能都是军伍之人，刘邦也渐认识到"不能以马上治天下"，所以，汉高帝十一年（前196）即有诏举"贤士大夫"，文帝二年（前178）、十五年（前165），又分别诏举"贤良方正能直言极谏者"，这些均属特举。但在文帝时已有了"贤良方正"等名目，可以不时举行，并有对策一类的考试，被举者亦可借此表示有实质性内容的政见，晁错、公孙弘、董仲舒皆由此出。董仲舒反对任子、纳赀取士，主张"使诸列侯、郡守、二千石各择其吏民之贤者，岁贡各二人以给宿卫"，这一最后导致了岁举的意见，就是他于建元元年（前140）的"贤良对策"中提出来的。但这类特举直接起因多为灾害或者有大事等特殊时机，目的主要在求言，且非常行之定制。

汉武帝元光元年（前134），"初令郡国举孝廉各一人"。[1] 自此，岁举孝廉开始成为两汉察举一种主要的常行科目。劳干指出："元光元年这一年，无疑的，是中国学术史和政治史上最可纪念的一年。"这一次举孝廉虽未举出了不得的人物，"然而就制度的本身说来，却开中国选举制度数千年坚固的基础"。[2] 甚至我们可以说，至此，选举才正式成为一种制度。制度意味着一种固定的连续性和重复性，一种独立于人的东西，只是到选举不再因君主临时的诏令而起，不再依君主的主观意志为转移，而变成一种惯常的、届时就必须实行，且有各种成例规定的事情时，我们才可说它成了一种制度。过了六年，在元朔元年（前128）又有诏书规定必须举人，批准了有司所奏："不举孝，不奉诏，当以不敬论；不察廉，不胜任也，当免。"[3] 察举由此得到严格的贯彻执行。元封五年（前106），初

---

[1]《汉书》卷六《武帝纪》。

[2] 劳干：《汉代察举制度考》，《中央研究院历史语言研究所集刊》第17册，中华书局1987年版，第83页。

[3]《汉书》卷六《武帝纪》。

置刺史部十三州,又令"州郡察吏民有茂材异等可为将相及使绝国者",[1]此一"茂材"名目(西汉称"秀才",东汉避刘秀讳改称"茂才")在西汉尚属特举,东汉初成为岁举科目。"建武十二年(公元36)八月乙未诏书,三公举茂才一人;……光禄岁举茂才四行各一人,……监察御史、司隶、州牧岁举茂才各一人。"[2] 茂才主要是由州及中央三公、将军、光禄、司隶所举,品位上比郡举之孝廉高了一级,被举者人数较少,不及孝廉十分之一,任用也远较孝廉为重,这样,秀(茂)、孝实际构成了察举常行科目主要的两个层级。汉和帝永元四年至六年(公元92—94)间,又规定"郡国率二十万口岁举孝廉一人",确定了人口与孝廉的岁举比例,岁举更趋明确和稳定。除此之外,岁举还有"察廉""光禄四行"等名目,常见的特举则有"贤良方正""贤良文学"两科,其他特殊的名目还有"明经""明法""至孝""有道""敦厚""尤异""治剧"等。[3] 另外,博士弟子课试也渐成制度,其射策考试一般"甲科补郎、乙科补吏",到东汉时,太学生已发展至三万余,开后世选举与学校相结合的先河。两汉时,中央和地方的高级官员还可开府辟除,自己选用属员,被辟举者往往升迁甚速,此种辟察与察举构成了两汉仕进的主体。再加上纳赀以及因袭的任子等,两汉仕进呈现一种常为后世羡称的多途并进的局面。

在此我们想特别强调察举的制度化中岁举的意义。有一位激烈批评美国民主的西方人士曾承认:美国建国以来至少有一件事是不变的、无可动摇的,这就是四年一次的总统选举,这是任何现任总统也无法改变的。而中国的选举制度也由此开始了一种稳固的连续性,尤其在科举时代,逐渐发展到了一种虽皇帝本人凭个人意志也无可改变,到一定时间就必须举

---

[1] 《汉书》卷六,《武帝纪》。
[2] 《续汉书·百官志》注引"汉官目录"。
[3] 黄留珠:《秦汉仕进制度》,西北大学出版社1985年版,第198页。

行,[1] 遇战争、大灾等不测事件也须补行或者易地举行的事情。[2] 假如说定期的现代选举为政党取得政权以将其政治主张付诸实施提供了一条不流血的和平道路；那么，定期的古代选举也为个人上升以实现自己的志愿和抱负提供了一条和平的途径，为他们带来了一种比较稳定的希望，不管这一途径开始是多么狭小，这一希望有时是多么渺茫，它却为平等机会的发展开辟了道路。

制度化固然许诺着和平与稳定上升的一线期望，同时也意味着政治化和意识形态的统一。建元六年（前140）举贤良方正，丞相卫绾奏："所举贤良，或治申、商、韩非、苏秦、张仪之言，乱国政，请皆罢。"此奏得到批准。这也是当时的历史条件使然，而被推为独尊地位的儒学毕竟还是一种最具容忍精神的学说。也是在这一年，儒者董仲舒根据儒家的思想提出了"岁举"的主张。"岁举"缘儒家思想而起，同时也有助于把儒家思想推向独尊的地位。其他非政治的获得地位、声望和影响力的途径（如经商、侠隐）都渐渐受到了严格的抑制，中国自此开始稳固地建立起一种政治至上的一元结构：各种资源和价值主要来源和集中体现的是政治的权力，各种人才、各种凌云之志、腾达之愿都只能首先并主要从政治上求出

---

[1] 清代当年且不许上有关科举改革的奏疏。

[2] 这种选举制度的延续性和独立性，可参见邓嗣禹《中国考试制度史》第337页所言："唐有天下二百八十八年（西六一八——九零七），自武德五年（西六二二）开科取士，曾举行二百六十二次，中停者仅二十二年。五代五十二载，惟梁与晋，各停贡举二年。（参《文献通考》卷二九至三十）宋有天下三百一十九年（西九六〇——一二七九），约行考试一百二十次。辽二百十七年，自统和六年计算，行五十次；金一百十九年，行五十四次。元行十六次。明自洪武三年开科，六年停之，十七年复开，共行八十次。清自顺治三年会试，至光绪三十一年，共行百十有一科，未曾间断。其中兵戈扰攘，外患叠兴，内乱时作，考试之典，从未一废。当唐之时，进士王如泚妻公，以伎术供奉明皇，欲与改官，拜谢而请曰：'臣女婿王如泚，见应进士举，伏望圣恩同授，乞一及第，上许之，宣付礼部，宜与及第。'（《唐语林》卷一）而礼部仍必考试，天子尚难干预。"台湾学生书局1982年新印版。

头；一切其他途径都只是政治势力的旁支而已。[1] 战国时代那种百家争鸣、百舸争流的状况不复能睹。这不仅在某种程度上恢复了春秋世族甚重官职的情况，而且把政治逐渐推到了弥漫一切的程度，使官僚制度发展为一种相当完善的古典形态。这种强烈的"政治化"和"官本位"色彩，大概是贯穿中国春秋前后两种类型的社会，乃至于战国与20世纪两个过渡时代的一个最主要特征，对中国直到今天的社会生活依然产生着深远的影响。

从推荐到考试

两汉的选举主要是一种推荐，并且是一种自上而下而非自下而上的推荐，它并不太搅动社会下层，基本上与多数无干，而主要是由各级官员，尤其是高级主官进行（并无专职选举的官员）。这些官员虽然也得调查舆论，但这种舆论也是一个相当狭小的政治文化精英圈子中的舆论，所以，实际上这是一种自上而下的"以贤选贤"。但是，我们说它是自上而下的，又并非是说它是中央集权的，是自皇帝一统下来的。两汉选举权力的重心并不在皇帝那里，而是在官员阶层，尤其是在地方州、郡长官那里，选举的累积结果也常常不是造成中央集权，而是加强和改善地方权力，汉代的地方行政遂有后世难于企及的可观成绩。[2]

推荐选举的特点是"人对人"，"人对人"的好处是常能看到人的全部：不仅文章、学问，还有德行、干才；也不仅一时表现，还有平日作为，乃至于家世根底，但假如推荐者私心膨胀而又外无制约，荐选也易生营私、

---

[1] 许倬云：《两汉政权与社会势力的交互作用》，《历史语言研究所集刊》第35本，第261页。

[2] 严耕望：《汉代地方行政制度》，《历史语言研究所集刊》第25本，第220—221页。

结派、请托、谬滥的流弊。不过，荐选制之所以在两汉颇为有效地实行过几百年，说明当时还是存在着某些起作用的内外制约条件。中国历史上的国家官员一直是一个相当小的集团，在这样一个很小的集团内，舆论的制约能够起相当作用，察举者不能不对自己的名誉有所顾忌，谨防因谬举而身败名裂，永久禁锢。西汉官员多平民出身，士风淳朴，东汉官员多儒生出身，重视名节，这种风气也起了一定的制约作用。且举不实还可能遭到有司的实际惩戒，而举出合适的人才，尤其是大才高才，于己则有真正长远的好处，不仅可获识才清誉，更可有得力的门生故吏，尤其在直接为自己辟举人才的情况下更是如此。从社会方面来说，传统选举需要始终保持一个合适的、比较小的入口，以不致煽起奔竞之风，造成人口对入仕出口的过大压力，而这一点恰是荐选相对于考选的一个优点，因为候选者虽也可有意招摇，但毕竟不能像投考者那样直接和自由地展示自己，加上文化教育、印刷术等在两汉尚不发达，求书不易，交通不易，所以至少在早期，荐选制度尚未出现严重的危机，各种规矩亦未大坏。

但是，人皆有向上求进之心，无论是求富贵还是求名望。而从秦汉起，富、贵、权、名等一般被欲求的价值资源渐被统一收束到政府手中，归于入仕一途。于是，候选者对选举的压力越来越大。一种精英性质的荐选不仅为候选者数量所累，更为泥沙俱下的候选者素质所累。我们可以在这一背景下来理解后汉阳嘉元年（公元132）的"左雄改制"。这一改制的原因自然可以做多方面的分析，现仅指出其中重要的一种。当时正值东汉晚期，选举已遇到严重危机，其形势正如《后汉书·左黄周传论》所言："汉初诏举贤良、方正，州郡察孝廉、秀才，斯亦贡士之方也。中兴之后，复增敦朴、有道、贤能、直言、独行、高节、质直、清白、敦厚之属。荣路既广，觖望难裁，自是窃名伪服，浸以流竞，权门贵士，请谒繁兴。"被举人数的压力有时可以通过增加名额或新开科目来缓解，但这种措施也可能反而引起更严重的奔竞，直至达到一个除非改变整个政治结构，否则难以承受的临界点。所以，时任尚书令的左雄奏请："自今孝廉年不满四十，不得察举。皆先诣公府，诸生试家法，文吏课笺奏，副之端门，练其虚实。"[1] 此奏得到顺帝批准实行，此即为"阳嘉新制"。其主要内容一为限年，一为分科考试，都有抑制奔竞、革除谬滥之意。限年四十可抑制少年的躁进，且由此可减少候选者的人数，至于构成新制中心环节的考试，更预示着选举制度未来的发展方向。

此前，汉代选举制度中已经有西汉武帝时始行于太学之中的经术射策的考试，考试成绩有甲、乙、丙科之分，并有黜落之法，此外，还有贤良、方正、文学等特举科目的对策考试，但有等第之分而无黜落。[2] "阳嘉新制"则把考试黜落之法引入了孝廉的岁举，被举的孝廉还须通过考试才能任官。结果在阳嘉二年的考试中，仅有三十余人得拜郎中。这只是平时东汉岁举孝廉约228人的十分之一。[3] "自是牧守畏慄，莫敢轻举，迄于永熹，察选清平，多得其人。"[4] 范晔也评论道："故雄在尚书，天下不敢妄选。"[5]

"左雄改制"可以说是处在一个十字路口：察举制度经过二百多年的发展，在人数的压力下，已生出许多自身不易克服的流弊，这时有两条可能的出路：一条路是把开启的门关小，使统治层相对封闭，使上升之途更加缩小，客观上可以减少觊觎之心与奔竞之势；另一条路则是索性让门完全敞开，使统治层向所有人开放，只是每个人都要经过一套严格的、同等

---

[1] 《后汉书·左雄传》。

[2] 阎步克：《察举制度变迁史稿》，辽宁大学出版社1991年版，第69页。

[3] 黄留珠：《秦汉仕进制度》，西北大学出版社1985年版，第102页。

[4] 《后汉书·左雄传》。

[5] 同上。

的考试程序才能达到高位。"左雄改制"似有意走后一条路，但当时社会的发展却似趋向于前一条路。我们立足于今天来看，汉以后的选举从前几百年来说是走了前一条路，而从后一千多年来说，最终还是走了后一条路。它当然是经历了一段漫长的曲折才走上后一条路，即呈现出一个"之"字形，这一过程有一种可以事后解释的合理性，但我们不想把这种合理性强调为一种当时已命定如此的必然性。在魏晋南北朝这几百年的曲折中，无论是从形式上还在继续发展，但其地位已降为次要的察举看，还是从本来是权宜应急之计，后却转成为门阀士族服务，并上升为选举主体的九品中正制看，我们都可以明显发现社会对政治的影响，社会势力对政治权力（尤其皇权）的制约。

选举从推荐向考试的发展，阎步克在《察举制度变迁史稿》中有详尽的叙述和透彻的分析，他认为：随着士族阶层的兴起，曹魏以降，两汉传统的选官体制开始发生重大变动。高门子弟，多已不屑由州郡掾吏之低职入仕迁转。朝廷中的一些郎官、内侍、东宫官之类官职，形成了高门子弟习惯性的起家晋升之阶，并被视为"清途"。九品中正制也已经表现出明显的优遇士族的倾向，并成了选官的主导因素。但是，察举制度依然存在着，虽然其地位、作用已开始下降，其制度程式却依然按某种规律在向前发展。西晋时代的察举在制度上还是相当完备的，甚至还出现了秀才对策和白衣试经这样颇有意义的发展。察举与学校制度至东晋进入了一个最为低落的时期。而南朝宋、齐、梁、陈的察举与学校入仕制度，较之魏晋，明显地处于一个转折时期。察举与学校入仕之途又有了较为明显的复兴趋势。专制君主在振兴察举与学校上做出了积极的努力；南朝考试程式的严密化，"以文取人"原则的强化，秀孝与举主关系的疏远，以及自由投考制度的萌芽，都构成了察举、学校制向科举制度发展的中间环节。自由投考制度的萌芽在北朝，则表现在士人"求举秀才"而刺史加以推荐之上。[1] 察举的中心环节，已渐渐由举荐转移到考试上来；察举的标准已由兼及孝悌、吏能，变成了以文化知识检验为主；[2] 长官的举荐权力，已经变成了搜罗文人以应试的责任；考试程式在不断严密化、规范化；入仕、铨选与考课的区别分化，日益清晰。这正如陈大齐所说："其先以考绩补救於既用之后，其次寓试於选，又其次乃以试为选。隋之开科取士，特试之演进，而亦选之变更。盖无试则选滥，选滥则无以循名责实，选有不得不变，即试有不得不行。"[3] 这样，到了隋唐之际，科举制度已经是呼之欲出了。

考试制度的完备

科举制度究竟何时确立？究竟是始立于隋还是始立于唐？从唐以来就有不同说法，迄无定论。争论往往重起，固因现有史料尚不足以定论，同时还由于人们对究竟何为科举制度的基本标志有不同看法。最近的一次异议如黄留珠赞同以"一切以程文为去留"作为科举制的基本特点，认为这不仅是科举与察举的最根本区别，也是科举与其他入仕杂途，如恩荫、军功、吏道、纳赀等最根本的区别；而"投牒自进"、自由报考虽然是科举的一个重要特点，却非它的基本标志。所以，他认为，隋文帝开皇年间正式废除了九品中正制，收回了地方辟举权，黜落与否以考试为定，据此，科举产生于隋、确立于唐之说可以成立。[4] 阎步克则认为，虽然"一切以程文为去留"也是科举的基本特点，但在探讨科举成立的起点时，必

---

[1] 阎步克：《察举制度变迁史稿》，辽宁大学出版社1991年版。亦参见唐长孺：《南北朝后期科举制度的萌芽》，收在《魏晋南北朝史论丛续编》，三联书店1959年版。

[2] 此似可以补充一点："以文取人"中的"为文"不仅是一种知识，更是一种能力。

[3] 邓嗣禹：《中国考试制度史》，台湾学生书局1982年版。

[4] 黄留珠：《中国古代选官制度述略》，陕西人民出版社1989年版，第188—197页。

须抓住使科举与察举最后区别开来的那一特征,这就是王朝设科而士人自由投考,这是科举与察举的根本区别;而隋进士科虽有策试,却没有一位是自由报名,说明隋代进士与秀、孝一样,大约仍是察举科目,尚非科举科目,所以,进士科是始之于隋,而科举制度,则确立于唐代。[1] 金诤也认为科举不始于隋而始于唐。除上述自由报考、以考试为定两个特点外,他还提出"考试定期举行,不必等候皇帝下达诏令"为科举的第三个重要特点。[2] 笔者认为,"定期举行"(岁举)固然在体现"平等"方面十分重要,以之为科举的特点却显然不妥,因为秀、孝的察举也是不依皇帝诏书而定期举行的。此外,还有学者以"分科举人"为科举制度的标志则似更无说服力。

本文非叙述科举的历史,而是从选举的历史观察平等的趋向,所以,上述"自由投考"与"一切以考试成绩为定"两点在我们看来是最为重要的。因而,从唐代开始,无论从史料还是从上述两个标准来说,看来都是一个比较合适的起点。唐代是一个比较豪放、开阔的时期,唐代开科较多,但主要还是进士、明经两科,尤以进士为荣选,每年所选一般仅二三十人,这实际是一种最高级人才的选拔,不会广泛触动下层。其考试先以策论、后以诗赋为主,及第虽以考试为定,但并不全以考场为定。投考者工夫还可用在场外,先行向在政治、文化上有地位的公卿、要人投献自己平时的佳作,即所谓"行卷",他们也向礼部交纳自己的作品,即所谓"省卷"或"公卷",[3] 而不完全是以考场一时、一文定终身。试卷亦不糊名、誊录,考官知其人,可以参考平时对这人的了解。考官还可以在试前调查举子在社会上的才名声望,访查舆论,甚至事先形成一种排定名

---

[1] 阎步克:《察举制度变迁史稿》,辽宁大学出版社1991年版,第312—316页。
[2] 金诤:《科举制度与中国文化》,上海人民出版社1990年版,第46—49页。
[3] 程千帆:《唐代进士行卷与文学》,上海古籍出版社1980年版。

次的"通榜"。这些都反映了唐代的制度中,仍存两汉重行、魏晋重名的遗意。虽然已是"以文取人",但"文"尚不离"人"。

最有意义的变化发生在宋代:锁院、糊名、誊录这些隔绝考官与举子,只凭程文而不再见本人的措施都是在宋代确定的,"公卷"、"行卷"从而也就失去意义。[1] 除了考场上的文章,其他"人"的因素几已淡化为零,考官不知试卷作者如何,更勿论其家世背景。种种防弊措施也都在加强这一点。由此遂导致"取士不问家世"原则在宋代的实现。宋代把录取进士的名额也大大增加了,通常每次二三百人,科举在政治上的地位越来越重,对社会的影响面也越来越大,其他入仕之途则越来越失去分量。在考场上的那一刻,考试者只剩下他自己,只能依凭自身的才学。所以,科举考试又可以说是一种最淡化个人与其家族关系的一种制度。个体的素质和能力必须由文章来集中表现,由此,"以文取人"就有了绝对、完全的意义。宋代还采取了禁"公荐"、禁座主与门生建立密切关系和举行殿试等旨在加强中央集权的措施,而考试内容的重点由诗赋渐渐转向经义,则不仅反映出儒家思想影响较之唐代明显增长,也是为了整齐划一的需要,因为诗赋的涵盖面毕竟要更为宽广。以上人格淡化、面对天子、取士之途趋一、考试内容趋一的种种发展,都意味着科举越来越以一种尽量客观、中立、平等的标准来对待所有投考者。宋代的转变可说是决定性的,此后,即便遭遇战乱,贵族门第社会也不再见有复辟的可能。

元代实行科举时间不长,所取人数亦不多,但其所订之制却成为明清的蓝本。这看来是宋末元初以来多年未行科举,儒生学者反可以远距离冷静思考科举的一个结果,它对后世的影响也不可小觑。其制规定考四

---

[1] 贾昌朝言:"自唐以来,礼部采名誉,观素学,故预投公卷;今有封弥、誊录法,一切考诸试篇,则公卷可罢。"参见《宋史·选举志》。

书、五经，用程朱注，不仅考试成绩的判定有了更为明确、统一的标准，而且，这些书籍也较易获得，尤其四书内容比较简明，较易准备，这对贫寒子弟克服求学最初的障碍是相当重要的。

科举在明代实际上已经基本上完备定型。明初朱元璋亦曾想恢复察举，但却已经不再能够回得去。各级科举的层次、细则在明代得到了越来越精确的规定，科举构成了一张严密有序的大网。考试与学校的结合达到了几近于浑然一体的程度。给生员廪米有助于实际地提供机会平等的手段，提学官的设立则有助于考试制度的独立性，减少行政主官的干扰。至于八股文，与其说是由上面（皇帝和有司）一次规定的，不如说是渐渐地在下面由考生与考官的互动自然而然发展起来的，它不仅使衡文更明快，实际也提高了考试的难度，否则，以四书命题作文势必变成徒为记诵。

清人承袭了明代的科举制度，他们对这一制度的作用主要是在坚持和进一步的严格化、细密化。清人通过严格贯彻执行各种条规以及严厉处理几次大的科场案件整肃了科场秩序，打击了营私舞弊，这是明人所不易做到的。邓嗣禹在考察过自汉至清历朝考试方法之后说："知明清方法之严密，不惟足以冠古今，亦并足以法中外。英美之文官考试制度，虽非本文范围所及，然观西籍，亦未有如明清之严重及其周密者。中国盛行考试，已千有余年；历代继绳，时加改革，积千余年之心思才智，覃精竭思，兴利除弊，制度严密，良有以也。后虽流弊丛生，要为治人之不善，非方法之不良。不足为本身病也。"[1] 但完备的发展同时也就是限制，在一条路上走久了，走顺了，就不易走到另一条路上去，晚清的科举已面临前王朝晚期所面临的同样问题，而与西方大规模冲撞出现的新情况更加剧了这一危机，最后遂使清廷不得不废除科举。

---

[1] 邓嗣禹：《中国考试制度史》，台湾学生书局1982年版，第332页。

第四章 古代选举是否体现了一种"平等精神"?

怀疑的意见

中国古代选举所提供的"机会"与现代"机会"不同:它主要是政治的,而不是经济的;是单向的,而不是多元的;是精英性质的,而不是大众性质的。但它是不是对所有人都机会平等的呢?

中国古代选举制度是否体现了一种平等的精神?近代以来一直遭到强烈的怀疑。我们且不谈20世纪流行的政治批判观点,[1] 只引两位学者较具学理化的质疑。而且,由于察举制度本身有一种向科举制度发展的趋向,也为了使问题集中,以下的讨论,主要围绕科举进行。

张仲礼1955年在美国用英文出版的著作《中国绅士——关于其在19世纪中国社会中作用的研究》中认为:科举制度确实使某种"机会均等"成为可能,但是实际上它对于那些有财有势者却更为有利。有一个社会集

---

[1] 如瞿秋白认为:"科举式的封建等级制度,给每一'田舍郎'以'暮登天子堂'的幻想;……这是一个'空前伟大'的烟幕弹。"转引自张晋藩、邱远猷:《科举制度史话》,收在《古代文化专题史话》一书中,中华书局1987年版,第357页。

团是完全被排斥在外的,即奴、仆、娼、优、隶和其他属"贱民"出身者,均不得参加科举考试。在科举制度内也可以看到不合于平等原则的种种例外。例如,举人衔或官衔有时会授予那些达官贵人的子孙,也授予那些察觉并奏报谋反活动的人以及那些捐输军饷或热心赈济的人。所以有些人可通过朝廷的赏赐而无须经考试竞争而获得功名或官位。富人进入绅士阶层有一种特殊的便利。他们可以捐例监生或例贡生,由此而跃过"童试"直接参加考举人的乡试。在童试和乡试中,对盐商也另设单独的商额,以示某种特殊恩惠。有一谕旨曾说,政府另立这些学额的目的只是使客居异地的经商者及其子嗣不必赶回老家去应试。然而,事实上这些另立的学额使盐商子弟应考中式的机会比其他平民要多得多。乡试对高官显贵的子弟也给予特殊恩惠。他们的试卷与其他人是分开的,并标明为"官卷"。对他们还另设举额。这种对"官卷"另眼看待的程序是康熙三十九年(1700)起实行的。其最初目的是想给穷书生以较多的机会,因为一些早期考试的结果显示出及第者大多是官宦子弟。但是实际的结果却适得其反,官卷中式的机会反而越来越优于民卷。

以上张仲礼所批评的可以说是属于"形式的机会不平等"方面,亦即对富贵子弟与贫寒子弟没有同等对待。然而,张仲礼认为,最大的不平等还是读书应考,亦即"实质性的机会不平等"。他认为,穷人不可能承担多年读书应考的费用。并且没有公共教育制度。学生读书考生员或是延聘塾师,或是入私塾。诚然地方绅士也办义学,在有的地方,义学也相当多。可是,没有资料证明这类学校是否培养了许多参加考试并中榜的文士。大部分贫穷人家需要儿子下田务农,无力供养他们长年读书。应武科举则需要昂贵的器械,贫困人家要想应武试更为困难。考生应试必须付费。学生考试用的每套试卷都是收费的。考生中榜,需向教官以及为他们考证作保的廪生纳规费。

所以，张仲礼的结论是，科举制度实际上并未向所有人都提供平等的机会。财富、势力和家庭背景对于某些特殊集团来说，都是得以利用的有利因素。许多捐纳者能获实授，而许多由"正途"而得官阶者欲获实授却不得不候补很长一段时间。由于自捐纳制度中涌出的官吏人数日增，传统的由考试竞争的机会均等原则更不复存在。当然，对于没有这些有利条件的人，利用他们自己的才智和勤勉，也是有某种机会可进入绅士阶层的，许多人确实通过这条途径进入了绅士阶层。总之，科举制度并不平等，但人们通常认为它有一种"平等精神"，这种认识与确实存在的某种社会地位的变动性二者一起，有助于稳定社会和维持既定的秩序。[1]

魏特夫（Karl A.Wittfogel）在其 1957 年出版的《东方专制主义》一书中也认为：中国的科举制度确实使一些够格的平民得以进入官场，但是它的社会影响比普遍的传说所让我们相信的要小得多。中国的科举制度不是由民主力量，而是由专制统治者片面地建立的。高级官员肯定影响了原来的计划；而在制度建立以后，也由他们负责执行。任何有资格应试的人都可以主动提出申请；这同早先的任命制度有很大差别。不过，甚至在科举制度下，录用的方式最后也是由皇帝和他的官员决定的。政府预先决定录取的名额，就连等级最高的人——进士，最初也是在经过某种文官考试以后才被授予官职的。科举为高级官场增加了不同数量的"新血液"，但是，它们并没有破坏支配着这个集团的思想和行动的社会政治方面自我延续的趋势。[2]

以上的批评虽未完全否定科举带来的社会流动性和本身具有的"平等精神"，但还是表现出一种强烈的怀疑，这种怀疑也许可以分成两个方

---

[1] 张仲礼：《中国绅士》，上海社会科学院出版社 1991 年版，第 185—190 页。
[2] 魏特夫：《东方专制主义》，中国社会科学出版社 1989 年版，第 363—369 页。

面：一个方面是从"形式的机会平等"来提问的：它是否对所有人一视同仁？是否使用了同样的标准？亦即涉及"前途考虑的平等"；另一个方面则是从"实质的机会平等"来提问的：贫寒者与富贵者事实上能有同等的机会进入上层吗？他们是否有同样的条件和手段参加考试的竞争？亦即"手段考虑的平等"。我们可以把"前途考虑的平等"理解为一种主要是围绕着机会的、否定性的平等，或者说消极的平等，亦即它没有给那些被人们追求的机会和职位围上使某些人永远不得入内的栅栏，没有来自血统、阶级、财产、种族、性别等方面的禁令，其提供机会的标准也没有体现出这些方面的歧视；至于"手段考虑的平等"则可以被理解为一种面向社会观察的肯定性的，或者说积极的平等。

我们下面主要想先从"形式的机会平等"（前途考虑）方面来大略观察一下：中国古代的选举在资格问题和标准问题上是否对所有人一视同仁，也就是说，在资格方面是不是真的没有设置对某些人来说是不可逾越的障碍？选举的标准是不是真的没有任何歧视？没有来自权力和财富的人为干扰？然后我们要略为涉及"实质的机会平等"问题。

是否所有人都能参加考试？

关于考试资格问题，我们应当首先指出容易被忽略的一点：那就是女性是始终被排除在外的。也就是说，人口的差不多一半总是被排除在入仕之途以外。[1] 这是一个在古人看来似乎不成问题，但在今天看来却大成

---

[1] 许嗣茅：《绪南笔谈·妻代夫入闱》云："乾隆六年，扬州王张氏，代其夫文某入闱，为夫弟告讦，夫被斥，张氏亦谴戍，此事本拟正法，恩旨减死。"《儒林外史》中的鲁小姐虽然能将时文作得如"花团锦簇"一般，却也只可能责夫课子。古人对此似乎在其他方面有所补偿，冯友兰在其回忆录中写到了一个有趣的现象，在他父亲赴知县任后接家眷来时，全副仪仗，（转下页）

问题的问题。

我们再来看是否存在着来自地位、财产、血统、职业等其他方面的限制,首先看察举时代。从两汉史籍碑志中一些家世贫寒的被察举者的记载看,其中有不少早年孤寒者如刘茂、马棱、魏霸、赵咨、郅恽、蔡顺、翟方进等,有农人如淳于恭、刘修、费汛、萧望之等,牧者如公孙弘、路温舒、吴祐等,樵夫如朱买臣,佣人如江革,小吏如公孙瓒,父为牛医如黄宪,母曾贩缯如朱隽,这些人贫寒的家境、下等的职业都未构成他们入仕的障碍,[1] 有时反而成为有利的条件,因为当时以德行干才为重,一旦发现,越在底层反越可能使这种德才引人注目。这里也许特别需要指出一点,就是当时官、吏尚未两分,后世科举时不许报考的胥吏并未受到歧视,下层吏员甚至是察举的重要对象。当时居上可行使察举权的高级官员

(接上页)"母亲的大轿进城门的时候还有三声炮响。那时候衙门腾出来了,又是全副仪仗,把母亲接进衙门里,沅君坐在母亲轿里,我和景兰跟在轿后面走。到了衙门口,又是三声炮响,我们都跟着进了衙门。父亲给我们讲,一个官的仪仗,除了他本人之外,太太可以用,老太太也可以用,老太爷不能用。老太爷如果到了他儿子的衙门,只可以跟一般人一样悄悄地进去,老太太到了,却可以用全副仪仗,大张旗鼓地进去。太太也是如此。太太可以用她丈夫的仪仗,老太太可以用她儿子的仪仗;这就叫'妻以夫贵,母以子贵'。"见《三松堂自序》,三联书店1984年版,第12页。

[1] 公孙弘:"少时为狱吏,有罪,免。家贫,牧豕海上。"朱买臣:"家贫,好读书,不治产业,常艾薪樵,卖以给食,担束薪,行且诵书。"路温舒:"父为里门监,使温舒牧羊。"刘茂:"少孤,独侍母居。家贫以筋力致养。"马棱:"少孤,依从兄毅共居业。"魏霸:"霸少丧亲。"淳于恭:"独力田耕。"赵咨:"少孤。"郅恽:"年十二失母。"江革:"常采拾以为养,……穷贫裸跣,行佣以供母。"周磐:"居贫养母,俭薄不充。"黄宪:"世贫贱,父为牛医。"周防:"父扬,少孤微。"吴祐:"父恢,为南海太守。……及年二十,丧父,居无檐石,而不受赠遗。常牧豕于长垣泽中,行吟经书。"公沙穆:"家贫贱。"刘梁:"宗室子孙,而少孤贫,卖书于市以资。"高彪:"家本单寒。"单扬:"以孤特清苦自立。"姜诗:"妻常溯流而汲,……昼夜纺绩。"景虑:"家至贫窭,并日而食。"朱隽:"少孤,母曾贩缯为业。"公孙瓒:"世生二千石。"瓒以母贱,遂为郡小吏。蔡顺:"顺少孤,养母,尝出求薪。"萧望之:"家世以田为业。"翟方进:"家世微贱,……方进年十二三,失父孤学,给事太守府为小史,号迟顿不及事,数为椽史所詈辱。"匡衡:"家贫,衡庸作以给食饮,才下。"以上均见两《汉书》本传,又刘修:"少罹难苦,身服田亩。"见《慎令刘修碑》,费汛:"世业稼穑。"见《梁相费汛碑》。吴祐、公孙瓒、刘梁其先曾显贵,还反映出社会流动的速率。

比后世行使考试权的官员有更大的主动权和选择权，可以有更广阔的视野，面对其治下的各个方面、各个角落进行遴选。当然，资格问题在察举时代并不突出，察举标准是操在上层，工作也主要在上层进行，被选者在某种意义上说只是等待，事先常常并不知情。

科举制自确立之日起，就确定了一种政府公开招考、士民可以"皆怀牒自列于州县"的自由投考的原则，选举不再是仅仅在上层、对广大民众来说等于是秘密进行的一件事情了。这无疑是一次机会的大扩展，在某种意义上说，这是把机会和标准交到了被举者自己的手里，或更准确地说，被举者现在实际上成了"自举者"，他们更有可能把握自己的命运。但是，是否真的所有人都能自由报考？还有没有什么身份、阶层、职业的限制？[1]隋文帝开皇七年制云："诸州岁贡三人，工商不得入仕。"唐宪宗时敕曰："自今以后，州府所送进士，如迹涉轻狂，兼亏礼教，或曾为官司科罚，或曾任州府小吏，有一事不合入清流者，虽薄有词艺，并不得申送。"[2]马端临提到宋代的情况是："十人或五人同保，不许有大逆人缌麻以上亲，及诸不孝不悌隐匿工商异类僧道归俗之徒。"[3]明洪武十七年公布的科举程式规定："其学校训导考教生徒及罢闲官吏、倡优之家与居父母丧者，并不许入试。"此处"生徒"是指成绩不够，尚未学成者。又《明会典》卷七十七"科举、科举通例"载："洪武四年，令科举，凡词理平顺者，皆予选列；唯吏胥心术已坏，不许应试。"清代基本上承袭了明代这些限制。

无论古今中外，有"罪"者总是要在某些情况下被剥夺选举权或被选

---

[1] 不是个人的限制，有些人，例如某些刑事犯人，或年幼者，不能参与并不影响现代选举宣称的普遍性质。所以，凡因匿丧冒籍，顶冒、请代等不能参加考试者不在考虑之列。

[2] 《全唐文》卷六一。

[3] 《文献通考》卷三十，"选举三"。

举权,"工商"后来应举也不成问题,这里最值得注意的是对身份相对固定、甚至常常是世袭的所谓"贱民"的排斥。瞿同祖指出,中国历史上除了官、民的分野,在民众中间还有一种良、贱的分野。士农工商四民或称"良民",或称"齐民",字义的本身,即提出其齐一或平等的身份,"贱民"则包括官私奴婢,倡优皂隶,以及某一时代某一地域的某种特殊人口,如清初山西、陕西的乐户,江南的丐户,浙江的惰民等。[1]

科举主要限制的看来正是这些被称作"贱民"的人们。清代规定:"凡出身不正,如门子、长随、小马、驿递车夫、皂隶、马快、步快、盐快、禁卒、弓兵之子孙,均不准应试。"还有浙江之丐户九姓、渔父、山陕之乐户、广东之疍户、吹手、旗民家奴等,除非改业削籍,并自改业之人为始,下逮四世(或扣足三代),方准报捐应试。[2] 实行这些限制的原因参见《刑案汇览》:"家奴身充贱役,若放出后即与平民一体应试出仕,其祖父即得以家奴而上褒封典,不足以清流品而重名器。"[3]

这些限制确实把一部分人排除在科举之外。但我们应注意到以下几点:首先,这些人人数相当之少,虽无明确的统计,但他们只占民众中的一个少数绝无疑问;所以至少可以说,科举对多数人还是敞开大门的;其

---

[1] 瞿同祖:《中国法律与中国社会》,中华书局1981年版,第220页。

[2] 《钦定礼部则例》卷六十《童试事例》,另可参商衍鎏《清代科举考试述录》,三联书店1958年版,第一章。又见钟毓龙《科场回忆录》第3页:"凡娼、优、隶、卒之子孙,均不得应试。娼者妓女,优者优伶,隶者皂隶。昔时州县衙署中有皂隶二种,戴红而圆之高帽者曰皂,戴黑而圆之高帽者曰隶。今衙署虽废,庙宇中犹有此种塑像可见。然皂隶虽连称,而皂高于隶。皂之子孙可以应试,隶之子孙不能,以其执笞杖以扑犯人之臀,为执役中之贱者也。卒者,军中执役之人,非指兵士。凡此四种,均谓之身家不清,必待退役三世之后,始得与平民等。盖旧时考试为士子进身之阶,考取之后,异日举人、进士而作显宦,例得褒封三代。娼、优、隶、卒而受褒封,谓之有玷名器,故不许其子孙考试,以杜绝其根本。其他,若家人、长随、司阍者之子孙,剃头、剔脚者之子孙,喜娘、轿夫之子孙,皆谓之身家不清,不得应试。惟女佣、乳媪之子孙不在此例。"

[3] 《刑案汇览》7:36a—38a,嘉庆二十二年《说帖》。

次，他们的身份是可以改变的，并不同于印度封闭的种姓制度。[1] 所谓"贱"只是在其"业"，所以，同为服役，为教官传唤生员的门人，专司递送公文的铺兵铺司，以及"与兵丁一律拔补，专习武艺"的民壮、"朴实农民"充当的库子、斗级等，其子孙可以应试；民间收生妇子孙也可以应试，但一旦收生妇应役去验处女犯奸真假，其行为类似仵作者时，便为贱籍，子孙不许再捐考。这些贱业、贱役一般是常人所不愿、不屑做的，也是不需要很多人去做的，所以，虽然有某种较丰厚的物质利益诱使为生计所迫的人去做，但它们显然就妨碍到了"清途"。虽然身列"贱"籍者可以下决心改业，扣足三世之后子孙即可应考。但客观而论，即使一些人不做这些事了，这些事总还是要有人做的，于是就会有一部分人总是被排除在最优机会的制度门外。对一个有读书天赋却具这种身份的少年来说，虽说这在某种意义上是其先辈的选择，但毕竟不是他的选择，不是他个人所能左右的，他也许只能为后代改变命运，就此而言，即从形式平等而论此亦有缺。限"贱"是唯恐妨"贵"，这种非一视同仁的不平等反映了等级社会对于科举制度的影响，可能还反映了民间对某些职业的禁忌意识，政治制度则适应了这种意识以不伤其"清高"。

不过，我们还应注意执行这些禁令的政府官员们一般是更倾向于严厉还是倾向于宽松；注意要求严格执行这些禁令的呼声主要来自哪里。有些官员是相当严厉地执行这些禁令的，例如梁章钜在《南省公余录》中写道，有的官员一定要从违禁人之子起扣足三代才许其后人应试，但他和其

---

[1] 这些种姓开始也是从事一些"不洁"行业，但他们的身份地位逐渐地固定了，不再能够改变。中国的职业不封闭似主要应归之于儒家思想的影响。何炳棣认为：明初规定了某些世袭的特殊服务身份职业（status），但实际执行并不严格，人们广泛同情那些身份低贱者，且并没有阻止个人身份转移的有效法律。参 Ping-Ti Ho: *The Ladder of Success in Imperial China*, Columbia University Press, 1962, Chapter II: The Fluidity of the Status System。

他许多官员则对此不以为然，而宁愿从违禁人扣起。[1] 另如雍正五年谕旨云："近闻徽州府则有伴当，宁国府则有世仆，本地呼为细民，其籍业下贱，几与乐户、惰民相同，追究其仆役起自何时，则皆茫然无考，非实有上下之分，不过相沿恶习耳。此朕得自传闻。若有此等之人，应予开豁为良人，俾得奋兴向上，免致污贱终身，且及于后裔。"[2] 也就是说，朝廷对有模棱身份之群体，宁划入"良民"而不划入"贱民"，有此态度，则自然可望贱民身份减少而非增多。我们还可以发现一些执行这些规定的官员试图放过此类不许应考者，而却遭到其他有资格应试者抗议的例子。如长沙易某，曾充门丁，其子人称"易三短子"，能文且狂，光绪时欲出应县试。同县人得知后，召开了会议，并联名传檄通邑，约定童生不出互保结，廪生不填册保送。但易三短子却冒其族人名入场，并获得了县首案，众人得知，复控告于学院，当时学政为陆宝忠，陆赏识其文，仍令入场复试，并命是日文题为"有不虞之誉有求全之毁"，显然有感慨短子之被毁并责诸生失言的意思。短子甚得意，众人则怒不可遏，一起覆卷罢考，冲击栅栏。陆不得已，只好悬牌除易三短子之名，众人才归座考试。激起这一事件自然有各方面原因，其中一个原因是进学名额固定，应试诸生想保

---

[1] 梁章钜《南省公余录》"区别应试"条："时有安徽无为州某童生，以其父出身不正，为同考者攻讦，经地方官审明扣考，并照例由某童计起，扣三代后，始准应考出仕，由安徽巡抚咨部立案，值余主稿覆准，同官皆已划诺，惟帮办掌印郎中蔡浣霞独欲议驳，以某童系犯案之人，应以某童之子计扣，三代后始准应考出仕，……此稿龃龉者数日，余谓例止三代，而必多扣一代，则是改例，非奏请上裁不可，时掌印孔荩溪亦韪余言，代为回堂，适大庚戴可亭师相管理部务，谓蔡议固非无因，而梁议究为忠厚，应听梁某主稿，合署同官皆称公允，而浣霞尚呶呶不已，自是遇余，每侧目相视，而余亦甘自疏也。夫罪人不孥，古称仁政，……今因一人之身，而禁锢及其孙子，代历数传之久，时经数十年之多，立法已为详尽，乃犹必搜求无已，万一其子孙刚及三传，而忽有意外之更变，则是读书种子，自我一念而绝，而全家永无自新之路，登进之阶，恐仁人君子不忍出此矣。"

[2] 《清律例汇辑便览》二十七，《刑律·斗殴上》，"良贱相殴"条引《说帖》，转引自瞿同祖《中国法律与中国社会》，第221页。

护自己的利益，一般会比官员更积极地要求严格执行有关规定。[1]

在糊名誊录之前的唐代科举考试中，还出现过一种可称之为是"倒歧视"的现象。吴宗国指出：贞元（785—805）后便有许多高官子弟不以门荫入仕，而是去参加进士考试。代宗时宰相裴遵庆及其子裴向都是以门荫入仕的，而其孙裴寅圣，寅圣子裴枢则均应进士举，这说明进士地位确实越来越重。元和（806—820）以后，公卿大臣子弟应举的越来越多，及第名额也越来越多地为他们所占。武宗会昌（841—846）年间终于出现了不放子弟和子弟不敢应举的局面。[2]

在此期间，屡知贡举的王起大放孤寒，压抑高官子弟，以致支持他的皇帝亦觉太过，会昌四年（844），杨严进士擢第，"是岁仆射王起典贡举，选士三十人，严与杨知至、窦缄、源重、郑朴五人试文合格，物议以子弟非之，起覆奏。武宗敕曰：'杨严一人可及第，其余落下。'"[3] 又据《旧唐书》卷十八上《武宗纪》会昌四年记载："帝曰：'贡院不会我意。不放子弟，即太过。无论子弟、寒门，但取艺实耳。'李德裕对曰：'郑肃、封敖有好子弟、不敢应举。'帝曰：'我比闻杨虞卿兄弟朋比贵势，妨平人道路。昨杨知至、郑朴之徒，并令落下，抑其太甚耳。'裕曰：'臣无名第，不合言进士之非。然臣祖天宝末以仕进无他伎，勉强随计，一举登第。自后不于私家置《文选》，盖恶其祖尚浮华，不根艺实。然朝廷显官，须是公卿子弟。何者？自小便习举业，自熟朝廷间事，台阁仪范，班行准则，不教而自成。寒士纵有出人之才，登第之后，始得一班一级，固不能熟习也。则子弟成名，不可轻矣。'"杜牧在《上宣州高大夫书》中也说："自去岁前五年，执事者上言，云科第之选，宜与寒士，凡为子弟，议不

---

[1] 徐珂编：《清稗类钞》第二册，中华书局1981年版，第604页。
[2] 吴宗国：《唐代科举制度研究》，辽宁大学出版社1992年版，第237、247、265页。
[3] 《旧唐书》卷一七七《杨严传》。

可进。熟于上耳，固于上心，上持下执，坚如金石，为子弟者鱼潜鼠遁，无入仕路，某窃感之。科第之设，圣相神宗所以选贤才也，岂计子弟与寒才也。"

又如《唐摭言》卷十"海叙不遇"条载："卢汪门族，甲于天下，因官，家于荆南之塔桥，举进士二十余上不第，满朝称屈。"《唐摭言》卷七对此加以评论说："昭宗皇帝颇为寒进开路，崔合州（凝）榜放，但是子弟，无问文章厚薄，邻之金瓦，其间屈人不少。孤寒中唯程宴、黄滔擅场之外，其余以程试考之，滥得亦不少矣。"[1] 这些议论反映出这种"倒歧视"曾经达到过很严重的程度，社会舆论和风气已微妙地从尊崇高官显族转向很小心地防范他们了。随着科举的发展，父祖地位的显赫有时不但不为子弟入仕带来便利，反而带来障碍，所以，在这个意义上，后来到宋代出现的糊名誊录对他们来说也未尝不是一种机会平等的解脱，对他们反而是不无好处了。

是否一切以程文为去留？

中国古代选举的标准经历了一些变化，但大抵不离儒家所说的"学而优则仕"中的"学"字。儒家之"学"主要是有关道德人生的学问，"学"有两个方面，"质"（内容）的方面是德行，"文"（形式）的方面是文章，或可合称为"道德文章"。而由于古代选举是为了选官，就总还有政事方面的一些要求，但这方面的要求终究不占主导地位。在察举时代，尤其是早期，选拔的标准看来是更重视"质"，更重视"德行"，而且，当时入仕之途较广，标准也呈多样，甚至"吏能"也一度受到重视。自东汉末年起，

---

[1] 转引自傅璇琮：《唐代科举与文学》，陕西人民出版社1986年版，第212—213页。

则由重视综合了品行、学业的"名望"演成一段由"望族"支配的历史。[1]后期察举则越来越重考试，直至发展到完全以考试为中心以考试为选官主渠道的科举制度，选拔的标准也就越来越偏重"文"，偏重形式，一切"以文为定"，并由内容较广泛的诗赋之"文"演变到内容较狭窄的经义之"文"，又由形式较灵活的、广义的经义之"文"演变到形式较固定刻板的"八股文"。一种力求客观化、并且要能够操作的统一考试似也难以避免此趋势。[2] 不过，我们现在的兴趣暂不在比较这些标准的差别和优劣，而在注意这些标准的共同性质：无论是"德行"还是"文章"，它们本身并不像遗传的"血统""家族"，或者继承的"官位""财产"那样先天地就把一些人排除在外，一个人是可以通过后天努力达到这些标准的。

重要的问题可能还是执行。我们前面也说到了作为"形式的机会平等"的"标准面前人人平等"，主要是一种否定性的平等。所以，值得特别注意的是：古代选举，尤其是科举，是否做到了排除各种人为的干扰，一切以程文为去留？它是否真的做到了在制度上，除了文章，其他的因素都不起作用？

---

[1] 参见陈寅恪《唐代政治史述论稿》第72—73页："夫士族之特点既在其门风之优美，不同於凡庶，而优美之门风实基於学业之因袭。……自东汉末年中原丧乱以后，学术重心自京师之太学移转于地方之豪族，学术本身虽亦有变迁，然其与政治之关锁仍循其东汉以来通经义、励名行以致从政之一贯轨辙。此点在河北即所谓山东地域尤为显著，实与唐高宗、武则天后之专尚进士科，以文词为清流仕进之唯一途径者大有不同也。由此可设一假定之说：即唐代士大夫中其主张经学为正宗、薄进士为浮冶者，大抵出于北朝以来山东士族之旧家也。其由进士出身而以浮华放浪著称者，多为高宗、武后以来君主所提拔之新兴统治阶级也。"上海古籍出版社1982年版，第72—73页。又张元济曾手书一联："数百年旧家无非积德，第一件好事还是读书。"

[2] 钱穆曾评论说："诗赋出题无尽，工拙易见，虽则风花雪月，不仅可窥见吐属之深浅，亦可测其胸襟之高卑。"而后来因考试内容为经义，要客观是非标准，不得不择定一家之言（朱注），而又因标准定而人人能讲，难判高下，于是又从四书中演出八股文，如唐人之律诗，"乃可见技巧，乃可评工拙，乃可有客观取舍之标准，此亦一种不得已。"《国史新论》，似为自印本，1966年第3版，承印者：大中国印刷厂，第105页以下。

在各种破坏这种形式平等、导致偏袒的因素中，最值得我们注意的自然是来自权力的干扰，虽然所有的偏向、所有的营私舞弊都要落实到使某个或某些考生被选中，但我们还是可以区别出主要通过诉诸既定权力的手段与主要通过考生个人的手段（如怀挟、请代）的区别，相应地，制度规则也有主要针对官员与主要针对士子之别。

作为最高的权力，皇帝个人能够对科举做些什么？每次考试自然都是以皇帝的名义举行的，考生可广义地被视为"天子门生"，但是，皇帝个人的意志、主观的偏好能发挥多大作用？他可以选择主要考官，可以确定最后一次考试——殿试的名次，尤其是状元，有时还自己出题，但在这些事情上选择范围还是相当有限的，实际上不过是在呈交给他的文件上做一圈定。择此而不择彼，某几人名次由前转后或由后转前，一般并不对大局有何影响。而有关大局的那些制度、规定，如考试之定期、录取名额、考试内容、考试程序等，愈到后期，就愈非皇帝不经有司所能轻易改变的。[1] 以皇帝名义恩赏某些人以举人、进士的功名，与其说是一种个人的偏好，不如说是一种政治的考虑，但极其谨慎，其数很少，也不定期，并未形成一种制度性的偏好而开辟出一条使特权者上升的途径。[2] 已有上千

---

[1] 皇帝个人对科举结果最大的一次干预是由朱元璋所为，据《明史·选举志》所载："初制，礼闱取士，不分南北。自洪武丁丑，考官刘三吾、白信蹈取宋琮等五十二人，皆南士。三月，廷试，擢陈䢿为第一。帝怒所取之偏，命侍读张信等十二人复阅，䢿亦与焉。帝犹怒不已，悉诛信蹈及信、䢿等，戍三吾于边，亲自阅卷，取任伯安等六十一人。六月复廷试，以韩克为第一，皆北士也。然讫永乐间，未尝分地而取。洪熙元年，仁宗命杨士奇等定取士之额，南人十六，北人十四。宣德、正统间，分为南、北、中卷，以百人为率，则南取五十五名，北取三十五名，中取十名。"后来清代也沿用了这种按地域的分额取中制。朱元璋此举明显是出于政治上的全局考虑，且这种按地域的分额制实际上酝酿已久，宋英宗治平三年（1066），司马光曾提出"逐路取士"的建议，主张按各路户口的多少分配进士录取名额，欧阳修则表示反对，认为还是应当"尽聚诸路贡士，混合为一，而惟才是择。"参见《文献通考·选举考》。

[2] 据《清史稿·选举志》载："至如雍正七年，廷臣遵旨，举出入闱未中式之大学士蒋廷锡子溥，尚书嵇曾筠子璜等十二人，俱赐举人；侍郎刘声芳子俊邦，以疾未与试，赐举人（转下页）

年传统的科举,其主体已经有了一种不依个人主观意志转移的力量。有远见的皇帝亦看到这一制度对皇权和社会稳定的意义,有意识地维护这一制度的客观性和公平性。[1]

皇帝自然也可经过有司,对科举制度做出某些变更,但我们已经指出,其主体很难改变。明清五六百年来事实上也没多少改变,张仲礼认为:"政府通过对考试的取中名额和次数的精心控制,就能够掌握'正途'绅士的人数及其在各地的分布。"[2] 这是过于高估了政府的力量,这里还远谈不上"精心控制",政府既无此力,似亦无此心,有些局部的变化实际也是出于应付时势,而且,考试次数几无可改变(加试的恩科亦非人力所能随意变动)。乡会试录取名额事实上变化也很少。有些具体改变其初衷与其说是要使之有利于有权势、有财富者,不如说是要使之有利于贫寒。即以张仲礼所说的设立官卷而论,康熙三十九年(1700)议定此事,是康熙有感于"迩来数次考试取中者,大臣官员子弟居多,贫寒之士取中者甚少",[3] 因而想要限制高级官员子弟的比例,而并不是要给他们特权。初定民卷百卷取中一卷,官卷二十卷取中一卷,比民卷取中比例要高,但

(接上页)尤为特典,康熙间浙江举人查慎行、江苏举人钱名世、监生何焯,安徽监生汪灏以能文受上知,召试南书房、赐焯、灏举人;四十二年,赐焯、灏、蒋廷锡进士;六十年,以内廷行走举人王兰生,留保学问素优,礼闱不第,俱赐进士;雍正八年赐江南举人顾天成、广东举人卢伯蕃殿试,乾隆十八年赐内廷行走监生徐扬、杨瑞莲举人;四十三年,助教吴省兰、助教衔张义年,以校四库书赐殿试,俱非常例。"

[1] 例如:湖南有一文果和尚,康熙南巡见到后,很喜欢他,命他到北京来,住在玉泉精舍,经常见面,待遇优厚。有一天,和尚带他的孙子入见,康熙问其孙因何事来,和尚说来应举,康熙说:"如果是应举,就不应来见我。"由此一小事或可见科举在康熙心中之至重至严。和尚或是无心,康熙却早已警惕。见徐珂编:《清稗类钞》,中华书局1984年版,第596页。

[2] 张仲礼:《中国绅士:关于其在19世纪中国社会中作用的研究》,李荣昌译,上海社会科学院出版社1991年版,第70页。

[3] 《清会典事例》卷三四五。

问题是在设立官卷之前，高级官员子弟的取中比例恐怕比这更高，[1] 否则不会定此比例，因为此举正是要表现对平民子弟的关照。并且，在录取总额上仍有限制，初定直省十个录取名额中，必须有九个是民卷，乾隆十五年又定："直省额中举人二十五名，内许中官卷一名，如无佳文，任缺毋滥，仍以民卷取中。"[2] 这就意味着试图控制高级官员子弟的录取比例。当然，规制的初衷是如此，并不能保证它不被官员们利用。另一个对官员子弟的限制是"开报回避"，清朝规定乡会试时，自主考、同考、知贡举、监试，提调等以及外帘诸官，如有兄弟子侄及五服之内亲属，应一体回避考试。[3]

我们可以再从权力由上至下运作的角度来观察一下组织一次外省乡试的过程，大略看看各种制度措施是如何排除人为因素而力求客观公平的。每逢乡试之年，先由礼部拟定可充各省主考的名单呈上密点，不预先知会，一俟宣布，主考官即限期起程（顺天考试考官则于宣旨后不能再回家，径往贡院），不许因便携眷，不许辞客，以防请托贿赂，不许携带多人骚扰驿递，所过州县递相防护，不许游山玩水，不接故人，不交际，按驿站计日前行，沿途乘轿，轿贴封条，[4] 一到目的地即迎入公馆，不得接见宾客及通函件，监临封门，每日晨一次进水菜后复封。待入闱之日，主考与其他有关官员一起前往贡院，刘禺生曾描绘过这一颇具象征意义的情景：

> 入闱例乘轿，八人舁之，朝衣朝冠，无顶篷，如赛会中之迎神。
> 显轿只监临、正副主考坐之，余如监试、同考官，皆乘八人、四人

---

[1] 这当然有各种原因，涉及实质平等问题。
[2] 《清会典事例》卷三四五。
[3] 张之洞就曾于乡试中解元之后，因其堂兄张之万被派充为会试考官而屡次回避。
[4] 这些措施当然后期已松弛。

轿，以全副仪仗开道。最妙为轿后随抬盒一具，载腰斩所用之铡，亦即清廷对主考犯科场大罪之刑具。此种刑具，闽省科场案，曾一用之。主试者被腰斩为两截，仍未死，伏地以舌书三大惨字而毙。巡抚具奏，始罢此刑。然以后主考入场，仍用此具文。[1]

一面是人山人海，万众聚观，无上荣光，[2] 另一面则是铡刀在后，犯案者随时可能遭受灭顶之灾。这就是考官们的一种微妙处境。官员入院后贡院即行封锁，一般不许再出入。内外帘官携带的行李和供给官每天供给的饮食物品，都要经过认真的检查。各省监临、提调等大员，有不得已而出入者，在内的仆人不能随出，在外的仆人不能随入。院内分内外帘：副主考及同考官在帘内，专主衡文，不得予闻他事；外帘官专司纠察并设立受卷、弥封、誊录、对读四所，内外帘不许互相往来。命题程序是将四书五经分段书签，主考掣到某书某段后，即令房考于本段内容拟一题，仍以书签方法，掣出者即为定题。每场试卷收毕后，每十卷一封，送到弥封处，由弥封官将试卷面折叠弥封糊名，以使试官无从知道某卷为何人所作，而为了防考官认识士子笔迹，还须再把糊名后的试卷送誊录所重新由誊录书手照誊一遍，此即为"朱卷"，誊毕之后为防誊错以及誊录书手舞弊，为之订正改窜，又须再把原墨卷与新誊朱卷送对读所对读。以上每一环节的官员都要戳印衔名于卷面，以示负责。然后将朱墨卷分开，朱卷送内帘考官评阅。

---

[1] 刘禺生：《世载堂杂忆》，中华书局1960年版，第10页。

[2] 钟毓龙回忆这一"看进帘"的盛况说：正副主考由北京按驿而来，例以七月晦日抵杭之武林门。其初，驻皇华驿，后乃改驻总督署，不得见宾客及通函件。至八月初六日，与各有事于贡院者齐集抚署，一同出发进院。两主考及抚、藩、臬三大宪、学政，皆朝衣朝冠而坐显桥。显轿者，无顶无边，仿佛一有底盘之大椅。每员之前，则导以头亭旗锣及副执事。斯时居民夹道聚观，所过处，无不人山人海，为一盛事。见其《科场回忆录》，浙江古籍出版社，1987年版，第68页。

考卷的分配又是由掣签决定。同考官员负责试卷的初阅，正副主考负责试卷的复阅。房官将自己选中的试卷加圈加批，荐给主考，是为"荐卷"，主考在得到各房的荐卷后决定取舍，并可再到各房"搜落卷"。头场卷阅毕，再合观二三场卷，互阅商酌，取中定额。同考官于未荐之卷，主考官于荐而未中之卷，也还要略加评语，落卷在放榜后定期令落第考生本人领取，不许藏匿，考生如觉有不平之处，可以控告，实则纠参，否则反坐。所有中式朱墨卷则于放榜之日，由主考、监临、布政使等会同在场内封好，于当时差人星驰解部，以防考官事后修改试卷。这些试卷在限定的日子里解到礼部，要派专人磨勘复核。磨勘官也须署名，不准敷衍。另外，对已取中的举人还不时举行复试，道光二十三年则定制各省举人一体至京复试，非经复试不准会试。

清代科举对人为干扰的防范之严，用心之细，可说已达无以复加的地步，仅以闱内用笔一事为例：监临、监试、提调、受卷、誊录、弥封、对读等外帘官只能用紫笔，同考官，内收掌及书吏只能用蓝笔，誊录生用朱笔，对读生用赭黄笔，正副主考用墨笔（因其所阅者为朱卷，所以用墨无碍），是谓"五色笔"，内外帘官并不许携墨入闱，以防用乱滋弊。世界上可曾有过比这规模更大、人数更多、地位更重要、防范也更严密的一种考试呢？

清代科举不仅步步设防，层层互制，严密防范，用心细密，在科场案发之后的处分也远远超过前代，仅在顺治十四年顺天乡试案、同年江南乡试案、康熙五十年江南乡试案、乾隆十七年顺天乡试案、咸丰八年顺天乡试案这几个科场大案中，就有37人被处死，其中包括最高一级的、时任大学士的满人一品官员。上述种种措施反映出统治者确实力图仅仅以文章来衡量考生、完全由士子在考场上的文章来定取舍，其不遗余力说明当局是认真对待这一制度的。钱穆说："总观国史政制演进，约得三级，由封建而跻统一,一也。由宗室外戚军人所组之政府,渐变而为士人政府,二也。由士族门第再变而为科举竞选,三也。唯其如此,考试与铨选,遂为维持中国历代政府纲纪之两大骨干。全国政事付之官吏,而官吏之选拔与任用,则一惟礼部之考试与吏部之铨选是问,二者,皆有客观之法规,为公开的准绳,有皇帝所不能摇,宰相所不能动者。"[1] 以上主要说的是考试制度相对于皇权和相权的独立性,而我们还可加上一句,它还有各级考试和执行的官员所不能动摇者。种种防弊之法实际上已到了过分繁密和严苛、相当束缚考官和士子的自主性和创造性的地步,其对考官和士子的不信任无以复加,我们在中国传统中不易发现的对人性阴暗面的认识和中国人的实用智慧,都在这里得到了淋漓尽致的表现。而这一切,都是为了一种形式的客观公平。

是否还有实质性的机会平等?

以上两节探讨了资格和标准的问题,关注的是选举是否同等地向所有人开放,以及对所有人是否采取同一个标准,除了这一标准,是否不再考虑应试者的其他情况(例如血统、家世),也不再允许在实行过程中其他因素(例如权力、金钱)掺入其中等。这些都还是属于形式平等的范畴。

现在我们要问:中国古代社会除了这种"形式的机会平等",是否还能提供比这更多?按照马克思与韦伯的观点,"现代社会"或者说"资本主义"所达到的也只是一种形式的平等,一种形式的合理性,即以同样的标准去衡量所有人。在马克思、恩格斯看来,把"平等"理解为"消灭阶级",进一步走向实质性的平等,按需分配,以不同的标准对待所有不同

---

[1] 钱穆:《国史大纲·引论》,商务印书馆1994年版,第14—15页。

的人，这是共产主义社会的使命。当然，韦伯、马克思所说的无论形式的还是实质的"平等"，都是全面的、整个社会的，而我们所探讨的中国历史上的选举制度体现的机会平等，只是社会的一个侧面（虽然是十分重要的一个侧面）。正是在这一个方面，体现出了一种高度理性、平等乃至个体主义的现代精神，然而，在中国传统社会的其他方面：则还有例如容有主观任意的君主专制、抑制商业经济的价值体系、重视血缘情感的社会生活等与之共存，它们甚至磨合得相当好，互相补充、相得益彰。

以上仅考察古代选举中一种"前途考虑"的机会平等，在"手段考虑"方面是否也还有一种平等的趋向呢？为此，需要区别以下四种类型的机会平等：

1. 平等地开放前途，即任何职位、任何前途对人们都不是封闭的，这意味着不以任何先定的、不可改变的标准（如种族、血统）来设置障碍；

2. 才能大致相等的人能拥有大致同样的手段，或者说在起点上有大致相同的物质资源和客观条件来利用他们的机会，以实现他们的计划，达到他们的目的，这意味着排除社会的人为条件的束缚，甚至包括排除家庭的影响因素，使家境贫寒而有较高天资者亦能得到相应的补助；

3. 不仅仅是有同样才能的人，而是所有的人都能大致有同样的手段、资源以实现他们的目的，但这还不是结果平等，不是终点平等，而仍然只是意味着不考虑在机会平等的情况中天赋差别的因素；

4. 给那些天赋最低者以最优厚的物质条件和手段，次低者以次优厚的条件和手段，依次类推，这意味着一种不仅不考虑，甚至还要努力弥补天赋差别的政策，实行这一政策最有可能达到一种结果的平等、终点的平等，但是，对这里的"给最不利者以最有利条件"的说法还需做一澄清：是帮助他们达到一种社会或个人最好的境地呢（且不谈这是否可能），还是仅帮助他们达到一种社会的平均线，或接近平均线的境地（现代国家中为残疾人设立的福利性质的特殊学校仍属后一种）。

在以上四种仅仅作为分析的"机会平等"范畴中，从第二种起，就有实质性平等的因素加入了，这种实质平等的因素在第三种机会平等中更为加强，在第四种机会平等中达到最高。

用这些范畴来分析中国传统选举社会中的情况，那么似乎可以这么说：如果把第四种"机会平等"理解为去为最不利者争取社会的最佳值，那么中国传统的选举显然不是这样做的，传统选举的目标一直很明确，那就是"为国选才"、"为国得人"，然后把这些人才推到社会最显赫的位置。它不是一种救济制度，不是一种现代的福利制度，所以它的视线全然不投向天资和处境最差者。[1] 救助那一部分人的功能（目的也是最多使之达到社会平均线，甚或仅解决基本生存问题），古代王朝交给了另一部分社会组织和政策（如常平仓一类荒政），至于第一种纯粹形式的机会平等，我们已然在前面考察过了，现在值得注意的是中间两种具有一定实质意义的机会平等。张仲礼、魏特夫的批评也主要指向这一方面。

观察中国的历史，我们不难发现这样一些促使社会趋于平等化的因素：1. 自世袭社会解体、贵族嫡长子继承制度打破之后，在中国社会居主导地位的是诸子平分继承制。如《大清律》规定："嫡庶子男，除有官荫袭封先尽嫡长子孙，其家财田产，不问妻妾婢生，止以子数均分。奸生之子，依子与半分。"不仅少子、庶子与嫡长子一样有同等权利，私生子亦有一半权利。这种"平分制"无疑像托克维尔所说的那样极大地发挥着"平均化的作用"。2. 国家的态度。中国历代王朝，尤其是那些统一的帝国王朝，看来更关心具有平等主义倾向的政策以保持"王位之下的众人平等"，

---

[1] 如1903年2月袁世凯、张之洞奏请递减科举折中批评不愿减额者不知"为政之体要"时说："国家科目，岂为养老恤贫而设乎？"《光绪政要》卷二十九。

或至少保持平民中的平等,这显然于皇权较为有利。北魏、隋唐都在某种程度上实行过"均田制",宋、明、清以来的许多改革,国家所进行的干预也主要是致力于抑制兼并,如清雍正二年实行的"摊丁入地"[1]。3. 战争及改朝换代。战争中首当其冲遭受破坏的是大户、富户,正如明人蔡虚斋所说:"自古乱世,大家先覆。"[2] 当战争结束,逃民返乡,新朝皇帝的诏书往往允许人们根据自己的劳动力自占田地,放弃维护"原主产权"的政策。[3]

所以,虽然也有造成实质不平等的种种强有力因素,例如在中国历史上居于统治地位的等级制意识形态和广泛流行的贵贱观念;人的智力、气质、性格方面的天赋差别;基于强烈血缘情感的、人性中努力想使自己所获得的资源传给子孙后代的倾向等,但是,中国历史发展的大势似已表明:中国的社会是更多地朝向扩大平等的方向发展的。[4] 或者说,从一个王朝之内的短趋势来说,由于自然兼并和两极分化,后期往往比前期差别要大,但从这两千多年的整个长趋势来说,几乎每一循环的打破都使中国离平等更近一步,历史的总趋势是朝向平等发展的。

梁漱溟与李景汉对华北情况的观察和调查虽然已属 20 世纪,但依然可为晚清中国农村情况提供一个参照。梁漱溟说:"北方情形,就是大多

---

[1] 李文治对直隶获鹿县摊丁入地前后各类民户的丁银负担有一分析:"占地 90 亩以下的农户,摊丁入地以后丁银都有所减轻。计占地 5—10 亩的农户丁银减少 70%,占地 35—40 亩的农户丁银减少 38%,占地 80—90 亩的农户丁银减少 24%。占地 100 亩以上之庶民户,丁银则较过去增加。这类民户,康熙四十五年每户平均负担银 0.64 两,摊丁入地后增为 0.71 两,增加 11%。值得注意的是,绅衿户原无丁银负担,摊丁入地后,绅衿户都负担丁银,其占地 100 亩以上者每户平均负担丁银为 0.78 两。丁银负担的变化对维护自耕农的延续是有利的。"见《明清时代封建土地关系的松解》:北京:中国社会科学出版社 1993 年版,第 79—80 页。

[2] 蔡虚斋:《西园闻见录》卷四《教训》

[3] 明清皆如此,参见上引李文治书,第 550 页。

[4] 尤其自唐以来,钱穆甚至认为中国自此成了一个"平铺散漫的社会",见《国史大纲·引论》,商务印书馆 1994 年版,第 27 页。在这其中,科举制度的确立和发展显然起了很大的作用。

数人都有土地。虽然北平附近各县（旧顺天府属）有不少'旗地'（八旗贵族所有），但他们佃农却有永佃权。例不准增租夺佃，好像平分了地主的所有权（类如南方地面权地底权）。我所曾从事乡村工作之河南山东两省地方，大地主虽亦恒有，但从全局大势论之，未见集中垄断之象。特别是我留居甚久之邹平，无地之人极少。……这情形正与河北定县——另一乡村工作区——情况完全相似。"[1] 李景汉《定县社会概况调查》包括在三个乡区所做的调查，结论是百分之九十以上人家都有地；无地者（包括不以耕种为业者）仅在百分之十以内；有地一百亩以上者占百分之二；三百亩以上者占千分之一二；有地而不自种者占百分之一二。[2]

这样，大致接近的地产也就可望为科举最主要的生源——农人子弟提供大致接近的物质条件与手段。当然，官民、城乡、农商之间的差别无疑还是不小的。而且，中国人口的压力和经济的不发达造成了一种相当普遍的物质生活的低水准。不过，这里也许还要注意由科举考试本身性质所决定的一个特点，即它是一种古代人文经典的考试，所要求的书籍甚少，准备起来也就相对容易。而中国的造纸印刷业自隋唐，尤其宋代以来又相当发达，这种情况正如一位专门研究印刷史的学者钱存训所说："在宋代，大部分通过考试的人都出身于与官方并无瓜葛的家庭。书籍得以发行到较贫寒的人士之手，就在一定程度上为他们通过考试由社会底层向上攀登创造了条件，尽管社会上贫富分化愈演愈烈，由于印本书籍远比抄本低廉，也能有助于做到需要者几乎可以人手一册的程度。"[3] 科举废除之时，亦

---

[1] 梁漱溟：《中国文化要义》，收在《梁漱溟全集》第三卷，山东人民出版社 1990 年版，第 147 页。

[2] 同上。

[3] 钱存训：《纸和印刷》，作为李约瑟《中国科学技术史》第五卷第一分册出版，科学出版社 1990 年，第 382 页。

曾有人评论说："中国之民素贫，而其识字之人所以尚不至绝无仅有者，则以读书之值之廉也。考试之法，人蓄四书，合讲诗韵并房行墨卷等数种即可，终身以之，由是而作状元、宰相而不难，计其本，十金而已。以至少之数而挟至奢之望，故读书者多也。"[1]这与当时新学校所费之巨形成了鲜明对比。

最后，我们还可以考虑第二种机会平等的情况，即在贫寒家庭中那些确有读书天赋的子弟。这些人从家庭条件来说自然远不如同样天赋的富贵子弟，但是，这些"读书种子"是相当少的，在始终是选拔少数精英、竞争激烈的一系列科举考试中亦不难引人注目，他们因此就有可能得到各个方面，虽然可能是出自各种动机的资助（甚至包括一种被视为奇货可居的投资性质的资助），比方说来自宗族、社学、义学、会馆，以及私塾的先生、书院的山长、爱才的官员等方面的援助。中国历史上向有一种爱才惜才的传统，各种史料中不乏在"孤儿寡母"的情况下、孤儿最后获取功名的事例，其中除了母亲精心抚育施教、儿子发奋立志等因素外，也有不少是得到了各种援助，尤其是在儿子确有较高天赋的情况下。这种多为民间的资助自然不可能普遍，不可能达到使所有人都有同等的出发条件的地步，但那些天资聪颖的孩子总是比其他孩子更有可能获得支持，从而也更有可能缩小与富贵子弟的差距。[2]

---

[1]　光绪三十一年八月十二日《中外时报》文：《论废科举后补救之法》，《东方杂志》1905年第11期"教育"栏转载。

[2]　例如上述《科场回忆录》作者钟毓龙，五岁即"怙恃俱失，丧乱之后，姻族俱尽"，后得在一族伯家附读，小试以费绌，县府皆不赴复试，入学填册，"须出费，即学中两老师之挚仪，多寡称家之有无。余以赤贫，援宗文义塾学生之例，每老师各送四元，然犹先送半数"，后来钟毓龙第二次参加乡试得中举人，这一孤寒子能达此主要是靠宗族帮助。

第五章　古代选举带来的社会变化

统治阶层社会成分的变化

下面我们想根据近年来一些学者对两汉以来历代统治阶层社会成分的统计资料，观察其中平民入仕的比例，来讨论古代选举制度发展对于社会所产生的实际影响及社会结构演变的趋向。

黄留珠依据西汉书及主要汉碑材料考得两汉孝廉307人，其中能确定家世的有184人，在这184位被举的孝廉中，出身官僚贵族的有128人，占69.6%；出身富豪的11人，占6%；出身平民的29人，占15.7%；出身贫民的16人，占8.7%，若把平民与贫民相加则占24.4%。官贵与富豪出身的占了约四分之三，据此，黄留珠认为："两汉的举孝廉制度，实际是一种变相的官贵子弟世袭制；广大民众除了极少数之外，一般是不能被察举孝廉的。"[1]

阎步克不同意这一结论，他认为，如果说汉代的任子制是变相的世

---

[1] 黄留珠：《秦汉仕进制度》，西北大学出版社1985年版，第142—143页。

袭制还有些道理，但东汉三署任子的"诏除郎"的地位，明显低于孝廉郎，说明察举当时占据入仕的主要地位，而就察举来说，对察举制之倾向性，一方面固然要看官僚贵族子弟的入仕比例，同时也应分析其入仕方式。在古代官僚帝国之中，官僚贵族子弟一般总具有较平民更多的教育机会和入仕机会，即使在更充分地体现了公开竞争原则的科举制下也是如此。但是如果在某种选官制度之下，他们主要地不是直接靠父祖势位或贵族身份，而是靠个人才能获致居官机会的话，那么即使官僚贵族子弟占了较大比例，我们仍不宜简单地称之为"官僚贵族子弟世袭制"。在正常情况之下，察举制能够依照德行、经术、文法和政略标准录用文官，因而造成了社会上、下层较为活跃的对流，和官僚家族较大的"更新率"。父祖无任何官位的平民、贫民以 24.4% 的比例，经孝廉一途经常地加入政府，并且能够得到迁至高位的机会，这实际意味着身份制、世袭制的削弱。[1]

阎步克继续对两汉以后察举入仕者的社会成分也做了统计，他根据史传考得孝廉 24 例，秀才 8 例，计吏 14 例，合计 46 例，然后将之大致区分为高官贵戚子弟，中级官僚子弟，下级官吏子弟及普通士人四类。高官指四品以上官僚，贵戚指曹氏、司马氏姻族；中级官僚指五、六、七品官僚，下级官吏指八、九品官吏；父祖无当朝官位者，则为普通士人。其统计结果是：高官贵戚子弟占 32.6%，中、下级官僚子弟占 17.4%，下级官吏子弟占 15.2%，普通士人占 34.8%，即曹魏时应察举者之父祖，在朝居高官者、居中下级官者与当朝无官位者，约各占三分之一。但由于"普通士人"中所列之人有些其父祖虽未见有当朝权位，却曾仕于汉朝，或是汉代州郡著姓，所以阎步克再区别出"汉代官僚名族子弟"与"家族在汉无官位族望者"两类，在"普通士人"中再扣去 10.9% 的"汉代官僚名族

---

[1] 阎步克：《察举制度变迁史稿》，辽宁大学出版社 1991 年版，第 26 页。

子弟"，家族在汉无官位族望者的普通士人仍有23.9%，与两汉时的比例大致相近。阎步克又据史传统计了西晋时期被察举者的社会出身，在所得131例中，结果是高官贵戚子弟占16.8%；中级官僚子弟占20.6%；下层士人占32.1%，蜀吴亡国以后被察举的士人占30.5%。如果除去作为绥抚手段被察的蜀吴人士，则高官贵戚子弟，中级官僚子弟和下层士人比例分别为24.2%、29.7%、46.1%，下层士人几占半数，比两汉与曹魏时期比例有明显的增加，但这并不说明下层士人在当时政治上已占如此重要的地位，因为当时察举的重要性已经下降，权贵子弟已多不由察举入仕，而是转由"清途"平流直进，可以迅登显位。[1]

所以，我们对两晋南北朝一段，仅仅观察由察举一途的官员已经不够，还需再全面地观察整个统治阶层的情况。台湾学者毛汉光称中国从东汉末到唐末（公元196—906）一段为"中古社会"，认为这一时期的中古阶级社会是以家族为坐标单位，是依家族地位声望之高低而决定社会阶层的层次。他在统计中古统治阶层的社会成分时，把官吏的社会出身分为三类：士族、小姓与寒素。其中"士族"包含唐人柳芳所说的山东与关中的郡姓，东南吴姓与代北虏姓（凡二十六族），还包括正史所提及的大族，以及一切三世为官，任官五品的家族，其中有唐代新族，列朝皇室亦包括在内，是广义的士族。"寒素"类指素士、农、工、商、兵、其他半自由民，及非自由民如奴婢、门客等，他们的祖父辈皆无参与统治阶层的迹象。"小姓"则介于"士族"与"寒素"之间，包括县姓、地方豪族、酋豪、累世低品、累世校尉，或曾有一世五品以上的家族。然后他将公元196—906这711年分成27期，根据中古各朝正史所载官吏出身背景的资料，统计了各期统治阶层的社会成分，我们现仅录其对"寒素"比例

---

[1] 阎步克：《察举制度变迁史稿》，辽宁大学出版社1991年版，第180—188页。

升降的统计分析。

毛汉光指出,第一期汉末建安时期,是士族未完全凝固而又逢天下大乱之际,寒素占56.5%;第二期即曹魏初年,寒素仍然有36.8%;这中间以文士为最多,从第三期士族比例接近50%,并继续稳定成为一种社会架构以后,寒素任官机会微小,自第三至第六期,约在15%上下;第七期的1.8%及第八期的6.1%,正是东晋后半段门第最森严的时刻,东晋与宋政权交替,复有一个很好的机会,寒素竟有27%,梁代亦出现一次侯景之乱,是寒素凭军功出仕的机会,占27.5%,南朝其他各期大率在20%以下。北魏开创期间寒素尚有24.4%,22.2%,自此以降,未再达20%者,北中国胡姓尚武,汉士族尚文,寒素仕进机会逊于南朝。隋代寒素占17.2%,亦近各期之平均数。唐代寒素有三个高潮,即开国期间(第十七期)的29%、安史之乱(第二十二期)的28.4%、及唐末天下大乱(第四十七期)的29.5%;这都是用兵之际,第十九期武后当政,与第二十期玄宗前期,亦达25.5%与24.5%,这就与科举及政潮有关了。第二十三期占25%,这是安史之乱的延长。除第二十五、二十六期以外,唐代寒素任官比魏晋南北朝时期略大。[1]

毛汉光所统计的官员,来自寒素的比重在曹魏时期平均为26%,西晋时期平均为15%,可与阎步克的统计数互相参照。我们在此似还有必要分别和平时期与战乱时期,战乱时期(包括开国初期)统治阶层来自平民的比例普遍较高,但它并不能说明平等的制度性进展,所以我们较注意持续较长的和平时期的比例。东晋中期(345—396)的"寒素"官员比重仅为4%。说明当时确实是春秋战国世袭社会解体以后平民入仕的最低点,是

---

[1] 毛汉光:《中国中古社会史略论稿》,《历史语言研究所集刊》,第47本第3分,第365—380页。

贵族门第社会的鼎盛期。这一比例是一个我们可用来与后面科举的比例比较的底数,中古和平时期的平均数是 15%—20% 左右。唐初实行科举制之后并不立刻见出效果,因为所取人数还是相当之少,但这相当少的人数在政治上的地位渐渐地越来越重要。进士渐形成一个高级官员阶层,武则天时期扩大了科举录取范围,寒素官员的比例(25.5%)开始第一次在持续和平时期超过汉代孝廉的平民比例(24.4%),而如果我们考虑前者是整个官员阶层(即包括其他如恩荫等入仕途径)的出身比例,后者只是察举入仕官员的出身比例,那么,科举入仕的寒素比重可能还要高些。玄宗开元之治时期官员的寒素比重基本稳定(24.5%),唐代和平时期的平均数大约也就是此数。中唐以后,安史之乱,藩镇割据,寒素比重时升时落,急剧变化,大概大乱时寒素上升较多,割据时寒素反而见少。总之,唐代科举每年进士人甚少,仅二三十人,并没有立即带来全部官员中寒素比重的大幅度上扬,但它却使最高层官员的主要来源发生了变化,并确立了一种稳固的传统。

宋代是选举制度发展史上一个极为重要的时期,孙国栋的研究表明:北宋入宋史的官员有 46.1% 来自寒族,而晚唐入新、旧唐史的官员中寒族比重仅占 13.8%。[1] 柯睿格(E. A. Kracke)对南宋两份进士题名录的研究则表明:来自非官员家庭的在 1148 年占 56.3%,在 1256 年占 57.9%。[2] 这无疑是一个飞跃,重要官员有超过一半者是来自民间、来自下层。这看来已近乎是一个难于逾越的数字。

何炳棣对明清社会流动的研究则显示出上面的数字还不是最后的数

---

[1] 孙国栋:《唐宋之际社会门第之消融》,载《新亚学报》第 4 期(1959 年 8 月)。陈义彦亦有一文《以布衣入仕情形分析北宋布衣阶层的社会流动》,《思与言》第 9 卷第 4 期。

[2] 柯睿格:《中国考试制度里的区域、家族与个人》,《中国思想与制度论集》,联经出版事业公司 1976 年版,第 304 页。

字。何炳棣把获得科举功名者的社会出身分为三大类：A 类是指那些家庭上三代未获得任何生员以上科举功名的人；B 类是指那些家庭上三代只产生过一个或一个以上生员的人；C 类是指那些家庭上三代获得过一个或一个以上较高功名或官职的人，即上三代有过举人、进士、包括明代的监生和明清两代贡生功名的人，也就是说有任官资格的人。他根据明清两代 48 份进士题名录提供的 12226 例的研究表明：明代进士出身 A 类的占 47.5%，出身 B 类的占 2.5%，两者合计占 50%，亦即完全平民出身，家庭上三代无功名或无可任官的功名的官员占到了一半。在清代，这一比例有些下降，清代进士制度出身 A 类的占 19.1%，出身 B 类的占 18.1%，两者合计占 37.2%。明清两代平均则是，出身 A 类的进士占 30.2%，出身 B 类的进士占 12.1%，A、B 类合计是 42.3%。其中最高点是在明初达到的，在 1371—1496 年，A、B 类合计是 58.2%，在现有的材料中，最高的年份是 1412 年，那一年 A、B 类合计达到了 84%。我们如果考虑到何炳棣 A、B 类标准的严格性：不仅指父亲一代，而且指上三代无任官者；不仅指上三代无任官者，而且指上三代无任官资格者，即几可说是"数世白身"，我们也许可以说，明代，尤其明初社会是历朝平民入仕比例最高、机会最为平等的一个社会。此后不仅由明至清呈下降趋势，在明、清两代之内也都是呈下降趋势。[1]

何炳棣还统计了晚清举人与贡生的社会构成，得出的结果是 A 类占 20.1%，B 类占 25%，两者合计是 45.1%，高于清代进士的比例。[2] 他根据常熟、海门、南通三县生员家庭背景所做的统计则表明，清代来自无学位家庭的生员在这三县的比重分别是 54.5%、48.4% 和 53%，又高于举人、

---

[1] Ping-Ti Ho: *The Ladder of Successes in Imperial China*, New York: Columbia university press, 1962, pp.112—114.

[2] 同上书，第 116 页。

生员的比例。[1]

何炳棣据此认为：明初上三代无功名的 A 类进士比例之高，是现代西方社会精英流动数据也难于达到的。王定保所言唐太宗"入彀"语虽难以确证，但后来君主，尤其明太祖，确实懂得某种程度的社会流动对王朝的稳定是至关重要的，这种稳定作用也为 13 个世纪的历史所证明。如果它真像某些现代学者所说的科举只是一场骗局（他们并不知道有关这种社会流动的数据和资料），那对一个像中国这样大和实际的民族来说是不可想象的。[2] 尽管孔子"有教无类"（equal educational opportunity for all）的理想并未充分实现，但作为社会阶层流动主渠道的竞争的考试制度和大量公私学校的存在，也许确实在工业革命与国家强制教育之前的主要社会中是独一无二的。[3] 然而，当工业社会随着持续的技术革命与经济发展而带来一种收入和职业上稳定的向上流动时，中国明清时期却由于人口的成倍增加和技术与制度的停滞导致一种不可避免的长期向下的潮流。[4] 传统学校、书院、助学体制、家族的衰落与消灭，现代教育的相当高的价格，混乱的政治、经济与社会状况暗示"中华民国"也许继续着这一向下的长期趋势。而中华人民共和国在过去 11 年中有力的全民教育运动和拓宽社会教育基础的努力，在一定程度上改变了这一历史潮流，也许中华民族正开始经历一个最终将类似甚或超过明初的社会流动的新阶段。[5]

怀疑科举是否具有一种"平等精神"的张仲礼自己的统计也可做一参

---

[1] Ping-Ti Ho：*The Ladder of Successes in Imperial China*，New York：Columbia university Press，1962，p.123.

[2] 同上书，第 258—260 页。

[3] 同上书，第 256 页。

[4] 同上书，第 266 页。

[5] 同上书，第 347 页注。这一预测看来已为中国近四十多年、尤其 80 年代以来的事实所证明，但主要原因却不是教育运动的开展。

考。张仲礼对 19 世纪中国绅士的数量分析，主要是依据大量省府州县方志中的列传，他总共考察了 5473 个实例，其中有 2146 个绅士可以从家世背景分出是出身于绅士家庭，还是出身于平民家庭。张仲礼把出身于绅士家庭（包括最初级的生员功名）的人称之为"继进者"，把出身于平民家庭的称之为"新进者"。这样，他发现在整个 19 世纪，有 35% 的绅士是属于"新进者"，即来自平民家庭。张仲礼承认这是一个相当高的百分比，并指出方志的修纂者很可能表现出某种自然的偏见：即收录出身绅士家庭的"继进者"要多于"新进者"，故可推断"新进者"的实际比例甚至比这还要高。这一 35% 的出身平民的绅士比例，与何炳棣统计的 37.2% 的清代出身平民的进士比例相距不远，但两者并不完全具有可比性，因为张仲礼所说的"绅士"不仅指可任官员的进士、举人、贡生，还包括他称之为"下级绅士"的生员，这些"绅士"也不仅包括由正途（科举）进入的，也包括由异途（捐纳等）进入的，但是，它还是有一定参照的价值，在两个接近的比例中还是可以反映出某种相关性。[1]

最后，我们还可看一下潘光旦、费孝通根据他们收集到的 915 份清代朱卷所做的统计。根据朱卷上所填的"世居地"，他们统计出这些获得功名者有 52.5% 来自城市，6.34% 来自小镇，41.46% 来自乡村；如果考虑到中国人口 90% 是住在乡村，则城乡差距甚大。根据朱卷所载履历，他们统计出有 20.98% 是父无功名、祖父有功名（功名包括生员），有 16.6% 是父亲、祖父二代均无功名，有 14.09% 是父、祖父、曾祖父三代均无功名，此一百分比低于何炳棣的统计。但当他们将传统中国 90% 的农村人口产生了 44% 的科举人物与 20 世纪其他国家的类似情况相比时，还是发现这是一个相当高的比例。卡特尔（J. Cattell）1921 年的研究表明：美国

---

[1] 张仲礼：《中国绅士》，上海社会科学院出版社 1991 年版，第 217—218 页。

44.1%的农村人口产生了21.2%的科学人物；克拉克（E. Clarke）1916年的研究又表明：美国的农业人口仅产生13.9%的著名文人；苏鲁坚（P. A. Sorokin）的研究表明：从俄罗斯农民中产生了俄国7.9%的普通科学家，9.6%的作家，6%的大科学家，14.1%最大科学家。潘光旦、费孝通据此认为，这些比较证明科举的流动似小而实不太小。[1]

以上研究多是从社会流动的角度出发的，这一角度尚不足以透出传统社会结构与现代社会结构的根本区别，所以我们想采取另一个视角来观察和解释这些事实，这就是本文开始时予以阐释并一直在使用的"平等的趋向"的角度。现在看来已经可以得出这样初步的结论：中国古代的选举由推荐制度最终发展到一种完备的考试制度，无论从本身形式来说，还是从社会效果来说，都表现出一种机会平等扩展的趋向，它与其他一些因素互相影响，使中国的社会结构逐渐发生了一种意义深远的变化。

不过，在中国，平等的进程看来与西方相当不同，总的说，中国并非遵循首先实行普遍的"权利平等"然后再尝试"状态平等"的进路，历史上的中国人不知"权利"为何物，虽然他们在很多方面实际地享受着权利，但是并没有给它们一个概括的名称。在政治领域，古代中国人关心的平等权不是普选权，而是古代选举所体现的入仕机会的平等，这种机会的特点在于：第一，它是一种最优的机会，一旦入仕就会带来最大好处、最大利益，不仅获得权力，也获得声望和财富；第二，它越来越成为社会上的一种主要上升机会，虽然还有其他途径出人头地，但那些却是异途，后期只有科举才是正途，对于贫寒者还可以说是唯一的上升之阶；第三，它接近于是单一的制度性机会，这一特点可以从前两个特点推论出来。在中

---

[1] 潘光旦、费孝通：《科举与社会流动》，《社会科学》第4卷第1期，清华大学出版（1947年11月）。

国古代社会中虽还有一些其他的机会，但有很大的偶然性，而只有它提供了一种稳定的、一贯的希望。"单一"意味着把社会上人们的主要和最高的价值欲求整合为一个：即仅仅指向官场，"单一"还意味着古代选举和取人的途径和标准也日趋为一。这样，我们也许可以说，中国古代选举的发展是一种"单一的最大（政治）机会平等"的发展。

还是等级社会，还是少数统治

我们前面一直是讨论选举制度所体现的机会平等，这种机会平等曾使平民入仕达到过一半以上的比例，而在宋以后大多数情况下，也都至少保持在三分之一的水平，每次科举可以使统治层得到来自民间、来自下层三分之一以上新血的补充，这样一种流动的速率可以说是相当罕见的。

然而，最大的政治机会平等并不意味着实际政治地位和权利的平等。统治阶层的社会成分可以是不断来自平民，然而并不一定就由此达到一个平等社会。统治阶层社会成分的平民化与社会结构的平等化是两件不同的事情。统治层的成员源源不断地来自平民，同时又不断使一些原来统治层成员的后代重新变成平民，如此吐故纳新，构成一种精英的循环流动，所以，古人多有一种强烈的富贵无常感。在上行的渠道上，人为的社会权力的障碍减少到了一个相当低的程度；而在下行的渠道上，也并无保证某些家族不下降的制度保障；甚至可以说，向下流动的速度应当比向上流动的速度还要快捷（一个农业社会的下行流动总体上要超过上行流动），否则就要造成官僚机构的极大臃肿，而这种臃肿病已经是宋以后官场的顽症痼疾。总之，平等的机会、流动、开放并没有改变中国社会的等级结构，且不说战国以后的中国社会是从原来封闭、世袭的等级社会中演变过来的，即便是一个已经事实上完全平等的社会，如果在这之后仅仅实行机会平等,尤其是单一的政治机会平等,也必将导致一个英才统治的等级社会,其主要原因就在于人们的天赋、兴趣和努力程度必定是不齐一的。[1]

在传统中国的统治层向下层保持开放的同时,这一阶层却始终是高高耸立于下层之上的。一种甚至可以说是上下相距遥远的森严等级制始终存在,所以才会有"吃得苦中苦,方为人上人","欲求生富贵,须下死工夫"等种种俗谚广泛流传民间。这种等级的区别自然是可以细致划分的,但我们想强调:中国社会的等级结构主要存在于两个部分,是一种二元式的结构,这就是统治者与被统治者、官与民、劳心者与劳力者之间的两分,它也意味着尊卑、贵贱乃至于富贫的两分。而在官吏阶层的内部,又有一种细密森严的等级划分,这是其作为一种政治权力的性质所决定的;在平民的这边也有"良民"与"贱民"之别,但总的说,在民众的内部要比在官员的内部平等得多。

官员不仅握有权力,享有相当的声望与财富,他们及其家属还享有法律规定或习俗承认的种种特权,这些特权表现在礼仪、婚姻、丧葬、祭祀、交通、饮食、衣饰、建筑等生活的各个方面。[2] 他们及其家属过着一种与平民截然有别,并相当隔离的优越生活,而平民中纵便有富有者产生,也是"富而不贵",不仅在地位和声望上,在物质生活享受上也受到"禁奢令"等种种限制。官员还可免服劳役,在一般刑事案件中享有远比平民优越的地位,如不得被施以体罚,可用去职代替刑罚,等等。平民伤

---

[1] 罗尔斯:"英才统治的社会结构遵循前途向才能开放的原则,用机会平等作为一种在追求经济繁荣和政治统治中释放人们精力的手段。那儿存在着一种显著的上层与下层阶级之间的不平等,表现在生活资料和组织当局的特权两个方面。较贫困阶层的文化枯萎凋零,作为统治者的一批技术精英的文化则牢固地建立在服务于国家的权力和财富的基础上。"这里只需把"技术精英"改为"文化精英",见《正义论》,中国社会科学出版社1988年版,第101页。

[2] 瞿同祖:《中国法律与中国社会》第三、四章"阶级",中华书局1981年版;葛承雍:《中国古代等级社会》,陕西人民出版社1992年版。

害到官员时，其刑罚重于两造都是平民时。由于官员的这种种特权，在中国社会中遂形成了一种源远流长的艳羡、崇拜、追求和保守官职的心理。[1]

在此，我们却要特别注意官、民之间一个特殊的阶层，这就是"士"的阶层。"士"并不打破官、民之分的二元等级结构而"三分天下"，因为它并不是一个隔断而是粘连官民、上下、尊卑、贵贱的阶层，它甚至不是一个独立的、固定的阶层，而是一个自身面目不分明的阶层，是一个总在流动、变化的阶层。在"士"这一阶层中可以分出"高级的士"（进士、举人、贡生），他们是已经获得了任官资格的"士"，已经可以归入官员或候补官员的范围（"士大夫"），而"低级的士"（生员）则可以说还是"士民"，他们虽然享有一些特殊的声望和待遇，但若不能再上升，他们就还是民籍，甚至在物质生活水平上也并不高出其他平民多少。[2] 然而，不管是"士民"还是"士大夫"，他们又都属于同一个系列——科举功名的系列。"士"这一阶层并无自己独立的来源，它不过是由农、工、商，也包括官员的子弟构成，而无论是谁，要上升到官场并飞黄腾达，一般都必须走这条路。必由选举而进身的"士"这一后备队伍的始终存在，赋予了官员阶层以某种活力，也许还有某种光荣，某种可以被较广泛接受的合法性。确实，无论是在春秋之前的世袭等级制社会还是在春秋之后的选举等级制社会，也

---

[1] 参见葛承雍：《中国古代等级社会》第316页："而等级制度在古代中国人眼中，就是神圣、尊贵的'官'。成功者，被信任者，必委以官职，事业成功却无官职的人，则往往会感到脸面无光。人们追求和向往的，就是入仕做官。官的特权，官的等级，官的待遇实在太具有诱惑力了，某些人无法不趋之若鹜。中国古代虽然入仕参政有多元途径，但唯有步入官场、攀上官座方是有价值的正途。从这个意义上说，古代中国是一个官国，等级与相应的权力意味着一切。"陕西人民出版社1992年版。但东汉末至魏晋可能稍有点例外。

[2] 齐如山谈到在华北乡间，秀才主要的出路是教书，教书的收入与技术较高的劳力者（大把、领青、场头）相等。见齐如山：《中国的科名》，收在杨家骆主编：《中国选举史料·清代编》，鼎文书局1977年版，第1090页。

无论是在前两者之间过渡的战国游士时代还是激烈动荡的20世纪，中国社会都未摆脱"突出政治"和"官本位"的格局，但是，官员或统治精英的来源和标准却有着根本的差异，或以血统，或以文化，或以某一方面的才能、德性，或以对某一组织乃至个人的忠诚，甚或沦为一种没有章法的权术，这些根本差异在某种程度上也就决定了官员阶层乃至政府的不同性质和面貌，影响着社会上人们对它的评价、承认和尊敬程度。

需要提到的另一点是：传统中国社会不仅始终是等级社会，也始终是少数统治。当然，这也可以说是前者题中应有之义。官员阶层始终只占中国人口中一个极小的比例，一般仅一万多人，最多也不过数万，即便加上"士人"阶层，甚至包括低级的士人——生员，连同所有这些人的家属，总数也不过百万，常常还不到人口总数的百分之一，甚至千分之一。明末清初顾炎武估计中国生员的总数是50万人；[1] 张仲礼估计到19世纪太平天国之前的生员总数约为74万，占当时全国人口的0.18%；太平天国之后的生员总数约为91万，占当时全国人口的0.24%，加上来自其他途径（主要是捐纳）的人员，整个中国绅士阶层的总人数在太平天国前约为110万人，太平天国后约为140万，仍然不到当时中国人口的1%，即便加上他们的家属（以每户绅士家庭5人计），太平天国后平均也还是不到总人口的3%。[2]

这一等级社会和少数统治的事实是相当清楚地为统治阶层所意识到，并予以支持和赞许的，即便在那些相当开明、近人许为有"民主意识"的士人那里也是如此。[3] 传统社会的某种平衡在正常情况下也就有赖于一种上层对开放性的接受和下层对等级性的认可。上层的精英可从一种权

---

[1] 顾亭林：《生员论上》，《顾亭林诗文集》，中华书局1959年版，第21页。
[2] 张仲礼：《中国绅士》，上海社会科学院出版社1991年版，第92—112页。
[3] 例如在明末三大儒王夫之、顾炎武、黄羲之那里，等级社会的观念仍然是清晰可见。

力、财富、声望的等级结构中得到满足,下层潜在的精英则因这种等级结构并不对他们封闭而抱有希望,至于下层的大多数民众则几可以说与此无关,他们主要期望的是丰衣足食和安居乐业。毕竟,并不是所有人都有在政治上飞黄腾达的心愿或者才能;也不是人才都集中到政治领域才能够国泰民安。[1] 在古人那里,社会之需有等级,统治层宜人少经常是从功能主义立论,我们兹引一位并非"卫道者"形象的人物——袁枚的一段话为结,以示这种少数统治的思想是近代以前知识阶层的共识:

> 士少则天下治,何也?天下先有农工商,后有士。农登谷,工制器,商通有无,此三民者养士者也。所谓士者不能养三民,兼不能自养也。然则士何事?曰,尚志。志之所存及物甚缓,而其果志在仁义与否,又不比谷也、器也、货之有无也,可考而知也,然则何以重士?曰,此三民者,非公卿大夫不治,公卿大夫非士莫为,唯其将为公卿大夫以治此三民也,则一人可以治千万人,而士不可少正不可多。[2]

亦即"士"从社会功能上正不可少,而从人数上正不可多。[3]

---

[1] 有一些人也去参加科举考试并努力获得功名,但他们的目的主要是借此获得学术文化活动的有利条件,而并非是想在政治上有大作为,这在许多清代学者那里特别明显,他们常设法尽早辞官而乡居著述,又见《儿女英雄传》中的旗人安水心与试也只是想点翰林而不想为官。

[2] 袁枚:《原士论》,《小仓山房诗文集》。

[3] 苏辙也说:"凡今农工商贾之家,未有不舍其旧而为士者也。为士者日多,然而天下益以不治。举今世所谓居家不事生产,仰不养父母,俯不恤妻子,浮游四方,侵扰州县,造作诽谤者,农工商贾不与也。"见《上神宗皇帝书》,《栾城集》。

第二编　标准

引言　问题与资料

在一个社会里，权力、财富、声望等资源的分配究竟依据何种标准，可以说是影响和制约着这一社会结构的最重要问题，对一个容有大量上下流动的社会尤其是这样。我们在前面阐述了古代选举制度的发展是如何越来越排除其他因素的介入而一切以考试为定，"一切以程文为去留"，即一切以考场上的文章来决定录取的，[1] 政治权力、财富和家族名望等一切容易承袭的因素被尽量地抑制，个人平时的品行、学殖、文名等一切趋于积累的因素也被淡化，考场硃卷最终构成为科举制度的中心一环，成为录取入仕的首要标准。[2]

本编现在所要集中关注的是这硃卷本身，即它作为试卷的内容，作

---

[1] 文康《儿女英雄传》中一考官言："况我奉命在此衡文，并非在此衡人。"考官只是衡文已是共识，且想衡人也不太可能。齐鲁书社1989年版，第814页。

[2] "硃卷"之谓，源自誊录。北宋初年，因防考官由考卷知考生的姓名而营私，于是有弥封；后仍患考官由笔迹知考生为谁，于是又有誊录。迨至明清，为防贡院内、外帘官员及誊录生还能从中作弊，于是又区用笔，规定各类人员须用异色笔，其中誊录生必须用硃誊录试卷，以区别于考生用墨缮写的"墨卷"原作。这种用硃誊写的红字卷子就是最严格本义的"硃卷"，它包括所有经过了考场誊录的诗文论策等内容。在清代，需誊录的考试主要是乡试和会试，最低一级的童生试和最高一层的殿试都不誊录，这看来是与各种考试的性质、重要性及可行性有关，（转下页）

为应试文的诗、文、策、论等。这些诗、文、策、论的主要目的、主要功能是应试求售，那么，它们是如何履行和发挥自己的应试功能的？它们究竟要求应试者一些什么样的能力、什么样的素质？需要应试者做何种训练和准备？这种考试究竟是在考什么？衡文是按照什么样的标准？主要把一些什么样的人选了上来？这种考试能为国"得人"吗？或者更重要的还是"人得"、亦即各种人才能否获隽、能否各得其所，各遂其志？[1] 我们的考察将紧紧地围绕着考试，并指向录取，我们要探讨究竟是一些什么样的文章得中，又是一些什么样的文章落选，决定考场中式的主要有一些什么因素，由此亦可一窥这种考试选举千百年来重复锻打所造成的社会结构。

科举制度发展到了明代，实际上已经到了相当成熟、完备的地步，循这条路走下去，还可以有一些小修小补，却很难有大变，除非完全改弦易辙。清代入仕除了为满蒙贵族保留了一条迅捷的上升之路外，基本上沿袭明制，其科举考试约分三级：我们也许可以把童生试及生员系内各种名目的考试统称之为初级考试，乡试称之为中级考试，会试及殿试称之为高级考试。初级考试主要是童生通过县试、府试、院试取得生员（秀才）资格，即成为国家学校的正式一员，这种考试或可称之为"入学之试"，以区别于作为较正式的"入仕之试"——即可直接取得任官资格的乡试。但

（接上页）小试若行眷录，工作量太大，而其本身又尚非直接入仕而只是入学的考试，殿试例不黜落，且后来可从原卷看书法。另外，社会上又渐渐形成一种风气，新中的举人、进士将本人在场中获隽之文刊印赠人，虽然是墨印，亦称作"硃卷"，后来贡生乃至于各类考试的中式者也都这样做，并把它们都笼统称之为"硃卷"，这种墨印的"硃卷"一般就都仅仅是指中卷了。因此，就其本义，又取其广义，笼统地把清代各种科举考卷均视为"硃卷"亦无不可，虽然其主体还是乡会试考卷。

[1] 这种上升之道和其他社会里的上升之道比较起来怎样？为什么科举在晚清一朝覆亡，且未激起以前视之为身家性命的士人的同声抗议，而几乎是在无声无息中死亡？为什么它在为国人所弃的同时却又为西人拾取？这些是需要我们进一步考虑的问题。

由于当时的学校不仅是完全由政府主办，也主要是为政府往上输送官员和往下推行教化，纯粹是少数精英性质的官学，所以，这种"入学之试"也仍可说是一种为任官取得至少是一种预备性资格的"准入仕考试"。乡试以下，路尚宽广，除了上述成为府县学生员再应乡试的主要途径，五贡也不失为一条保留了些许两汉荐选遗意、不与乡试也可入仕的途径，[1] 由监生则可辟出一条通过捐纳绕开越来越难的小试而直接应乡试的捷径，但是，一般人要想参加会试以为充任高级官员打下基础，却仍然只有先通过乡试一条路可走。

上述无论入学、入仕或高级入仕这三级考试，都离不开八股文，且都是以首场的四书艺为重。有清一代，童生试的县、府、院试虽然其他内容有变更，但正场考四书文二篇的内容始终不变。清乡、会试三场考试内容相同：清初沿明制是首场四书三题、五经各四题，士子各占一经，共需作七艺；二场是论一道、判五道、诏、诰、表择作一道；三场是经史时务策五道。这三场如此安排的目的是："首场通经而穷理，次场通古而赡辞，三场通今而知务。"[2] 但是，"时诏、诰题士子例不作文，论、表、判、策，率多雷同抄袭，名为三场并试，实则首场为重，首场又四书艺重"。[3] 其后考试内容陆续有一些改变，至乾隆五十二年（1787）定为：首场四书文三篇，五言八韵诗一首；二场经文五篇，文体亦八股格式；三场策问五道。这一改变可以说旨在使考试的内容更为集中鲜明，淘汰那些实际上已成具文、保留只会枉耗心力且徒增混扰的考试内容，客观上则使经义八股的地位更重了，但所增首场之诗、所留末场之策也还是存有两汉策问、唐

---

[1] 岁贡甚至有积年的意味。

[2] 尹会一：《广西乡试录后试》，《健余先生文集》。

[3] 同上。

代诗赋的痕迹，又八股本身也是一种具有高度综合性的文体，[1] 此一定制，直行至20世纪初八股被废。

而八股文在20世纪成为众矢之的，不仅遭到激进主义、自由主义思潮的猛烈抨击，也为保守主义所不齿。"八股"乃至成为一个臭名远扬、引申甚广的恶谥，凡与它沾边的都被列入批判之列，除了"旧八股""土八股"，又有"新八股""洋八股"，还有"党八股""政治八股"等种种名目，凡迂腐形式、僵死桎梏、可笑文章、荒谬教条都可冠以"八股"之名，被人们理所当然而又不假思索地予以唾弃，原来意义上的八股反转成罕有人能识的稀罕物件。[2] 而反"八股"者也常被后人指为"新八股"的制造者，但攻评各方至少有一点是共同的，即都谴责和唾弃八股，且常常是以一种蔑视的口吻予以谴责和唾弃。

但是，为什么八股会成为古代科举考试录取入仕的首要标准？为什么不考别的，而就考这常被认为是最无用、也最呆板、最僵死的八股？它是怎么来的？是皇帝或政府刻意牢笼士子的精心设计，还是考试制度的发展所自然逼出？为什么八股素为人诟病而又久不能废？为什么它竟然在一种涉及全国上下、地位也最重要的考试中延续了近五百年之久？今人对这些问题的模糊程度，可能恰与对八股批判的激烈程度成正比。而批判什么东西的一个前提条件，其实应当是首先知道它究竟是怎么一回事。

不过，在本编中，我们尚须限制我们的范围，不可能讨论所有与八股有关的问题。例如，八股文与其他文体、与文学的关系，这方面已有一

---

[1] 江国霖咸丰九年在为梁章钜《制义丛话》所作的序中说："汉策、唐诗赋、宋论均有弊。"而八股制义"指事类策，谈理似论，取材如赋之博，持律如诗之严"。

[2] 如作家刘绍棠说："在我的印象里，八股文是和缠足、辫子、鸦片烟枪归于一类的，想起来就令人恶心。但是，若问我八股文究竟何物，却不甚了然。"见其为王凯符《八股文概说》所作序，中国和平出版社1991年版。

定的关注和研究。[1] 如果说今人对八股尚存一点首肯之意的话，往往也只是表现于此。还有这种文体与思想、与学问的关系，就均非本文所能专门讨论。另外，八股经义与以前的考试内容——两汉策问、唐代诗赋、宋代经义、元代经疑以及括帖墨经的源流辨析和仔细比较，乃至八股本身在数百年间的风格之变迁，亦非本文所能深入。

对八股人们可以提出一些不同方面的问题，比如说，首先，八股这一文体能不能产生真正的文学，乃至于产生最好的文学，即如李贽所说的"至文"？产生称雄于一代的文学，产生作为一个时代标志，一个时代骄傲的文学？明人确实有相当一部分士人曾经这样相信过。明天启、崇祯年间，且有一些士人花大力于此，如艾南英、陈际泰、曾异撰等，他们创作、品评、结社，自下而上造成了对全国文风的广泛影响。至清代，也还有人相信这一点，例如焦循。但总的说，清人一般不再相信这一点，士人的主要兴趣也因明清之际的世变及顾亭林等大儒的努力而发生了一种重要的转变：即由虚转实、由华转朴、由激转平、由戾转和、由强调思想、文学转向强调学问、考据，即便如焦循也是用力于此，他只认为明代文学也许将由八股称，[2] 而不认为清代会如此。清代问题是转到了次一级的层面，士子文人在时文上的雄心已经下降，人们关注得更多的与其说是八股本身，不如说是时文与古文的关系，是古文能否对时文产生良好的影响，或者说时文与古文之间是否能形成一种良好的互动关系等。阳湖、桐城派均曾有意无意致力于此，其所达到的成绩有人赞扬也有人指斥。无论如何，八股作为一种士人要自进显身必须掌握、必须熟悉的文体，对明清两

---

[1] 如周作人《中国新文学的源流》及其附录《论八股文》，人文书店 1932 年版，近作如陈平原《八股与明清古文》，《学人》第 7 辑，江苏文艺出版社 1995 年版。

[2] 焦循《易余籥录》："有明二百七十年，镂心刻骨于八股。如胡思泉、归熙甫、金正希、章大力数十家，洵可继楚骚、汉唐诗、宋词、元曲，以立一门户；而何、李、王、李之流，（转下页）

代的文学,尤其是散文还是影响很大的。

其次,八股这一文体能否产生真正独立、有意义的思想?它是否是表达思想的恰当形式?即从八股中是否能出思想?或者说能出什么样的思想?这种文体能给个人独立见解提供多大的活动空间?八股文作为中国文学形式的一种相当精致和综合、同时又与入仕紧密联系的文体,是否也表现了中国思想的某些基本特点?对这些问题,古人不像对前一问题那样关注,基本上还是只把它看成是一种文章,但是,八股又毕竟主要是一种说理的文章,是一种议论文,它虽在比的部分有韵文的相当成分,但不允许像赋、骈文那样铺陈华丽辞藻,巧设比喻,引用秦汉以后的历史典故等种种修辞方式,而是要求朴实地述说经义,述说义理。北宋王安石改革科举考试用经义取代诗赋即有将士人注意重心由文学转向经学,转向义理之学之意,但经义毕竟又是一种应试文体,作为应试文体固然影响广泛而持久,从而也时有改变文风显示文运之效,但也因此很快就可能面临"题无剩义"的局面,而人才也有高低,如王安石那样的大才毕竟罕见。所以,古人对这一问题一直比较谨慎,即便重视八股义理(尤其前期八股),也很少抱有由八股来产生第一流思想的期望,且社会也无需此,义理之精华被认为早已蕴涵于经典之中,即便如清初吕留良那样重视八股的独立思想者,主要目的也只是限于作为明遗民退而要在社会上谋生立足,进而想由此扩大对士人思想的影响。[2] 今人则几乎众口一词地抨击八股束缚思想,

---

(接上页)乃沾沾于诗,自命复古,殊可不必矣。夫一代有一代所胜,舍其所胜,皆寄人篱下耳。余尝欲自楚辞以下,至明八股,撰为一集。汉则专取其赋,魏、晋、六朝至隋,则专取其五言诗,唐则专录其律诗,宋专录其词,元专录其曲,明专录八股。一代还其一代之胜。"

[2] 《吕晚村文集》附录《吕公忠晚村行略》:"议论无所发泄。一寄之于时文评语。大声疾呼。不顾世所顾忌。……晚年点勘八股文字,精祥反复,穷极根底,每发前人之所未及,乐不为疲也,有疑诗文恐不足以讲学者,先君曰:事理无大小,文义无精粗,莫不有圣人之道焉,但能笃信深思,不失圣人本领,即择之狂夫,察之迩言,皆能有得,况圣贤经义乎。"

以"扼杀思想"为其一条主要的罪名。

再次，从八股中能不能出学问？在清代这个问题或可转变为：八股能不能出考据？或能不能在这种文体中至少反映出考据的成果？对此，古人似更不抱期望。清代虽然在应试八股中有一些带有考据色彩的文章，尤其在五经义中，[1] 但这只是在某种程度上反映出社会上重视学问尤其汉学的风气，考场之外，无人会尝试以八股去进行考据工作。而且，正是从学问出发，自明至清，不断有学者猛烈抨击应试八股，抨击流行的坊刻时文，认为它们害了学问，乃至使士人束书不观，其恶果几等于焚书坑儒。"使人不学"，戕害学问，这是八股的另一条主要罪名。

然而，以上的问题并非我们的主要关注所在，我们关注的是八股的应试功能，并相信这也正是它所由产生的原因和存在的理由，是它的主要乃至唯一合理的功能。本编尤其注意清代乡、会试中的首场四书文（亦即大题四书文）。这样，习作八股、游戏八股，[2] 以及认真地想通过八股来"载道言志"、表达心声、抒发感情之作，[3] 都不在本文考虑之列，至于场外训练之窗稿、师友切磋之社稿，乃至考官示范之程文，因其不在"硃卷"之列，也不是我们考虑的重点。本编实例一般都取自试卷。

在资料方面，我们可以首先指出应试文的一个特点，作为应试的首要文体，八股大概是中国历史上出产最多的一种文字，然而从比重上来说，留存下来的却最少。自明至清数百年，科举应试作为士子的主要出路，四书八股作为士子的日常功课，其内容自然是他们最熟悉不过的，但

---

[1] 如王引之"文王卑服即康功田功"，王文韶"子男五十里，凡四等，……士受地视子男"，张之洞"拔茹茅以汇其吉"，汪康年"井九百亩，其中为公田，八家皆私百亩，同养公田"等。

[2] 如尤侗非以经书而是以《西厢记》为题的八股文：《怎当他临去秋波那一转》。

[3] 如启功记其师陈垣先生于抗战时口诵周镐所作《逸民伯夷叔齐》之八股文，"琅琅然声出金石，盖感时寄慨，如赋变雅焉"，感人至深，见《说八股》，中华书局1994年版，第72页。

第二编 标 准

可能正是因此，当时的人们不屑于记录，更不屑于保存，它源远流长，又变化缓慢，人们从小即耳濡目染，耳熟能详。这正如保罗·瓦莱里所说："在整个世纪中形成的一个事件，在任何文件或回忆录中都不可能找到……"[1] 加上八股与政治权力和经济利益的联系至深至钜，权势利益驱动之下，鱼龙混杂之文汗牛充栋，而一旦政治风向改变，旧制度倾覆，文章与利益脱钩，八股也就自然如风卷残云，迅速消失了。此正如末科探花商衍鎏先生在 20 世纪 50 年代作《清代科举考试述录》时所言，八股是"藏书家不重，目录学不讲，图书馆不收，停科举废八股后零落散失，覆瓿烧薪，将来欲求如策论诗赋之尚存留于世间，入于学者之口，恐不可得矣"。[2] 齐如山也在 20 世纪 60 年代写道：科举"在六十年以前，乃是全国趋之若鹜的一件事情，父训其子，兄勉其弟，朋友彼此互相规劝等等，都以此事为重心。……没想到全国人放在心坎上的一件事情，不到六十年的功夫，而大多数人却都不知道了"。[3] 那时，尚有参与科举者撰写回忆录，而如今离最后一次科举乡、会试（1904）也已过百年，世间已无亲与科举者了，[4] 所留下的回忆文字也相当之少。

---

[1] 转引自丹尼尔·贝尔：《后工业社会的来临——对社会预测的一项探索》，商务印书馆 1986 年版，第 381 页。

[2] 商衍鎏：《清代科举考试述录》，三联书店 1958 年版，第 227—228 页。

[3] 齐如山：《中国的科名》，收在杨家骆主编《中国选举史料·清代编》，鼎文书局 1977 年初版，第 1049 页。今人由对科举考试内容的不熟悉所带来的失误可举二例：如最近出版的《翁同龢传》，作者研究传主已十多年，用力甚勤，但在叙及翁 1856 年参加会试时，说会试首场考四书，四书题为"告诸往而知来者，洋洋乎发育万物"一节，第二场题为"莫如为仁"，第三场诗题为"游鳞萃灵沼，得灵字"。而实际上所述三场题其实都是首场的内容（三文一诗），且所述"首场题"宜分为"告诸往而知来者"一句和"洋洋乎发育万物"一节，是两篇而不是一篇文章的题目，见谢俊美：《翁同龢传》，北京：中华书局 1994 年版，第 40 页。又如一些"高级知识分子"也把几年前发现的一份明代状元策说成是"典型的八股"，见田启霖编《八股文观止》，海南出版社 1994 年版，第 1162 页。

[4] 清代最后的两位状元王寿彭和刘春霖都在 20 世纪 40 年代去世，末科探花《清代科举考试述录》的作者商衍鎏大概在五六十年代之际去世，末科举人钟毓龙于 1970 年去世，（转下页）

于是，一百年前读书人几乎无人不会作的八股，今天却不要说作，恐怕连读懂也已经不容易了。[1] 因为八股毕竟不是一种容易操作的文体，它既无裨世用，而又可以无止境地对之下功夫，其奥妙和水平大概不是一下子就能达到的，仍用商衍鎏的话来说就是："万语千言不能发其秘，穷年累月不能究其源。"[2] 然而，对一件在五百年间影响着几十代千千万万士人前程，进而影响到整个社会结构的事情，我们却不能不努力去发秘探源。

本编所参考的主要原始资料大致可归为以下几类（近人研究著作未列，所参考书可见注所引）：

1. 试卷原文。这方面最宝贵的自然是当时考场的原始墨卷或硃卷，清代各地乡、会试的硃墨卷要调礼部磨勘，不存于地方，清廷覆灭后此类材料被视为是最无价值者而基本散失殆尽，[3] 生员考试的试卷则以数量繁多而又无关政要，亦多不予存。[4] 现在可见的试卷多为进士举人贡生中式后自己刻印的所谓"硃卷"，这种"硃卷"有时会有一些订正改动，目前对这种硃卷收罗最富的是顾廷龙主编，台湾成文出版社1992年出版的《清代硃卷集成》，共订为420册，收录了上海博物馆收藏的8000余种硃

（接上页）末科秀才苏局仙也已在1991年12月30日下午四时去世。参见蔡康平：《中国晚清最后一个秀才》，载《读者文摘》1992年第4期。

[1] 读八股要比读一般古文为难，至于写作，正如邓云乡《眉园日课·书后》所言："就今天的客观水平说，要想弄懂这一文体，即使学会作一篇极普通的八股文，最起码的完篇，恐怕也是不可能的了。"《中国文化》第13期，刘梦溪主编，北京，1996。我读到的时间上最近的一篇八股文是曾与光绪癸卯科（1903）浙江乡试中举的钟毓龙（1880—1970）60年代的戏作《老而不死》，见其《科场回忆录·附录》，浙江古籍出版社1988年版。

[2] 商衍鎏：《清代科举考试述录》，北京：三联书店1958年版，第228页。或如张中行的一句趣话"至于八股的妙处，就非鼻子不可。"见启功、张中行、金克木：《说八股》，北京：中华书局1994年版，第81页。

[3] 40年代末潘光旦、费孝通仅搜到900多份硃卷，现这些已搜集到的硃卷大概也散失了。

[4] 各地，尤其江南的一些地方博物馆、图书馆或仍有存者。

卷。[1] 试卷的另一个来源是各种选本稿本中的应试文，如俞长城《可仪堂一百二十名家制义》，上海点石斋石印本《大题文府》、《小题文府》等。还有一些应试文则散见于全书、文集或手稿中，如《榕村制艺》中的李光地试卷，《袁太史稿》中的袁枚试卷、《兰墅制艺》中的高鹗试卷，《张季子九录》的张謇试卷，《石屋续渖》中的陈黻辰试卷，以及《蔡元培全集》、《杨度集》等文集中的本人试卷等。

2. 有关考试制度方面的官方资料及综合记述。如《大清会典事例》，尤其是其中的"命题规制"、"试艺体裁"、"厘正文体"等部分；由方苞编《钦定四书文》所提供的范文可见官方的录取标准；法式善《清秘述闻》及后人补充的一续、再续，记载了清代历科考官、试题及省、会、殿元的姓氏、籍贯、出身等材料。

3. 有关时文及应试的丛话、文话及笔记资料。其中清人较著者如李调元有《制义科琐记》四卷，尤其梁章钜《制义丛话》二十四卷最为可观，又有阮元令其弟子编撰的《四书文话》，但迄今未见到刻本，手稿也不知是否尚存世间，[2] 追溯其源流的资料及早期经义文可参见《学海堂集》、

---

[1] 《清代硃卷集成》所收硃卷包括三个部分，粗略统计如下：第一部分是会试卷，共计1635份，其中17世纪仅1份，18世纪37份，余均为19世纪至20世纪初试卷，而光绪一朝有916份；第二部分是乡试卷，这构成《清代硃卷集成》一书收藏的主体，所收多为江南、浙江、顺天试卷，依多少次序是江南1641份，浙江1497份，顺天817份，湖北296份，山东230份，江西230份，河南148份，湖南131份，以下广东、四川、福建、广西、山西、陕西、甘肃、云南、贵州均在100以下。从朝代论，乡会试卷也还是光绪朝最多，共有2546份。第三部分是贡生卷，分副贡、优贡、拔贡、岁贡、恩贡，以拔贡、副贡卷较多。但是，以上所收有些并不完整，有的缺履历，有的缺科分页，有的试卷不全，尤以年代较早者或名人卷为甚。

[2] 据阮元《四书文话序》，此书有抄本二，一存广东，一携归江苏以便补充后付梓，梁章钜决心作《制义丛话》时慨叹唯独制艺"无话"，知有《四书文话》后，曾在广东寻找未得，后又到江苏寻找如愿，并从其中抄录了一部分补入《丛话》。商衍鎏《清代科举考试述录》所列的参考书中列了《四书文话》，不知其所睹是刻本还是手稿。后亦多有人列此书，却未见引文，笔者亦多方寻找而未觅得此书，因而怀疑此书并未付梓，而手稿今亦不存。

宋刘安节《刘左史集》、不著编辑者名氏的《经义模范》、明吴伯宗《荣进集》。其他记有较多有关科举时文材料的清人笔记杂著有王士禛《池北偶谈》，梁章钜《南省公余录》、《归田琐记》、《浪迹丛谈》，法式善《槐厅载笔》，阮葵生《茶余客话》，许仲元《三异笔谈》，梁绍壬《两般秋雨庵随笔》，钱泳《履园丛话》，陈康祺《郎潜记闻》，俞樾《茶香室丛钞》，何刚德《春明梦录·客座偶谈》，朱彭寿《旧典备征·安乐康平室随笔》等。《古今图书集成》《选举典》、《经义典》汇集了一些有关材料，徐珂《清稗类钞》"考试类"也收录了清人笔记中有关资料360余条。

4. 有关时文的看法以及对以八股为考试内容的批评、辩护和改革意见。[1] 清人文集及笔记中较重要的意见可见：顾亭林《日知录》、《亭林文集》，张尔岐《蒿庵集》，吕留良《吕晚村先生文集》，陆陇其《三鱼堂文集》，毛奇龄《西河合集》，何焯《义门先生集》，陈祖范《陈司业文集》，韩菼《有怀堂文稿》，刘大櫆《海峰先生文》，方苞《望溪先生文集》，尹会一《健余先生文集》，朱轼《朱文端公文集》，朱筠《笥河文集》，任兆麟《有竹居集》，袁枚《小仓山房文集》，翁方纲《复初斋文集》，李绂《穆堂初稿》、《穆堂别稿》，姚鼐《惜抱轩文集》，法式善《存素堂文集》，彭元瑞《恩余堂辑稿》，彭绍升《二林居集》，张廷玉《澄怀园文存》，章学诚《章氏遗书》，管世铭《韫山堂文集》，石韫玉《独学庐稿》，臧庸《拜经堂文集》，焦循《雕菰集》、《学海堂集》，韩梦周《理堂文集》，李兆洛《养一斋文集》，冯桂芬《显志堂稿》，龙启瑞《经德堂文集》，唐鉴《唐确慎公集》，王先谦《虚受堂文集》等。又有《明文海》中所载78篇时文序，贺昌龄主编《清经世文编》及续编"礼政"部分亦汇集了一些有关科举考试文体改革的文章。

---

[1] 在此主要涉及传统的争论，晚清西学冲击中国之后的争论不在此列。

5. 有关如何为举业训练写作经义、八股，准备应试及考官衡文等方面的资料。早期如宋谢枋得为举业所编《文章轨范》，元陈悦道为科场备用编写的讲章《书义断法》，王充耘《书义矜式》，倪士毅《作义要诀》，清代如王筠《教童子法》，唐彪《读书作文谱》、《父师善诱法》，张行简《塾课发蒙》，崔学古《少学》，李新庵《重订训学良规》等；以及个人自叙参与或主持科举考试具体过程的日记、笔记、回忆，包括辛亥后有些名人、学者如周作人、陈梦雷、蒋梦麟、陈独秀等人的回忆录也记述了自己的应试经历，其他如小说史料，像《儿女英雄传》中的安骥参加乡会试的过程和《蜃楼志》中的春才、如玉的应考，《儒林外史》中马二先生等人的评文，《聊斋志异》中的"司文郎"等节亦可参考。

本编以下八章，[1] 我们将首先叙述历代考试内容的演变如何导致了经义又如何自然而然地形成了八股这一文体。第一章"经义"主要是就其内容而言，第二章"八股"主要是就其形式而言；随后的第三、四章则先叙述考试互动过程中之在下的一方（考生），然后叙述考试互动过程之在上的一方（考官），再过渡到取中或黜落，从试卷观察这一考试过程的最终结果，并考察决定取中黜落的主要因素；最后两章，我想先展示传统思想范畴内的"昔议"，再在略观今人的评论之后提出自己的初步结论。

---

[1] 以下类似于八股的结构也是始则无意中暗合，后才稍稍有意为之的一种结构，笔者最近并偶然发现，拙著《良心论》（上海三联书店 1994 年版，北京大学 2009 年修订版）竟也无意中暗合八股结构：前有引后有跋，中间八章题目严格地两两相对。这种种暗合也许说明了，八股实际上是人们著述时不知不觉、自然而然会采取的一种首尾绾合、中间主体部分对称的结构。虽然它并不是、也不宜是唯一的结构。

第一章 经 义

历代考试内容的演变

在从西汉到南北朝的察举时代，是以推荐为主而以考试辅之。西汉自孝文至孝武的举贤良方正直言极谏，上皆亲策之，"问以政事经义，令各对之，而观其辞定高下矣"[1]。其时的名策有晁错、贾山、公孙弘等人的对策，而尤以董仲舒的天人三策最为著名并影响深远，但当时举贤良方正的主要目的本在求言，而非以考试来定入仕，试策者多已是官员。常科的举孝廉在西汉一般不用考试，至东汉渐人多为患，于是不得不用考试来黜落，左雄改制更明确分两途考试："诸生试家法，文吏课笺奏"[2] 或"儒者试经学，文吏试章奏"。[3]

至此，我们实已可见明清三场的雏形几已全具，明代及清初首场是经义3篇，其雏形即"诸生试家法"或"儒者试经学"，只是在东汉时是偏重于家法、记诵，而明清是重阐发义理；二场是论、表、判等，其雏形

---

[1] 《汉书》卷七十八《萧望之传注》。
[2] 《后汉书》卷六十一《左雄传》。
[3] 《后汉书》卷四十四《胡广传》。

可视为是"文吏试章奏",但较具文采,而论也须说理;三场是经史时务策,其源盖来自对贤良方正的策问。然而,一有长期固定的考试,则其势就不免渐渐流为偏重形式,故两汉的经学、章奏考试不像贤良对策那样尚留有一些名文。马端临曾就此评论说,以"孝廉"名科,是取其平日素履德行,然却难以一时判定,而考试则能顷刻知之,于是,如此考试就不过是"试以文墨小技而命之官"而已,但它也还是有其淘汰意义,"于文墨小技尚不能精通,固无问其实行也"。所以,马端临认为,王安石诗言"文章始隋唐,进取归一律"不确,此事盖由来久矣。[1]

此后荐选时代的考试内容变化不多,到了以考选为主的科举时代,开始也是沿用旧法,唐初是"明经取通两经,先帖文,乃按章疏试墨策五道;进士试时另策五道"[2]。唐永隆二年(681),因"进士不寻史传,唯诵旧策,共相模拟,本无实才",诏进士加试杂文两首,所谓"杂文两首",依徐松解,是指箴、铭、论、表之类,至"开元间,始以赋居其一,或以诗居其一,亦有全用诗赋者,非定制也。杂文之专用诗赋,当在天宝之季",即直到8世纪中叶考试才比较稳定地以诗赋为主。[3] 这里我们看到,唐进士科杂文专试诗赋、并且录取以诗赋为重也是在近百年间考试的反复修改实践中形成的。[4] 试诗赋客观上加强了人们对诗的广泛而持久的注意,并促进了锤炼和琢磨技艺,从而无疑有助于唐诗的繁荣,但延至宋

---

[1] 《文献通考》卷三十四"选举七"。
[2] 《封氏闻见记》卷三《贡举》,中华书局1959年版。
[3] 徐松:《登科记考》卷二,中华书局1984年版。
[4] 这一演变过程的大略,可参见《宋史》卷一百五十五《选举一》所载宋宝元中李淑所言故事:"唐调露二年(680),刘思立为考功员外郎,以进士试策灭裂,请帖经以观其学,试杂文以观其才。自此沿以为常。至永隆二年(681),进士杂文二篇,通文律者,始试策。天宝十一年(752),进士试一经,能通者试文赋,又通而后试策,五条皆通,箴、论、表赞各一篇,以代诗、赋。大和三年(829),试帖经,略问大义,取精通者,次试论、议各一篇。八年(834),(转下页)

代，成千累万的应试诗赋中并无多少名篇佳制，[1] 好诗基本上都在试律诗之外，而试律诗其意也不在此。

宋初，考试内容大致如唐，进士试诗、赋、论各一首，策五道，帖《论语》十帖，对《春秋》或《礼记》墨义十条。庆历三年（1043），范仲淹建议改革贡举，省试三场次序改为先策、次论、后诗赋，废除专考记诵的帖经墨义，然实行不久，时人"以为诗赋声病易考，而策论汗漫难知"，[2] 又仍复旧章。[3] 宋神宗熙宁二年（1069）朝廷中又一次酝酿科举改革，王安石欲兴学校，韩维建议罢诗赋而问经大义，苏颂欲先士行而后文艺，苏轼则表示反对，他认为若再像荐举时代那样以德行取士，只会使天下相率以伪，而如果说诗赋无用，则自政事言之，策论与诗赋一样无用。王安石反驳说，闭门学作诗赋，将使人不习世事，败坏人才，"今以少壮时，正当讲求天下正理"，显然认为经义将比诗赋较能尊重道德，统一学术，既可去进士浮薄之习，又可纠明经学究之偏。于是神宗改法，将诸科撤销并入进士科，进士之试罢诗赋、帖经墨义而改试经义、论策。两宋后来虽又有进士试经义、诗赋两科分合之举，且经义也不再遵王氏所定《三经新义》等程式，但经义从此成为一种主要的考试内容的地位却日趋稳固，直到它完全取诗赋而代之。

元仁宗皇庆二年（1313）诏定考试程式：汉人南人，第一场明经经疑二问，四书内出题，用朱注，经义一道，不拘格律；第二场古赋、诏、诰、章、表内科一道；第三场经史时务策一道，明确了"试义则以经术为

（接上页）礼部试以帖经口义，次试策五篇，问经义者三，问时务者二。厥后变易，遂以诗赋为第一场，论第二场，策第三场，帖经第四场。"总之，选举制度中的变化差不多都是一个"渐"字。

[1] 钱起 751 年的应试诗《湘灵鼓瑟》中末两句"曲终人不见，江上数峰青"是罕见的名句。

[2] 《文献通考》卷三十一"选举四"。

[3] 我们可注意此处复旧的理由："诗赋声病易考，而策论汗漫难知"，后来经义演成八股，而八股实际上即"经义之诗赋"，此大概也有其不得不然之理。

先，词章次之"的原则。[1] 明、清三场的考试内容已如前述，其改变主要是去掉了经疑和增加了考试分量和难度，而一种考试的文体格式（八股）也在其间渐渐发展定型。晚清光绪年间，感于世变，有一些考官如潘祖荫、翁同龢等想在考试录取中加重策论的分量，1901年清廷上谕乡会试自第二年起，头场试中国政治史事论五篇；二场试各国政治艺学策五道；三场试四书义二篇，五经义一篇，并不准用八股文程式，但此何能挽狂澜于既倒。越三年科举旋废，再六年清廷亦亡。

总之，中国古代选举考试的主要内容不外乎经学（家法、帖经墨义、经疑、经义）与文学（诗赋）。策问及诰、论、表等公牍则可以说是两者的一个结合或更偏重于经学，其意主要在通经致用，而又须略具文采。但经学又可以说也包括了先秦史学（如章学诚所言"六经皆史"）和子学（自然主要还是儒家学说）。按现代眼光，经学则既是哲学、伦理学，又是政治学、社会学，包括了人文与社会学科的一些主要领域。在察举时代，经学、文学稍稍分途，科举时代，两者渐渐合一，唐至宋初一段似以文学为主，表里皆文学；宋元以后渐渐是以经学为主，或者说以经学为里，文学为表，然而录取中式却往往还是不能不以"表"（形式）为定。作为经义应试文的八股在次一级的意义上仍然是经学与文学的一种结合，其内容是经学，形式则为文学。

在古代中国两千多年的考试史中，古人几乎尝试过各种他们可能想到的考试内容，而皆有利有弊，或者说初利终弊，初可纠前弊而后又生新弊。明末清末皆有许多人痛诋八股，康熙初且曾废过八股，不久又恢复，[2] 而其所欲革新之对策又皆不出前人之窠臼（如提高策论地位等），

---

[1] 《续文献通考》卷三十四《选举考·举士》。
[2] 洪武初且曾立科举之后又废科举，然不久亦恢复。

这大概不是一个可在传统格局内解决的问题，或者说倘非晚清世变，本来也不构成致命问题的问题。

经义应试文的产生

所谓"经义"，就是其阐述的义理必须"根于经"，即不脱离儒家所定的经典，从这些经典引申和阐发义理，这就有别于一般的论体，例如诸子的议论。[1]

诚如上言，经义之试创自宋王安石，其目的正如康有为所说："推王安石之以经义试士也，盖鉴于诗赋之浮华寡实，帖括之迂腐无用，故欲借先圣深博之经文，令学者发精微之大义，以为诸经包括人天，兼该治教，经世宰物，利用前民，苟能发明其大义微言，自可深信其通经致用。"[2] 王安石改革科举，罢诗赋帖经墨义而改用论述经文道理的经义，当时经义之文也就形成了一定的格式，俞长城说："制义之兴，始于王半山（安石），惜存文无多，半山之文，其体有二：谨严峭劲，附题诠释；或震荡排挞，独抒己见，一则时文之祖也，一则古文之遗也。"[3] 下面我们可以看一篇据说是当时王安石为学子垂范而撰的经义式：[4]

---

[1] 如焦循《时文说》所言："诸子之说根于己，时文之意根于题"，载《雕菰集》卷十。但时文虽须根于经题，要推出新意又须"根于己"，在"我释六经"中，又颇有一点"六经注我"的味道，此有别于汉唐儒括帖墨经之严守"我注六经"及家法。

[2] 康有为：《请废八股试帖楷法，试士改用策论折》。

[3] 《可仪堂一百二十名家制义·序》。

[4] 选自《古今图书集成》，《理学汇编·文学典》卷一百八十"经义部"。

可以与，可以无与，与伤惠；可以死，可以无死，死伤勇。[1]

世之论者曰："惠者轻与，勇者轻死，临财而不昝，临难而不避者，圣人之所取而君子之所行也。"吾曰："不然，惠者重与，勇者重死，临财而不昝，临难而不避者，圣人之所疾而小人之所行也。"

故所谓君子之行者有二焉：其未发也慎而已矣；其既发也义而已矣。慎则待义而后决，义则待直而后动，盖不苟而已也。

易曰："吉凶悔吝生乎动。"言动者，贤不肖之所以分，不可以苟耳。是以君子之所动，尚得已则斯静矣，故于义有可以不与、不死之道而必与、必死者，虽众人之所谓难能，君子未必善也；于义有可与、可死之道而不与、不死者，虽众人之所谓易出，而君子未必非也。是故尚难而贱易，小人之行也；无难无易而惟义之是者，君子之行也。

传曰："义者天下之制也。"制行而不以义，虽出乎圣人所不能，亦归于小人而已矣。季路之为人可谓贤也，而孔子曰："由也，好勇过我，无所取材。"夫孔子之行，惟义之是而子路过之，岂过于义也。为行而过于义宜乎？孔子之无取于材也。勇过于义，孔子不取，则惠之过于义亦可知矣。

孟子曰："可以与，可以无与，与伤惠；可以死，可以无死，死伤勇。"盖君子之动必于义无所疑而后发，苟有疑焉，斯无动也。

语曰："多见阙殆，慎行其余，则寡悔。"君子之行，当慎处于义字。而世有言孟子若曰："孟子之文传之者有所误也。孟子之意当曰：'无与伤惠，无死伤勇。'"呜呼，盖亦弗思而已矣。

---

[1] 题出自《孟子·离娄下》。题前还有一句是"可以取，可以无取，取伤廉。"此理甚明白，而后两句却"理未易明"。

上文接近论体，而且是辩论体，并多有对偶。[1] 王安石通过征引易、传、论、孟，批评了一种以为"惠者即好施，勇者即轻死"的流俗之见，认为那只是看到了问题的外表，根本则还在要以义为归。必要时当然要乐善好施、舍生赴义，但在两可时则还是应该不与、不死，显示出儒家重义也重生，重人亦重己，推崇道德却又并不拘谨于外在规范的一面。所述义理既不离经题而又有发挥。此正如俞长城的评语："取之伤廉，人所知也。与之伤惠，死之伤勇，人所不知，故此二段，全为圣贤知高远者说法，无难无易，惟义之是，采骊得珠，文更精于虚实反正之法。"[2]

北宋另一篇经义名文是张才叔的"自靖，人自献于先王"。张才叔名庭坚，广安人，元祐进士。据王廷表说："朱文公每醉后口诵张才叔'自靖'义，至与诸葛武侯出师二表同科。"又明成祖命儒臣纂《尚书大全》，亦以此义入注，"经义之盛，无逾此篇"。[3] 清人亦说此篇"学者称为不可磨灭之文"。"时文之变，千态万状，愈远而愈失其宗，亦愈工而愈远于道，今观其初体，明白切实乃如此。"并说，经义"立法之初，唯以明理为主，不以修词相尚"。[4] 下面即此篇：[5]

---

[1] 俞长城说："制义始于荆公，原与论体相似，不过以经言命题，令天下学出于正，且法较严耳，故比仗不必整，证喻不必废，侵下文不必忌，后人踵事增华，文愈工，品愈下矣。夫下文不可侵，是也；工比仗废比喻，非也，读明文而以宋文参之，可以得文质之中矣。"见《可仪堂一百二十名家制义·序》。

[2] 同上书。

[3] 王充耘：《书义矜式·序》。

[4] 纪昀：《〈经义模范〉提要》，《四库全书总目》。

[5] 选自《经义模范》。

自靖,人自献于先王[1]

君子之去就死生,其志在天下国家而不在一身。故其死者非洁名,其生者非避祸,而引身以求去者,非要利以忘君也。仁之所存,义之所在,鬼神其知之矣。昔商之三仁,或去或死,或为之奴,而皆无愧于宗庙社稷,岂非谋出于此欤?此其相戒之言曰,自靖,人自献于先王。

盖于是时,纣欲亡而未悟也。其臣若飞廉、恶来,皆道王为不善,而不与图存;若伯夷、太公,天下可谓至贤者,则洁身退避,而义不与俱亡。夫商之大臣,而且于王为亲,惟王子比干、箕子、微子也。三人欲退,而视其败则不忍;欲进而与王图存,则不可与言,虽有忠信诚悫之心,其谁达之哉?

顾思先王创业垂统,以遗其子孙,设为禄位职业,以处天下之贤俊,俾相与左右而扶持之,期不至于危亡而后已。子孙弗率,亡形既见,而忠臣义士之徒,犹不忘先王,所以为天下后世之虑,以为志不上达,道与时废,乱者弗可治也,倾者弗可支也,而臣子所以报先王者,惟各以其能自献可也,虽然臣子之志不同,而欲去就死生,各当其义,不获罪于先王,非人所能为之谋,其在于自靖乎?

盖自商祀颠隮,则微子以为心忧,而辱于臣仆,不与其君俱亡,箕子比干之所以羞为也。微子抱祭器适周以靖后,则奉先之孝得矣;比干谏不从故继以死,则事君之节尽矣;箕子以父师为囚,犹眷眷不去,则爱君子之仁至矣。其死者若愚,其囚者若污,而其辄去者,若背叛非忠也,然三子安然行之,不以所不能而自愧,亦不以所能而愧

---

[1] 题出《尚书·微子》:"商其沦丧,我罔为臣仆,诏王子出迪,我旧云:'刻子、王子弗出,我乃颠隮。自靖,人自献于先王,我不顾行遁。'""靖"是谋划的意思,"自靖,人自献于先王"意思是说"自己决定吧,各人要以自己的方式贡献于先王"。

人,互相劝勉,以求合于义,而不期于必同。

夫所谓先王所望于后世臣子者惟忠与孝也,故微子之去,自献以其孝;比干以谏死,箕子以正囚,则自献以其忠,是非三子苟为也。处垂亡之地,犹眷眷乎天下国家,而不在一身,故其志之所谋,各出其所欲为,以期先王之知耳。古所谓皎然不欺其志,非斯人之谓乎?虽然,《书》载微子与箕子相告诫之辞,而比干不与焉,何则?人臣之义,莫易明于死节,莫难明于去国,而屈辱用晦者,亦所难辨者也:比干以死无足疑,故不必以告人,而箕子、微子不免自靖,人自献于先王者,重去就之义,而厚之故也。不然,安得并称三仁哉?

我们再来看南宋文天祥一篇文如其人、在某种意义上犹如文谶的经义。文天祥(1236—1283)号文山,吉州庐陵(今江西吉安)人。宝祐丙辰(1256年)举进士第一。俞长城说:"文文山传文,只有'事君能致其身''箕子为之奴''愿比死之一洒之'数首,率皆忠义之言,且其体已近明人。"[1]

事君能致其身[2]

委质而为人臣,当捐躯以报人主。

忠臣爱君,甚于爱身;既爱其君,复自爱其身,忠贞者当不如是矣。

子夏曰:"事君能致其身。"此言何谓也?尝闻民生于三,事之如

---

[1] 《可仪堂一百二十名家制义·序》。

[2] 选自《可仪堂一百二十名家制义·序》。题出《论语·述而》:"子夏曰:贤贤易色,事父母能竭其力,事君能致其身,与朋友交,言而有信,虽曰未学,吾必谓之学矣。"

一，事父母能竭其力矣，而事君可自有其身哉？

彼人以一身而踵天地光岳灵淑之气，未生则身为天地之身，既生则为父母之身，及举天地父母之身一旦而事君，则身为君之身矣。横金纡紫，所以荣此身，千驷万钟，所以举此身；安居高堂，所以逸此身；大任重责，所以寄此身；由是君为重而身为轻。居官奉职，勤劳奚恤，胼手胝足，劳苦何辞。

作君之肢此身，作君之肱此身，故君欲左右有为，宣力四方，不越此身，翼为而代之矣；作君之身此身，作君之目此身，故君欲彰五服，出纳五言，不越此身，明听而代之矣。

幸而身际升平，而烽燧不烟，刁斗夜停，则启心枫陛，张胆明庭，以身殉之，即鞠躬尽瘁勿顾也；不幸身罹变故，而干戈扰攘，九庙震惊，则解衣就烹，引颈待戮，以身赴之，即马革裹尸亦足也。

不为不忘沟壑之志士，则为不忘丧元之勇夫；不为杀身成仁之仁人，则为舍身取义之义士。事君能致其身，大略若此。虽然，孔子曰身体发肤受之父母，不敢毁伤；如致身之说，毁伤难保矣。吾想君亲一道，忠孝一理，盖能致其身者，正所以不毁其身也；不然，于名损节，躯壳空存，所损多矣，亦焉用此血肉之身为哉？故曰，求忠臣必于孝子之门；又曰，孝者所以事君也，请以是补致身言外之旨。

最后，我们选元代王充耘的一篇书义。王充耘字耕野，江西吉水人，元统甲戌（1334年）成进士，他的文章是为当时"经义程式"，[1] 并著有《书义矜式》等。

---

[1] 纪昀：《〈书义矜式〉提要》，《四库全书总目》。

嘉言罔攸伏，野无遗贤，万邦咸宁[1]

善言无不达，贤才无不用，则天下之民亦无不安矣。

夫天下安危系于贤才之用舍，而尤系于辩论之通塞也。故当泰和之世，言之嘉者，既无所伏于下；人之贤者，又无或遗于野，广延众论，悉至群臣，如此则万邦虽广，又焉有不得其所者乎？

善类聚于朝，而善治形于下，固有不期然而然者矣云云。尝谓人君之治天下，孰无任贤使能之心；贤者之生斯世，亦孰无致君泽民之念哉。而匹夫匹妇有不被其泽者，何也？谓言已闻而不必咨，不知伏于下者之难达也；贤已用而不必求，不知困于侧陋者之难进也。

夫忠言谠论有不尽闻，则何以周知生民之利病；端人正士有不尽用，则孰与任天之事功。以是而求治，安不犹却步而求进，倒植而求茂，不可得也。圣人知其然，故赏谏诤以来谠言，集众思以广忠，益使凡古今理乱之故，政治得失之由，孰为利而在所当兴，孰为害而在所当去，苟可以安国家利社稷者，知无不言，言无不听，则天下之嘉言，举无所隐伏矣，旁招俊义，而有德者无不举矣。禽受敷施，而有善者无不容使。凡怀才抱艺者，皆将有职于朝，而无考槃在涧之讥；佩仁服义者，皆将陈力就列，而无白驹空谷之叹，则在野之贤举，或无遗者矣。夫善言必达，则治不昧于所施；贤俊登庸，则政不失于所付，将见道德之所熏陶，教化之所浃洽，跻斯民于仁寿，措斯世于平康，而凡胙土分茅、星罗棋布者，又安有一邦之不蒙其休，而一夫之不获其所者哉？谓之咸宁，信乎天下之民举安矣。

嗟夫，为治固有其本，而致治必有其要，人君惟能受言如流，求

---

[1] 选自《书义矜式》，题出《尚书·大禹谟》。

贤如渴，而万邦为之安。此固为治之本也。欲言之罔伏，在于舍己而从人；欲贤之无遗，在于不废困穷之士，是又治之要也。然非忘几顺理，爱民好士之至，何以及于此哉？帝舜不敢自谓其必能而归之，惟帝时克其一念，克难为何如也，有虞之治，岂偶然哉？

以上所选北宋、南宋、元朝经义典范共四篇，其中《尚书》义二篇，《论语》义二篇，虽然也可由此一观形式的演进，如类似于破承起讲收结之结构，对偶排比的使用，设身处地之口气等，但我们在此注意的主要是经义的内容。这里所讲的道理是古代"修齐治平"的道理，而古人尤其重视修身，重视造就道德人格。上述王安石的经义澄清了一个道理：即一切要以义为归，而并不能因惠、勇之名而轻与、轻死，盲目追求外在的慷慨与勇敢，也不宜走极端而宜恪守中道。然而，当必须致身时也就必须舍生取义，杀身成仁，"解衣就烹，引颈待戮"，这就是文天祥所言的义理，而其节行也正是其文的注解。张才叔的一篇强调了道德上的自我决定、自我选择，只要合于大义、出于仁心，则外在行为并"不期于必同"，以上所说的都是个人立身处世、待人报国之理，王充耘一篇则展示了一种社会理想：即要使"善言无不达，贤才无不用"，言论上闻，辩论通达，人才能各得其所，则天下之民无不安，"万邦咸宁"。这些从经义中敷演出来的道理，某些具体内容、说法或已不合于当世，但就其根本精神和性质而言，我们是否可以考虑这样一个问题：它们是教人学好的道理还是教人学坏的道理，是使人向上的道理还是使人趋下的道理，是与人为善的道理还是与人为恶的道理呢？而且，早期的经义文不仅颇重说理，似也颇能说理，显示出当时对内容与形式较能并重。

四书首要地位的确定

在"经义"中,元明清均以四书义为首要。清代童生试正场主要考四书义,乡会试阅卷首先是看首场四书义,四书文做得好就能率先入围获荐,而后场文即便作得特别好而四书义不突出,虽然原则上也可补荐,但那种情形毕竟很少。那么,四书义为什么会在考试中占据如此一种首要地位呢?这除了内容繁复的考试本身会有一种客观化、普遍化及可行性、工作量的内在要求,使之渐渐突出某些比较单纯、规范的内容之外,还可以从历史上做一些考察。

紧随推崇法家及"以吏为师"的暴秦之后的西汉,在实施了一段偏重于清静无为、使民休养生息的黄老政治之后,在汉武帝时渐渐趋向于儒家学说,在社会政治理论方面,儒家学说较接近于法家与道家之间的中道,它既有深厚的人文与道德根基,又提供了比较积极有为的治国方略。所以,汉武帝时期独尊儒学实非偶然,且孔子及其弟子后学整理的经典又不仅是儒家学说的代表,也是先秦中国历史文化的象征与结晶。此后,经学、儒学一直在选举、考试中占有重要的分量,即便在唐代亦是如此。人们常笼统说唐科举"以诗赋取士",但实际上这仅限于中唐以后不到二百年的进士一科,整个唐代的明经、三传等科,乃至"天宝之季"以前的进士科、经学或以经术论时务的策问都占有主要的地位,中唐以后的进士科也还须试经。融汇古代经史的儒学一直贯穿于两汉以后的中国历史,而通过考试制度,尤科举考试,它又加强了自己的支配地位并得到了广泛的普及。然而,儒学毕竟是相当具有平和、忠恕和包容精神的学说,或可说是一种最不像意识形态的"意识形态",所以,土著的道家与外来的佛教也都能在中国历史上占有重要的一席之地,文学艺术,尤其是诗歌的才华也能在古代中国大放异彩。

王安石的科举改革奠定了此后以经义为考试主要内容的格局，但后来的考试，经书的范围及基本解释却不再遵循王安石所定。王安石当时所列经书有《易经》、《诗经》、《尚书》、《周礼》而无《春秋》，又有《礼记》、《论语》与《孟子》，并撰有诗、书、周礼之《三经新义》以及《字说》，颁行天下，用作学校教学与科举考试的标准。但是，这些标准不久就被废，而只保留了经义的考试方式。[1] 元明清一直是用朱熹等宋儒的注疏来统一对经书的解释。朱熹重新明确了五经的范围，又从《礼记》中拈出《大学》、《中庸》二篇与《论语》、《孟子》合为四书，并认为四书是"六经之阶梯"，四书集五经之精华，士子最适合由四书入圣贤之学并涵咏其中。[2] 朱熹在其后半生用了大量心血撰写和反复修改四书的注释。他对《语》、《孟》"自三十岁便下功夫"，六十七八岁还"改犹未了"，[3] 前后经过"四十余年理会"。[4] 在七十一岁临死前一天还在修改《大学》"诚意"一章的注，确实做到了他自己说的"毕力钻研，死而后已"。[5] 朱熹对四书五经范围、先后次序的确定及其呕心沥血的诠解，确实全面和深刻地考虑到了孔孟儒学逻辑体系、内在精神以及学者的接受方式和进路。

钱穆说："在中国历史上，前古有孔子，近古有朱子，此两人，皆在中国学术思想史及中国文化史上发出莫大声光，留下莫大影响。旷观全史，恐无第三人堪与伦比。孔子集前古学术思想之大成，开创儒学，成为

---

[1] 梁杰《四书文源流考》说："宋王介甫撰诸经新义，列之学官，用以取士，两度禁革，遂罕问者，四书之文，缘之以起。其初本论体之小变，特专以四书语命题，其源盖出于唐之帖经墨义。至代言口气八股对仗，虽备于前明，其实南宋杨诚斋、汪六安诸人，已为之椎轮，至文文山，则居然具体之。"收在《学海堂集》。

[2] 《朱子语类》卷一百零五。

[3] 年谱宁宗庆元三年引。转引自《四书章句集注》，中华书局1983年版，第1页。

[4] 《朱子语类》卷十九。

[5] 《答余正叔》、《朱子文集》卷五十九。

中国文化传统中一主要骨干。北宋理学兴起，乃儒学之重光。朱子崛起南宋，不仅能集北宋以来理学之大成，并亦可谓其乃集孔子以下学术思想之大成。此两人，先后矗立，皆能汇纳群流，归之一趋。"[1] 钱穆认为朱子集理学之大成，集宋学之大成（乃至于包括王安石等经世派），集汉唐儒之大成。陈荣捷也持类似观点，认为朱熹是继承发展了先秦儒学的新儒学的代表，集新儒学之大成。[2] 于是，就像孔孟之道几与传统中国两千多年来的历史文化融为一体一样，秉承孔孟而又具有自己特色的朱子之学也可以说深深渗透到了传统中国后八百年的历史文化之中，要否定四书及其朱注，也就几乎意味着要否定中国两千多年来的历史文化，反之亦然。[3]

语、孟、学、庸之四书可以说都不是为考试，乃至于并不是为当时的政治统治者所述的，孔孟均不得志于当世，朱熹对四书的章句集注也是如此，[4] 他甚至不仅为当时的政治当局所冷落，乃至于受到迫害，但是，其对四书的诠解最后却成了官方权威教本和考试的标准解释，而最初借助于最高政治权力推行的王安石经义反被历史所弃。[5] 这里面肯定有一种义理和逻辑的力量在起作用，不能简单地归之于某个皇帝推崇或者仅归之于政治权力的作用，而是也可以说是一种历史的自然选择。如果说在传统社会避免不了某种思想的独尊，"占统治地位的思想总是统治阶级的思想"，那么，在古代的中国，浏览一下诸子百家，是否有比孔孟儒学更合适的治

---

[1] 钱穆：《朱子新学案》上册，巴蜀书社 1986 年版，第 1 页。
[2] 陈荣捷：《朱熹集新儒学之大成》，《朱学论集》，台湾学生书局 1982 年版。
[3] 近代对传统文化的攻击进路，也从反面印证了这层关系。
[4] 但朱熹对四书所作的仔细区分章句和精心注释，客观上又确实使四书成了一种可以方便地用来进行考试和教学训练的文本。
[5] 当然，作为同为儒学，又同为宋学的王安石经义，与朱子对经书的注释仍有很多共同点。王安石所遵循的依然是儒家的基本道理，并才情洋溢，魄力宏大，但所执略偏，且又有变法用人不当那一段历史纠缠。

国之道呢？在中国的中古，是否有比集新儒学大成的朱子之学更合适的思想论著用作科举考试的文本呢？"国家设制科，取士，首重在四书文，盖六经精微尽于四子书"，[1] 这并不只是朝廷的一纸诏令，也是士人中一种相当广泛持久的共识。即便在五四猛烈抨击孔孟程朱之后，民国时期的一个学者仍然如此说："古今注释《论语》者，不下数十百家。其较精湛而存于今日者，何晏《集解》，皇侃《义疏》，邢昺《正义》及朱熹《集注》四者而已。何及皇、邢三家尚未脱汉儒章句之习，惟紫阳则异帜独树，偏重义理。以故由宋而元而明而清，士子诵习其说，几与本经同等齐观。是虽云有政治力量为之推行，然亦以其说之能推陈出新有以动学者之观听也。"[2] 朱注对四书之推陈出新至少可说二点：一是明确以四书为诸经精华并引为入学初阶；二是通过其功底深厚的诠释，不仅进一步澄清了字句之含义，更重要的是提升了四书内容的超越性和丰富性，使之有了更为高远精致的义理发挥空间。

我们还可以观察一下太平天国的科举考试内容以资对比。洪秀全在金陵十三年，开科亦数次。某年第一场题为"天父七日造山海颂""天王东王操心劳力、安养世人、功德巍巍论"；越一月，为第二场，题为"立整纲常醒世、莫教天光鬼迷解，天父为奸生理人论"；又越一月，为第三场，题为"四海之内皆东土，真道岂与世道相同论"。[3] 又咸丰十年文题："坦盘惑鬼语，红水侵天下，上帝永约云，弯弯日教化"；论题："孝敬父母孝敬爷"。[4] 又苏福省 1860 年 9 月 25 日乡试头场头题："同顶天父天兄

---

[1]《大清会典事例》卷三百三十二，乾隆十年谕。
[2] 赵丰田：《论语引得·序》，上海古籍出版社 1986 年重印版，第 1 页。
[3] 徐珂：《清稗类钞》册二，北京：中华书局 1984 年版，第 727 页。
[4] 姚济：《小仓桑记》。

纲常";二题:"禾王作主救人善",三题:"能正天所视"。[1] 又据张德坚说,其试文亦如八股,诗则试帖,唯题目不本《四书》《五经》及子史文集。安徽乡试文题:"真命天子福命将";湖北乡试文首题:"真神独一皇上帝";次题:"皇上帝乃真皇帝"。凡诗文题,皆出自洪秀全,虽文理悖谬亦中式,在湖北乡试入场未及千人,取中者至八百余名。[2] 此时固属政权初创时期,粗陋难免,然歌功颂德之音似已弥漫不去,而其专制又何如?此类文题所本自然令人失望,且相当粗陋,难以吸引士子。而无论如何,《四书》《五经》毕竟经过了几千年历史的考验,它们成为考试的内容是相当自然的,不作为考试的内容也仍自有价值,此又正如赵丰田在民国廿九年所言:"宋元以还,《论语》为应试者所必读,于是大自国庠,小至村塾,执经受业之徒盖未有不能默诵之者。今则时迁势异,恐无人再肯为此劳神之举矣。唯《论语》之真价值与天地长存,固不因时代变迁而稍有贬损。"[3]

---

[1] 知非:《吴江庚辛纪事》,转引自《近代史资料》1955 年第 1 期,第 38 页。

[2] 张德坚:《贼情汇纂》,转引自中国史学会编《太平天国》册三,神州国光社 1952 年版,第 112 页。

[3] 赵丰田:《论语引得·序》,上海古籍出版社 1986 年重印版,第 1 页。

第二章 八 股

八股的形成

　　清人陶福履甚为简明地叙述了经义文体演变为八股的历史:"四书文,经义也,宋熙宁中王安石所创。《宋史》:熙宁四年二月丁巳朔,罢诗赋明经诸科,以经义论策试士,命中书省撰大义式颁行,试义者须有文采,乃为中格。元仁宗皇庆初,复科举,仍用经义,体式小变,其文有破题、接题、小讲、谓之冒子,冒子后入官题,题下有原题、大讲、余意、亦曰从讲,又有原经,亦曰考经,有结尾。后又小变,然冒题、原题、讲题、结题,一定不易。明初小变,然文后尚有大结,犹其遗法,成、宏以后纯为八比之格矣。"[1]

　　有些学者从构成八股的各种成分如破题、对偶等方面来追论八股的

---

[1] 陶福履:《常谈》,《丛书集成初编》本0897,第16页。又见纪昀:《四库全书总目》中《〈书义矜式〉提要》。

起源，[1] 也有的学者从原始结构和义理来源溯其远祖，[2] 从而把八股的萌芽追溯到明初、元、宋乃至于唐、汉、战国、春秋，不一而足。本文不拟细探八股文的源流，也不欲明确系年八股产生的时间，因为这里首先涉及一个标准的问题，[3] 即首先要确定什么是标准、典型的八股文？如果说入语气、用排偶即为八股，则宋人文天祥乃至王安石的经义文已经是八股了；如果说对偶句段为八方为八股，则清代制义亦非全是八股，晚清许多试卷其实只是六比也属正格，更勿论还有许多或二、或三、或十、十二比等种种变化了。所以，更重要的可能还是要看全体、看整篇，看是否已形成垂之长久的定式。[4] 故本文仅拟紧密联系科举考试来看一种较完整成形、长期固定的经义八股，这种八股文作为一种综合的文体样式，尤其是作为一种相当持久固定、为千百万人小心遵循的文章程式，[5] 离开考试就确实是一件难以解释的事情。本文想强调八股形成过程的长期性、渐进性和自然而然性。

自明代延至晚清的经义应试文（八股）的基本格式是：[6]

---

[1] 如焦循认为，八股之入口气，代人论说，是源于金、元之曲剧。破题则唐律、试赋起处也叫"破题"。"比"更可溯至南朝骈文乃至于先秦诸子。

[2] 如朱筠认为制义是原于唐五经正义，见《笥河文集》中《安徽试卷·序》。又如金克木在《八股新论》举《论语·季氏》首章《季氏将伐颛臾》为原始八股结构之例，见《说八股》，中华书局1994年版，第129—137页。

[3] 其次我还怀疑是否有可能明确系年，理由如后。

[4] 由于八股文的综合性，从其某个成分、某个特点或某些方面的形式结构着眼，都有可能溯至久远。

[5] 本文也正是在这一意义上来理解什么是八股文的。

[6] 以上虚线表示容有较大变动者，如"入题"有时隐入起讲，"出题"不一定都在起股后，束股的二小比时而略去，或放在其他股之间，但这样冒、比、结三部分的结构以及中间主体部分必须由比偶组成则一定不易。

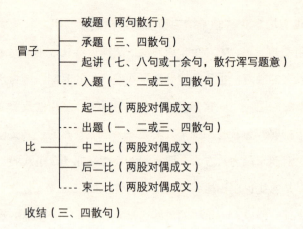

元倪士毅说,宋之盛如张才叔自靖义:"至宋季则其篇甚长,首有破题,之下有接题、有小讲,有缴结,以上谓之'冒子',然后入官题,官题之下有原题,有大讲(有上段、有过段、有下段),有余意(亦曰从讲),有原经、有结尾。篇篇按其次序,其文多拘于捉对,大抵冗长繁复可厌,宜今日又变更之。今之经义不拘格律,然亦当分冒题,原题,讲题,结题四段。"[1] 由此可大略得出发展到宋季时的经义文结构如下:

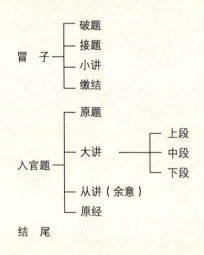

---

[1] 倪士毅:《作义要诀·自序》。

元代基本上如宋，但比其简单，一定不易的只有以下四个部分的结构：

冒题
原题
讲题
结题

从北宋熙宁四年（1071）到南宋末（1279）约二百年间，经义文已发展到一个格式相当繁复固定的程度，甚至可说与明中叶以后的八股格式相差无多。此又不仅经义，宋代的"论"这一应试文也在这期间形成了与经义相差无几的格式。纪昀说：宋代考试"论"体使用得比其他文体还要多些，其始也不拘成格，如苏轼"刑赏忠厚之至论"，自出机杼，未尝屑屑于头项心腹腰尾之式，南渡以后，讲求渐审，程式渐严，试官执定格以待人，人亦循其定格以求合，于是双关三扇之说兴，而场屋之作遂别有轨度，虽有纵横奇伟之才，亦不得逾越。"论"体中之破题、接题、小讲、大讲、入题、原题诸式，基本上跟经义式一样，甚至更为发达，"实后来八比之滥觞"[1]。这说明了什么呢？说明任何考试内容都有一种向客观程式化、甚至向日益严格固定的客观程式化发展的自然趋势，即便是并无经题之限，而是要求"自出机杼"的论也不例外。只要有百十年的升平，任一考试科目都有可能演成繁复严密的程式。当时论体限五百字以上，却无下限，经义亦同。这易助长繁复之风，实际上，在南宋晚期，已经形成了一种虽不叫"八股"，却很接近于八股（至少比元代及明初经义文更接近）

---

[1] 《四库全书总目》中《〈论学绳尺〉提要》。

的经义式,其文不仅略具三部分结构,且已"拘于作对",也就是说,在"八股"之前,经义式已经走过了类似"八股"的一圈。

宋末战乱,元代早期科举考试又停了几十年,客观上可能反有助于斩断繁复琐碎的严密程式之风,[1] 所以,元代、明初的经义文反趋朴实,不再拘于比偶,格式也只须循大要而不必严守细节。明初四书义又限300字以内,五经义500字以内,文较短小简明。但时间一长,试文又渐至严密,要求一种更固定的程式以便考官衡文和士子准备,后人习称的"八股"也就在此情况下应运而生了。

八股在明代的产生正如顾亭林所言:"经义之文,流俗谓之八股,盖始于成化(1465—1487)以后。股者,对偶之名也。天顺(1457—1464)以前经义之文,不过敷演传注,或对或散,初无定式,其单句题亦甚少。成化二十三年会试'乐天者保天下',文起讲先提三句,即讲'乐天'四股,中间过接四句,复讲'保天下'四股,复收四句,再作大结。弘治九年会试'责难于君谓之恭',文起讲先提三句,即讲'责难于君'四股,中间过接二句,复讲'谓之恭'四股,复收二句,再作大结。每四股之中,一反一正,一虚一实,一浅一深。其两扇立格,则每扇之中各有四股,其次第之法,亦复如之。故今人可传,谓之八股。若长题则不拘此。嘉靖以后,文体日变,而问之儒生,皆不知八股之何谓矣。"又说:"发端二句或三四句,谓之破题,大抵对句为多,此宋人相传之格。下申其意,作四五句,谓之承题。然后提出夫子为何而发此言,谓之原起。至万历中,破止二句,承止三句,不用原起,篇末敷演圣人言毕,自摅所见,或数十字,或百余字,谓之大结。明初之制,可及本朝时事,以后功令益密,恐有藉

---

[1] 南宋朱熹,明末清初顾亭林等均有过最好停几科科举之说,以扭转某种积重难返之势,此当另论。

以自炫者，但许言前代，不及本朝。至万历中，大结止三四句。"[1] 清代八股比较起明代中叶来，变化主要是大结缩短，起讲延长和字数增加。[2]

在此，有一种说法尤须加以辨析，即认为八股文体是由朱元璋所定，由朝廷立法所定，其根据大概是来自《明史·选举志》："科目者，沿唐宋之旧而稍变其试士之法，专取四子书及易、诗、书、春秋、礼记五经命题试士，盖太祖与刘基所定。其文略仿宋经义，然代古人语气为之，体用排偶，谓之八股，通谓之制义。"[3] 明洪武三年定考试文字程式，并没有厘定八股程式，明洪武二十四年所定"文字格式"也仅规定："凡作四书经义，破承之下，便入大讲，不许重写官题。"[4] 固定的两两对偶及全篇之式看来还是如顾炎武所说直到 15 世纪中叶以后的成化、弘治年间才逐渐定型，至此以后四百多年，在格式上方无大变。

我们还可以就目前所能读到的应试文，来看成形的八股是否明洪武时所定。明初黄子澄（1350—1420），分宜人。洪武乙丑（1385）会元，下面是他当时的一篇试卷：

天下有道则礼乐征伐自天子出 [5]

治道隆于一世，政柄统于一人。

---

[1] 《日知录》中《试文格式》，花山文艺出版社 1991 年版，第 739—740 页。
[2] 四书义明代规定 300 字，清初 550 字，康熙二十年增 100 字，乾隆四十三年定 700 字，自是不变。
[3] 这大致是以代入语气、体用排偶即谓之"八股"，此其一。其二，如果对《明史·选举志》标点如上文，则也可把《明史·选举志》朱、刘"所定"理解为只是指定"科目"及"以四书五经命题"，而下句"其文"则是流变而成。
[4] 《科举·科举通例》，《明会典》卷七十七。
[5] 题出《论语·季氏》。

夫政之所在，治之所在也。礼乐征伐，皆统于天子，非天下有道之世而何哉？

昔圣人通论天下之势，首举其盛为言，若曰，天下大政固非一端，天子至尊实无二上，是故民安物阜，群黎乐四海之无虞；天开日明，万国仰一人之有庆。主圣而明，臣贤而良，朝廷有穆皇之美也；治隆于上，俗美于下，海宇皆熙皞之休也。非天下有道之时乎？当斯时也，语离明则一人所独居也，语乾纲则一人所独断也。若礼若乐，国之大柄，则以天子操之，而掌于宗伯；若征若伐，国之大权，则以天子主之，而掌于司马。一制度，一声容，议之者天子，不闻以诸侯而变之也；一生杀，一予夺，制之者天子，不闻以大夫而擅之也。皇灵丕振，而尧封之内，咸懔圣主之威严；王纲独握，而禹甸之中，皆仰一王之制度。

信乎，非天下有道之盛世，孰能若此哉？

此篇在内容上很有明初皇帝专制、乾纲独断的意味，在结构上破承起讲收结之意相当明显，短对偶句亦甚多，但格式并不固定，并未在以后成为定制，其后的经义并不严守其式。明初经义还基本上和元人一样只是守其大略，这种情况一直持续了很久，我们可再以薛瑄的一篇四书文为证。薛瑄（1389—1464），字德温，号敬轩，山西河津人，永乐年间成进士，下面大概是他晚年所作的一篇程文：[1]

---

[1] 收在《钦定四书文·化治文卷二》。

仪封人请见 一节[1]

封人未见圣而思之切,既见圣而叹之深。

夫天不丧道,二三子可无患矣。封人信之以天,所以一见而有木铎之叹也。

惟时孔子辙环至卫,适于仪有隐君子者溷迹于封疆之间,其姓与名不可得传矣。封人其官也,彼其望圣人而若企前从者而陈词曰,君子之至于斯也,吾未尝不得见也。此其意笃而至,语慕而周。

贤哉封人,其若弗克见之,思有足多者,逮乎从者见之,而封人遂有慨乎其中也,乃出而叹曰:二三子何患于丧乎?盖否而必泰者天也,往而必返者势也。况乎有其具,不患无其施,而讪于藏,当必大于用,则今天下聋聩舍夫子其谁起?故曰天下之无道也久,天将以夫子为木铎。

噫,夫子生不遇于时,如仪封人者,亦可为倾盖之交也。

此文破承起讲收结之意亦相当明显,但中间散行朴实无华,反不像黄子澄那样"拘于作对"。以上的证据也许可表明,延至晚清的基本经义格式(八股)并不是在明初由朝廷所定,而是至明中叶方由下渐渐定型。

然而,这一切也许都不是重要的,重要的是,即便假设八股程式确实是明初由朱元璋、刘基所定,并有意以之作为一种加强专制、束缚士子的工具,[2] 或者所定是另一种文字程式,那么,这种程式也不大可能是

---

[1] 题出《论语·八佾》:"仪封人请见,曰:'君子之至于斯也,至未尝不得见也。'从者见之。出,曰:'二三子何患天丧乎? 天下之无道也久也,天将以夫子为木铎。'"

[2] 明祖之专制可从另外的方面见而不必由此。洪武中曾停科目十年,继又与吏员荐举并用;康熙据说也是因厌薄八股才废过两科八股,较有实际治国才能的君主可能都不会太喜欢八股一类容易流于浮华的文字。

由朱元璋等精心设计出来的，而更可能只是对已经形成的程式略加框定而已。这种程式的形成实际上是一个漫长的、无数人参与的过程。我所要强调的也就是这一过程的漫长及其自然而然性。

八股的产生无法系于某一个人，无法系于某一个明确的年份，也正好说明了这一过程的自然而然性。八股文体的创造者并非某一个或几个名流显要，而是许多籍籍无名者。其动机自然也并非是要加强君权之类，而主要是为方便考试与衡文。

所以，认为八股程式是明初由朝廷明文规定是不确的。这种程式实际上很难自上而下一次框定，而只能自下而上逐渐形成：首先由考官和士子在作文与衡文的反复互动中，逐渐成形并得到某种默认，成为某种不成文法，然后才成为某种明确的定制。另外，八股的形成与汉字有着特别的关系。周作人认为：汉字在世界上算是很特别的一种，它有平仄而且有偏旁。于是便可以找些合适的字使之两两互对起来。这样，由对字而到门联，由门联而到挽联，由较短的挽联而到很长的挽联，便和八股文很接近了。中国打"灯谜"的事也是世界各国所没有的，在中国各地方各界却很普遍。低级的灯谜和高级的破题，原是同一种道理。因此，他觉得八股文之所以造成，大部分是由于民间的风气使然，并不是专因为某个皇帝特别提倡的缘故。他说："总括起来，八股文和试帖诗都一样，其来源：一为朝廷的考试，一为汉字的特别形状，而另一则为中国的戏剧。其时代可以说自宋朝即已开始，无非到清朝才集其大成罢了。"[1] 总之，经义取固定的八股形式并非一日所成，一法所定，而是经历了一个较长的演变过程，我们也许可以将八股程式比之为某种习惯法。

---

[1] 周作人：《中国新文学的源流》，载胡适、周作人《论中国近世文学》，海南出版社1995年版，第45页。

基本范式

清人初学八股,重视区分层次,往往先读八股形成之初即明成化、弘治、正德、嘉靖之文数十篇,以为入门之路。"此四朝文者,制艺之鼻祖,读此方知体格之源流也。"[1] 此时的八股文简明扼要,易于把握,下面我们即以这四朝的五篇八股程墨名文,[2] 予以标点,分段,区别名目,交代作者背景,并略加点评。[3] 这些文章均选自方苞遵乾隆之旨为厘正科场文体所选的《钦定四书文》,是"清真雅正"标准的具体展现,故还可从其看清廷所悬功令标准。

钱福(约1505年前后在世),字与谦,号鹤滩,华亭(今上海)人,最早的制义名家,与王守溪并称"钱王"。少负异才,科名鼎盛。弘治庚戌(1490年)会元、状元,授翰林修撰。诗文藻丽敏妙,登第后名声煊赫,远近以版乞题者无虚日。[4] 下为其文:[5]

好仁者无以尚之　二段 [6]

(破题)圣人论人之成德,有以好仁之笃言者,有以恶不仁之至

---

[1] 唐彪:《父师善诱法》下卷。
[2] 中仅一程文,余均为墨卷。
[3] 区分不易,点评更难,故主要征引前人评论,盼识者指正。
[4] 俞长城:《可仪堂一百二十名家制义·序》:"世人所谓才者,倾倚偏驳,奔放纵横,其气外铁,其理为绌。虽足以惊世骇俗,然卒不能久,鹤滩之文,发明义理,敷物治道,正大醇确,典则深邃,至名物度数之繁,声音笑貌之末,皆考据精详,摹画刻肖。""文章衣被天下,为制义极则。"
[5] 收在《钦定四书文·化治文卷二》。
[6] 题出《论语·里仁》:"子曰:'我未见好仁者恶不仁者。好仁者,无以尚之;恶不仁者,其为仁矣,不使不仁者加乎其身,有能一日用其力于仁乎?我未见力不足者,盖有之矣,我未之见也。'"

言者。

（承题）盖好仁而物无以加，则好之也笃，恶不仁而物无所累，则恶之也至。

（起讲）人之成德有如此，此所以难得也与，夫子意若曰：天下之道二，仁与不仁而已，凡出于天理之公者，不必皆同而均谓之仁，凡出于人欲之私者，不必皆同而谓之不仁。

（两扇上）自夫人有秉彝好德之意，孰不知仁之足好而或不能无不好者，以拒之于内，则所好为不笃，犹不好也。吾所谓未见好仁者，岂谓若人哉！盖必气禀纯粹而真知是仁之可好，其于仁也，天下之物而无以加其好焉，吾知其甚于水火，甘于刍豢，内重而见外之轻，得深而见诱之少。生所好也，而仁在于死则杀身以成仁；财所好也，而仁在于施则散财以行之，则其好之可谓笃，而成德之事在是矣。

（两扇下）自夫人有羞恶是非之心，孰不知不仁之可恶而或不能无不恶者，以挽之于中，则其恶为未至，犹不恶也。吾所谓未见恶不仁者，岂谓若人哉！盖必资禀严毅而真知不仁之可恶，其为仁者，不使有一毫不仁之事有以加乎其身焉，吾知其避之如蛇蝎，远之如鸩毒，出乎彼而入乎此，不为不仁而所为皆仁，视听言动之运于吾身也，而或非礼之害于仁者不忽焉，以少累声色货利之接于吾身也，而或不仁之妨乎？仁者不暂焉，以少处微，极于纤悉之过，尚肯使之加乎其身哉？恶不仁者，而不使加，则其恶恶可谓至，而成德之事在此矣。

（收结）然则夫子未见之叹，夫岂偶然之故哉！

这是一篇典型的两扇题文，一扇讲"好仁"，一扇讲"恶不仁"，应当说大比最难作也最见功力。原评语曰："太史公之所以独高千古者，以其气大也。此文当观其一往奔放、气力胜人处，如徒摘水火、刍豢、蛇蝎、鸩毒语，为先辈訾议，则以小失大矣。"

下面我们来比较两篇同样题目的文章：一篇是丘浚的程文，一篇是王鏊的墨卷。丘浚（1418—1485），字仲深，广东琼山人。景泰甲戌（1454年）进士，授编修，成化间为国子监祭酒。下为其程文：[1]

周公兼夷狄，百姓宁 [2]

（破题）惟圣人有以除天下之害，则民生得其安矣。

（承题）夫人类所以不安其生者，异类害之也。苟非圣人起而任除害之责，则斯民何有而自得其安哉？

（起讲）昔孟子因公都子好辩之问，历举群圣之事而告之及此，谓夫周公以六圣之德，为武王之相，斯时也，成周之王业方兴，有殷之遗患未息。

（起股）其所以为天下害者，非独奄飞廉而已，而又有所谓夷狄者焉，夷狄交横不止，害民之生，而彝伦亦或为之渎矣，不力去之不可也；其所以为中国患者，非独五十国而已，而又有所谓猛兽者焉，猛兽纵横不止，妨民之业，而躯命亦或为之戕矣，不急除之不可也。

（出题）周公生于是时，以世道为己任，宁忍视民之害而不为之驱除乎？

（中股）是以夷狄也，则兼而并之，而使之不得以猾夏；猛兽也，则驱而逐之，而使之不至于逼人。

（后股）夷狄既兼，则夷不得以乱华，而凡林林而生者，莫不相生相养，熙然于衣冠文物之中而无渎乱之祸；猛兽既驱，则兽之害人者

---

[1] 收在《钦定四书文·化治文卷六》。
[2] 题出《孟子·滕文公》下："昔者禹抑洪水而天下平，周公兼夷狄，驱猛兽，而百姓宁。"

消，而凡总总而处者，莫不以生以息，恬然于家室田畴之内而无惊忧之扰。

（大结）谓之曰百姓宁，信乎！无一人之不安其生也。周公是而相武王，其及人之功何其大哉！嗟夫，天生圣人，为民主也。中国帝王所自立，岂夷狄所得而干之耶？人为万物之灵，岂鸟兽所得而扰之耶？是以有虞之世，蛮夷猾夏，即任于皋陶，惠予鸟兽，复任于伯益，有由然也。周公承圣道之传，当世道之责，此其所以不容已于斯欤。

我们再来看王鏊的抡元墨卷。王鏊（1450—1524），字济之，世称守溪，吴县（今江苏苏州）人。宪宗成化甲午（1474年）解元，乙未（1475）会元，廷对为第三，是为制义大家。[1] 下为其文：[2]

周公兼夷狄，百姓宁

（破题）论古之圣人，除天下之大害，成天下之大功。

（承题）夫天生圣人，所以为世道计也。周公拨乱世而反之正，其亦不得已而有为者欤。

（起讲）孟子答公都子问而言及此，意谓天下大乱之后必生圣人之才。商纣之世，民之困极矣，于是有周公出焉。武王既作之于上，周公佐之于下。

---

[1] 俞长城：《可仪堂一百二十名家制义·序》："制义之有王守溪，犹史之有龙门，诗之有少陵，书法之有右军，更百世而莫出者。前此风未开，守溪无所不有，后此时流屡变，守溪无所不包，理至守溪而实，气至守溪而舒，神至守溪而完，法制守溪而备。"

[2] 收在《钦定四书文·化治文卷六》。

（起股）彼其夷狄乱华，不有以兼之，吾知其被发而左衽矣，周公于是起而兼之，而若奄国、若飞廉，皆在所兼，兼夷狄，兼其害百姓者也；鸟兽逼人，不有以驱之，吾知其弱肉而强食矣，周公于是起而驱之，而若虎豹、若犀象，皆在所驱，驱猛兽，驱其害百姓者也。

（中股）是以夷狄之患既除，则四海永清，无复乱我华夏者矣；猛兽之害既息，则天下大治，无复交于中国者矣。

（后股）天冠地履，华夷之分截然，人皆曰百姓宁也，而不知谁之功；上恬下熙，鸟兽之类咸若，人皆曰百姓宁也，而不知谁之力。

（大结）吁，周公以人事而回气化，拨乱世而兴太平，其功之大何如哉！虽然，此亦周公之不得已耳，岂特禹抑洪水，孔子作春秋，孟子辟杨墨为不得已哉！盖周公不得已而有为除大下之害者也，孔子卒，孟子不得已而有言除后世之害者也。然皆足以致治，其功之在天下后世孰得而轻重之哉？韩子曰，孟子功不在禹下，愚亦曰，孟子之功不在周公下。

对王鏊的这篇文章，原评曰："字字典切，可配经传，佳处尤在用意深厚，是圣人使人各得其所。"方苞评曰："浑厚清和，法足辞备，墨义之工，三百年来无能抗者。"对这两篇文章，方苞合评曰："骨力雄峻，函盖一时，此程与墨并制科文之极盛也。"又说："元作重讲百姓宁，此程重讲兼驱，是其用意异处；俱先于反面透醒，是其作法同处。"[1]在我看来，两者比较，还是前者略胜一筹，这或也是较从容之故。

唐顺之(1507—1560)，字应德，一字义修，人称荆川先生，武进人。

---

[1] 收在《钦定四书文·化治文卷六》。

嘉靖己丑（1529年）会元，亦为制义名家。下为其墨卷：[1]

请问其目一节[2]

（破题）大贤问仁之目，得圣教而以为己任焉。

（承题）甚矣颜子之力于为仁也，领克复之目而任之不辞，非有得于心法之传者而能之乎？

（起讲）昔颜渊问仁于孔子，而承克己复礼之训也，想其求仁之志素定于心斋之后，而理欲之分默会于善诱之余，故不复有所疑问，而直请其目也。夫子喜其见理之真，乃悉数其目以告之曰：物交之迹虽由外以感，其中善恶之机则由中以达于外，而仁岂必求诸远哉，近取诸身而已矣。

（起股）彼目司视，耳司听，而心实主之也，若非礼而欲视，则绝之以勿视，非视而欲听，则绝之以勿听，如此则心不诱于声色之私，而作哲作谋之体立矣；口有言，身有动，而主之者心也。苟非礼而欲言，则绝之而勿以形诸口，非礼而欲动，则绝之而勿以形诸身，如此，则心不涉于尤悔之累，而义作肃之用行矣。

（过接）克己复礼之目端在于此。颜子遂从而任之曰：

（中股）仁道必至明者而后察其几，回之质虽非至明者也，尚当既竭吾才，于所谓视听言动者，择之精而不昧于所从；仁道必至健者而后致其决，回之资虽非至健者也，尚当拳拳服膺，而于所谓视听言动者，守之固而必要其所立。

---

[1] 收在《钦定四书文·正嘉文卷三》。
[2] 题出《论语·颜渊》："颜渊曰：'请问其目。'子曰：'非礼勿视，非礼勿听，非礼勿言，非礼勿动。'颜渊曰：'回虽不敏，请事斯语矣。'"

（后股）以为仁由己自励，不敢诿之于人也；以天下归仁自期，亦不敢半途而废也。

（过接）斯则回之所当自尽者乎。

（收结）吁，夫子之善教，颜子之善学，两当之矣。

此文先后入两人口气，形成对话，亦是一奇。原评曰："荆川三墨，唯此可谓规圆矩方，绳直准平矣。"[1] 最后，我们看归有光的一篇墨卷。归有光（1506—1571），字昭甫，又字开甫，号震川，昆山人。少颖异，九岁能属文，弱冠通五经三史，中举后屡试不第，徙居嘉定安亭江上，读书讲道，学者数百人，称为震川先生，但至嘉靖乙丑（1565年）始中进士。他主张"以古文为时文"，与唐顺之并称"归唐"，其文被誉为"涵盖一世"。[2] 下为其文：[3]

诗曰天生烝民一节[4]

（破题）大贤引诗与圣人之言，所以明人性之无不善也。

（承题）夫性出于天而同具于人者也，观诗与孔子之说，而性善之言不益信矣乎！

（起讲）孟子告公都子之意至此，谓夫性善不明于天下，盖自诸子

---

[1] 见《钦定四书文·正嘉文卷三》。

[2] 《明史·文苑传》"有光制举，湛深经术，卓然成大家，后与德清胡友信齐名，世并称'归胡'，明代举子业最擅名者，前则王鏊、唐顺之，后则震川、思泉。"又俞长城：《可仪堂一百二十名家制义·序》：震川"贯通精术，穷极理奥，而连以《史》《汉》八大家之气，其古文已成家，更深于制义，力挽颓风，跻之古人，使天下复见宋人之旧，厥功茂焉"。

[3] 收在《钦定四书文·正嘉文卷六》。

[4] 题出《孟子·告子上》："《诗》曰：'天生烝民，有物有则，民之秉彝，好是懿德。'孔子曰：'为此《诗》者，其知道乎？'故有物必有则，民之秉彝也，故好是懿德。"

之论兴而不能折衷于圣人也。昔孔子尝读烝民之诗而赞之矣,诗言天生烝民,有物有则,民之秉彝,好是懿德,是诗人之所以为知道而通于性命之理者也;盖造化流行,发育万物者,莫非气以为之运,而真精妙合所以根柢乎品江者,莫非理以为之主,唯其运乎气也,而物之能焉,唯其主乎理也,而物之则具焉。

（起股）肖形宇宙,谓之非物之象则不可,而有不囿于象者,即此而在,其本然之妙,若有规矩而不可越,是声色相貌,皆道之所丽焉者也;禀气阴阳,谓之非物之形则不可,而有不滞于形者,随寓而存,其当然之法,若将范围而不过,是动作威仪,皆道之所寄焉者也。

（中股）有一物必有一物之则,天下之生久矣,天不变而道亦不变,盖有不与世而升降者矣;有万物必有万物之则,生人之类繁矣,同此生则同此理,盖有不因时而隆污者矣。

（过接）是以懿德之好协于同然,而好爵之縻通于斯世。

（后股）仁统天下之善,义公天下之利,天下均以为仁义而孜孜焉,乐之不厌,以为其出于性耳,不然,一人好之,而千万人能保其皆好之乎?礼嘉天下之会,知别天下之宜,天下皆以为礼知而忻忻焉,爱之无穷,以为其性之所同耳,不然,则好于一人,而能保其达于天下乎?

（束股）可见天下之情一也,而同出于性,天下之性一也,而同出于天。

（收结）性善之说,折衷于孔子,而诸子纷纷之论,不待辨而明矣。

本文原评曰:"举孔子以折服诸子,不是单引诗词,故归重孔子,赞与诗同词,故但直出诗词而重发下文,此先辈相题最精处,文之浑雄雅健,在稿中亦为上乘。"以上基本范式已陈,下面我们再从八股的几个主要成分及特点来做进一步的考察。

破题

破题即每篇文章的起首两句,[1] 用来说明全文的主题要义,之所以称之为"破",用张行简的话说是"题整而分析言之,如整物而使之破,故谓之破题"。[2] 或可说把一题破分成两句,从题义中析取一个角度,一个要点。清代破题要求结尾用虚词,如"也"、"矣"、"焉"、"已"、"而已"等,但不可用疑问、反诘虚词。破题且不可直说人名、物名,而必须用其他词来代替,此已形成定式。[3]

破题对考试获隽十分重要。据说,金声初应童试,题为:"岂不曰以位",他终日构思而不能成篇,时交卷者将尽,学政使人察其卷,只成一破题,将要扶出时,学政取破题来看,见破题两句是:"君所挟以傲士者,固士所筹及者也。"此不仅吻合题意,且与当时情况亦有微妙相合处。学政因而击节赞赏,给烛令写完全篇,于是金声当年入泮。而破题未妥者则往往被黜或遭人嘲笑,如陈宪章应试南宫,破"老者安之"三句为:"人各有其等,圣人等其等",十个字出现三个"等"字,首先不免累赘,于是有人批其旁云:"若要中进士,还须等一等。"[4] 还有,科场阅卷,考官少而试卷多,考官常易疲累,故文章开头是否能写得精辟警醒,开门见山,乃至开门就见山之奇峻,从而引起考官注意,自然对考生来说相当重要。

但破题之重要更在于其本身,在于其与整篇文章的关系。刘熙载说:"昔人论文,谓未作破题,文章由我;既作破题,我由文章。余谓题

---

[1] 如不按句读而按现代标点符号,则只是一句。
[2] 张行简:《塾课发蒙·文式五则》。
[3] 具体代法可参见前引张行简书。
[4] 二例均见梁章钜《制义丛话》卷二十三。

出于书者，可以斡旋；题出于我者，唯抱定而已。破题者，我所出之题也。"[1] 考官所出经义之题为我给定了一个范围，然而，在这一范围内如何写，主要写些什么，从哪个角度入手，则就要看我自己如何破题了，所以，破题是一个最优先，最基本的训练和要求。[2] 一次考试，千百士子，同样一个题目，文章却千姿百态，高下悬殊，其差别首先在破题。此正如刘熙载所言"破题是个小全篇"，"全篇之神奇变化，此为见端"。[3] 下面我们试来观察同治戊辰科（1868）会试首场首艺的破题：[4]

文题：畏大人畏圣人之言[5]

破题：

郑训承（乌程5）：更徵君子之所畏，由天命而兼及之也。

葛荣干（蓬莱7）：人与言亦通乎天，君子所必畏也。

孙汝明（大兴10）：人与言亦深其畏，皆本天命而出者也。

许景澄（嘉兴16）：继天命而言畏，畏愈显矣。

陈瑜（宜春21）：合大人圣言以为畏，一本于敬天之意而已。

孙慧基（桐城22）：继天命而观所谓，一畏天之心也。

---

[1]《艺概》中《经义概》。

[2]《红楼梦》中贾宝玉开笔后不久先学破题，第84回中有贾政问他破题及修改的一大段讨论，见该书长沙岳麓书社1987年版，第685—686页。

[3]《艺概》中《经义概》。

[4] 见《清代硃卷集成》第28—32册，依会试名次排列，括弧内为籍贯和会试名次。当年与会试者尚有洪钧（吴县225、殿试状元），陶模（秀水130）、张人骏（丰润237）等名人，惜缺文章。

[5] 题出自《论语·季氏》第8章："孔子曰：'君子有三畏：畏天命、畏大人、畏圣人之言。小人不知天命而不畏也，狎大人，侮圣人之言。'"

林祖述（无锡 28）：人与言皆本乎天命，敬天者所必畏也。

沈善登（桐乡 30）：有为大命所寄者，君子并致其畏焉。

吴宝恕（吴县 37）：有上承乎天命者，本畏天以为畏焉。

李应鸿（南海 39）：更徵君子治心之学，亦奉天以精所择而已。

刘履安（商丘 40）：由天命而递举所畏，识之真故畏之切也。

熊汝梅（黄安 44）：大人与圣言并畏，敬天之心益见矣。

金兆基（诸暨 46）：大人与圣言交畏，达天所以敬天焉。

徐鸣皋（宜兴 53）：尽人以合天，更徵之大人圣言矣。

陈兆翰（鄞县 56）：天即人而存，畏人即以畏天也。

冯方缉（吴县 58）：畏有徵诸实者，始终一敬天之心也。

陈达（江宁 60）：有为天命所寄者，亦畏天者所当畏也。

余鉴（婺源 61）：人有与天命并畏者，将尽人以合天也。

黄自元（安化 66）：进天命而详所畏，犹是达天之学也。

徐文洞（江阴 67）：由天命而进推所畏，益见敬天之深矣。

丁云翰（祥符 70）：继天命以明所畏，尽人合天之学也。

陈以咸（钱塘 71）：有为天命所寄者，交徵焉而心愈切矣。

严蔚文（余姚 86）：畏有因天命而进者，大人圣言可并徵焉。

顾树屏（广丰 87）：有因人见天者，畏人犹之畏天也。

余烈（金华 88）：更观君子之所畏，即天命所属者懔之而已。

欧阳衔（安福 91）：事人即以事天，惟君子明其故焉。

罗德绰（南丰 100）：畏有尽人合天者，可继天命而备举焉。

馨德（满洲 102）：进天命以言畏，君子仍畏天命之心也。

皇甫治（吴县 106）：奉至人以奉天，仍一畏天之心也。

于万川（丰润 107）：继言君子之所畏，由天命而推之者也。

夏玉瑚（罗山 119）：畏又在于人与立者，一敬天之心也。

张绍棠（吴县 129）：畏及于大人圣言，皆天命之所系也。

杨际春（高邮 131）：人与言交致其畏，畏人所以承天也。

徐家鼎（太湖 164）：畏有在人与言者，皆天命所分及也。

胡乔年（天门 166）窥天命之所寄，畏并深矣。

赵汝臣（黄县 173）：更即大人圣言观君子，仍以畏天者畏之焉。

刘廷枚（吴县 174）：人有上承天命者，本畏天以为畏焉。

徐作梅（上虞 203）：以天视人，而人皆可畏矣。

嵩申（镶黄 208）：以畏人者畏天，主敬之学全矣。

高蔚光（昆明 210）：畏又存乎人与言，君子以诚达天也。

广照（正白 219）：人与言交畏，犹是畏天命之心焉。

徐祥麟（祥符 231）：人与言皆天命所系，畏之而其功全矣。

刘海鳌（云阳 250）：有为天命所寄者，畏之又不容已矣。

鲁琪光（南丰 251）：继天命而有畏，识义理之至者也。

李郁华（新化 266）：畏更在于人与言，君子之明于天命也。

以上破题，都恪遵朱注："大人圣言，皆天命所当畏，知畏天命，则不得不畏之矣。"故而讲"畏天命"并非侵上；诸破题无一语涉及"小人"，故而亦不犯下。文题所限，各个破题的意思自然不可能迥异，而只有微殊，然而又正要在这"微殊"上大做文章，从这"微殊"生发开去，演出"迥异"的文章，而以上如此多破题，竟无两个字句相同者，亦是一奇。八股是带着镣铐跳舞，然而又毕竟仍然容有许多变化。如果没有一定的程式、规则，就难以有一个共同、客观的标准，如果没有一定变化的空间，也难以衡量出文章的优劣高下。

破题的作法，梁素冶概括得最为精确。他说："凡作破题，最要扼题之旨，肖题之神，期于浑括清醒，精确不移。其法不可侵上，不可漏题，不可骂题。语涉上文谓之侵上；语犯下文谓之犯下；将本题意思未经破全，或有遗漏，是谓漏题；将本题字眼全然写出，不能浑融，是谓骂题。其两句之中，有明破暗破，[1] 顺破逆破，[2] 正破反破。又有上句领章旨，下句讲本题者；有上句讲本题，下句承章旨者；有上句讲本题，下句或推开，或吸下，或直断，或虚足者。有两句分破题面者，有两句如门扇对峙者，有上句即用'也'字、'焉'字者，皆常格也。至于用三句者则变格也。长题之破贵简括，搭题之破贵融贯，大题之破贵冠冕，小题之破贵灵巧。"[3]

我们可以再略看一科——同治十年辛未科会试的破题，其文题是："有子曰：信近于义，言可复也；恭敬于礼，远耻辱也；因不失其亲，亦可宗也。"[4] 在《清代硃卷集成》收录的59篇文章的破题中（题多不录），仅有两题相同，即第二名邵世恩与第七十六名吴浚所破，但文章自然仍做得不同。破题诸义大都遵守朱熹对"有子"此章的所释："此言人之言行交际，皆当谨之于始而虑其所终，不然，则因仍苟且之间，将有不胜其自失之悔者矣。"尤其是扣紧"谨始"之义为多，其次则是"无悔"。说明考生能发挥的空间确实有限，但也不尽然，陕西石泉彭懋谦破为"君子寡过之道，在去其太过者而已"，就觉较新鲜，且亦中式。[5]

代

"代"即代人语气，代人说话，代人说理，"代当时作者之口，写他

---

[1] 明破如以"孝弟"破"孝弟"，"道德"破"道德"，暗破则以"伦"代"孝弟"，以"理"代"道德"。
[2] 如"学而时习之"，先破"学"后破"时习"是顺破，反之是逆破。
[3] 转引自唐彪：《读书作文谱》，岳麓书社1989年版，第111页。
[4] 《清代硃卷集成》第32—35册，题出自《论语·学而》。
[5] 虽然所破可能已属"边锋"，名次较靠后，为第267名。

意中事"[1]。由于制义之题并非"根于己",而是"根于经",就不能自说自话,而必须代人说话。又由于经书主要是圣贤之言,"代"就主要是"代圣贤立言",代圣人说话。童生试所出小题因为较零碎,又有截搭等种种名目,故偶尔也会有题出到如阳虎、王孙贾、微生亩之言行乃至犬吠之类,此时作文也可代入此类主体之口气,但一般来说,远为郑重的乡会试所出大题都是"代圣贤立言",要求考生阐发的都是圣贤义理。

"代"也叫"揣摩",[2] 即设身处地,假设自己就是原题之作者,设想自己处于此种地位,感同身受,会说些什么。也正是因为有"代",才有话可说,有活泼文机,否则,圣贤之言已全著于题,题无剩义,还有何话可说。也是因为有"代",有"代"者理解、领悟水平的高下深浅,也才会有文章的高下深浅,而由文之拘谨或活泼,又可见"代"者之胸次或机敏,故汪武曹曰:"代法者,时艺之金针,信矣哉!"[3]

"代"由来已久,古今中外作文皆有其法,钱锺书于此有专论,他指出代言之体最为罗马修辞教学所注重,名曰 prosoposoeia,学僮皆须习为之,亦以拟摹古人身份,得其口吻,为最难事。马建忠《适可斋纪言》卷二有《上李伯相言出洋工课书》,记卒业考试,以拉丁文拟罗马皇帝贺大将提都征服犹太诏,说此即"洋八股"也。[4] 此"拟"也即"代",中国古代文化中各种"拟"作更是多多。"代"法又可入史,如《左传》记僖

---

[1] 董其昌《论文九诀》,转引自《古今图书集成·文学典·经义部》。

[2] 还有一种揣摩则是指揣摩风气,揣摩考官,兹不论。

[3] 转引自唐彪《读书作文谱》第91页,长沙:岳麓书社1989年版。又见《儒林外史》中的高翰林批评补廪二十四年,考过六、七个案首却不能中举,多年选文的马纯上(马二先生)说:"揣摩二字,就是这举业的金针了,……若是不知道揣摩,就是圣人也中不的。"马纯上全然不知此中的奥妙,"他就做三百年的秀才,考二百个案首,进了大场总是没用的。"由此亦可见小试与大场的一个区别。见《儒林外史》,上海古籍出版社1991年版,第333页。

[4] 钱锺书:《谈艺录》,中华书局1984年版,第33页,又见第361页补订二。

公二十四年介之推与其母偕逃前之问答等，皆生无旁证，死无对证，《左传》所记，盖非记言，乃代言也。是左氏设身处地，依傍性格身份，假之喉舌，想当然耳。《左传》记言而实乃拟言、代言，谓是后世小说，院本中对话，宾白之椎论草创（也是八股"代言"之椎论草创），未遽过也。[1]

"代"法可入史，自然更可入文。八股古代即称之为"代言"，盖揣摩古人口吻，设身处地、发为文章。宋人四书文自出辩论，明清两代好的八股文则揣摩孔孟情事，真是栩栩如生，其善于体会，妙于想象，于杂剧传奇最相通，最接近，故焦循等以八股与元曲比附，认八股源于元曲，[2] 因而，一些作八股觉拘谨、呆板、无话可说者，常被指点从曲、剧、传奇中讨生机、得启发。[3]

我们又可将"代"比之于现代西方学者常常讨论的、是为当代一大课题的"identity"（认同、自居），此认同自然是向历史认同，向圣贤认同，一人自幼习举业，持久自居，始终认同，焉知"代者"与"被代"不会渐渐接近？又焉知假借既久不会成为己物？这大概也正是方苞所言"俾学者童而习之，日以义理浸灌其心，庶几学识可以渐开而心术群归于正也"的意思。[4] 由此亦可见出"代"在传统社会中"一道德"的功效。[5]

---

[1] 钱锺书：《管锥编》，中华书局 1986 年版，第 165—166 页。

[2] 焦循《易余籥录》卷十七，又袁枚《小仓山房尺牍》卷三"答戴敬咸进士论时文"亦说八股通曲。

[3] 贺子翼《激书》卷二"涤习"："黄君辅学举子业，游汤义仍先生之门。每进所业，先生辄掷之地，曰'汝能焚所为文，看吾填词乎。'乃授以牡丹记。闭户展玩，忽悟曰：'先生教我文章变化，在于是矣。'由此文思泉涌。"又张诗《关陇舆中偶忆编》记王述庵语，谓生平举业得力于《牡丹亭》，读之可命中，而张自言得力于《西厢记》。而其弊则流于"以俳优之道，抉圣贤之心"。钱锺书：《谈艺录》，第 32、360—361 页，中华书局 1984 年版。

[4] 《钦定四书文·序》。

[5] "一道德"在传统社会中似不仅可行，还不能不如此行，于是，历史的问题就不在要不要"一"，可不可"代"，而在其所欲"代"之义理，所欲"一"之道德是否合适了。

比

八股文也叫八比文，破承起讲的"冒子"后，即为比的部分，是为全文的主干及华彩部分（如果文章作得有华彩的话）。商衍鎏说："比者对也，起、中、后、束各两比内，凡句之长短，字之繁简，与夫声调缓急之间，皆须相对成文，是为八股之正格。"[1] 文章每两股成一对，单看一股，就像散文，但若再看与之对应的另一股，则字句长短、虚字实字，人名地名乃至声调平仄都与之相当。意思也常常是单看一股则偏，再看一股则全。一般全文有八比（八股），即起二比（也叫起股或提比）、中二比（中股）、后二大比（后股），末二小比（也叫束股或束比），但二小比亦有提前用于起比之后，或中比之后者，有时也径直略去，这样全文就是六股了。蔡元培说：至晚清，六股已是很普通。[2] 这一点我们也在阅读晚清朱卷中得到了印证。这有助于突出大比，集中精力在大比中发挥。但是，比太少又可能失去变化起伏，[3] 故八股文一般以六比、八比为正格。朱彭寿说："余昔从事举业时，窗下所作课艺，每篇无不为六比者。戊子乡试，题为《述而不作，信而好古》，余遵文公集注，以诗书、礼乐、易象春秋，劈分三比；乙未会试，题为"主忠信"，复以主忠、主信、主忠信，劈分三比，皆获中式，盖同中见异，阅者较易刮目耳，然实非正格。凡抡元之作，例不取偏锋也。"[4]

比、对偶在诗文中是源远流长、司空见惯。梁天池认为，比是本事物"阴阳奇偶之理"，而排偶之法，"汉晋以来，无人夫不讲此。即四书五

---

[1]《清代科举考试述录》，三联书店1958年版，第233页。
[2] 不仅小考，乡会试中也是如此。
[3] 两扇题、三扇题，虽然看起来比少，但大比中又有小比，实际上还是不少。
[4]《安乐康平室随笔》，中华书局1982年版，第160页。

经中对偶之句层见叠出，时代愈近则其辞愈妍，其势使然"[1]。有比偶易见文采，自然也增加了难度，刘熙载说："《易系传》言'物相杂故曰文'，《国语》曰'物一无文'，可见文之为物，必有对也。"[2]

比股的作法，一般是提二股用来原题，以提起题意，宜虚而不宜太实，点到即止，一般四五句即可；中二股要正发题意，要切实，但还要留有不尽之意；后二股是推廓题意，要努力另发心思，别开生面，束股一名缴股，是总一篇之局而收束之股，要短，但笔法要谨严，是比的部分归宗结穴之处。此两小股也可用于提股之后，这时叫"虚股"，用来点出题面，或者也可径直略去。这样的情况下，后股也就要有收束之意了。刘熙载说文之出对比有七法："剖一为两、补一为两、回一为两、反一为两、截一为两、剥一为两、衬一为两。"[3] 又有分股立柱之法，即于股首或创一意，或拈一字，或提一事，用为一股之绳，领股中意义。有从题意立柱者，如理学题用"致知力行"分股，仕进题用"致君泽民"分股。有从题面立柱者，如"忠信"题以"忠信"分股，"致中和"题以"中和"分股。有就注语立柱者，如"夫何为哉"题，以"绍尧得人"分股，"至道不凝焉"题，以"聚"字、"成"字分股等。[4]

比的例子自然比比皆是，下仅略举两例：如前1868年会试题"畏大人畏圣人之言"，第5名郑训承的破题是"更徵君子之所畏，由天命而兼及之也"，其前四比是：[5]

---

[1] 《书香堂笔记》。金克木认为《论语·季氏》即有破有比，相当整齐。
[2] 《艺概·经义概》。清代所建的昆明面对滇池的大观楼，上面长联的作者大概也是八股高手，而明、清科场广泛流传的讽刺考官、乃至讥刺八股的丰富的幽默文学看来也受了八股训练之赐。
[3] 《艺概·经义概》。
[4] 转引自唐彪《读书作文谱》，第118—119页，岳麓书社1989年版。
[5] 《清代硃卷集成》第32册。

（起二比）唯大人中无不诚，立其命于真实无妄，日用伦常之地，人人所当共尽者，大人独先自尽之，本身作则，纯粹精也，故巍巍者大人之望，自足表率于群伦；惟圣人德无不备，凝其命于保合太和，民彝物则之原，人人所当共明者，圣人独先自明之，吐辞为经，明辨晢也，故洋洋者圣人之谟，自足范围乎百氏。（中二比）然则大人天命之所归也，君子即以畏天命畏之。昭为大德，畏焉而敬守典型，布为大猷，畏焉而恪循轨度，明物察伦，大人独至之，诣正君子欲至之诣，人之畏大人在势分，君子之畏大人在性功也，则契合真也；然则圣人之言，天命之所寄也，君子亦以畏天命者畏之。切近之言，畏焉而不愈于易，精微之言，畏焉而不阻于难，至德要道，圣人垂训之，书皆君子律己之书，人之畏圣言在法语，君子之畏圣言在师资也，则策励深也。

起二比分别提起"大人"、"圣人"，中二比方点出"畏"字，说明为什么要畏，君子之畏与一般人之畏有何不同。本房于此文加批曰："气体文华，词旨精到，方家举止，庶几接迹归胡，非揣摩风尚者能与之争工拙。"我们再看第16名许景澄的破题是："继天命而言畏，畏愈显矣。"其前四比是：

（起二比）非必震人以势分也，第觉至德无为，克膺天位，神功广运，可代天工，瞻视有由尊，实鉴观有由属也，则俨恪难宽也；非必耸人以听闻也，第觉传为心法，天理常存，若为民彝，天经悉备，德音有由播，实帝谓有由通也，则率循罔越也。（中二比）惟君子以纲常名教，斯世贵有完人，而无党无偏，皇极早端及趋向，故天威钦咫尺，瞻觐者倍懔森严；惟君子以才智聪明，克念皆堪作圣而是彝是训，先民早示以准绳，故天道阐精微，诵习者弥深警惧。

以上起比与中比比较平均，起比先从反面引出为何要畏，但并不多着笔，并不实写，中比方点出"君子"。

连接全篇

八股虽然有骈有散，有虚有实，有朴有华，却讲究浑然一体。破之后有承，承之后小讲，小讲之后又再入文题，然后是起二股，一般起二股之后又再点出题目，再中二股，后二股大段发挥，这其间又可能有过接，之后或戛然而止，或再用二小比束股，然后收结，如系引申出文题下文的意思则叫"落下"。总之，破题、承题、起讲、入题之间，各比之间、以及冒子与比、与收结之间都要有一种紧密的有机联系，不仅在语气上能顺得过来，使人有一气呵成之感，而且要收一种整篇有理有法、层次分明、结构严谨之效。有人将八股文譬之于人："破题犹冠也，承题犹发也，起讲犹首也，入手犹项也，起股犹两臂也，中股犹腹背也，后股犹两腿也，束股两足也，中间之出落呼应，犹通身之筋脉也。"[1] 所以，古人讲究全篇起承转收连接之法。

承题如遇长题，不能逐句承出，宜择关切重大者笼括之。承题最忌平头并脚。平头者，领头数字与破题头数字相同，如破题领头用"圣人"，承题领头亦用"圣人"。并脚者，煞尾数字与破题煞尾数字相同，如破题煞尾用"而已"字，承题煞尾亦用"而已"字。破题于圣贤帝王诸人，须用破讲，承题则直言之，如尧、舜则直称尧、舜，孔子则直称孔子，其余诸人皆因题直称，无复避忌。起讲扼一篇之纲领，而发其大旨，故最宜浑

---

[1] 见光绪二十四年六月十九日《申报》文《八股辩》。

融，不宜刻露。起讲妙处，全在包笼大势，虚而不泛，既能发全题之神，复能养全篇之局。一则安顿上文有法，不至令书义颠倒；二则能留余地，不至将题意说完，后幅可免重叠之病。

后来有些作者还有意在一股之内"起承转收"，但此不免过于琐碎，而因小失大，吴侣白说："前辈之文，一篇中多有十数股者，其股体短，或四五句，或五六句，本股无起承转收，以通篇为起承转收，所以其体圆，其神隽，有古文意。若今之长比排偶自为起承转收，则四比成四截，神气不贯，全无古文意。"[1]

下面我们可以举光绪六年庚辰科（1880年）沈曾植、李慈铭的会试卷来说明八股文之连接全篇：[2]

沈曾植，嘉兴人、同治癸酉科顺天乡试第22名，会试24名，殿试三甲97名，用刑部主事，当年会试首题是："子曰：'吾与回言，终日不违，如愚，退而省其私，亦足以发，回也不愚。'"出自《论语·为政篇》，沈氏的破题是："有深会圣言者，如愚所以不愚也。"承题是："盖其会圣言也不深，则其发圣言也必浅，即其私而退省之，不愚者不诚赖如愚哉？"起讲兹略，然后是代入孔子语气之起二比："高坚前后之程，吾与回言无不尽，顾何以言所以，言所已及，回与相近，言所未伸，回并不与，……言动视听之则，吾与回言且无余，顾何以言之偶传，质疑有待言之时，示偏觉索解无闻……"然后是出题："如是焉而言已终日也，噫，愚矣，愚于进安，必其不愚于退也，而吾且省之。"然后是二小比："燕私之地，不假提撕，体诸心有验诸身，而亦前亦趋欲从者其志；启发之机，不关愤悱，积乎中以形乎外，而无施无伐不惰者其神。"随后"盖违而发者恒

---

[1] 唐彪：《读书作文谱》，岳麓书社1989年版，第112—118页。
[2] 收在《清代硃卷集成》第46册。

情也"是一句过接,然后是中二比:"夫孰知不违而亦发也,……夫孰知不违亦足以发也,……"后二大比:"而后知回之明悟独深也,……而后知回之涵养独粹也,……"最后以简明扼要的两句收结:"回愚乎,回不愚乎?"

第二题是:"柔远人,则四方归之,怀诸侯,则天下畏之",题出自《中庸》。沈的破题是:"效有极于四方天下者,柔怀所以治外也。"紧随承题:"夫四方归之,天下畏之,岂非有国者所欲得诸天下者哉,柔焉怀焉,其效斯在。"然后起讲:"且王者体天出治,昭其德者,云瞻日就;服其令者,雷厉风行,……"(以下代入口气)"臣请进子来而言柔怀,今夫有分土者无分民,故王泽之隆,不遗远者,定一尊者大一统,故风同之盛首戢强侯,请以四方天下观。"然后起二比:"谓盛朝不尚招携,何以戎狄蛮闽职方怀方隶其数;谓王者不矜控制,何以山川种族四荒四极纪其名……谓强藩之悍戾难驯,何以弓矢戎兵神武昭,而天下之才能尽戢;谓封建之事权易散,何以躬桓蒲縠朝仪肃,而天下之意气皆平,……"(以下略)。

第三题是:"又尚论古之人,颂其诗,读其书,不知其人可乎?是以论其世也",即所谓知人论世,出自《孟子·万章下》。沈曾植破题为:"论人者必论世,不徒颂读也已。"承题略,起讲首言:"尝思阅世生人,阅人成世,此古今之人所由判也……"然后起二比:"琴梦有不言之隐,上观千古,下观千古,音尘隔者神理自通,善不限于方隅,善何容限于人代也。……丹青有不实之文,十世可知,百世可知,际会绝者心源自接,并我生者,其人不可轻,先我生者,其人犹可爱也……"此比有欲与古人心灵相通意,今日读之亦"犹可爱也"。然后是二小比:"且夫诗言志,书言绪,百世上所以待白后来也;与古居,与古稽,百世下所以仰承先哲也,……"接着是中二大比:"从风流息寂以还,时而置论曰:……自来载籍流传，误于蔑古者半，误于论古者亦半，古人本不习后世之陈言，论古人者，独奈何绳以后世之苛论也，惟衡其世，以为颂读之资，……从简断编残之后，时而出论曰：我颂诗能式古训，我读书能证古文，臆见相参而莫知其觏，……从来文辞隐互，好为墨守者非，好为论正者亦非，古人本不习后世之文章，论古人者，独奈何律以后世之体制也；惟标其世，以总诗书之纪，……"然后是后二比："旁行斜上，后人半絭其文，苟一经识者推求，尚可得知人微意；系月编年，史册信存其法，苟并入经生讲习，当倍深思古幽情。"最后是收结："尚友者之论如是。"由此文可见一种历史观，这种知人论世，以历史的同情和理解去看待历史的眼光也正是我们今日所急需。

李慈铭，会稽人，乡试第 24 名，会试第 100 名，殿试二甲 86 名，以郎中用。其首题破为："唯大贤与圣相契，不违者见其不愚也。"起二比仿孔子口气云："一堂之晤对，教学相期，使理有未融，所贵同人之往复，何以湛然神定，……尔室之暗修，啸歌自得，诚事有未尽，不妨待质于更端，何以默尔自安，……"然后过接："此不违如愚，吾之所疑于回者也。"接着中二比："而回退矣，侍坐从容，岂必欠伸而视日，然天生之将倦，正当弟子之习勤……而吾省其私矣，天机洋溢，随其动静，而皆呈故燕几之优游，弥胜讲惟之严肃，……"从上可见二比并不必字字对应，不必长短若合符节，接着是出题，与一般放在起股后不同，这是放在中股后："吾至此始知回之亦足以发也，然则回也不愚也。"然后后二比："诲勤听藐之事，万不以拟吾侪，特以受教有浅深，则说绎亦未敢自信，……入耳出口之功，非所语于吾党，特以叩鸣有大小，则异同亦不免多岐，……"最后收结"然则吾与回言终日，益以见其不愚也，而回进矣。"房官批语是："理境至深，文心至细。"

李慈铭第三题破为："进论古人诗书，贵考其世焉。"然后承题："夫古之人，较天下善士固更进矣，颂诗读书而更论其世。"随后起讲中的几句文字似还可反映出李之潜在的骄傲，日后品评世人，不屑与之为伍的性格，"……此固不可泥文字以求之，又不可离文字以涤之。……以友天下善士为未足，是今之世未足论，今之人不屑知矣。……"然后起二比："穷皇古之原而侈言荒幻，自燧巢以降，……事迹已湮而莫考……循近人之说而取法后王，自五霸既衰，……记诵多驳而不经……"接着出题："是则尚论古之人，舍诗书其奚取哉？然而诗书之人之世，当考而知世。"接着中二比："诗之世分于人，豳风用夏正，而元公所作，不得止系公刘，……盖其人虽较书为多，而取材终隘也；书之人统于世，云乌岂无记载，而立言非雅，乃托始于唐尧，……盖其世虽视诗为广，而断代亦严也。"接着后二比："大抵简策之留遗，是非各半，自古难言之隐，有因直笔而明者，亦或因微词而转晦；此非如今之人，能委曲以相喻也；……大抵性情之所近，取舍难齐，起居稽古之余，有因同我而褒者，亦有因异我而加贬，此非如今之人，能争执于一堂也；……岂章句之所能赅哉？"此指出了理解历史、理解古人之困难。最后收结："此尚论之学，即尚友之学也。"其文亦显示出一些作者的新颖见解。

考八股究竟在考什么

我们在前面指出了八股在历史上产生形成的自然而然性，构成八股的各种要素在文学上运用的悠久性，以及八股将这些作文要素有机地结为一体的综合性，现在也许可以尝试回答这一问题：考八股究竟在考什么？八股取士主要要求士人具有一些什么样的能力？

在此我们可以借用启功的一个通俗比喻，他说："八股破题的作法，和作谜语极其相似，谜有谜面、谜底，破题两句即是谜面，所破的原文题目即是谜底。进一步讲,全篇的八股文几百字都是谜面。"[1] 我们一般都是就谜面(如几句话,一首诗)来猜谜底,并且常常可在规定的范围猜(如打一物、打一字),而应当说,设计一个谜面要远比猜一个谜底困难得多,设计一个几百字的长谜、韵谜、诗谜就更难了,而八股文就可以说是这样一个长谜,一个文谜(就其中比的部分而言还可以说是韵谜),八股文的作者也就可以说是这样一种长文谜的设计者。他还要通盘考虑到理、法、辞、气,乃至音调,平仄等各个方面,因而就更不容易了。所以一个学作八股者确实很难一下就掌握此技,他往往先需从二句破题学起,这是最初级、也最优先的设计谜面,然后承题扩展到三四句,起讲再扩展到十来句,再进入洋洋洒洒、音调铿锵、最见文采、也最难把握的比的部分,最后收结。在全篇文章中,都要牢牢扣紧谜底——不逾越文题所定的范围,不侵上犯下,且要如行云流水一般连接,波涛起伏一般推进,最后又要收得拢,截得住。

然而,八股文的基本要素和基本技巧,又可以说是古代乃至今天我们做文章都需要知道并应当遵循的一些要求,例如全篇文章要扣紧主题,开门见山,首尾呼应,结构严谨,有理有据,文字流畅,以及不要堆砌华丽辞藻等。从这方面说,学八股又不是很难的,其基本要求和技巧与我们学写其他文章一样,可以触类旁通。八股文的特殊点也许主要在于它的综合性和严格性:它把主要的文章技巧,乃至把骈散、文理、人我等因素巧妙地结为一体,并形成某种不能有大的逾越的定式,但这也只是用于考场,并不是说要求古人无论做什么文章都得如此。

当然,我们把八股比喻为设计谜面,只是就其形式技巧而言。总之,一个士子要想通过八股取得成功所需具备的能力可约略归为以下

---

[1] 见启功、张中行、金克木:《说八股》,中华书局1994年版,第12页。

几条：[1]

1. 记忆能力。他必须熟记四书五经这些主要经典，不仅熟记内容大意，而且逐字逐句熟记，不仅熟记正文，而且熟记朱注，这样，对任何出题（尤其小题）他才能一眼即知其出处，知其章节，知其上文，知其下文，知其注解，知其历史背景，这样作文才能有一个基本依据，这是一种最初步的能力。它意味着必须在上下文中（context）把握全体。

2. 理解义理的能力。他必须充分和确切地理解经书及经解所说的意思是什么，背景是什么，字句之间有何逻辑上的关联，然后才有可能引申发挥，代圣贤立言。

3. 组织文字、发扬文采的能力。如果说记忆和理解能力主要是一种投入，一种全面把握和深入理解原文本的能力，那么要写好八股就还需要另一种能力——即一种产出的能力，一种把自己所理解的东西用雅训的文辞，在严格固定的程式中表现出来的能力。这涉及一种文学的领悟力和想象力。

以上这三种能力，尤其以后两种，又尤其以最后一种为最重要，记忆能力涉及的主要只是知识，而后两种能力涉及的则是思想、智慧、文字技巧及语言美。[2] 因而考八股也就主要不是考死的知识，不是考"记性"，

---

[1] 我们在此只谈能力，不谈知识积累和学养。

[2] 当然这三种能力不是完全分隔的，也有相互联系、相互贯通、相互促进的一面。另外，据周作人说："八股文里含有重量的音乐分子，……做八股文的方法也纯粹是音乐的。它的第一步自然是认题，用做灯谜诗钟以及喜庆对联等法，检点应用的材料，随后是选谱，即选定合宜的套数，按谱填词，这是极重要的一点。从前有一个族叔，文理精通，而屡试不售，遂发奋用功，每晚坐高楼上朗读文章（《小题正鹄》?），半年后应府县考皆列前茅，次年春天即进了秀才。这个很好的例子可以证明八股是文义轻而声调重，做文的秘诀是熟记好些名家旧谱，临时照填，且填且歌，跟了上句的气势，下句的调子自然出来，把适宜的平仄字填上去，便可成为上好时文了。"见周作人《中国新文学的源流》，载胡适、周作人《论中国近世文学》，海南出版社1995年版，第77—78页。

而是考"悟性"，考"会根"和文才。这几种能力固然不能离开后天训练，但更和天资有密切关系，所以古人会有一个人是不是"读书种子"之说。费孝通，潘光旦也认为，八股主要不是一种知识的测验，而是一种能力的检查。[1]

1933 年夏，清华大学国文系主任刘叔雅请陈寅恪代拟大学入学国文试题，陈寅恪且有过以类似于八股中的基本要素（比和代）出题的尝试，并陈述了自己的理由。当时，陈寅恪定一文题为"梦游清华园记"，又一对子题为"孙行者"。"盖曾游清华园者，可以写实，未游清华园者，可以想象。"对子题"实欲应试者以'胡适之'对'孙行者'"。"梦游"可说是一种设身处地的"代"，而对对子亦即为"比"，均为八股之基本要素，而比起旧日八股来，自然还是容易多了，陈寅恪拟之以低就当日考大学者，然当时舆论却也哗然。陈寅恪后来在与刘叔雅书中对出对子题的旨趣做了解释："据积年经验所得，以为今后国文试题，应与前此异其旨趣，即求一方法，其形式简单而涵义丰富，又与华夏民族文学之特性有密切关系者，以之测验程度，始能于阅卷定分之时，有所依据，庶几可使应试者，无甚侥幸或甚冤屈之事。阅卷者良心上不致受特别痛苦，而时间精力俱可节省。若就此义言之，在今日学术界，藏缅语系比较研究之学未发展，真正中国语文文法未成立之前，似无过于对对子之一方法。"陈寅恪并批评了《马氏文通》将印欧语系中之特殊规则视为金科玉律，一概施诸汉文的"不通"，指出任何比较必具一历史观念，否则将怪诞百出。而对偶确能表现中国语文特性之多方面，表现其特殊优点，具体说有四条：1. 对子可以测验应试者，能否知分别虚实字及其应用。2. 对子可以测验应

---

[1] 潘光旦、费孝通：《科举与社会流动》，《社会科学》第 4 卷第 1 期，清华大学出版 (1947 年 11 月)。

试者,能否分别平仄声。而能分平仄,才能完全欣赏与了解传统文学。3. 对子可以测验读书之多少及语藏之贫富。4. 对子可以测验思想条理。凡能对上等对子者,其人之思想必通贯而有条理,决非仅知配拟字句者所能企及,"故可藉之以选拔高才之士也"。[1] 总之,八股有别于古代的帖经墨义,也有别于当代仍然屡见不鲜的那种需要死记硬背、有标准答案的知识性测验,[2] 而主要是一种智力、能力的检定。[3]

为什么不考别的?为什么考试内容不紧密地联系实际,联系时政?比方说就考时务策论,或以之为主,或至少允许考生在经义中评论时政,以求考试较切于政治,较切于实用呢?然而,此法并不是在历代的考试中没有屡次试过,也曾留下过几则佳话,然而若普遍推行,以之为一种制

---

[1] 以上见《金明馆丛稿二编》中《与刘叔雅论国文试题书》及《附记》,上海古籍出版社 1980 年版,第 227—228 页。当然,陈寅恪并不是有意联系八股,而是从中国语文的特性考虑的,但这也恰好显示了八股与中国语文特性的联系。当时之哗然足已见当日学生之水平,今天自然就更不可论了。今天语文中考、高考多分为两部分:一部分是语文知识测验,其中许多内容仍是以西方色彩浓厚的语法和繁琐的词义(且须紧扣教科书)考学生,再好的作家、学者不专门准备大概也是考不好的,而能通过记诵考好者也很难说就能写出好文章;另一部分是作文,则命题范围大致是记某个对自己影响最大的人、某件我印象最深的事之类,常可预拟,在考场上抄袭旧文。无怪乎语文成绩远不如数学成绩那样受人重视。

[2] 八股有标准,却不可能有标准答案。

[3] 其实际效果正如邓云乡回忆说:"我是二十年代末开始上学识字、读书的,当时在山乡,中年秀才做小学教师的还不少。常听人们说起:'没有不通的秀才'。这个'通不通',是指思路的通不通,也就是说逻辑思维的通不通。至于其他知识,一般说旧学是十分扎实的,而且都有惊人的记忆力,不但四书五经背得滚瓜烂熟,其他诗韵四声的韵部及各韵中的字、《康熙字典》甚至《说文》的部首,以及先秦《左传》中的史事、《纲鉴》中的历朝史事,都清清楚楚,记忆中十分熟悉,脱口而出。有的还用老办法学会了数学、英文等,我曾经见过一位英文甚好,能随意读英文书、看英文报的老先生,但不会说。外国人看他拿着英文在读,同他打招呼,他都茫然不知所对,外国人感到很奇怪。而他学会英文是用《英汉字典》死记的。这种老学究的记忆力和耐力韧性可以想见了。自然这些还是末代的、未考取举人、进士的秀才。如果是《眉园日课》时的秀才,其学识功力(自然是中国旧学)恐怕就更要高多了。"见其《〈眉园日课〉书后》,载《中国文化》第 13 期,刘梦溪主编,1996 年。这些秀才也能掌握作为新学的英文、数学,说明他们确有相当的智力,还不止是邓文所说的记忆力。

度,它的弊害也是迅速而明显的。这样考也许确有可能使少数有责任感和见识的士人有机会表达自己独到的政见与才学,但是这一全国规模、机会平等的公开考试,并不能只对这少数人开放(也无法先行鉴别他们),而它本身客观上又是一种与名利相联系的上升之途,大多数考生并未经过政治习练,甚至有些尚乏生活阅历,故不易有成熟的政治见解,因此,即便策论题为实事,大多数人大概也只能是空发议论,乃至助长妄言之风,且此常常会导致或加剧政治上的派别之争,而一些考生还可能为求取中而揣摩迎合考官的政见,乃至于在其中暗藏关节,与考官一起营私舞弊。而且,议论时事亦非一般义理那样可使考生深入发挥,也不便于考官悬一客观准绳进行衡量。总之,科场并不是合适的干政、议政之处,它不过是选择日后可堪造就的政治人才而已。[1]

---

[1] 包括使道德文章优异者居于社会高位,这本身也就是一种古代的"政治",即所谓使贤者居其上,不贤者居其下,则民服。

第三章 考 生

本章考察以八股为主要内容的举业需要应试者做一些什么样的训练、准备以及最后的临场,分读书、学文、应试这样三个环节来叙述。

读 书

读书须先识字。章学诚说:"童蒙子弟,欲正小学之功,不当先授句读,但当先令识字,……夫积画而后字,积字而后句,积句而后章,一成之理也。"[1] 王筠说:"不敢望子弟为圣贤,亦当望子弟为鼎甲。"[2] 蒙

---

[1] 章学诚:《清漳书院留别条训》,载《章学诚遗书》,文物出版社1985年版,第668页。

[2] 此不是说不望,或不要望子弟为圣贤,而是说对大多数子弟来说,即便不能成圣贤,也当有一向上之心。清人理想要较宋、明人朴实平稳,这对大多数人而言似也较合适。而此一父辈的期望,对尚少不更事的童子而言亦不失为一种理想,能提供远较毫无理想或仅有利禄理想更大的动力。如蒋梦麟在《西潮》中谈道:他幼时所读《神童诗》中的"天子重英豪,文章教尔曹,万般皆下品,唯有读书高"的理想,驱策着他向学问之途迈进。并说:"教育如果不能启发一个人的理想、希望和意志,单单强调学生的兴趣,那是舍本逐末的办法。只有以启发理想为主,培养兴趣为辅的,兴趣才能成为教育上的一个重要因素。"世界书局1962年版,第11页。当然,这一理想容易流变为利禄之途,但对儿童而言,它主要还是一种声望、荣誉上的激励,故而也不难成为更纯粹的理想的一个初阶。

第二编 标 准

养之时，[1] 识字为先，不必急着读书。如弟子迟钝，则识千余字后乃能为之讲解，能识二千字，乃可使之读书。[2] 唐彪也叙述自己的塾师经验说："凡教童蒙，不可太早上书，须先令认字，认不清切，须令再认，不必急急上书。以后要作经义，且要对付各种各样的题目，包括各种割裂截搭小题，背熟经书是一关键，然而，凡书必令学生自己多读，然后能背。苟字不能认，虽欲读而不能，读且未能，焉能背也。故初入学半年，不令读书，专令认字，尤为妙法。"他并举其子的教训说，其子唐正心自六岁入学，读书不能成诵，三岁历三师，至四年无可如何，不复易矣。后因兵乱避居山中，适有一名朱雨生的塾师设帐其地，因令就学从游。至五月，所读新书不减于前三载，且于前三载不成诵之书，无不极熟。唐彪问其原因，朱答道："吾无他术，唯令认字清切而已。令郎非钝资，止因一二句中字认不清，故不敢放心读去，则此一二句便不熟。因一二句不熟，通体皆不成诵矣。"[3]

识字为先的方式和古代人文学问的特点有关：古代重文献，字即涵理，清人又重视训诂，重视从训诂发义理，与明代相比较，清人应试文中也多有训诂之意。主要用于识字的流行教材则有"三、百、千"，即《三字经》、《百家姓》、《千字文》。这里可以顺便指出的一点是母亲、姐妹的特殊作用，她们往往在孩童正式破蒙前就已教其识字，而更重要的是她们对儿童立志方面的影响和情感上的关怀。如翁同龢六岁前的启蒙教育主要由母亲和两个姐姐担任，因而母子、姐弟之间的感情尤其深厚，当翁应府试刚进场时，突闻大姐去世，立即弃笔而出，大恸致病。[4] 胡适也曾忆及

---

[1] 古人一般六岁破蒙，当然也有早慧者如胡适三岁多即入学，"破蒙"仪式可参见马叙伦《我在六十岁以前》，生活书店1947年版，第1—3页。

[2] 王筠：《教童子法》，收在《丛书集成初编》本0986，第1页。

[3] 唐彪：《父师善诱法》下卷。

[4] 谢俊美：《翁同龢传》，中华书局1994年版，第14、26页。

三岁多入学前,就与母亲一起识了近一千个字。[1]

"三、百、千"一类启蒙教材已涵一定道理,但主要还是为识字所编。读过这类教材之后的学生实际上就要两分,社会上存在着一种事实上的双轨制,多数不习举业者可能再识一些日用杂字,及简单书信、算术,或再读一些如《增广贤文》等贤文善书就结束学业,[2] 而少数习举业者则要开始一种真正的,期望成为一种职业"读书人"的读书,即为举业而读书了。读书的次序一般是先读四书,再读五经,再读其他经、史和诗文等,四书中一般又是先读《论语》或《大学》,《孝经》及朱子的《小学》常常也是优先阅读的内容。除了以经书,尤其四书作为主要的内容外,还有种种可作为日后作文辅助、形式亦较活泼的读物,例如学习韵律,练习属对的《声律启蒙》、《神童诗》、《唐诗三百首》,[3] 熟悉典故、积累辞藻的《幼学琼林》、《龙文鞭影》乃至百科全书性质的《唐类函》、《渊鉴类函》等等。这些内容可以穿插进行。王筠说:"童子八九岁时神智渐开,则四声、虚实、韵部、双声叠韵事事都须教,兼当教之属对,且每日教一典故,才高者读全经及《国语》、《战国策》、《文选》,即才钝者,亦全读五经、《周礼》、《左传》,摘读《仪礼》、《公羊传》、《谷梁传》。"[4] 有识者特别强调不宜过早读时文,不宜与读经混杂着读时文,而宜分开用力,稍后进行。[5]

---

[1] 《四十自述》,《胡适自传》,黄山书社1986年版,第20页。

[2] 即便如此,传统社会崩溃之前的中国农村识字率和文化普及程度还是常常使初来中国的西人感到惊奇。

[3] 这些读物有的在识字阶段就已开始诵读了。

[4] 《教童子法》,《丛书集成》初编本0986,第1页。

[5] 《教童子法》,第3页。又第4页:"截得断才合得拢。……识字时专心致志于识字,不要打算读经,读经时专心致志于读经,不要打算作文。然所识之字,经不过积字成句,积句成章也;所读之经,用其义于文,为有本之文,用其词于文,亦炳蔚之文也。"并参唐彪:《读书作文谱》,岳麓书社1989年版,第8页。

至于上述内容的阅读之法，则如唐彪所言："有当读之书，有当熟读之书，有当看之书，有当再三细看之书，有必当备以资查考之书。书既有正有闲，而正经之中，有精粗高下，有急需不急需之异，故有五等分别也。"[1]《渊鉴类函》、《文苑英华》一类，自然只是"当备以资查考"之书；《文选》一类，在明、清大概最多也只属当看之书；[2]史鉴、诗文一类，大概当通读一些之后精选细看；经书则当熟读，[3]尤其四书全部及五经主要内容当反复细读以至于能滚瓜烂熟，[4]此不仅因为考试题目皆出于此，也因其被视为是义理文辞的渊薮。所以，古代读书总贵于精，总期于熟。读经也须读注，尤其四书朱注亦悬于功令，须细读，但也可分开来读，即先读大文，以后再来读注。[5]

要真正精熟则须理解，能记是由于能解，王筠批评专让学生死记硬背者为"视学生为猪狗"，说"读书而不讲，是念藏经也"[6]。胡适也忆及母亲多给塾师学金而给他"讲书"的好处，说他"一生最得力的是讲

---

[1]《读书作文谱》，第 16 页。

[2] 与考诗赋的唐代不同，唐则有"《文选》熟，秀才足"之谚。

[3] "读"比"看"重，有朗读记诵之意。

[4] 古代读书人无不在此深下功夫，近代学者亦不乏有人指出幼时所背经典所带来的两方面的"一生得力""终身受用"：一是打下人文学问的根柢，如唐德刚在《胡适口述自传》中所说胡适及他本人的经验；二是从中得到人生的教训，如蒋梦麟谈到：背古书也有背古书的好处，"一个人到了成年时，常常可以从背得的古书中找到立身处世的南针"。见《西潮》，世界书局 1962 年版，第 18 页。受过系统西方教育的法学家、天主教徒吴经熊也谈到过使之终生受益的一些孔孟语录。一个孩童在幼年时并不完全懂得他所背诵的经文的全部涵义，但这些内容有可能在其长大以后发挥相当大的作用。当然，这些都必须付出代价。并且，我们也不能忽略古代教育的这样一些弊端：如一些父兄及塾师的一味强迫使儿童失去趣味、或者一味利诱使读书完全变成沽名弋利之具。而强制加利诱会使最好的经典也改变味道。

[5] 这是程端礼、金声、唐彪等人的一种意见，确有道理。唐彪又主张各项内容均分开用力，如经蒙分馆，诸经与时艺分月来读，经与史亦分月读，古文与时艺则分日读，是其多年塾师经验之谈。我们推而广之，则可说学问与功名，文学与时艺亦须两分。

[6]《教童子法》，《丛书集成初编》本 0986，第 1 页。

书",[1] 且讲书看书不宜徒借高头讲章,讲书之后又要令学生复书。读书以经书为主,但又不止于经书,更不止于讲章,还须博阅杂览,方能优游涵泳,融会贯通。由于举业使读书也成为功名利禄之途,故世俗之人多有急功近利及见识短浅者,把四书五经只当作题目来读。[2] 并沉醉于高头讲章,泛滥于坊刻时文,故顾亭林有"八股盛而六经微,十八房兴而廿一史废"之叹。[3] 但这主要是指晚明坊刻盛行之后的流弊。真正的八股佳制亦非经史深厚所莫能为。[4]

学　文

学文不可过早。齐如山说:"从前小儿读书,分三个阶段,六七岁小孩初上学,名曰'开读',……十几岁读过一两部经书之后,先生才开始与之讲解,此名曰'开讲',十四五岁以上,便开始学作文章,此名曰'开笔'。"[5] 王筠说:"才高者十六岁可以学文,钝者二十岁不晚"。唐彪也说:"人生平学问,得力全在从蒙师学、即打基础的十年间,[6] 在这十年中,四书与本经宜熟,余经与后场宜带读,书法与执笔宜讲明,切言与平

---

[1] 《胡适自传》,黄山书社 1986 年版,第 25 页。

[2] 陈兰甫:《东塾集》卷三《太上感应篇·序》;"世俗读四书者,以为时文之题目而已;读五经者,以为时文之词采而已。"又《东塾先生遗诗·读书》八首之七云:"论语二十篇,束发即受读。古人读半部,谓治天下足。今人谁不读,读者谁不熟,非读圣贤语,读试场题目。"转引自钱锺书:《谈艺录》,北京:中华书局 1986 年版,第 359 页。

[3] 《日知录》卷十六,"十八房"。

[4] 如唐彪言:"从古未有止读《四书》一经之贤士,亦未有止读《四书》一经之名臣。故欲知天下之事理,识古今之典故,欲作经世名文,欲为国家建大功业,则诸子中有不可不阅之书,诸语录中有不可不阅之书,典制志记中有不可不阅之书,九流杂技中有不可不阅之书。即如制艺小技耳,唐荆川、归震川、金正希辈,皆读许多书,而后能作此可传之制艺也。"《读书作文谱》,岳麓书社 1989 年版,第 15 页。

[5] 《中国的科名》,载《中国选举史科·清代编》,台湾鼎文书局 1979 年版,第 1089 页。

[6] 与王筠说六岁破蒙至十六岁学文时间大致相同。

仄宜调习，经书之注删读宜有法，然后才可以正式跟经师学作文。"[1] 当然，才高者因为有余裕，实际上学文往往比这要早，例如朱筠九岁入书屋读书，十三岁学为文；[2] 胡传五岁入塾，十一岁讲四书，十六岁八股已能成篇；[3] 俞曲园六岁读书，十岁即开始习时文；[4] 沈曾植八岁读书，十三岁开笔；[5] 林纾也十三岁习制义。[6] 世俗者因为心急，也往往不管子弟才能高低而让他们提前开笔。

初学文，先令读唐宋古文之浅显者，即令作论，以写书为主，不许说空话，以放为主，越多越好，[7] 但于其虚字不顺者，少改易之，以圈为主（鼓励为主），等他知道文法而后使读隆、万文，不难成就也。[8]

作文又须有渐，不宜"弟子入学视为废才"，成天使之不求其解地念藏经，而"到十三四岁时则又视为天才"，期望一下就使之能文。[9] "时文法密，不能遽责备于童子，则必使之先为破题；破题能属句矣，乃使演为承题；承题能成语矣，则试学为起讲；后乃领题提比，出题中比，以渐而伸；中比既畅，然后足后比而使之成篇。"[10] 要学作文，还须先会读文，至于具体读文方法，唐彪认为童子读文必宜分其层次，先易后难。且不必读得太多，尤不宜太赶时髦、贪多骛新，去读那些二三流的时文，自然也

---

[1]　《读书作文谱》，岳麓书社 1989 年版，第 172 页。
[2]　姚名达：《朱筠年谱》。
[3]　胡传：《钝夫年谱》。
[4]　徐澄：《俞曲园先生年谱》。
[5]　王蘧常：《沈寐叟年谱》。
[6]　朱羲胄：《林畏庐先生年谱》。
[7]　宋人已有此经验，参见谢枋得为场屋所编古文集：《文章轨范》，卷一至二为"放胆文"，卷三至七为"小心文"，其卷一首语云："凡学文初要胆大，终要心小，由粗入细，由俗入雅，由繁入简，由豪荡入纯粹，此集皆粗枝大叶之文……"
[8]　《教童子法》，第 1 页。
[9]　同上书，第 3 页。
[10]　章学诚：《清漳书院留别条训》，《章学诚遗书》，文物出版社 1985 年版，第 682 页。

不宜过守成宏,正嘉文式。所读时文,贵于极约,不约则不能熟,不熟则作文时神气机调皆不能为己用。而阅览则宜广博,经史古文时文不多阅,则学识浅狭,胸中不富,作文无所取材。总之,"科举之学,读者当约,阅者宜博"。[1] "博学守约,凡事皆然。即举业一道,博约二者,阙一不可。所谓守约,即揣摩之文,贵于简练,是矣。所谓博学,则泛阅之文,又不可不广也。"[2]

正如读书首要在精、在熟,作文亦同。[3] "'熟'一字,为作文第一法也。"[4] 所必须熟的自是佳文,读文贵极佳,贵深造,不可贪多,但也须有所折衷。不仅读古文,也要读时文。章学诚又有"生文习之使熟,熟文习之使生"之说。"诸生于三五百篇之文,亦既能成诵矣,今简练而攻十之一,岂犹患其不熟乎?患在过熟而不入迎拒之心也。盖佳文入目,虽使粗识浅见,皆能生其浮慕,至于诵习再四,不免中心厌倦,以谓吾既知之,而欲更窥他作矣。不知所谓'吾既知之'而不耐更读者,于文之甘苦疾徐,固未尝有所入也。熟而生厌,不亦宜乎?若夫文之佳者,因非一端之所能尽。命意,一也;立句,二也;行机,三也;遣调,四也;分比变化,五也;虚实相生,六也;反正开合,七也;顿挫层折,八也;琢句,九也;练字,十也。以此十法,每一诵习,各作一意推求,仍用先如未见其文逐处平心迎拒之法,往复不已。则文虽一定,而我意转换无穷,即使万遍诵习,而揣摩光景,常如新脱于稿,所谓'熟文习之使生',此法是也。"[5]

---

[1] 唐彪:《读书总要》,《读书作文谱》卷一,第8—9页。
[2] 章学诚:《清漳书院留别条训》,载《章学诚遗书》,北京:文物出版社1985年版,第670页。
[3] 《读书作文谱》第75页:"人生读文,多者不过三百余篇,少者不过二百余篇",不过,此读是指朗读而能背诵之文。
[4] 同上书,第32页。
[5] 章学诚:《清漳书院留别条训》,载《章学诚遗书》北京文物出版社1985年版,第671页。

亦即通过揣摩使之栩栩如生也。

然而,正如谚云:"读十篇不如做一篇",文章归根结底还须自做、多做,常做,如此才能手熟,开拓笔力,拓宽笔路。作文须有数月发愤工夫,在一段时间里专心致志,一切不顾,终日作文,而后文章始能大进。据说唐顺之、瞿昆湖、熊伯龙、袁坤仪、毛稚黄等八股名家皆有此经验。文章又须精研,反复修改,不断改削才可望精益求精。作文既要有内心自得自撰一端,又要有广泛取用一端,或说制艺直自经营者十之六,取用于人者亦十之四。因而平时须用集腋成裘手段,故有"积词""积理"之说,艾南英也有读书为文要像将兵,多多益善之言。

今人品评八股习作毕竟如隔靴搔痒,已经脱不了局外人身份,究竟其中要经历多少甘苦,多少层次已不复能况其中滋味,兹引明末清初朴实大儒张尔岐自述其学习八股经历的一段回忆:

> 予幼习八股义而苦之。既隶籍博士,无可舍置理,遂疲精敝神于其中。初解文体,即以抄袭为耻,于人所习用,必力自澌除,唯取经史诸子语之稍稍远人者缀缉之。颇以新异受知督学李公。
>
> 继复自厌,去为难深幽渺之言。每拈一题,必伏几冥想,于题前后表里远近离合之间,参之伍之。推索路穷,乃恍惚若有所见。即循其所见,孤引递剥而书之纸,目不敢瞬,气不敢舒,以至成篇,然后徐徐欠伸,俯仰中庭,自以为真得此题之解矣。出以示人,人讶其与题无涉。取而覆读,己亦不解其何谓。再伏几冥想如初,又觉昔之孤引而递剥者,信有其故,非真与此题了不相涉者也。每就试亦用此法,胜负得失,一不介诸怀,唯以深思独喻为愉快而已。督学者评其文,率以别致赏之,于渺然独往之思,未之深监,亦不以为非也。试于乡,则再不售。

及见癸酉闱牍驳语，云："有沉入之思，而未能自达。"因自念曰："未能自达，诚然哉。今欲达之，何道而可？"于是覃思《大全》、《蒙引》、《存疑》三书，兼时时模拟先辈程墨，督学者亦不以为非也。及乡试又不售。盖其所以模拟先辈者，适其形似。人方袨服丽饰，己独秃襟短袖，操作而前，无怪其无所容人也。时为崇祯丙子，予年二十五矣。

明年秋，友人劝读房牍。冬遇霑化吴先生，善言举业，其言主于修辞命势，遂兼用其说。然所覃思，仍在三书，旁及子史。其于房牍，时一披览，资感发而已，终不肯袭用其语，以易吾初。自是，思路渐廓，觉圣贤所言，各有实际。每作一题，内考之己，外验之物，以至古今治乱之故，贤人君子立身持世之节，苟与题理关通者，应念毕集，以佐吾说，乃推择精粗，审命位置而徐书之。岁试为督学翁公所赏，同学诸子亦颇推其能达所欲言，私心自省，亦妄冀一售。

天降丧乱，备罹荼毒，摧绝惕号之余，犹时理残书，修故业。如是者六七年，一旦悼念身世，发愤尽焚昔所阅房牍及所自作诸义，绝意科举。日偃蹇蓬蒿败屋之间，吟啸自恣，分与八股长辞矣。以困于饥饿，强起为乡里授句读，求口实。诸抱夹来者，又非八股义不问。不得已复取坊刻为科简好恶。遇难题鲜当意，辄自拈作。是时文情闲畅，视昔又异。题一入手，微哦再三，全义现前，振笔疾书，汩汩然应节而至。即文未必工，要之言所欲言，无不满志。又自以为天下之至适，未有逾此者也。

呜呼，予于此中甘苦之致，盖备悉之矣！[1]

---

[1] 张尔岐：《自订〈书义〉序》，《蒿庵集》，齐鲁书社1991年版，第76—78页。

此正如张尔岐所言:"予虽不售于时,于此道亦不苟矣。"他不愿再应清科举,是和其节操有关。而八股看来又不仅是弋取功名之具,亦可用以自娱自得,而我们也可从中窥其所历甘苦和境界于一二。

应 试

应试之前的准备,一种办法是于大比之年的正月开始,每日作文一篇,至八月临场而止,另一种办法是于大比前一年之八月始,每三、六、九作文二艺,限定时刻,以香尽文成为节,不许推迟。前一种办法主要练纯熟,后一种办法主要练速成。

备考赴试一节,一般文集、笔记所记都甚简略,反是小说描写较生动具体。故以下我们摘录《儿女英雄传》中主人公安骥应顺天乡试前模拟考试及赴场应试诸事以见一斑,并可略观昔人之评点八股。[1]

安骥在应乡试前大半年中,除了诵读之外,每月三六九日的文课,每日一首试帖诗。到了阴历七月二十五日,即离进场还有十多天的时候,其父对他说:场里虽说有三天的限,其实除了出场进场,再除去吃睡,不过一天半的工夫。这其间三篇文章一首诗,再加上补录草稿,斟酌一番,笔下慢些,便不得从容。为此,要求他翌日四时起来作题,不准继烛,把三文一诗作完,吃过晚饭再誊正交卷,可算是一次"实战演习"。

第二天清早安骥领下其父所拟的试题,见首题是"孝者,所以事君也"一句,[2] 二题是"达巷党人曰"一章,[3] 三题是"中也者,天下之大本

---

[1] 文康:《儿女英雄传》,齐鲁书社1989年版,第773—796页。

[2] 首题出自《礼记·大学》:"所谓治国必先齐其家者,其家不可教,而能教人者无之,故君子不出家而成教于国。孝者所以事君也,弟者所以事长也,慈者所以使众也。"

[3] 出自《论语·子罕》:"达巷党人曰:'大哉孔子,博学而无所成名。'子闻之,谓门弟子曰:'吾何执?执御乎?执射乎?吾执御矣。'"

也;和也者,天下之达道也"四句[1],安骥摹拟了半日,明白过来,心想这首题正是教孝教忠的本旨;三题是要我认定性情做人;第二个题目大约是父亲的自况了。及至早饭,他一个头篇、一首诗早得了,二篇的大意也有了。吃罢了饭,出来走了走,便动手作那二三篇。在下午四时的光景,三文一诗已脱稿,又仔细斟酌了一番,却也累得周身是汗。

其父安水心接过头篇来看,又把二篇匀给程师爷看。安水心这里才看了前八行,便道:"这个小讲倒难为你了。"程师爷听了,便丢下那篇,过来看这篇。只见那起讲写的是:"且《孝经》一书,'士章'仅十二言,不别言忠,非略也;盖资事父即为事君之地,求忠臣必于孝子之门。自晚近空谈拜献,喜竞事功,视子臣为二人,遂不得不分家国为两事。究之令闻未集,内视已惭,而后叹《孝经》一书所包者为约而广也。"

程师爷看完了,说:"只这前八行,已经拉倒阅者那枝笔,不容他不圈了。"及至看第二篇结尾的一段,见写的是:"此殆夫子闻达巷党人之言,所以谓门弟子之意欤?不然达巷党人果知夫子,夫子如闻鲁太宰之言可也;其不知夫子,夫子如闻陈司败之言可也。况君车则卿御,卿车则大夫御,御亦习闻于吾党;御固非卑者事也,夫子又何至每况愈下,以所执尤卑者为之讽哉?噫!此学者所当废书三叹欤!"

安水心看罢,连连点头,不觉拈着胡子,望空长叹了一声道:"这句话却未经人说过!"程师爷便道:"他这段文字全得力于他那破题的'唯大圣以学御世,宜非执名以求者所知也'的两句,[2]所以小讲才有那'圣人达而在上,执所学以君天下,而天下仰之;穷而在下,执所学以师天下,而天下亦仰之'的几个名贵句子,早作了后股里面出股的'执以居鲁适周,

---

[1] 出自《礼记·中庸》:"喜怒哀乐之未发,谓之中;发而皆中节,谓之和。中也者,天下之大本也;和也者,天下之达道也。致中和,天地位焉,万物育焉。"

[2] 此文的关键在"御世"两字。

之齐、楚,之宋、卫,之陈、蔡',合那对股的'执以订《礼》,正《乐》,删《诗》《书》,赞《周易》,修《春秋》'的两个大主意的张本。直从博学成名,把这个'御'字打成一片,怎得不逼出这后一段未经人道的好文字来!"一时,程师爷把那三篇看完,大叫:"恭喜,恭喜!中了,中了!只这第三篇的结句,便是个佳谶。"接着便高声朗诵道:"……此中庸之极诣,性情之大同;人所难能,亦人所尽能也。故曰:'其动也中。'"

但是,安水心还是觉得这话难讲。因他自 20 岁上进学中举,考了三十年、包括恩科共 17 次之多,方成进士,所以后来他答复妻子询问儿子能否考上的话说:"这科名一路,有两句千古颠扑不破的话,叫作'窗下休言命,场中莫论文'。照上句讲,自然文章是个凭据;讲到下句,依然还得听命去。"[1] 只就他的文章论,近来却颇颇的靠得住了;所不可知者,命耳!况且他才第一次观光,那里就敢望侥幸?"他又吩咐安骥道:"你今日作了这课,从明日起便不必作文章了。场前的工夫,第一要慎起居,节饮食;再则清早起来,把摹本浏览一番,敛一敛神;晚上再静坐一刻,养一养气。白日里倒是走走散散,找人谈谈;否则闲中望望行云,听听流水,都可活泼天机。到场屋里,提起笔来,才得气沛词充,文思不滞。"[2]

---

[1] "窗下"者,平日也,平时不能谈"命"而必须努力;但到了"考场"中,即便是做出了好文章,也不能说百分之百一定中。所以说不如平时勤奋,但人场坦然。

[2] 王阳明亦言临场功夫曰:"穷达一听于天。举子入场,若期在必得,以自窘辱,则大惑矣。入场之日,切勿以得失横在胸中。令人气馁志分,大无益也。场中作文,先须大开心目,见得题意大概了了,即放胆下笔,始能纵横出没,词气条畅。今人入场,有志气局促,不舒展者,是得失之念为之害也。夫心无二用,一念在得,一念在失,一念在文字,是三用矣,所事宁有成耶?将进场十日前,便须练习调养。盖寻常不曾些早得惯,忽然当之,其日必精神恍惚,作文岂有佳思。须于每日鸡初鸣即起,盥栉整衣端坐,抖擞精神,勿使昏惰。日日习之,临期自不觉辛苦矣。今之养生者,多是厚食浓味,剧酣浪谑,或竟日偃卧,如此乃挠气昏神,长傲而召疾也,岂摄养精神之谓哉!须节饮食,薄滋味,则气自清。寡思虑,屏嗜欲,则精自明。定心气,少睡眠,则神自澄。君子未有不如此,而能致力于学问者。兹特以科场之事言之耳。每日或倦甚思休,少偃即起,勿使昏睡。既晚即睡,勿使久坐。进场前两日即不得翻阅书史,杂乱心目。(转下页)

到了八月初八进场日，安骥五鼓即起，漱洗饮食，装束已毕，便径奔举场东门而来。一路留心看那座贡院，但见龙门绰楔，棘院深沉，东西的号舍万瓦毗连，中央的危楼千寻高耸，正面便是那座气象森严的至公堂，心想这所在自选举变为制艺以来，也不知牢笼了几许英雄，也不知造就成多少人物。而进了那号舍，立起来直不得腰，卧下去伸不开腿，吃喝拉撒睡，纸笔墨砚灯，都在这块地方。又想假如不是这块地方出产举人、进士这两桩宝货，大约天下读书人哪个也不肯无端的万水千山跑来尝这番滋味。进去以后，他只一个人静坐在那小窝里凝神养气。次日凌晨刚过两点，号军便送来了题纸，他连忙灯下一看，只见钦定的是三个富丽堂皇的题目，想着自然要取几篇笔歌墨舞的文章，且喜正合自己的笔路。随把题纸折起，便伸手提笔，起起草来。才到八九点钟，头篇文章与那首诗早已告成，便催着号军给煮好了饭，胡乱吃了一碗。再把第二、三篇作起来。只在日偏西些就都得了，自己又加意改抹了一遍，十分得意。看了看天气尚早，便吃过晚饭，上起卷子来，他那笔小楷又写得飞快，不曾继烛，添注涂改、点句勾股都已完毕，连草都补齐了。点起灯来，自己又低低的吟哦了一遍，随即把卷子收好，把稿子也掖在卷袋里。闲暇无事，取出些零星东西，大嚼一阵，剩下的吃食都给了号军，就靠着那包袱，歇到次日天明，交卷领签，赶头排便出了场。[1]

是科安骥中了第六名举人。

（续上页）每日止可看文一篇以自娱，若心劳气耗，莫如勿看，务在怡神适趣。含蓄酝酿，令克然滚滚。若有所得，益加含蓄酝酿，勿使气轻意满。每日闲坐时，众方嚣然，我独渊默，中心融融，自有真乐，盖出乎尘垢之外，而与造物者游。吾子喜闻之，故言及此也。"转引自唐彪：《读书作文谱》，岳麓书社1989年版，第83页。

第四章 考 官

俗谚云:"不愿文章高天下,只要文章中试官。"文章作得再好,也须试官看中方能取上,故不可不考察试官是何种人,如何出题衡文,衡文标准又是什么等等。

资 格

我们此处关注的考官主要是:童生试中决定童生是否能够入学的关键一试——院试的考官(学政)和乡、会试的主考官及同考官(房官)。清代学政(亦称督学、学使,大宗师)为主管一省之学校、教习及教育行政、考试诸事的最高长官,每省一人,作为三年一任的钦差之官,相当独立于各省的行政长官,在任学政期间,不论本人官阶大小,均与督抚平行。他不得干预地方行政,但地方俗称"制台"的总督,"抚台"的巡抚,"藩台"的布政使,"臬台"的按察使也不能干涉"学台",干涉他所分管的事务。学政且为清任,有一种清峻的尊严,例以翰林院侍读、侍讲、编修、检讨、各部侍郎、京部院及科道等官由进士出身者担任(各带原衔品级)。

学政在其三年任内，必须出巡各府州县，走遍全省，主持生员岁试、科试以及最重要的童生试等。

清代各省乡试的主考官也是由京钦命简放，其职责是专主衡文，纠察关防等闱场事务则由监临总摄，例由本省巡抚担任，福建、甘肃、四川甚至以总督担任，每省一般正主考一人，副主考一人（顺天为正主考一人，副主考三人），康熙十年起即专用进士出身之员，雍正三年更颁考试典试官之令，严格规定主考官仅限翰林及进士出身部院官充任。顺天主考一般用一、二品大员，各省主考分大、中、小省，用侍郎、阁学、翰詹道及编修检讨不等。顺天同考官（房官）多用翰林，间派进士出身之京曹，各省同考官用本省科甲出身之州县官。雍正七年为回避起见，曾限用邻省在籍之进士举人文行素优者，且须省界三百里以外者。各省房官数，顺天、江南一般是十八人，俗称"十八房"，其他省按大小有十六人、十四人、十二人乃至于八人不等，一般每房是分阅二百五十卷至三百卷左右，闱期是半个月至一个月，若取二十天为平均数，大约平均每天须阅卷十三至十五卷，若纯从试卷字数看，这并不是一个很大的工作量。《林则徐日记》中记有他嘉庆二十一年（1816）放江西副主考的过程，他约用四十五天从北京到达南昌，在闱期间，十五天共阅荐卷四百七十余份，平均每天阅三十份，另外还要搜阅落卷。

会试考官每年在会试首场前三天，即三月初六日简放（首场三月初九，但考生是前一日即领卷入场），当天清晨，凡开列有名之内、外帘官，各备朝服行李前往午门听宣，一旦宣布，被简放者不得逗留，不回私宅，即日入闱，入闱后家书亦不得送入。会试主考曰"总裁"，一般是四人，以翰林进士出身之大学士或一、二品官充任。会试各房考官清初间有用举人出身者，迨至乾嘉以后，则专用翰林院编修，检讨及进士出身之实缺京曹官，皆与总裁同时钦简。

我们可以注意上述考官资格身份的两个特点：一是位重。会试总裁多由实际上的宰相（大学士）或其他一、二品高官担任；各省乡试主考、学政亦地位不低，且均系由中央简放。考官也被视为荣差，虽清却美，为人艳羡。唐代即有主管考试的礼部侍郎地位重于宰相之语和"宦途最重是文衡"之诗，至明清则此种情况更甚。二是重文。上述主考官及至房考官一般都须进士出身，而又尤重翰林，其他非出身科甲之官员，纵官高位重，亦不得与衡文。今日之考官，殆均为"往日之士子"，都是从这条路走过来的，较能知此途的甘苦和文章的分量。这样，也使考试有了一种相对稳定的连续性和可靠性。

另外，还应指出清代选择考官的一个特点，即选择考官的相对集中性，考官之位并不是在进士翰林中轮流派差。清代仅十余省，乡、会试又是三年一试，任各省学政、乡试主考、会试总裁的机会本来就很少，而这些机会往往又反复落到很少的一些人身上。选掌文衡者往往是那些享有文名，确有文才的高级官员，这也常常有助于保证衡文的质量。据朱彭寿的统计，清朝汉人词臣中为考官（即为学政、乡会试主考官）五次以上的有熊赐履、朱珪、刘墉、彭元瑞、王杰、潘世恩、姚文田、王引之、潘祖荫、翁同龢、陆润庠等，[1] 其中有的出任十余次。反复出任考官的一个流弊是可能由师生关系形成朋党，培植个人势力，但清代一向严禁朋党，淡化座主与门生的关系。无论如何，考官求才乃至争才的心还是相对突出的，见识容有高下，说他们中大部分人"求才若渴"是大抵不错的。

同时，这些很少的考官客观上又要比今人所想象的更须深入下层，尤其学政。负责任的官员常为校士抢才不遗余力。如张之洞1867年任浙江乡试副考官，"勤于搜遗，乡试卷全阅，小试卷十阅其七，得人甚多"。

---

[1] 朱彭寿：《旧典备征》卷四，中华书局1982年版，第104—110页。

这是一个很大的工作量，因其所阅并不止是荐卷。[1]

出　题

　　此处仅涉及四书义的出题：清顺治三年规定：乡、会试四书第一题用《论语》，第二题用《中庸》，第三题用《孟子》，或者第一题用《大学》，第二题用《论语》，第三题仍用《孟子》，亦即每次题都有《论》、《孟》，而《学》、《庸》则择其一，《论》总居《学》之后，但却在《庸》之前，而《孟子》始终居最后。此一次序符合朱子以《大学》为首的为学宗旨，符合孔、孟的地位次序，也考虑到了各书的分量。出题的过程是先将四书分段书签，一起拈掣，如《论语》分为十段，主考掣至某书某段，即会同各房考官于本段内各拟一题，仍用书签，候掣出者用之。拟题已定，考官要向陈设题纸之香案行三跪九叩之礼，然后进呈。会试及顺天乡试题则由钦定，此一程序盖在保证出题的公正，并表现出一种对试题的敬意。

　　出题的一大问题是四书文字有限，合计不过五万字左右。如果再去掉一些忌讳不可出之题，则难免会有重复，[2] 可能使士子滋生抄袭、预拟的侥幸之风。但科举考试渐集中于经义，经义又首重四书，又几可以说是由这种考试的性质已然决定的一种大势所趋，不如此则考生甚难准备，考官亦不便衡文，如若改变，则更是件伤筋动骨的事情。所以，童生试之出种种割裂、截搭之题也是无奈，其实质已经主要不是考义理，而主要是考智力，考文章技巧，且往往是最形式化的那些技巧，意在把最大量的考生挡在第一道门之外，如此，这一少数精英性质的科举制度才能在人口压力日重的情况下顺利运行，且童生多为童子，阅历浅，于义理也不易自得。

---

[1] 张之洞：《抱冰堂弟子记》，《张文襄公全集》。
[2] 有的考生甚至在乡、会试中遇到同样的题，参见《清稗类钞》第二册，第632页。

而在乡、会试中,所出之题主要还是能使考生阐发义理,或使其文章能尽量与义理完善结合的大题。

并且,清代考试也努力想扩大一些出题的范围。如康熙五十二年谕:"近见乡会试皆择取冠冕吉祥语出题,每多宿构幸获,致读书通经之士渐少,今后闱中题目应不拘忌讳。"[1] 雍正十三年亦有大致同样内容的上谕。但为避抄袭又可能导致出各种割裂牵搭题的倾向,故乾隆四十年又有不准出妨碍文义的"割裂牵搭"小巧题的上谕。嘉庆元年谕则重申不许"止将颂圣语句命题试士"。考官就在这两种要求之间谨慎行事,纵观《清秘述闻》所载历年乡、会试题,虽然不免重复,但出题毕竟仍有相当范围,想侥幸以抄袭或预拟中式毕竟还是不容易。[2]

衡文标准

衡文标准可以指广义的,即包括基本的格式和种种禁条,不合者将被黜落、贴出,不予誊录,或遭磨勘处分。[3] 但我们这里讲的标准主要是指决定取中与否以及高下次序的标准,即有关文体、水平和风格的标准。这一标准在清代是相当明确一贯的,这就是"清真雅正"。

清顺治二年规定文须有正体:"凡篇内字句,务典雅纯粹,不许故撦一家言,饰为宏博。"[4] 此处"典雅"主要关乎文采,"纯粹"主要关乎义理,

---

[1] 《礼部·贡举·命题规制》,《大清会典事例》卷三百三十一。

[2] 《蜃楼志全传》所载春才中举可能是个很极端的例子,春才(似暗喻"蠢才")预背了十二篇文字,其中三篇恰好是首场三题,二、三场则请人替代,结果中了第二十名举人,但其亲戚还是不敢让他去会同年,拜主司,也不敢让他再应会试。参见第 262—265 页,天津:百花文艺出版社 1987 年版。

[3] 此方面规定可参《大清会典事例》卷三百四十四《礼部·贡举·缮卷条规》及卷三百五十九《磨勘处分》等。

[4] 《礼部·贡举·试艺体裁》,《大清会典事例》卷三百三十二。

重点是强调勿以文伤义，因明末天启、崇祯之文"穷思毕精，务为奇特，包络载籍，刻雕物情"，士风过戾，其末流不免于"弃规矩以为新奇，剽剥经子以为古奥，琢字句以为工雅"。[1] 故清初纠之于朴实纯粹。但是康、雍之际，文风又变，"士子逞其才气辞华，不免有冗长浮靡之风"，是以雍正十年晓谕考官："所拔之文，务令雅正清真，理法兼备，虽尺幅不拘一律，而支蔓浮夸之言，所当屏去。"此处已明白点出关于义理文法的"雅正清真"四字宗旨。乾隆元年并命方苞选编批注明、清四书文典范数百篇"颁布天下，以为举业指南"。乾隆十九年谕重申："场屋制义，屡以清真雅正为训。"四十三年谕："文以明道，自当以清真雅正为宗。"四十四年谕："厘正文体，务以清真雅正为宗。"逮至晚清，"清真雅正"一直被视作是主司衡文拔士的基本准绳，《钦定四书文》则是具体的典范。

何为"清真雅正"？用《钦定四书文》编者方苞的解释是："唐臣韩愈有言：'文无难易，唯其是耳'；李翱又云：'创意造言，各不相师而其归则一'，即愈所谓是也。文之清真者，唯其理之是而已，即翱所谓创意也，文之古雅者，唯其辞之是而已，即翱所谓造言也。而依于理以达其词者，则存乎气。气也者，各称其资材而视所学之浅深以为充歉者也。欲理之明必溯源认经而切究乎宋元诸儒之说；欲辞之当必贴合题义而取材于三代两汉之书；欲气之昌，必以义理洒濯其心，而沉潜反复于周秦盛汉唐宋大家之古文，兼是三者，然后能清真古雅而言皆有物。"[2]

"清真"主要关乎理，理要"清真"；"雅正"主要关乎辞，辞要"雅正"。"清真雅正"又以"清真"为要，正如章学诚所言："夫文章之要，不外清真，真则理无支也，清则气不杂也。理出于识，而气出于才。识之至者，

---

[1]《钦定四书文·凡例》。
[2] 同上。

大略相同，盖理本一也。其所以发而为文，不同如其面，盖才殊而气亦异耳。气藉于养，则学是也。学以练识而达其才，故理彻而气益昌，清真之能事也。同一理而形于气者，千万不同，故可藉于观人。否则研经之功，极于训诂解义，将求一是而足，安取诸家之文。"[1] "清真"的对立面是"肥腴""浓腻"，明人曾异撰称他幼时读丘毛伯、王带如房稿，"而尤喜其清率灵快之文，以为无应制肥酒大肉气，而尤喜为清真之文"。[2] 而将"清真"推之太过又可能走入"枯瘠""肤浅"一路，如朱筠认为："诸生不读许氏书无以识字，不读毛何赵郑氏书无以通经，诸生应使者试，为文不如此，其求合于诏令清真雅正之指者盖难矣。夫清真者，非空疏之谓，雅正者，非庸肤之谓。"[3]

梁章钜有一段应试回忆文字，谈到这一标准并非虚语，他说："余五上公车，惟辛酉科以回避未入场，前三场皆荐而不售，第一科为乾隆乙卯，房考胡果泉师（克家）批曰：文笔清矫；第二科为嘉庆丙辰李石农师，批曰：格老气清；第三科为己未吴寿庭师，批曰：词义清醇。每次领回落卷，必呈先资政公，公一日合而阅之，笑曰：功令以清真雅正四字宣示艺林，而汝只得头一字，毋怪其三战而三北也。余不觉爽然若失，适壬戌科，立意欲以词藻见工，又闻纪文达师为总裁，最恨短篇假古文字，故于首艺竭力降格为之，中二比云：'古未有为君而见疑于人者而艰贞蒙难，是文王始际其难，夫受命改元之迹，后世可断其必无阴行善政之疑，当日几无以自解，则止民将嫌于震立怀保，且指为阴谋，'……本房韩湘帆师批云：'酣畅流丽，典雅之章。'却无清字，始悟闱中风气果在此而不在彼

---

[1]《章学诚遗书》中《为梁少傅撰杜书山时文序》。
[2] 鲁异撰：《自叙四书论世》，《明文海》第三册，中华书局1987年版，第3188页。
[3]《笥河文集》卷五《劝学编序》。

也。"[1] 也就是说，此时闱中风气已经不是更重"清真"而是更重"典雅"了。由此例可见"清真雅正"确为当时衡文标准，且"清、真、雅、正"字字均有所讲究，但却可能有时更重"清真"，有时更重"雅正"。

衡文过程

清制规定：每年秋八月举行乡试，初九日第一场，十二日第二场，十五日第三场，俱先一日晚点入，次日晚放出，每场首尾三日，实际上是两天两夜，考官初六日入闱，头场考毕，十二日即由主考升堂分卷。正主考掣房签，副主考掣第几束卷签，分送各房官案前。起初规定主考与房考官同在一堂阅卷，随分随阅，随取随呈，后来多仅在堂阅荐一二卷，即各退归私室校阅，房官取其当意者加批评定，并可加圈荐于主考，是为"荐卷"。初制甚严，房考官必须各以荐卷置中间桌上，御史验明内无私通小帖，方送主考收阅。不许私访聚谈，互相抽看，每晚停阅时检明卷数入箱，考官与御史各加封锁，次日公同开阅，不得私携回房，后亦放宽。第一场荐毕，再荐其第二、三场卷，若二、三场卷佳，也可再补荐其第一场卷，但实际上一般都以首场卷为重，首场卷可能就占满名额。首场又以首艺为重。"头场为体，后场为用"。[2] 正、副主考则就各房荐卷批阅，头场阅毕，再合观二、三场卷，"去取权衡，专在主考，不得但凭房官荐阅。"[3] 房考官于未荐之卷，主考官于荐而未中之卷，亦须略加批语，是谓"落卷"。主考官有权搜索各房落卷，佳者再予补中。一般自分卷以至撤棘，初期阅卷时间大致是半个月，其中八天看前场卷，七天看后二场卷，也就

---

[1]《制义丛话》卷二十。
[2] 嘉庆十年谕不许考官先阅后场卷。
[3]《礼部·贡举·内帘阅卷》，《大清会典事例》卷三百四十七。

是说放榜撤闱差不多要到八月底，大省或许更长，后来似均有愈拖愈长之势，如乾隆五十八年谕提到"各房考呈荐之卷，至多亦不过四五百本，主考三人，在闱一月之久。何难逐卷共相品评"。但一般不会超过一月。会试在春天，初为二月举行，后改为三月，以三月初九，十二日、十五日为三场，放榜在四月十五日以内，其他与乡试略同。

至于衡文总的要求则是公正，"夫衡文之道，公则生明"。又时有上谕要三场并重，不宜过重首场而偏废后场，[1] 并不得过分吹毛求疵，如乾隆二十二年谕："经义之制，原以见理明通，措辞尔雅为正，果能理明词达，有大淳而无小疵，固称上选，若其学识才情，大端确有可取，即一二字句失检，无妨弃瑕采录。"至于搜落卷，则一方面强调士子三年才有一次大比机会，主考须认真搜检落卷以免屈才，[2] 另一方面，又忌主考权力过大或与房考矛盾，规定搜中之卷，亦止准列于五十名以后。[3]

---

[1] 《大清会典事例》如乾隆九年谕，同治十一年谕。
[2] 同上，道光十二年谕。
[3] 同上，乾隆五十四年谕。

第五章 中 卷

本章展示清代各级科举考试的取中之卷，以晚清乡、会试的中卷为主，但也适当追溯清代早期并观察一下童试卷以见全貌。由于非过来人难于备悉其中曲折端倪，今人评析八股恐怕都不很够资格了，故我们虽注意划分结构，区别名目，揣摩涵义，比较风格，但主要还是作一种文本的整理和展示，在有疑处则宁可存疑而不遽下结论，而是想尽可能比较全面、完整地多见识一些中卷。

选择以下试卷的标准大致有四：一是取其风格较独特、体裁较新颖、较有代表性者；二是最好作者有身世背景资料可资参照者；三是适当选一些同科同题文以资比较，其科又最好是名人较多，其题亦较有思想性；四是时代上略微错开，以具代表性和见出变化。又本章多录会试卷，因会试卷确高出一筹，更见水平。

童试卷

童试卷保留甚少，下面仅录一篇：是蔡元培1883年参加浙江山阴县县试"四复"试卷。[1]

蔡元培（1868—1940）属于少年即得科第者，且从其父起上溯三代均无入仕者，他于1883年15岁时考中秀才，1889年21岁时考中举人，1890年22岁时参加会试连捷成贡士，但在两年后再赴京补殿试才正式成为进士，并被点为翰林院庶吉士。以下是其当年小试之卷：[2]

在即物而穷其理也 [3]

（破题）穷理即以致知，致知诚在乎格物矣。

（承题）夫物之理，必待乎穷也，穷理即以致知，不可释经之所谓乎。

（起讲）朱子补格致之传曰：吾所常接者物也，所欲知者理也。吾之知，在物之理而已。使不明物之为事，[4]

格之为至，而昧乎理之宜求，即昧乎知所由致，曾亦思理寓于物，而不得舍理以言知，所当因物以言致耶？

（入题）致吾之知，经所谓致知者也，然经必曰在格物者何哉？

（起股）据以格为来之说，且谓物自来应，而理不待推矣。顾格物而解以坐致，则知先致，物后格，致与格且分两候也，安得谓之在

---

[1] 又可参见梁章钜16岁第二次应县试时的《子适卫》一文，载《制义丛话》卷二十一。
[2] 摘自高平叔编：《蔡元培全集》，中华书局1984年版，第4—5页。
[3] 题出自朱熹《大学章句》传之五章，是朱子取程子之意所补："所谓致知在格物者，言欲致吾之知，在即物而穷其理也。盖人心之灵莫不有知，而天下之物莫不有理，唯于理有未穷，故其知有不尽也。是以大学始教，必使学者即凡天下之物，莫不因其已知之理而益穷之，以求至乎其极。至于用力之久，而一旦豁然贯通焉，则众物之表里精粗无不到，而吾心之全体大用无不明矣。此谓物格，此谓知之至也。"
[4] 考官在"明"字旁，批"犯下"二字。参见前注。

也；据以格为去之言，且谓去其外物，以尽夫天理也矣。顾格物而解以物欲，则所致良，所格否，致与格且分两途也，安得谓之在也。

（出题）自吾思之，格者至也，物者事也，即物穷理，致知之功在是矣。

（中股）博雅者矜言考据，但有以稽其名，非所以穷其理也。苟吾而欲致其知，则不在繁称博引，而在乎致远钩深矣。物实焉而知以虚承，物散焉而知以一贯，是无时不穷其物，即无时不致其知尔；训诂者自诩精深，第有以言其理，非足以穷其理也。苟吾而欲致其知，则不在浅尝浮慕，而在乎锤险凿幽矣。知不发而理感触之，知不广而理扩充之，是吾之知固在乎理，而吾之致，固在乎穷尔。

（后股）穷理而不知即物，几疑一物既穷，而他物可置矣。惟切而指其所在，觉其物既接，即其理宜穷，随物而穷其理，随物而致其知也。纵物殊于吾，似理殊于知，而知属乎理，理属乎物，有不得舍物以言知者矣，而何勿念兹在兹哉；穷理而不能即物，或恐万物是穷，而一物或遗矣。惟实按其所在，觉物无可遗，亦穷无可缓，物之理既可穷，而吾之知始可致也。纵理不在吾，似知非在理，而当知者理，寓理者物，有贵乎即物以求知者矣，而能不释兹在兹哉。

（收结）夫物者物有本末之物也，而知者知所先后之知也。穷理即以致知。经所谓致知在格物如此。

考官在这篇试卷上所写的评语是："简洁名贵，滴滴归原。合观前几场，或优或劣，判若天渊，岂果文有一日之短长耶，抑不尽然耶？"想是四场文章水平参差不齐，而这一篇是较好的一篇。除非在县、府试中得到案首，否则，能否取中生员必须由府试来决定，因而此卷只是用来观其大略而已。

乡试卷

下面我们来观察乡试中卷。汪家欑，浙江严州府遂安县人，康熙癸寅科（1693年）浙江乡试中式第48名。此篇是《清代硃卷集成》所收年代最早的一篇中卷。康熙时二场有论，此篇是论体，可观论这一体裁，又其中思想强调要使民"各遂其生，各复其性"，亦是儒家重要政治思想，为文平正清新。下为此文：

天下有民，圣人牧之[1]

（论冒）古来所谓治化之隆者，非有所加于民也，惟使民各遂其生，各复其性而已。

何则？天地生民而作之君，将遏迩胥受治焉？苟不体天地之心以为意，何以为主术之极则乎？惟是天地生物之仁，以有化育乎万民，斯圣人之心即天地之心，而天地之心已显著于圣人之心矣。

（点题）六韬曰：天下有民，圣人牧之，其说可申论也，今夫为君者，孰不欲牧民哉，然民不易牧，而牧民亦不易言也。

（前幅）尝观天下之民，有诚，不能无伪，诚者易牧而伪者难牧矣；有智，不能无愚，智者易牧而愚者难牧矣；有贤，不能无不肖，贤者易牧而不肖者难牧矣。以是欲宇宙之人衷沐我之怀保，辟黎之众咸听吾之宰制，不诚难哉？

（中幅）要非所论于圣人者，以成己成物之量为作君作师之本，以尽性尽命之学为子民经国之原，独是牧之者，非有所增于民也，唯无

---

[1] 收在《清代硃卷集成》第二百三十一册。

所损于民而已。

春尔条桑，不使桑之鞠为茂草，秋尔涤场，不使场之筑为具观；若此者，问谁牧之？盖圣人牧之。抑牧之者非予民以所无也，能不失民之所有而已。载矣载言，皆天籁也，一觞一咏，即化机也，若此者，又畴为牧之，盖圣人牧之。

（后幅）由是牧之所及，将见诚者为之向化，即伪者亦为之归怀；智者为之倾心，即愚者亦为之系志；贤者为之乐附，即不肖者亦为之景从。

（结尾）猗欤休哉！圣人牧民之道，何其深远，乃尔乎后[1]之为君者，诚能以天地生民之心而行牧民之政，是亦圣人也，安见牧民之功独让于圣人哉？

下面为节省篇幅，我们多不录全卷，而仅举其大要。王文韶，浙江仁和附生，商籍，三代无官员，高祖廪贡生，祖太学生，父无功名，聘钱氏，岳丈家有功名，咸丰元年辛亥科（1851）浙江乡试中式第84名。当年四书义首题："必也射乎，揖让而升，下而饮。"王氏破题："即射以求君子之争，有仍见为让者矣。"承题："夫射，固争之所，而非让之所也，乃以观于君子，则仍有历历见为让者。"起股："原先王教射之意，亦只即性情心术觇士行之醇疵，而初非以中少中多，滋举世纷争之渐，……推吾儒习射之原，亦必本性命身心决技能之上下，而初非以孰优孰绌，启毕生争竞之端，……"中股："盖尝即射以验人才，其始而躁气中，……因而即射以观君子，拾级焉而有仪，……"后股："是盖有存乎射之先者也，使必勉勉焉，……是又通乎射之外者也，使仅拘拘焉，……"收结："盖

---

[1] 此处字不清，疑为"后"字。

其争也君子,故虽争而仍无争也,夫君子始终一让焉而已。"本房加批:"扫尽仪礼公家言,纯从数虚字取,顶上圆光,识力高卓,气度雍容,是学养兼优之技。"

二题:"思事亲不可以不知人。"王氏破题:"仁以义尽,事亲者当以知人为急也。"起股:"然而人实足以辅我也……且人又足以绳我也,……"出题:"事亲知人,其情似不相通,其理实足相助。"中股:"往哲之去今久矣,诚开卷而如相晤对,且不难范我于天伦,……孩提之于道远矣,诚闻声而静究隐微,且不禁劝我于天性,……"(过接)"且思事亲之不可以不知人也,臣更有愿为公进者。"后股:"大抵人主处宫闱之地,势不能借外人之砥砺以牖我神明;然而知人不拘乎迹焉,……人君居朝庙之尊,势不能藉臣下之观摩以迪我心性,然而知人不限乎分焉,……"本房加批:"于事亲知人真际发挥透切,至其胎息深厚气韵沉雄,非得力于天、崇名家者不辨。"[1]

张佩纶,丰润人,监生,复试一等第二名,同治庚午科(1870年)顺天乡试第16名。首场首题:"季康子问仲由可使从政也与?子曰由也果,于从政乎何有?……"一章。张氏破题:"两记才德之士,皆非权臣所能使也。"承题起讲:"由赐求有才者也,闵子骞有德者也,……顾以治世许其才,则学问足副功名,不见用而其才自显;以遁世高其德,则长材勿容短驭,不小用而其德愈尊,夫乃知权臣即能抑才而究不能掩其才,世族即能慕德而究不能屈其德也。……"起股:"自古权奸之术,能猜忌亦能牢笼,……从古士习之偷,患空疏尤患躁进,……"中股:"而由赐求何超然也,……而闵子骞何优然也,……"后股:"是可慨诸贤之遇焉,……是可勘诸贤之品焉……"收结:"吾故曰,两记才德之士,旨非权臣所能使也。"

---

[1] 《清代硃卷集成》第二百四十四册。

三题："禹稷颜子易地则皆然。"张氏破题："易地以观圣贤，忧与乐有同心也。"起股："盖其始遭逢未判，早握乎平彼往复之原，……而其后隐见虽分，实具乎常变屈伸之妙，……"中股："境遇足限庸愚，而断不能限贤圣，升降即分运会，而究未曾分性功，……"后股是一对约三百字的洋洋大比："谓中古非无箕颍，何弗与禹稷亮天功，谓同堂亦有由求，何弗与颜子占家食，……禹稷中自有颜子，颜子中自有禹稷，……谓禹稷亦帝陛名臣，何弗以薰琴媲虞舜，谓颜子亦圣门高第，何弗以车马代尼山，……为禹稷者不必泥乎禹稷，为颜子者不必泥乎颜子，……"收结："噫，岂惟禹稷颜子然哉！"本房加批："气局宏敞，锋发韵流，入后翻空出奇，推阐尽致，可谓毫发无遗憾，波澜独老成。"[1]

陆润庠，苏州府元和县人，庚午科优贡生，朝考一等钦用知县，同治癸酉科（1873年）顺天乡试第20名。翌年（1874年）联捷中进士，胪传一甲一名状元及第。其乡试首题为："回也，其心三月不违仁。"陆氏破题："特仁于久者，圣人深契其心焉。"起股："心之纯粹不可知，而疏密要堪静，察疏者使之密仁，……谁实能密其心也；心之贞固不自觉，而操舍要有微，权舍者求其操仁，……谁实能操其心也。"中股："而回也，乃几于纯矣，……斯天与人不杂其修；而回也，且持工固矣，……斯常与暂不渝其守。"出题："盖犹是仁也，而回独不违矣，犹是心之不违仁也，而回独三月不违矣。"后股："吾亦是为回也幸焉，……回诚克副予望哉；吾亦是为回也期焉，……回其终慰予怀哉！"收结："吾安得使日月至焉者，皆如回乎！"其文代入孔子口气一直到底。

二题："凡为天下国家有九经，所以行之者一也。"破题："有所以行九经者，要之于一而已。"起讲："且一人陈纲饬纪，其治具之灿然大备

---

[1] 《清代硃卷集成》第一百零七册。

者，不可无以贯之也，制作括一代之精，不探其原则，良法皆为陈迹，典章垂百王之范，不持其要则，成宪只属具文，……"起股："谓纲举挈目张之要，……知设施所及，必非驩虞小补之规，谓明体裕达用之权，……知历业所昭，必无术驭势驱之理。"中股："世有务为粉饰，持知而矜平治之功者，……则行之徒托空言也；世又有任意更张，持才而逞经营之力者，……则行之终无实效也。"出题："将何以行之哉，夫亦曰一而已矣。"后股："必待万机丛脞而始以握乎其要者，……使谓郅治已成而不以慎乎其治者，……"收结："有天下国家者，其亦尽其诚焉可矣。"

三题："孟子曰人有恒言，皆曰天下国家，天下之本在国，国之本在家，家之本在身。"陆氏破题："述恒言而进一解，当知本之所在矣。"起股："言必有所由起，……则恒言可作至言观也；言不能无所余，……则恒言可作法言观也。"过接："而吾试逆而求之，而吾且推而广之。"中股："有如天下国家，人言所已言也，……由天下国家而及身，人言所未言也；……"出题："由此观之，人不当急求其本哉？"后股："然此非浅见者所能明也，夫名言绪论之传，简策不知凡几，而一涉浅尝之口耳，有茫然不知所从者；……然此非有识者莫能辨也，夫里谚童谣之作，义理无足深求，而一入儒士之心胸，有憬然悟其所指者，……"收结："人奈何以恒言而忽诸？"本房原荐批："具徵学养，兼到次三，气机恬畅，结构谨严，诗细腻熨帖，经艺取材富有，研练生新，五策议论明通，断制简括。"[1] 由此文可见常识与义理的关系。

同年沈曾植，浙江嘉兴人，祖父进士，工部左侍郎，父无功名，候补员外郎，本人为监生，同治癸酉科（1873年）顺天乡试第22名。其首题破为："心乎仁者，不违为独久焉。"领题代入口气："吾尝以为仁望吾党，

---

[1]《清代硃卷集成》第一百零九册。

而不禁穆然于回夫，回之仁不可知，而其心固可见也。"起股："心不可涉于私，……得者有时，或失，则有所失，终非真得也，失斯违矣；心不可动于欲，……明者有时，忽蔽，则有所蔽，终非真明也，蔽斯违矣。"出题："若是乎仁之易违也，回何如乎？夫回之仁不可知，而其心固可见也，我微窥之，其不违仁，盖三月矣。"中股："矫于初者不能持于继，立于勉者未克底于安，……盖其心之契乎仁者深矣；存诚者力积久而力疲，精义者神时移则神倦，……盖其心之宅乎仁者密矣。"后股："盖欲罢不能之念，必以仁为依归，……于以见回之存心大而精；抑服膺勿失之怀，更与仁相浃洽，……于此见回之用心纯而壹。"收结："回于仁如此，其余安能及乎？"本房加批："以流利之笔，运沉着之思，骨秀神清，态和音雅，迥非于时墨中讨生活者，此千人皆见之技也。"[1]

最后，谨录清末两篇完整的乡试卷四书义，以见世变。蔡元培光绪十一年（1885年）第一次离开家乡，前往杭州赴乡试不中。在绍兴徐树兰家校书读书四年之后，于光绪十五年八月，再赴杭州参加乡试，得中举人。他的三场考卷评语，第一场，三艺被评为"首艺安章宅句，不落恒蹊；次跟定章旨，语无泛设，三充畅。诗可。"第二场被评为"五艺一律清顺"，"引证宏博"。第三场，五道策问被评为"词章整饬"。得中之后浙江流传蔡元培善做怪八股之说，有人选刻该年中式文章，以蔡元培之卷作为压卷。吴稚晖回忆，他早年就听说蔡元培善做怪八股，"能得风气之先，……其实所谓怪八股，仅仅多用周秦子书典故，为读书人吐气，打倒高头讲章而已"。萧一山也说："蔡元培所作八股文，多用周秦诸子典故，非如当时之高头讲章，而房官为之推荐，闱墨为之选刻，一时摹仿得隽者

---

[1] 《清代硃卷集成》第一百零九册。

甚多。"[1] 周作人回忆说,幼时他家有一本蔡元培的硃卷,"文章很是奇特,篇幅很短,当然看了也是不懂,但总之是不守八股文的规矩。"蔡元培的学生蒋梦麟说,他听浙江一位老举人说,蔡元培这篇中式的怪文,开头一句就引用"饮食男女,人之大欲存焉"。[2] 下面是他光绪十五年己丑科(1889年)浙江乡试首场试卷的第三篇文章:[3]

公孙丑问曰:夫子加齐之卿相得行道焉,虽由此霸王不异矣,如此则动心否乎

(破题)有因卿相而动心者,反以疑大贤也。

(承题)夫丑重视霸王,宜其动心于卿相也,而乃以之疑孟子乎!

(起讲)今夫游说之徒,贫贱则戚戚终身,富贵则扬扬自得,其心之倏忽变幻也,固无足怪;而一二敦笃者流,志愿虽大,学养未优,一旦居大官,膺大任,辄谓敢辱高位,以速官谤,而急遽张皇,莫之所措,亦所多有也。

(入题)而公孙丑乃以疑孟曰:

(起股)寻常酬酢之端,流俗亦能立决,而唯以目前之艰钜,猝焉相投,则苟非涵养在生平,鲜不震撼危疑,袖手而效旁观之状;保障茧丝之任,圣贤素所鄙夷,而忽以意外之遭逢,脱然相赠,则虽经纶其素裕,鲜不忧勤惕厉,抚心而怀陨越之忧。

(出题)则请大其任曰齐卿相,大其志曰行道,大其效曰霸王,如

---

[1] 萧一山:《清代通史》卷下,第四篇:《清代后期之社会与经济》,中华书局1986年版,第1418页。

[2] 转引自唐振常:《蔡元培传》,上海人民出版社1985年版,第10页。但查蔡元培全套乡试试卷,并不见有此句,文章也不很怪。

[3] 高平书编:《蔡元培全集》,中华书局1984年版,第9—10页。

是而夫子之心何如乎?

（中股）且夫隐士山林藏拙，明知此身一出，难为苍生仰慰仰望之心，故当谷有鸣驹，必欲以洗耳沈渊，预远他年之耻辱，此庸碌者之心也，不足以例夫子也；英雄沈匿下僚，恒叹知我无人，难为虚士雪虚声之耻。苟或拔置钧轴，势必涕零感激，力抒夙昔之谋猷，此负才者之心也，更难拟夫子也。

（过结）丑所疑于夫子者，唯心之动否而已。

（后股）威武不屈，富贵不淫，夙昔久征抱负，卿相亦意中事耳，何至张皇失措乎；而要其动吾心者非细也，纵横名法诸家，咸侧目而笑儒生之迂阔，倘一试一效，将愆尤丛集，欲补救而无从，此固奉令时所不觉踌躇者也，而夫子固无事踌躇乎？饥易为食，渴易为饮，天下大有可为，霸王亦分内事耳，讵至迟疑莫决耶，而要其动吾心者甚微矣，燕赵韩魏诸国，咸举首而观新政之施行，倘必世后仁，将水火方深，恐挽回之不及，此又得志时所不禁顾虑者也，夫子固不至顾虑乎？

（收结）则动心否乎？

陈黻宸，光绪十九年癸巳科（1893年）浙江乡试中式，当时风气已酝酿着大变，正如马叙伦所言：八股文规矩肃然，"然上者犹能借吾之笔，作古人之口，畅所欲言，寄余怀抱。下者遂如学究，谨守绳墨，无复波澜，清季墨卷盛行，皆此道也。至甲午遵循，始自解放；如汤蛰先寿潜丈之中式文字，竟破程式，放言时事，海内诵之。余师陈介石先生黻宸亦老于此道。"下面即为陈氏之当年首题应试文：[1]

---

[1] 转引自马叙伦:《石屋续渖》，建文书店1949年版，第49—51页。

孔子曰：见善如不及，见不善如深汤；吾见其人矣，我闻其语矣；隐居以求其志，行义以达其道；吾闻其语矣，未见其人也。

（破题）圣人为天下求人，因有闻见之慨焉。

（承题）夫如不及如探汤则见，而求志未达则未见；夫子述古语而思其人，殆为天下慨乎？

（起讲）且天地有正气焉，善人君子以生；天地有闲气焉，帝臣王佐以生；无善人君子，谁与砥礼义廉耻之防？无帝臣王佐，谁与肩拨乱反正之任？之二者，世道人心所系也，而吾夫子若别有感焉。以为吾尝博稽载籍，深求古人之行事，与夫故老之传闻，凡入吾耳而历历在心者不知凡几矣。

（起股）始焉叹古人性情之正，继焉叹古人气量之宏也，吾又辙环天下，周旋名公乡间，与其贤士大夫游，凡身与接而耿耿至今者，亦不知凡几矣；始焉得所求而喜，继焉得所求而惧也，且时至今日，其需人也亟矣，以吾望治之深心，欲见其人也久矣。

（出题）乃吾综计生平，有见其所闻者焉，有闻而未见者焉。

（虚股）语有曰："见善如不及，见不善如探汤。"斯人也，上之可以进治，次亦不失为寡过，是吾道之干城也，庶几见之，予日望之；语又有曰："隐居以求其志，行义以达其道。"斯人也，潜则卷而怀之，见则举而措之，是民物所托命也，歧余望之，何日见之。

（中股）然而行芳志洁，秉道嫉邪，列国每多狷介，吾党亦著风标，吾见焉，吾忆所闻焉，以是知直道之不没于天壤也；至如胞与为量，天人为怀，居山林者未之讲，在廊庙者处若忘，吾闻焉，吾未之见焉，于以叹民患之未有艾也。

（后股）世之盛也，人心纯朴，习俗敦厐，其乘时履位者，皆以挟正抑邪为心，明体达用为学，好恶审而刑赏平，故在朝之端，人有所倚而不惧；在野之真，士有所劝而弥修，虽一节一行之克敦，小足立名教之闲，大可为风俗之助；世之衰也，美恶混淆，是非倒置，其乐行忧违者，非应其候则不生，非际其遇则不出，运会穷而人才绌，则孤高绝俗，且有独立之嫌，嫉恶过严，不免清流之祸，纵利害身名所不计，而能争于纲常之大，终莫挽时事之非。

（收结）噫，大道之行，三代之英，某虽未逮，窃有志焉；不谓迟之又久，卒无所遇，在吾目中者，仅此落落古处，自念固可以少慰，其如天下何耶。

此文确有感时慨世之意，以圣人之口，寄一己之情，但说其"破程式"却未免太过，全文基本上还是在程式中抒发自己身处衰世之感慨。

会试卷

对会试卷我们想追溯到清初。清顺治二年（1645）恢复科举考试，熊伯龙于顺治六年（1649）会试即中进士。熊伯龙，字次侯，别号钟陵，湖北汉阳人，约生于1617年，时人常推为国朝"制艺第一"，[1] 当时会试考官有范文程、洪承畴等，首场首题为"汤之盘铭"全章，以下是熊伯龙的墨卷：[2]

---

[1] 例如《无何集》"衡衡子"于乾隆甲寅年所作"跋"："熊汉阳先生制艺，为国朝第一。"中华书局1979年版，第483页。

[2] 收在《钦定四书文》"本朝文"卷一。

汤之盘铭曰一章 [1]

（破题）传者以新民望天下，而稽古以示其极焉。

（承题）盖君子将偕民于至善，而可苟焉以为新乎？商周之间，其极可睹矣。

（起讲）且君子诚得操天下而为所欲为，讵不欲举斯民于三代之隆哉，而考其功用之所存，恒令人有不醇不备之感焉，则未尝深求古哲王之意而积吾学以通之也。夫言治莫患乎无徵，而立法必崇其所尚，商之民，汤治之者也，周之民，康叔公理之，文王始靖之者也。以彼道德一，风俗同，后之君子何尝不流连感慕于其际乎，乃其道，固未易之也。

（前股）读盘铭，而知小物之克勤，不敢忘焉，日新又新，其不遽求乎民也如此；读康诰，而知一方之淫酗，不可弃焉，新而言作，其不固任乎民也如此；读诗，而怙西土燕皇天，其道光明焉，旧邦新命，其永命于民也如此；

（过结）此以见天下之大可为，而治天下之治不可以苟焉而已也，后之君子则何如哉？

（后股）自其本而言之，建中以为绥猷之始，万国之中无一瑕焉，而后即安，非自劳也，新之，先实有是不易之理，而君子不敢不及也，以全天德，以体王道，岂细行欤？自其本而言之，锡福以昭荡平之应，万人之聚无一愚焉，而后即安，非动众也，新之，中实有是当然之事，而君子不敢不勉也，商俗之骏厉，周道之尊亲，岂小康欤？

（收结）诗书所载，百世所传，其心则一人之心也，其道则天下

---

[1] 题出自《大学章句》传之第二章，全章为："汤之《盘铭》曰：'苟日新，日日新，又日新。'《康诰》曰：'作新民。'《诗》曰：'周虽旧邦，其命维新。'是故君子无所不用其极。"

之道也。用而必至于极也，君子犹夫古之欲明明德于天下者，与自非然者，世仍商周之世，学非商周之学，后之君子，不徒览古训而流连也哉。

由于考试功令所限，此篇并不是他写得最好的八股文，全文不长，可分为两大股，而前股又是排偶为三句，以合原章盘铭、康诰、诗三段引文，有些字句似有勉强处，但仍可说是朴实平稳，结构严谨，可见清初尚朴之风。《钦定四书文》评曰："谨严纯密，中有疏远之致，犹见正、嘉先辈遗则。"当年熊伯龙殿试得探花。

陆陇其，字稼书，浙江平湖人，康熙九年（1670）成进士。当年会试考官有魏裔介、龚鼎孳等，首场二题为"凡为天下国家有九经"一节，下为其试卷：[1]

凡为天下国家有九经 [2]

（破题）圣人告君以为政之经，列其目而可勉矣。

（承题）夫九经皆定于文、武，政莫详比于此也，悉举其目，而有天下国家者，可不知势乎？

（起讲）夫子以为政之定于文、武者，非徒一代之成法，而古今之道莫能易焉。故则于当时则为政，而传于后世则为经；其本在身，而其用达乎天下国家，方策所布，固昭然也。

（入题、入口气）达道达德，臣既为修身备言之矣，则请述而详

---

[1] 《钦定四书文·本朝文卷九》。

[2] 题出自《中庸章句》第二十章，全节为"凡为天下国家有九经，所以行之者一也。"朱子释"一"为"诚"。可与前面陆润庠乡试中卷及后面张謇会试落卷同题文对照比较。

其焉。

（一、二比）盖凡为天下国家，其教令所施，因时而易者，固不可执一成之法而不知变；而纲纪所在，不因时而易者，则不可无一定之经以立其则。

（三、四比）文、武盖虑之深矣，故熟察乎天下国家所不容斁者而定之为经，因详审乎天下国家所不容略者而列之为九。

（五、六比）谓夫经之本必在乎身也，则首列其目曰修身。身立乎天下国之上而观瞻者恒于斯，则修必处乎天下国家之先而强勉者恒于斯。

（七、八比）而贤者，身所由修也，则尊之要焉，未有好修之主而不籍乎神保之尊严者也；亲者，家所由齐也，则亲之要焉，未有主政之朝而不讲于九族之敦睦者也。

（九、十比，三句）至于大臣群臣，则立乎朝廷之上，而内之为一国之倡，外之为天下之望者也，敬焉，体焉，而所谓正身以正朝廷者在是矣；庶民百工，则又处乎一国，而天下之视听系焉者也，子焉，来焉，而所谓正百官以正万民者在是矣；远人诸侯，则又散于天下，而国之安危系焉者也，柔焉，怀焉，而所谓正万民以正四方者在是矣。

（十一、十二比）自其始乎身者言之，则远近之仪型，视乎一人之勤怠而修之，固不可不严；自其达乎天下国家者言之，则内外之纲维，亦视乎一人之张弛而行之，俱不可不力。

（十三、十四比）以此施之一时，则一时之政由此举，经之所以为可大；以此施之百世，则百世之政由此举，经之所以为可久。

（收结）君何不勉焉。

原评曰："准平绳直，规圆矩方，先正风格于此未坠，所不及先正者，气骨之雄动耳，一种优柔平中之气，望而知为端人正士。"此篇比甚多，字数所限，自然多为小比。

清代后期科场八股的趋势似是朝向大股发展，大段淋漓，便于发挥，也更见功力。一位过来人如此评说晚清科场八股风格之变："自道光朝一变饾饤之习，而尚机势，虚字多于实征，机势再变，而尚声调，千篇俨如一律。执笔人束发学为四书文，正值咸丰、同治间，其时已废束股不用，大抵短中股，长后股，俗称板六股，是则八股之有名无实者，已三十年于兹矣。光绪戊子科以后，风气又变，前从同，后尚异，前袭旧，后求新，中股渐长，后股渐短，忽用《说文》，忽集诸子，选体半多杜撰，大结直陈时事，奇奇怪怪，牛鬼蛇神，十年中格式无定，虽非板六股，亦不拘八股成法。至今春会试魁墨某君作，非整非散，支离割裂，而文运由是告终焉。"[1]下面我们即来看晚清的会试中卷。

冯桂芬，江苏吴县人，道光20年（1840年）会试取中第10名，殿试一甲二名，下为其会试首场三艺：[2]

首题：如琢如磨者自修也

（破题）次释诗辞，治已之功密矣。

（承题）夫自修之不讲，虽道学犹末也，诗更言如琢如磨，其治已不綦密乎！

（起讲）且君子以圭璧之身而或无以成其器，则治身疏，即有以成其器，而不能成其器为纯粹以精之器，则治身犹疏，知止之君子，兢之焉惟身之不克治为惧，而治之具愈进而愈备，即治之法愈进而愈

---

[1] 见光绪廿四年六月十九日《申报》文《八股辨》，当年会元为陆增炜，江苏太仓人。
[2] 《清代硃卷集成》第十一册。

严,斯其精进无己之全功,遂独完其圭璧之身而无所憾。切磋所以道学固己,而即继以如琢如磨者何哉?

(一、二比):守道之身有完而无缺,苟全体完而有一间之或缺,完者已不完,琢者所以裁成吾身,弥其缺以底于完者也;体道之身有纯而无疵,苟全体纯而有一端之或疵,纯者已不纯,磨者又所以砥砺吾身,去其疵以归于此者也。

(三、四比):盖自修也,天下惟至顽之物于追琢为宜耳,乃君子至灵之体,若不惜以治至顽之法治之,材质以琢而益精,故程度无不中,物欲以琢而尽去,故瑕疵无不捐其修也;其如琢也,天下惟至粗之物于磨炼为宜耳,乃君子至精之用,若不惜以治至粗之法治之,心体以磨而益净,故无稍玷之神明,性分以磨而益莹,故无不发之光彩。

(出题)其修也,其如磨也。

(五、六比)凡物之琢磨,必别有物焉,以为琢之磨之之具,修之以自则,以己治己,天人交战之间,不必有其物,而不啻有其事,斯其琢磨也更锐;凡物之琢磨,必两相激焉,始有如琢如磨之形,修之以自则,以己化己,理欲消长之际,不必其相激,而不啻其相成,斯其琢磨也更精。

(七、八比)今夫琢之义近于剥,修正以剥而得复,磨之义近于损,修正以损而得益,以相济者如修而修乃密;琢者割以大力,故理之坚凝无不入;磨者研以小心,故理之精华无不出。以相反者为修而修更神。

(九、十比)磨而缓为功而琢必以锐进,似琢难而磨较易,琢可猝为力而磨必以渐进,似琢浅而磨转深。自修者要无轻重之殊;大醇得而小疵可除,及琢以为磨之地,渣滓去而清光乃大来,磨以成琢之功,自修者固有先后之序。

（十一、十二比）以自修者，大璞独完，似琢在所不屑，不知材知由学问而出，乃适还其不雕不琢之天；以自修者，刚强不屈，似磨在所不居，不知志节所以历练而成，乃益淬其不涅不磨之体。

（收结）此至善之一端也。

本房加批："实从琢磨勘出自修，无义不精，无语不炼，六通四辟，五花八门。"

二题：盖均无贫和无寡

（破题）申言贫寡而不足患，由均而推之和焉。

（承题）夫使不患贫寡，而果贫果寡，季氏犹有辞也，而亦知由均而和而已无贫无寡乎！

（起讲）子故为申言之，今国家亦专事富庶耳。骤而语以不必富，不必庶，人必笑其愚矣。顾必就富言富，就庶言庶，而吾正笑其愚矣。富有自富，初不必在财用之饶裕，庶有自庶，初不必在人民之众多，则尝探其原本，证所见闻而益恍然也。

（入题）吾言患不均安而不患贫寡，夫岂高语夫不患之名而乐受夫贫寡之实，而与有国家者所以难哉。

（起股）夫所不患贫寡而贫立随之，寡立随之，衡诸去兵去食之说，大义总无可逃，君子原不稍为迁就；然使不患贫寡而困于贫焉，困于寡焉，揆诸有人有材之经，先王尚所不废，在常人能不稍用踌躇？

（出题）而犹鳃鳃然告以不患，无怪有国家者之不服也。而吾之所谓不患贫寡者，固仍无贫仍无寡也。何以言之，吾固曰均也。均则已,不仅均也,直由均而和也。

(中股)盖上下适其情,而一国之偏颇悉化,则惟均之而后势可相通,遂隐然有丰亨之象焉,此即百姓足孰与不足之说也,均无贫也;且君君得其分,而一国之意气俱平,则惟均故能和,和而后情无不洽,遂蔚然成蕃庶之形焉,此又师克在和不在众之例也,和无寡也。

(后股)然则患贫者可悟矣,充其患贫之心,势必举三军之出,公家之征尽入焉,以为去贫之计,均何有乎?不知一国止此财赋,一人独赢,众人皆绌,其势必不能晏然,则去贫之计,实速贫之原也。而何不思所以均之,均则民富即国富;国富即家富焉。井田无过百亩,而通力合作,居然有崇墉比栉之观,唯其均也,况其在朝廷哉!然则患寡者可悟矣,充其患寡之心,势必举公徒三万,革车千乘攘取焉,以为去寡之谋,和何有乎?不知为国止重人心,众志一去,而军籍徒存。其势亦同归无济,则去寡之谋,即致寡之本也。而何不思所以和之,和则民众即国众,国众即家众焉。家庭不过数人,而既禽且耽,正不减速舅娱宾之盛,唯其和也,况其在民俗哉!

(束股)是以千古治平之策,不外一均,万年导利之体,不外一和。

(收结)圣天子在上,所由奠安宗社,善建不拔者,持此道也。

本房加批:"不事矜张,自然名隽。"

三题:用下敬上谓之贵贵,用上敬下谓之尊贤

(破题)敬通于上下,大贤分著其所谓焉。

(承题)夫上与下之分殊矣,而通之于敬,贵贵也,尊贤也,不可分著其所谓乎?

（起讲）孟子意谓，吾与子论友而为之历数前人，上追古帝，大约皆节下交之事，为在上者之所难，是以千古艳而非也，吾试与子平心言之。尊贤而极之天子友匹夫，甚矣其敬也，甚矣其用上而敬下也，虽然敬者通乎上下者也，吾试与子平心言之。

（两扇上）昔先王知天泽之辨之不可不严也，于是乎戢角材角智之俦为之，定其尊卑，制其大小而上下别焉。遂使在下者与之跪拜，与之趋走，君父之尊，同于天地，是谓用下敬上之礼敬之，至贵之至也。上本无不贵，以其本贵也而贵之而已，是礼也，凡在上者皆得受之，即凡在下者皆得行之者也，名分有其至严，宇宙间罔敢或外焉，顾其弊也，谄谀相尚，而在下者萎靡成风矣，佞幸满前，而在上者骄矜若性矣。人莫不知贵之为敬之常夫，谁得谓之非常也。堂高廉远，圣明或别有权宜，而大分自昭天壤，草野倨侮，吾知其慢，贫贱骄人，吾知其僭，则用下敬上安得不循例而谓之贵贵也。

（两扇下）昔先王知君臣之分之不可隔绝也，于是乎从师事友事之例为之，制为典礼，奉以情文而上下通焉，遂使在上者与之前席，与之分庭，臣仆之微，呼以师保，是为用上敬下之礼敬之，至尊之至也，下本无可尊，因其独贤也而尊之而已，是礼也，非凡为下者皆得受之，亦非凡为上者皆能行之者也。旷典久为美谈，古今来亦不数觏焉。自其衰也，纵横捭阖之风炽，在下者有所不敢居矣，颐指气使之习成，在上者有所不乐为矣。人且将以尊贤为敬之变，顾庸讵可谓之变乎？缁衣杕杜，晚近即不闻嗣响，而此礼自在人间，好善可以忘势，古有贤王，慕势不如趋士，今张畸行，则用上敬下夫固当数典而谓之尊贤也。

（收结）由上言之，或不知有尊贤，由下言之，或不知有贵贵，不知二者，皆一偏之论也。吾试与子平心言之，贵贵尊贤，其义一也。

本房加批:"融会上文,语脉抑扬宛转,曲折赴题,有手挥五弦,目送飞鸿之妙。"上面三文,首题文比多而炼,二题文是一篇典型的八股(八比)文,三题文则作成两扇,大段挥洒,首场三文富于变化。

对其第三题文,我们尚可将其与同年朱时中同题文进行比较。朱时中,嘉定人,会试第58名,下为其文:[1]

(破题)上与下各有所敬,明其所谓而已。

(承题)夫下之敬上,敬其贵;上之敬下,敬其贤也。明其所谓,不各有当敬者在哉?

(起讲)且论友者至天子友匹夫,几疑敬之用于天子者,略乎上下之分矣。顾惟略上下之分而上下之分愈明,明其为上为下而敬之宜用者,乃相因而并见殊事,合敬而不混所施,固有主名之可按也。如不挟贵之友,皆用上敬下者也。吾观上下之际而得其说矣。

(起股)世主骄矜富贵,其福威之擅,几无以折豪杰之心思,然天泽之辨,民志定焉,故忧悃之将敬,不在势权,而在名分;策士游说纵横,而道德之儒,转不足动当途之物色,然名世之生,世运系焉,故旁求之雅敬,不在文貌,而在诚心。

(中股)然则用下敬上,敬其贵焉而已,大分之在天地,内以衡外,长以率属,一自神灵首出而山陬海澨靡不服教而畏神,贵何如也,夫人主虚怀访道,未尝不秉慕让之衷,乃观堂陛之间,齿列宗支之长,犹且拜稽以分茅,任膺保傅之隆,亦必对物而受命,非为是具文也,贵为一人所独擅,则俯首奉之而抒其靖献,敢不敬焉,若贵之有其次者,敬亦因其次而递用焉耳;上之敬下,敬其贤焉而已,斯道

---

[1]《清代硃卷集成》第十一册。

不敝古今，人自为说，家自为师，一自圣哲诞生，而诸子百家靡不黜邪而崇正，尊何如也。夫真儒盛德在躬，未尝可致谦冲之度，乃观声施所及，朝廷厚币以相招，非不坛席隆其望，名卿造庐而请谒，亦且著蔡奉其言，非为是矫情也，贤为一世所共推，则折节下之而仰其仪型，敢不敬焉，若贤之有其等者，敬亦因其等而异用焉耳。

（后股）然而敬之在上，非谓显荣赫奕足以震铄乎一时，而用其敬以售希荣之术也。曰贵在则然也。夫咏鸣凤于高岗，吉士咸有媚兹之慕况乎？近天子之光而归于皇极，凡在下者，孰无葵藿之忱乎？谓之贵贵，天下咸恍然于贵之得以治贱，虽用下敬上而不以为谀；敬之在下，非谓文采风流足以熰耀乎四国，而用其敬以博好士之名也。曰贤在则然也。夫企白驹于空谷，伊人犹深嘉客之思，况乎守先王之道，而权厥楷模，凡在上者，岂无杕杜之好乎？谓之尊贤，天下更晓然于贤之得以治愚，虽用上敬下而不以为亵。

（收结）故曰贵贵尊贤，其义一也。

本房加批："谢朝华于已披，启夕秀于末振，清真雅正，先正典型于斯未坠。"这是一篇被许以"清真雅正"的四书文。我们可以再看一篇结构匀称的八股中卷并略加分析，这篇文章是魏源所作的道光二十四年甲辰科（1844年）会试卷中的首场三题文：[1]

以为未曾有材焉，此岂山之性也哉

（破题）生材者山之性，毋以不材诬山也。

---

[1]《清代硃卷集成》第十三册，魏源此卷无科份页，文章亦仅此一篇。

（承题）夫山有无材之时，而要无不生材之性，彼濯濯者，其本然也，抑后起耶？

（起讲）尝读山经纪海内之山，有有草无木者矣，有有木无草者矣，有草木俱无者矣，或有毒草恶木，或有瑶草琪木，不可思议者矣，若是乎山之性杂糅不齐，山之材不材亦纷糅无定，而要非所论于齐之牛山。

（入题）夫牛山至今日，岂非濯濯之无材之山也哉？

（起股）自有宇宙，即有此山，山不自今日始，则山之性亦不自今日始，以今日之草童土赭诬牛山，牛山不受也；一日有宇宙、一日有此山，山不自今日止，则山之性亦不自今日止，以今日之硗确不毛概牛山，而并概山木，山木亦不受也。

（中股）使真谓不材为山之性，则浸假而与之观乎峄阳之桐，岱庙之松，淇园千亩之竹，新甫千尺之柏，屡经兵燹，荡然无存，而谓诗书所纪皆虚也，可乎不可？使真谓不材为山之性，则浸假而与之观乎震之木为苍筤竹，离之木为科上槁，坎之木为坚多心，艮之木为坚多节，一交剥落，生意无存，而谓卦爻驳象皆妄也，可乎不可？

（后股）虽曰木生于土而反克土，火生于木而反焚木，山之性有系乎材不材者，而终不得以夏后之随刊，伯益之火烈，并诬大道之无功；即使异日山川已非今日之壤，故国乔木已非前日之材，山之性有难必其材不材者，而终不得谓爽鸠氏之河山，夏殷氏之松柏，皆等乾坤之竟息。

（束股）呜呼，山之性，天地之性也，风云雷雨，常蕴其灵奇光怪以兴为宝藏，而谓不能达其勾萌甲拆以发为英华，则其视天地也太啬；山之材，即国家之材也，呵护栽培，尚不忍以清庙明堂轻用其桢干，而竟肯以摧残剥落厚诬乎化工，则其视国家也太忍。

（收结）观生才之难，则知育材之不易，其慎毋再寻斧斤焉可。

此题出自《孟子·告子上》第八章中的一句，孟子以齐国的牛山做比喻，虽然它现在荒芜，但其未见草木并非是它本性使然，而是被人砍伐放牧破坏所致，人心也是如此，人有禽兽之行并非本心不善，而是因为他已"放其良心"。但是本篇如论述此意，则有犯下之嫌，所以作者必须紧紧扣住此题，从此题另生新意，这就是本文通篇所阐述的生材确为山之性，须珍惜爱护其材的意思。本文各股相当均衡，起讲先谓《山海经》所记确有各种各样的山，但不适于牛山，起股则谓不能以牛山之荒凉不毛的现状来概括牛山的过去和未来，来指称牛山的山之本性。此股是正面阐述，中股则为引用诗书所记及《易经》卦象进行反诘，但这里已由仅讲牛山转入讲一般的"山之性"了，后股融入典故，逻辑上似进一步后退，意谓虽有砍伐焚烧，山并不一定必有其材，但只要生生之道不止，山就不会必无其材，而语句气势上反更逼人，最后的束股，前一股继续阐述山之性亦即天地之性，后一股则为过渡到收结的爱才惜才做出了铺垫。通观全文，文采更胜于义理，这也正是八股应试文的一个特点，对这种文体，在逻辑上是不可能太过严密细致地进行推敲的，义理也不像文采有那样大的发挥余地，只要大义不亏，在所给定的范围里可努力发挥的主要还是一种组织文字、发扬文采的才能。但其中生态伦理的思想也颇有可观之处：山之本性是生生不息的，如其荒芜往往是人为的灾难。人之本性是各有其才，如其荒芜则可能是制度及治者之过。下面我们再看几篇文章。

徐作梅，浙江上虞人，原为正红旗教习，乡试第37名，同治戊辰科（1868年）会试第203名，殿试三甲第59名。下为其首场首题文：[1]

---

[1] 《清代硃卷集成》第三十一册。

畏大人，畏圣人之言

（破题）以天视人，而人皆可畏矣。

（承题）夫大人圣人，皆人也，而天命在焉，君子能弗畏哉。

（起讲）且天一而已，凡处天之下者，虽亮天工明天理，终不离乎人焉，然人能亮天工，明天理，已不同乎人矣。且人能完天工明天理，早已全乎天矣。以人视人，而人无足重，以天视人，而人有足重。人曰立功立德，不过自尽其人道也，君子曰作君作师，盖已极尽乎天道矣。

（入题）所畏有三，首在天命已。

（一、二比）于此有体天出治者，均是人也，先之乎其大矣；有代天施教者，犹是人也，作者之谓圣矣。

（三、四比）此盖分观之而各重焉，参观之而并重焉，可为一时之表率焉，足为万世之准绳焉。

（五、六比）大人即非圣人，而条教号令，象魏时悬德礼之书；圣人即非大人，而删订纂修，匹夫可参帝王之业，盖一则有其位，一则有其德也，分观而各重也。圣人兼大人，十六字危微立判；大人佐圣人，十七铭敬义必陈，盖后世权与道分，盛世权与道合也。参观而并重也。

（七、八比）地无论僻壤遐陬，无党无偏，何人不懔维皇之极；诣无论成人小子，是彝是训，何人不读维圣之书，盖见闻或限于乡隅，大人圣言，限之无或限也，此一时之表率也；尧舜禹汤文武，世往而政教不与俱往；诗书易象春秋，书传而精神若与俱传，盖时势或分乎升降，大人圣言，分之无可分也，此万世之准绳也。

（九、十比）且夫良有司之法令，君子犹必遵也，老成人之训辞，君子犹必懔也。况天工藉以亮，天理藉以明哉！

（十一、十二比）君子于此，精其识于未畏之先焉，悚其神于既畏之后焉，且以畏之者佐之焉，并以畏之者扩之焉。

（十三、十四比）端冕垂旒，人仰仪容，我窥德性，残篇断简，人取糟粕，我契精微，君子精其识于未畏之先，而所见者远；奉法已堪寡过，而怀德尤必怀刑，读书已足成名，而明道尤期传道，君子悚其神于既畏之后，而所虑者周。

（十五、十六比）霸功与王道废，故恒文有所不言，异端盛则正常衰，故隐怪在所必斥。以畏之者佐之，君子自尽愚贱之责；乡氓或忘帝力，而兵农礼乐为庶人明庶事之康；童蒙乌识圣功，而应对周旋即小学为大学之始。以畏之者扩之，君子直参师相之功。

（十七、十八比）然君子不仅以大人视大人也，谓体天出治，天工藉以宽也；不仅以圣言视圣言也，谓代天视教，天理藉以明也。

（收结）则谓君子畏人即君子畏天可也。

这又是一篇比多而炼之文，当年会试主考官，大总裁继格批："陈言务去，清光大来。"董恂批："平理如衡，照词如镜。"文祥批："冰壶涤笔，玉屑霏言。"朱凤标批："渊懿内含，符彩外炳。"下面再来看一篇比少的三扇题文。作者彭懋曾，陕西石泉人，增贡生，候选同知。同治辛未科（1871年）会试第267名，下为其首场首题文：[1]

---

[1] 《清代硃卷集成》第三十八册。

有子曰，信近于义，言可复也，恭敬于礼，
远耻辱也，因不失其宗，亦可宗也

（破题）君子寡过之道，在去其太过者而已。

（承题）夫信也，恭也，因也，矫俗者每或过焉，示之以所近与不失，寡过之道得焉耳。

（起讲）且吾人涉世莫不欲立身于无过也，而不知丛过之由即自太过始，矫诈之弊而诚或过矣，矫急之弊而敬或过矣，矫狭隘之弊而务广或过矣。忽于始必误于终，而善厥终端由慎厥始，古君子所为兢兢于谨身寡过者，未有不损过以为就中之地尔。

（入题）不然人莫不有信也、恭也，因也，而能免于过者卒鲜何哉？有子曰：吾有以识其故矣。

（第一扇）盖尝见人之约信者，往往始不复之诮，而乃矢天日而弗渝，盟金石而弗察，庶其信无过矣乎，然而君子弗尚者，捐顶踵而孤行一意忠孝，或失之愚蹈危险而独表寸心沟渎，亦伤其谅，背义而期之复，不如不复也。夫精义入神，修士原难骤致，惟近则度乎理与情，争百年不争一日，揆乎时与势，矢纯念即矢终身，盖义有经有权，斯信可常可变，复吾言而信无过，不复吾言而信亦无过也，以是为可复焉耳。

（第二扇）又尝见世之不恭者，往往滋耻辱之端，而乃退让以明虚受，由谨以博时名，庶其恭无过矣乎，然而君子弗取者，谦必尊而光，伪谦者难获谦之吉，巽贵中而正，频巽者或来巽之凶，弃礼而求其远，终难自远也，夫动容中礼，吾儒何敢逆希，惟近焉则始也方寸，无或逾愧怍，罔留于衾影继也，斯须弗敢去周旋，必协乎短规，盖礼有节有文，斯恭不卑不亢，耻绝而恭无过，辱袪而恭愈无过也，

以为是远耻辱焉。

（第三扇）且尝见世之不善因者，往往有莫宗之叹，而乃订同心于倾盖，联臭味于班荆，庶其因无过矣乎？然而君子弗贵者，与朋共学问，岂易窥其隐微，与僚友共功名，必先戒乎依附，匪亲而冀其宗，奚自而宗也。夫爱众亲仁，此诣原不易得，惟不失则仓卒出以慎审，非夸声气之应求，鉴别必极精详，漫侈风流于宏奖，盖亲不党不偏，斯因无悔无吝，既宗而见因之，无过未宗而已，信因之无过也，以是为可宗焉耳。

（束二小比）是必居敬穷理以浚其源，而后言行无偏倚，亦必知人论世以观其变，而后交接有权衡。

（收结）吾故曰，君子寡过之道，在去其太过者而已。

此文反复申言勿走极端之理，体裁为三扇题式，本房加批："气局堂皇，词意周密。"文义也最合清人精神：朴实、平凡、中道、平稳。全文反复论述的都是勿太过，即破题所说"去其太过即能寡过"之理。

最后，我们录蔡元培光绪十六年庚寅科（1890年）会试卷首题文以为结：[1]

> **子贡曰，夫子之文章可得而闻也，夫子之言性与天道不可得而闻也。子路有闻，未之能行，唯恐有闻**

（破题）记二弟子之言行，为诸弟子药也。

（承题）盖诸弟子，有越所闻而冀于不得闻者，有屯所闻而不行

---

[1] 《清代硃卷集成》第六十九册。

者，子贡之言与子路之行，皆药也。

（起讲）且吾党有耳学也，耳者，心之译，躬之督也。离语言文字而标其高义而译之道穷，即开宗明义而诵以终身而督之权失。其穷也，其过也；其失也，其不及也。君子齐之，顺译道、张督权而已矣。

（起股）何以顺？质诸子贡，愿有所息，生无所息，夫子语子贡，则张之事也，而子贡则已于诵书学礼之余，得穷理至命之要，而知受以渐也，断之曰，夫子之文章，可得而闻，言性与天道，不可得而闻；何以张？绳诸子路，能事人，焉能事鬼，未知生，焉知死？夫子语子路，则顺之谓也，而子路则且以先甲后庚之相续，为日成月要之渐增，而由恶其需也，拟之曰，未之能行，唯恐有闻。

（中股）从经典散失之余，而楷模古昔大师正读遗工为容，守所闻而粟积圭增，非不尽各行所知之责，高心者厌其肤末而有时傅会单文以标为心得，图成太极义立良知而性分理质，传作五行学明五际而道母天人，录语名家，谓起千百年之覆是矣，而一再传后，异端孙之，方士曾之也，迹其横厉无前，不敢作能是亦足之想，盖亦仲氏子及群孟晋之遗规而进不以渐，遂以市失足旁门之罪也，君子存子贡之语，所以艮其止也；以官师代更之后，而申明家法文学之属，专而为经生言语之学，散而为文士，积所闻而道海达河，自有与闻大道之几。浅识者甘于小成而不思广味前言以论思本义，谓数行墨读诸经大义之论而以为课无师，放纵衡得因文见道之法而以为败律，杜塞异家，以奉一先生语足矣，而师儒论定，逐末而蠹，失志而妖也，迹其无甚高论，故远于愚不知量之为，诚亦端木氏心苦分明之本意而蒠积成需，遂以画多学一贯之道也，君子论子路之行，所以震其志也。

（后股）后之学者，于所不可闻，当以子贡之言节之且莫不有所冀也；于所得闻，则以子路之行皎之，毫发无所遗也。

（收结）日积月加，岁集也最，而学富，而理足，而心乃开也，天命之谓性，一阴一阳之谓道，庸有不闻者与。

光绪十六年庚寅（1890年）三月，蔡元培入京参加礼部会试中式，但在应殿试之前就离开了北京，其中原委据说是，蔡元培在会试之后，去拜望詹事府少詹事、其乡试中举时的考官李文田，以会试所作文章呈阅。李文田看了之后叹息说："你真糊涂！你的文章只有我能够赏识，你怎么现在还作这样的文章！你没有希望了。"蔡元培听他这么一说，便以为本科必不能中，即离京南下。谁知会试榜发，蔡竟中了贡士，但已无从应殿试了。这也大出李文田意料，事后李说："我知道了，今年有王颂蔚做房官，一定出在他的房，是他赏识鹤青的卷子。"事后证明，果然如此。其本房的原荐批语是："熟于周秦诸子，句奇笔峭，是能规放定庵者。"王颂蔚为当时名儒，好经古，著有《读碑记》、《古书经眼录》、《明史考证攟逸》等。翁同龢对蔡元培的评价是："年少通经，文极古藻，隽材也。"[1] 蔡元培此次得中，可说是在符合大标准的前提下，文章"好经古"的较特殊风格与考官的喜好正好对上了。

---

[1] 转引自唐振常：《蔡元培传》，上海人民出版社1985年版，第10—12页。

第六章 落 卷

黜落种种

　　有考试就必有黜落,而对于从广土众民中选拔少数人入仕任官的科举考试来说,就还不能不有更为严格的黜落。会试仅限举人参加,历科举人虽可自由参加,但自然不会每次会试全都参加,总会有一部分人因为各种原因不来,晚清一般是约七八千举人参加,取三百左右进士,约三十人得一。[1] 乡试参加者资格稍广稍杂,原则上县府学生员、监生、贡生等均可与试,但在这之前还有一个资格考试,合格者方能与乡试,朝廷又规定了各省乡试的举额,一般是取额一人让五十至八十人参加考试,但实际上往往放宽与考的人数。[2] 童生试则除少数贱民贱业者外,一般不再有资格限制,故与考者与取中者的比例更为悬殊,平均大约超过一百比一,当然

---

[1] 参见张仲礼:《中国绅士》,上海社会科学院出版社1991年版,第123—124页。

[2] 据《清会典事例》卷三百三十七《录送乡试》载,乾隆九年规定,直隶、江南、江西、福建、浙江和湖广这些大省是八十取一,山东、山西、河南、陕西、四川、广东这些中省为六十取一,广西、贵州、云南等小省五十取一。

这种情况全国各地因文风的差异很不平衡,文风昌盛之邑往往数百人争一学额,而边远闭塞之邑及旗人,则可能一二十人乃至更少人就能有一入学机会。

但无论如何,作为入仕之途、上升之道的科举考试的黜落总是大量的,也不可能不是大量的。得选者总是只能是很少数,因而真正的问题就不在于是否黜落了多数人,而在于究竟是把哪一些少数,以何种方式选上来了。具体到"八股取士"的清代科举,这实际上还涉及两个不同的问题:首先,"八股"这个标准本身是否合适,用它是否只能把传统的国家与政府所需的人才选上来,而不能把现代国家与政府所需的那一类人才选上来,只能把传统社会中人们认为合适的人才推上高位,而不能把现代社会中人们认为合适的人才推上高位,这一问题涉及人们的价值观念。其次则涉及可行性问题,即用考八股这种方式,是否确实能够把传统国家所需的人才选上来,并由此稳定地确立和运转一种传统社会的等级流动结构。我们在此主要关心的是后一个问题。

既然科举考试不能不把大多数人挡在门外,那么,它黜落的主要是哪些人呢?当然,最大量的是不能文、不善文的人们,[1] 此正如《儿女英雄传》中一位梅公子从另一面所言:"科甲这一途,除了不会做文章和虽会做文章而不成文章的不算外,余者都中得。"[2]

除了文章不通的肯定要被斥落以外,文字程式不合的也要被摈弃不取,其中大者如触犯忌讳、卷面绘画、自书阴事等,小者如添注涂改不合规则等。[3] 又身体不佳者亦难胜任三场之试。如钟毓龙第一次参加乡试(1897年丁酉科),以年幼体弱,不巧又坐挨着就厕之地的臭号,竟至

---

[1] 指纵使学也不能文者,自然还有大量的不学者,但他们不与考试自然就无关黜落。

[2] 文康:《儿女英雄传》下册,齐鲁书社1989年版,第806页。

[3] 具体规则参见《清会典事例》卷三百四十四《礼部·贡举·缮卷条规》。

发病曳白而出。[1] 他第二次与乡试（1902年壬寅科），又以卷面添注涂改不合程式，虽用计未贴出，不意首场已中选，第三艺且发刻，还是欲盖弥彰，因此被黜。钟领回落卷，见大主考在落卷上批语，批语详列种种可以补救之法，深致惋惜，房官批语则深加责备，有"足见事前之不静，临时之不定"等语，且谓其"恃才"。[2] 又道光辛巳科（1821年）顺天乡试，首题"上长长而民兴弟"，胶州张曾𩆜为同考官，得一卷，卓莹奇肆，荐之于主考官戴均元，戴亦极推赏，然旋因内用"尺布之谣"四字，嫌系汉事，抑置副榜，逮填榜，知为湖南名士魏源，大为扼腕。[3]

以上文章不通、文字程式之病毕竟考官容易发现和判定，考生亦不难预防改正，[4] 困难的是那些文章能通，文字亦合规范的试卷仍然不少，这时，中谁不中谁就要看考官的眼力了。确实有一些不懂衡文的盲考官、怪考官，[5] 但应当说，大部分考官还是有一定文才，并相当重视并认真履行衡鉴之任的。然而，由于种种主客观的原因，包括考官见识才学的高低，文章风气的转移，以及大量题同而水平各异的试卷混杂一起所造成的所任繁剧，还是使衡文很难达到完全公正的程度，甚至常使人觉得取落得失有如探筹掣签，冥冥中似有一种难以知晓、不可把握的运命在起作用。换言之，用作取士主要标准的八股，其基本淘汰功能还是相当明显，能够颇为准确有效地履行，从而把最大一部分基本不合格者淘汰出局，但是，

---

[1] 也有因精神紧张而发挥失常，乃至于完全崩溃者，如钟毓龙于壬寅科二场中闻考生死三人，一以竹签自刺，一自碎其睾丸，一死于蛇。见《科场回忆录》，浙江古籍出版社1987年版，第73页。

[2] 参见《科场回忆录》"丙　乡试"一节，浙江古籍出版社1987年版。

[3] 徐珂编：《清稗类钞》，北京：中华书局1984年版，第648页。

[4] 第三次钟毓龙就中了。

[5] 例如《清稗类钞》册二"考试类"所载，考官中有以焚香探摸两种质地不同的鼻烟壶来决定取舍的穆彰阿；以及凡试卷触其家讳即摈置不阅的裕德，但这些事确否尚难验证。

它的遴选功能，或者说"好中选优"的功能却不能不打上许多折扣。打个比方，假如一万人应考，它大概能比较有效地分出基本不合格的九千人和基本合格的一千人，然而，当还要在这一千人只选三分之一时，衡文就变成了一件相当困难的事情。

闱中有闱中一时的风气，[1] 考官个人也有个人的喜好，考生所长并不一定能与考官相合。例如清代学术汉、宋相争，有些好汉学的考官特别推崇能见出考据精神的文章，而有些好宋学的考官则不喜具汉学风格的经义。乾隆丁丑科（1757年）会试，余姚卢抱经与分校，得山东一卷，其辞简淡醇雅，他认为非学有本元者不能为此文。既呈荐，主司却嫌其寂寥而不喜欢，将其黜落，甲乙既定，诸分校者皆退，卢独抱卷上堂，与主司言，谓不宜失此士。力争再三，竟不能得，卢为之出涕。既撤棘，言颇传于外，争索此卷阅之，称叹不已，询邑里姓名，则昌乐阎循观也，以故阎虽不遇，而名闻京师。[2]

又如嘉庆朝，俞正燮（理初）以博洽闻于时，某科阮元典会试，王菽原为同考官，王得一卷，惊喜曰："此非理初不辨！"亟荐之。是日，文达适未阅卷。副总裁汪廷珍素讲宋学，深疾汉学迂诞，得王所荐卷，阳为激赏，俟王退，即锁诸笥，亦不言其故。将发榜，阮元料理试卷，诧曰："何不见理初卷耶？"命各房考搜遗卷，王进曰："某日得一卷，必系理初手笔，已荐之汪公矣。"阮转诘汪，汪坚称不知，阮无如何，浩叹而已。榜后，俞往谒王菽原，王持之痛哭，折节与论友朋，不敢以师礼自居，并出资为

---

[1] 如艾南英《应试文自叙》所言："而予七试七挫，改弦易辙，智尽能索。始则为秦汉子史之文，而闱中目之为野。改而从震泽、毗陵、成弘正大之体，而闱中又目之为老。近则虽以公、毅、孝经，韩、欧、苏、曾大家之句，而房师亦不知其为何语。"

[2] 徐珂：《清稗类钞》册二，中华书局1984年版，第663页。

理初所著书初名《米盐录》者选刻其什，易名曰《癸巳类稿》。[1] 俞正燮乡试也甚不利，数困公车，至道光辛巳科（1821年）江南乡试，监临遍谕十六同考官，谓某字号试卷必留意，盖红号试卷，外帘有名册可稽，故监临知之。是科正主考为汤金钊，副主考为熊遇泰，某同考呈荐于熊，并述监临之言。熊大怒曰："他人得贿，而我居其名，吾宁为是？中丞其如予何？"遂摈弃不阅。同考不敢再说，默然而退。填榜日，监临、主考各官毕集至公堂，中丞问两主司，某字号卷曾中式否？汤曰："吾未之见也。"熊莞尔而笑曰："此徽州卷，其殆盐商之子耶？"监临曰："鄙人诚愚陋，抑何至是？此乃黟县俞正燮，皖省积学之士，罕有伦比者也。"熊爽然，亟于中卷中酌撤一卷，以俞卷易之，未尝阅其文字也，俞遂中式。[2] 这是把官员之间的矛盾、误解也带到了考场，俞氏失而复得固是侥幸，而被撤卷则是不幸而遭黜落了。

还有一些黜落和考官的见识高低有关，尤其是能开风气之先的大才就更不易识，他们最初往往容易遭到拒斥，尤其在底层时。如后来被视为清代八股一代宗师的韩菼，小试时其卷即被贴出。韩家贫，能力学，性嗜酒，有李太白风，其为文原本六经，出以典雅，不蹈夭、崇决裂之习，补博士弟子员，以欠粮三升，为奏端案黜革，冒籍嘉定，拔取后又以攻讦除出。后应吴邑童子试，题为"狂者进取"一句，邑宰见其文，以为不通，贴文于照墙不取，时刑部尚书昆山徐乾学来苏，方夜寝，有门生候于门者，争诵韩菼文以为笑柄，徐闻之，急问姓氏后曰："此文开风气之先，直盛世之音也。"次早即命延见，收为门生，遂引入都中，援例中北闱乡榜。康熙癸丑，韩会状连捷，后官至礼部尚书。[3]

---

[1] 徐珂：《清稗类钞》册二，中华书局1984年版，第667页。
[2] 同上书，页649。
[3] 钱泳：《履园丛话》卷十三。

黜落佳卷

下面我们想再选择一些名人佳卷,即本应取中却遭黜落之卷来考察。因为,在我们看来,重要的并不是以八股取士的科举考试对大量确不合格者的淘汰,而是为何它竟然把一些非常优秀的人才也排除在外,大量对它的怀疑、批评和攻击也正起源于此。

左宗棠是清代汉人唯一以举人身份成为大学士的一代名臣。[1] 道光壬辰科(1832年),左宗植、左宗棠兄弟同应湖南乡试。左宗植领解,左宗棠卷同考官本摈而不荐,于左卷已加"欠通顺"字样之批条,循惯例已无取中希望。正考官徐法绩搜遗,得而大赏之,经徐氏力与争持,同考官始换批补荐,特中第十八名。左宗棠对之深有知遇之感,其《书徐熙庵师家书后》云:"是科宣宗特命考官搜阅遗卷,胡编修既以疾先卒,公独披览五千余卷,搜遗得六人,余忝居首。书中所称十八名者也。当取中时,公令同考官补荐,不应。徐以新奉谕旨晓之,旋调次场经文卷,传视各同考,及无异议。礼经文尤为公所欣赏,题为'选士厉兵、简练俊杰、专任有功',书中所称经文甚佳者也。后并进览。当时闱中自内帘监试官以下,颇疑是卷为温卷也。比启糊名,监临巡抚南海吴公荣光贺得人。在事诸公多有知予姓名者,群疑益解。计同举四十五人中,余齿最少(时年二十一)。"左氏并于此评论说:"选举废而科目兴,士之为此学者,其始亦干禄耳。然未尝无怀奇负异者出其中,科名之能得士欤,亦士之舍科名末由也。"但左氏其后会试仍然三次不第,乃弃举业而专治经世之学。[2]

又吴士鉴,光绪己丑科(1889年)举人,壬辰科(1892年)榜眼,

---

[1] 清代汉人官大学士者共119人,除左宗棠外皆起家进士。参朱彭寿:《旧典备徵》"汉大学士人数"条。

[2] 徐一士:《左宗棠与梁启超》,《一士类稿》。

以翰林院编修直南书房，官至侍读。然而，其壬辰会试之获售，盖几失而得之。当时，卷在同考官第六房吴鸿甲手，头场已屏而不荐，迨阅第三场对策，吴乃叹其渊博精切，始行补荐，竟获中式。揭晓后，吴鸿甲对人说："其头场文，后来看亦甚工，不知初阅何以懵懂一时也。"吴士鉴子详记其父乡会及殿试时事云："戊子乡试，以先王父官词林，入官卷，典试钱樨庵阁学桂森甚赏二三场经策，以额满见遗，深致惋惜。时先王父修《杭州府志》艺文志、儒林、文苑传未成而入都，府君并续成之。己丑乡试，中第四十四名。典试为顺德李仲约侍郎文田、衡山陈伯商编修鼎。撤棘时，先七叔祖宝坚先中三十四名。监临崧镇青中丞骏谓：'官卷只两名，乃中在一家！'命取试卷磨勘，无瑕可指。陈编修以卷出己手，不敢与争。李侍郎乃言：'浙江官卷，二三场无如此之博雅者，且功令弥封，凭文取士，更无官卷不准中在一家之例。'故府君述及此事，常有平生第一知己之感。……壬辰会试，中第三十七名，出吴唱初编修房。……吴编修阅第一场制艺，初未呈荐。及见二三场，已三月杪，以示袁忠节。忠节曰：'此人必非自田间来者，吾知其人，以浙卷不敢言。'因举三场条对东三省舆地甚翔实，遍告同考诸君。相率踵吴编修室，询此卷荐否。后经监试谢南川待御隽杭怂恿，始于四月朔呈诸翁相。时浙卷二十四名已定，翁相以府君卷为通才，不忍抑置。最后始撤去一卷，以府君补之。尝语同官曰：'吴某某实吾门之马郑也！'……及胪唱，府君以第二人及第。则又翁相国力主之也。"[1] 下面是吴士鉴光绪壬辰科（1892年）会试首场的首题文：[2]

---

[1] 徐一士：《谈吴士鉴》，《一士类稿》。
[2] 《清代硃卷集成》第七十四册。

子曰君子矜而不争，群而不党，
曰君子不以言举人，不以人废言

（破题）观君子之处物，无相因之弊焉。

（承题）夫矜之与争，以言举人，以人废言，皆相因者也，绝其弊者，惟君子乎！

（起讲）且人苟内之所主，而又外无所知，斯无足责耳，而如其内有所主，则必非其相异而是其相同，外有所知，则必信或从宽而疑或从刻，于是乎百弊生焉，然而君子远焉。

（一、二比）夫君子者，其问学备九流之微，故方圆随用而皆神，所谓凝然不动，蔼然可亲者，皆出于斯人爱敬之私，而君子不由于作意。其聪明分万事之微，故取合随施而名当，所谓用不轻用，弃不轻弃者，亦出自学者推原之说，而君子因应于无为。

（三、四比）见为矜而已矣，见为群而已矣，而何有于争？何有于党？见为知人而已矣，见为知音而已矣，而何有言举人？何有于人废言？

（过接）此君子之常也，而子所以称君子者。

（五、六比）则以六典失而异说朋矣，师承既判，将有各不相通之故，而不能不示之以亲；三物亡而宾兴无据，挟策相千，不过匹夫意气之私，而不可不规之以大。

（七、八比）其故自教养无方，而人才日趋于委琐，于是有所抱负者，不能不异于众矣，既异于众，则旁观将诧之以为怪，而友生又将引之以为援，其书千卷，其徒万辈，其传百世，而举世不过附和显学之人，文质刚柔，更盛迭贵，此学术之大概也。夫子曰君子之矜而不争，群而不党，盖如彼也；抑自功名自宽，而俗流每习为揣摩，于是工于辩说者,不得不责其效矣,一责不效,而始则不过悔其误,继将概以例其余,喜之太轻,猜之太易,疾之太严,而朝廷遂为寂寞无人之地,取士官材,依递故事,此治术之极弊也。夫子曰不以言举人,不以人废言,盖如此也。

(九、十比)而君子所以至此者,敬以直内,义以方外,原自有层累曲折之途;视远惟明,听德惟聪,乃更有观变沉几之识。

(收结)子于此未尝言及,而顾可索之于其余也。

上文确为佳制,尤其七、八两大比更见分量,两比最后一句又可视为是巧妙出题。此文本房吴鸿甲批曰:"超心炼冶,布局运意之妙,非凡俗所能梦见,中后揭出圣人立言之旨,尤觉乎手腕空灵、声情激越。"第一场本房荐批曰:"提比高唱而入,中境发挥题义,雄浑超脱,束比亦有风度,次规模宏敞,三于公田私田持论有识。诗雅切。"这些显然是后来的补荐批语。若不是时正重策,吴士鉴策问又作得好,此科他要被黜落无疑。

梁启超17岁即中举,1895年参加光绪乙未科会试,副考官李文田极赏其卷。已议取中,卒为正考官徐桐所阻,以致摈弃。胡思敬纪其事云:"科场会试,四总裁按中额多寡,平均其数。各定取舍,畸零则定为公额。数百年相沿,遂成故事。乙未会试,徐桐为正总裁,启秀、李文田、唐景崇副之。文田讲西北舆地学,刺取自注《西游记》中语发策。举场莫知所自出,唯梁启超条对甚详。文田得启超卷,不知谁何?欲拔之而额已满,乃邀景崇共诣桐,求以公额处之。桐阅经艺,谨守御纂,凡牵引古义者皆摈黜不录。启超二场书经艺发明孔注,多异说,桐恶之,遂靳公额不予。文田不敢争,景崇因自请撤去一卷,以启超补之,议已成矣,五鼓漏尽,桐致书景崇,言顷所见粤东卷,文字甚背绳尺,必非佳士,不可取。

且文田祖庇同乡，不避嫌，词甚厉。景崇以书示文田。文田黯然，遂取启超卷批其尾云：'还君明珠双泪垂'。"[1] 又相传徐桐之坚持摈梁，系误以为康氏卷，梁代师被抑，而康则掇高魁（中第5名）。[2]

张謇，16岁即入学为秀才，然而一直在江南参加5次乡试而未中，光绪十一年（1885年），张改而参加顺天乡试，此次乡试由潘祖荫、翁同龢、童华等分任正、副考官。后童华"得一卷"，翁同龢见了，"激赏之，以为可中南元"。翁又将此卷拿去同潘祖荫商看，两人从试卷文气来判断，认定是张卷，结果待到拆封，果是张卷。这一次张謇考中了南元，北元则为刘可毅。光绪十四年（1888年）会试，会试的正、副主考官为李鸿藻、潘祖荫等，潘祖荫很想让张謇考中，结果却误中了孙叔和。光绪十六年庚寅科（1890年）会试，正主考官为孙毓汶，张謇这次又一次被黜。下为其会试落卷首场二题文：[3]

知所以治人，凡为天下国家有九经

（破题）以人立天下国家之准，所以为之者可覙矣。

（承题）夫天下国家，人之积耳，欲求其治，必审所为，文武有九经，文武所以能有天下国家也。

（起讲）且世之人主，无一日不求治略也，其辅治之人，亦无日不进言治之书，而考其所为，往往与所求不合，论治者惑焉，以为是既知治之可贵矣，而何以不足有为若此，不知其所为治，略与言治之书，不过缘饰升平，以为无本之治，而无当于先王建国之规模也。若

---

[1] 胡思敬：《国闻备乘》卷一。
[2] 徐一士：《左宗棠与梁启超》，《一士类稿》。
[3] 张謇：《张季子九录·外录》，中华书局1931年版。

夫知修身为所以治人之本，则凡先王所为，以达德、达道为天下国家证其同者，无不知矣；以修达德、行达道为天下国家通其异者，无不知矣，天下国家固人之所积，而既知所以治人。

（起股）周召为王业肇基之地，其始仅侯伯耳，而有识者读关雎三章，鹊巢三章，知不必其后之果有天下与否，而汝坟江汉断无不向化慕义而来，为其清明之气象，机已畅于宫闱也；官礼为圣人条贯之书，其后稍紊失矣，而后之人观天官一册，太牢一职，即勿问其时之所为天下如何，而广大公平已可于掩卷叩膺而得，为其天理之流行，量已包乎民物也。

（出题）知所以治人，则知所以治天下国家矣。

（中股）今夫后世未尝无可治之时也，抑未尝无图治之主也，方策未尝不在，而其政亦未尝不可举也，然而寡德之士，未闻道之人，其与人国家任天下之重，必曰通变而已，适时会而已。嗟乎，信如是也，先王所以为天下国家，何必九经，而抑知不然。

（后股）无论开创之朝，其谋谟类能识之微而虑远，其时会类须复剥而亨屯，必举是九经者而次第布之，即继体守文之君，而但明夫若为小康，若为大顺，则其势必相与扶树，以延国家脉於灵长，岂可曰卑之无甚高论，令今可施行也，尧以传舜，舜以传禹，禹以传汤，汤以传文武，胥是道已；无论圣明之世，其规划典要而不烦，其意度阔达而不苟，必本是九经者而恺悌将之，即张皇补苴之余，而苟知为得之则存，失之则亡，则其势亦必籍以维持，而稍缓祸机之横决，夫亦可见治不在多言，顾力行何如矣，准诸东海，准诸西海，准诸南海，准诸北海，岂有异哉？

（收结）是何也？治天下国家，知之犹虚，而为之始实，而所为九经，仍达德达道之所推而广者也。

光绪十八年（1892年），张謇第三次入京赴试，这次会试的正考官为翁同龢。翁同龢在江苏卷子上堂后，一再提醒房考官们留心张卷。先是得到袁昶荐呈的施启宇的卷子，袁说：像是张的卷子，但不一定拿得稳。待看到《四书》题中有"声气潜通于宫掖"的句子，更觉游移起来。接着是房考官四川人施纪云荐上刘可毅的试卷，翁同龢起初也很怀疑，但是始终不能确定张卷是哪一本，但施坚持"这确是张卷"，翁同龢一时也被他说得相信起来，而且看到策问第四篇中间有"历箕子之封"的句子，更证实这是到过高丽的人的口气，就立刻问袁昶，但袁总觉得该卷文气跳荡，恐怕有点不对。填榜前夕，房考官沈曾桐又要求看看该卷，等到看见制艺及诗秦字韵，断定绝对不是张卷，然而到这时候已经来不及了。待到拆弥缝，方知是刘可毅。[1] 事后，翁同龢、孙家鼐、沈曾桐等四处寻找张卷，结果发现在第三房冯金鉴那里，冯因鸦片烟瘾极重，张卷早被他以"词气宽泛"斥落了。光绪二十年（1894）会试，张謇因屡试不中，对科名已有些心灰意冷，只是在其兄的力劝下，勉强赴京再试，他连考试文具都是临时向亲朋好友们凑借来的，放榜时也没有去看，而结果恰恰是这一次他中了第60名，并在随后的殿试中成为状元。[2]

得失总评

我们现在可以来考虑这样一个问题：即决定考场取落，考生得失的因素究竟是什么？历代科场中人，科场外人在长期的历练和观察中似已形

---

[1] 刘可毅曾与张謇同科中顺天乡试解元，亦绝非俗辈。于此亦可见，一般来说还是文有定评。

[2] 以上叙述根据张孝若：《南通张季直先生传记》第三章"科举"，中华书局1930年版；谢俊美：《翁同龢传》，中华书局1994年版，第390—392页。

成了一些比较固定的看法,这些看法往往凝结为广泛流传的俗谚,这就是前面提过的"窗下莫言命、场中莫论文"。[1] 也就是说,决定取中与否的两个主要因素一是文,一是命。在窗下,在平时不能讲命,而是要讲文,不能幻想侥幸和走运,而是要努力读书作文;然而一旦进场,是否能中,这时就不能恃才了,患得患失首先有可能影响情绪,不妨一介不怀,得失置之度外,因为即便确实自信并正常发挥,也仍然可能不中。虽说"文有定评",又确实还有种种我们上面提及或未提及的偶然因素会起作用,所以又有下面一谚如同上句注解:"场中莫论文,一命二运三风水,四积阴功五读书。"[2] 唐彪甚至说:"夫功名之得失,命实主之,不系文章也。"[3] 唐时亦言:"霍渭崖为主考,人问场中好尚如何,曰:尚命。命好而文好,应有收好文章者,命好而文歪,应有收歪文章者,命歪者,则反是,人皆服其真确,余谓此犹未尽此中利病,即使十六七双眼睛,皆取好文章,其取舍亦尚不一,即渭崖取其所取之文,而重阅之,其取舍亦当不同,又孰从而揣之乎,功名之道,天人与我,三者鼎足用事,又何从而断之乎。"[4]

许仲元也说:科场遇合,变幻百端,偶然性很大,如有鬼神。唐宋以来,记载已多,鬼神弄人,若可解,若不可解,他自己九试棘闱,终于白蜡,而其弟丁未游庠,乙酉即领乡荐,其卷二三篇有漏下语,诗复失粘。"予谒副座师贺虚斋先生及本房谭武述大经,均言闱中但觉其文从字顺而已。稷堂夫子言甲午分房,八日抄荐卷已足,一夕欹枕间,辗转如芒刺在背,乃起独酌。忽得刘泰卷,颇赏其老洁,然因太质,仍置之,乍解

---

[1] 文康:《儿女英雄传》下册,齐鲁书社1989年版,第780页,此谚也屡见于其他地方。
[2] 见钟毓龙所记:《科场回忆录》,浙江古籍出版社1987年版,第73页。
[3] [清] 唐彪:《读书作文谱》,岳麓书社1989年版,第14页;又第64页:"且人亦知场中有主之者乎? 非文也,命也。"
[4] 唐时:《与衰州平书》,周亮工辑:《尺牍新钞》。

衣，闻箱中低声谡谡，仆从皆闻，谓开箱时，有鼠窜入也，乃取刘卷再阅，字字惬心，明晨遂荐之。榜发后，复阅之，平平耳。"[1]

又赵吉士《寄园寄所寄》云："壬辰，予与胡道南、沈禹玉会试，予语道南云，参乎全章题，曾揣摩否，时已二月初六矣，道南晚作此题，止三百余字，同人取阅，而禹玉独注目多时，予谑之曰：'君欲抄其文耶？何阅之久也。'予与道南、禹玉卷，俱在王公舜年房，道南中式，禹玉已得复失，阅其落卷，即次题参乎全章抄道南作，因雷同而黜，道南初谒房师，即云两卷俱好，惜二题重复，郑房李公云：'何不两弃？'王公云：'必中其一，心乃安。'李为拈阄，乃得胡而弃沈。"录取最终真以拈阄决定，而幸运的是，毕竟还是始作者取、抄袭者落。[2]

有时也歪打正着，如一学使衡文草率，每阅一破题，便定去取，以下不肯多阅一字，一日以"不为酒"命题，有童子窘甚，不能落笔，旁一叟戏之曰："孔子饮酒，不过一锺，汝未之闻乎？"童子即顺口成破题云："圣人之于酒，一中焉已耳。"盖"锺"字又误作"中"字，学使但阅破题，以为用"中"字在意，遂取入庠，而其文文理之荒谬，则并未寓目也。又浙江某科，以"慕宽信敏惠"五字命题，一士文颇惬心，将交卷，复阅一遍，乃大懊丧。缮首艺时，脱第三股，无可如何，再三设法，于讲末赘三语，以领其意，每股末均添一句，掐入信字意，自问必不售，却不料主司激赏，竟置经魁，阅对墨卷，始悟其误笔成蝇。[3] 而其中侥幸者也有确有才学者，如乾隆辛卯会元邵晋涵在场文思涩滞，首艺"若臧武仲之知"至夜半未成，心慌抄前科"有子在陈曰"至"狂简"后二比，聊以塞责，而

---

[1] 许仲元：《三异笔谈》，《笔记小说大观》第十册，第467页。

[2] 载俞樾：《茶香室续钞》卷十，俞按："两卷雷同，若在今日，自必两弃，当时乃弃一取一何耶？"

[3] 俞樾：《茶香室丛钞》卷七。

主试者阅此二比,句句叹赏,以为其议论通场所无,立置榜首。

另一面则"英俊"仍可能"沉下僚",如晚清一个很有见识的学者沈尧(子敦),六试南闱,四试北闱,终不能得举,而仅以贡生终。又如道光丙戌会试,刘申受为同考官,得龚定庵卷狂喜,亟荐之。魏默深卷在某侍御房,犹豫不荐,刘读其文异之,乃促令亟荐,然龚、魏仍双双不得主考意而下第。[1] 至于名不见经传、老于场屋、困死沟壑之人才想来还有不少。

但是,文章又毕竟是件有定评的公器,[2] 所以,虽然时有遗漏,但原则上大致不亏还是有可能的。其所得人才与其所失人才可能同样都是一个相当大的数量,此我们还可从考官的自信心与成绩略见一斑,如康熙二十年,方象英、王材任典四川乡试时,川中兵革方定,满目荆榛。方、王得士四十二人。当未撤棘时,学使冯云骧写出三川有定评的名隽三十人,验其得失。榜发,售者二十有五,副车三,落者仅二人,蜀人相传以为佳话。又乾隆壬午,吴鸿督学湖南,是科主试者为钱大昕、王杰。场后诸生以闱艺呈吴,吴最赏者有丁正心、张德安、石鸿翥、陈圣清等五人,吴说:"此五卷不售,吾此后不复论文矣。"揭晓日,招客具饮,使人走探。俄抄榜来,自六名至末,只见陈圣清一人,吴旁皇莫释,未几,五魁报至,则另四生已各冠其经,犹如联珠。[3] 前述如吴士鉴等之一科内失而复

---

[1] 徐珂编:《清稗类钞》,中华书局1984年版,第669页。

[2] 文康:《儿女英雄传》,第812—813页:"不想内中有个第十二房的同考官,这人姓娄,名养正,……他那等一个'宁刻勿宽'的人,阅起文来,岂有不'宁遗勿滥'的理?当下连阅了几本,都觉少所许可,点了几个蓝点,丢过一边。随又取过一本来,看了看,'成字六号',却是本旗卷。见那三篇文章作得来堂皇富丽,真个是'玉磬声声响,金铃个个圆'。虽是不合他的路数,可奈文有定评,他看了也知道爱不释手,不曾加得圈点,便粘了个批语。"

[3] 见陈康祺《郎潜纪闻初笔》卷三"衡文巨眼"。又钱泳《履园丛话》卷十三载:"顺治十年,江南学政石公申岁试案迟迟不发,既而谓诸生曰:余苦心力索得三状元,是以迟滞。一琨山徐元文,一吴县缪彤,一长洲韩某。石公召韩谓之曰:子文元气深涵,如玉在璞中,其光必发,然光焰太藏,不在其身,将在其子孙乎?后徐、缪两人俱中状元,韩以青衿终其身,而其子菼果中癸丑状元,始知石公巨眼,文有定评如此。"但此说似太神。

得；或如许多功名迟者一生内屡失而终得亦是"文有定评"一证。

当然，由于弥封誊录，考官不能以士子平时学行文章合观之，故衡文还是不能不甚费难。无锡王莘锄举北闱南元，联捷入翰林，后改官吏部，出典福建乡试，得士称盛。尝语人曰："曾得一卷，全体称意，而中有小疵，终觉不惬，竟摈之。又有一卷，文平平，而有数警句，爱不忍释，则姑置榜尾。暗中摸索，自信鉴空衡平之不易也。"[1] 此一"暗中摸索"四字最能见出考官之处境及使命，但虽在"暗中"，"摸索"又不是全无光明，全无依凭，全无踪迹可寻。并且，我们还需重申，这是指在那些明显有中的希望的少数试卷范围内的"摸索"。一方面，正如杨士聪所说："文至今日，饾饤满纸，几于无处着眼。……余每阅卷，不须由首彻尾，不拘何处，偶觑一二行，果系佳卷，自然与人不同，然后从头看起。场中搜查落卷，多用此法。即数百卷，可以顷刻而毕，无能遁者。"[2] 考官可以通过迅速的浏览，从大量平平的文章中发现确有才气的佳卷才仔细阅读。另一方面，又正如钱大昕所言："湖南应试举子四千余人，三场之卷凡万二千有奇。合经书，经义，策书计之，不下五万六千篇。臣等自阅卷之始，至于撤棘，计十八昼夜。文卷浩繁，而时日有限，谓所去取者，必皆允当，而无一遗才，臣诚未敢自信也。"[3]

总之，既然有种种偶然，考生在考前就不能不苦读，不能不发愤，考后却不能不听命，不能不认命，亦即所谓"谋事在人，成事在天"——一种中国人传之久远的生活态度和智慧；而由于人多路狭，此一科场事就愈发显得扑朔迷离，光怪陆离，乃至于神秘莫测（士子场中九日之特殊

---

[1] 徐珂：《清稗类钞》，中华书局1984年版，第654页。
[2] 杨士聪：《玉堂荟记》卷下，《丛书集成初编》本。
[3] 《潜研堂文集》卷二十三，《湖南乡试录序》转引自邓嗣禹《中国考试制度史》，台湾学生书局1982年版，第340页。

边缘体验也易加深这种神秘感)。但是,究竟何为"命",人还能不能对这"命"做一点什么,则又有说。庸俗者可能更注意坟地,风水之类,但一般人更注意的是以德行、善事,或者说"阴功"来扶持文章命运,古人广泛相信善有善报,恶有恶报,而这些报应亦显于科名。查晚清《科名显报》一书,[1] 其记因善报得中的德行大致有:能孝亲、友爱兄弟、为民讼冤、善处夫妇、保全人骨肉、全人妇媳、善成人婚姻、全人节、存人孤、救人于灾难、救人于溺、还人金、捐赈施粥、施棺助葬、周急济困、修塘筑堤修路、养弃婴、惜字、放生、全活物命、尊师重道等;[2] 因恶报而黜落的恶行大致有:不能孝亲、不从父子兄弟上料理、仅守文字、不善处夫妇、宿娼、私起淫心、坏人名节、图人之财、坏人节义、诬人名节、代写离书、好谈人闺闻、忍心溺女、背师忘恩、不能谦谨、为恶人讼、忌妒害人、诱赌好赌、受贿、不尊善书等。[3] 此种如有鬼神在的普遍信念,今人

---

[1] 《科名显报》,钱唐谈友居士辑录,光绪九年重刻,公安涤凡居士增订。辑者嘉庆元年《原叙》曰:"报有种种,而其中触目者,则莫过于显报。""爰就春秋两试鬼神予夺分明,临事殃祥,入闱恩怨昭彰而确凿者集成一编,颜曰科名显报。""或曰文章竟无权乎?予谓奋志攻苦,绩学成名,此亦显报也,然或有文无行,则显其行者重而报其文者不得不轻,故天膈其衷,文心自通,天夺其魄,文机遂塞。文之与行合而分,亦分而合者也。""自古圣贤救人,莫不先德行而后文艺,世有文人才士而终年潦倒者,总由行不逮文耳。"《十例》曰:"首录孝亲显报,诚以孝为百行之源。""备录不淫善报,宣淫恶报,诚以淫为万恶之首。"并说:"高其论者每谓儒者不言报应,嗟乎,报应之类,散见于经书者岂少哉?特吾辈为善不可有望报之心耳,若为恶者,将恶报铭之于心,则其能改也必矣。"

[2] 善报一例:"场外举人":句容某生,乡试已买卷校名,寄寓地藏庵,闻有姑因子出外十多年,不得不让媳另嫁而悲泣,即诡为其子作家书,并寄银十两,而该生以无金,不得不束装归。而此年又正好某抚军作监临,布政作监试,戏谓弃时文已久,不知尚能与诸生角艺否,于是以点名不到卷发誉,以试两主考法眼何如,至揭晓日,中第二名举人则句容某生也。后正好上述姑之子归而求禀缉恩人,抚军明真相,曰:"如此阳德,获中宜也。"遂让其中举。见《科名显报》,第 24—25 页。

[3] 恶报一例:余姚邵某贪贿而假言一妇不贞而致其死,丁未场会试二场梦中得论表题,即做一好表藏笔管内却被查出,时监试之一为贵阳李世华,系举人出身,邵辨曰举人即不中进士也有官做,岂肯怀挟?李闻大怒,责三十板,另一进士出身监试叶永盛欲免题奏,李曰:"先生是进士官不怕事,我是举人官,胆小不敢不题奏。"具疏上闻,邵被褫革遭戍,抑郁而死。

或视为迷信荒诞，对于维系世道人心却实在关系甚大。

然而，以上德行善事的努力毕竟又主要是基于一种信念，其意义和效果也许更多地还是表现在其他方面，而并不显著于功名科第。所以，真正明智而有德行的人们也清醒地认识到这一点，转视立品更重于科名。此正如钱泳所言："科名以人重，人不以科名重，旨哉是言也。吾邑锡金而学仪门前，明时有'一榜九进士、六科三解元'两匾，……康熙中修学，有欲易此二匾者，一士人争之曰：'匾不可去也，九进士中有高忠宪，三解元中有顾端文，皆一代名贤，岂可去乎？'至今尚仍旧额。"又说："科第之得不得，有衡文之中不中。与其人品学问，原不相涉。不是中鼎甲，掇巍科者就有学问也。""状元会元解元，虽三年内必有一人，然其名甚美，妇人女子皆所健羡，一隔数年，便茫然不复能记其名矣。须其人有功业文章，脍炙人口者，方能流传。即为三元，翁覃溪先生曾考过，自唐至今，计有十三人，所传者惟宋之王曾，明之商辂而已。"冯钝吟告诫子孙："有一才人，不如有一长者，与其出一丧元气的状元，不若出一明理的秀才。"[1] 在那些孔孟之学浸润中成长起来，真正服膺其道的古代中国士人看来，更重要的还是道德人生：人一生在世，不仅要考虑外在地，更要考虑内在地成为一个什么样的人，过一种什么样的合符人的身份、以及提升人的身份的生活，科名纵可取，而得失却不必介于怀，毕竟科名是从属于人生，而非人生从属于科名。

---

[1] （清）钱泳：《履园丛话》卷十三"立品"。

第七章 昔 议

本章拟观察中国与西方大规模遭遇之前,性质上尚属传统思想范畴的对于时文八股的评议与论争。近人亦常引前人对于八股的评论,然由于晚清社会的巨变而急欲弃旧迎新,疾弱图强,所引常常只是一造之言——即激烈抨击八股的言词,而一向忽略其他折衷或基本肯定的言论,忽略了这些言论常常并非出于冥顽不灵,迂腐颟顸的官僚之口,而是也时出于识理明达,学问湛深、知政大体乃至才情洋溢之士,对激烈抨击八股的言论缘何产生及其深意微旨也缺乏足够的分析。现在我们这里的叙述即有意弥补这一历史的缺席,试图以一种平和的心境来看待这一争议。下面我们把直接预政干政,要求付诸行动的"朝议"(表现为奏折议驳之类),与只是作为一种意见发表的"野议"(即使这种意见是以官员身份发表的)分别开来叙述。

明末清初的野议

八股自明而兴,明代以之应试几二百年,已经历了一个盛极而衰的过程，[1] 而后又因明亡而时人多丑之、诋之、激愤之、排斥之，此中原因之一殆又是先前寄望过高之故。所以，我们拟约略追溯一下明晚期的议论，然而再注意明、清之际这一议论的高峰。

明人屡有将明制艺比之于唐诗、宋词、元曲，作为有明一代之可传世的绝艺者，李伯华《中麓闲居集》卷五，《改定元贤传奇序》记刘濂任知县时，课士策题曾问"汉文、唐诗、宋理学、元词曲，不知以何者名吾明？"富于特立独行精神的思想家李贽则明确地把时文视为是与《西厢记》、《水浒传》一样的"古今至文"，[2] 认为"由后观今，今复为古"，意谓今人之崇古文，后人亦将以今之时文为古文而推崇之。时文既能用以取士，因而也必然可以行远，可以传世，"故棘闱三日之言，即为其人终身定论。"[3] 艾南英则更为自信地说："今之制艺，必与汉赋、唐诗、宋之杂文、元之曲共称能事于后世。"[4] 清焦广期说明代诗道已衰："其力能与唐人抵敌，无毫发让者，则有八股之文焉。"[5] 清人焦循也承认："且时文之理法尽于明人，明人之于时文，犹唐之诗、宋之词、元之曲也。"[6] 明文人中不乏呕心沥血于制艺文者，想以此名世传世者亦大有人在，然这一愿望看来是落空了，此不仅是由于时代巨变，文言不再，也是因为制艺太政治化、太寄生于一种政治制度和依附于一种社会结构，[7] 数量也太多太杂，本身又过于精致，难于入堂窥奥之故。下面我们就来先看明人的议论。

---

[1] 明制艺起落较大，入清反转入相对平稳。
[2] 《焚书》卷三《言心说》。这常常使批判八股而推崇李贽的今人陷入一种解释的困境。
[3] 同上，《时文后序》。
[4] 《王康侯合并稿序》，《明文海》卷三百一十一。
[5] 焦袁熹：《答曹谭庭书》，《此木轩文集》卷一。
[6] 焦循：《时文说三》，《雕菰集》卷十。
[7] 当然此一政治制度、社会结构又可说是其所催生、强固的，二者实已落入一损俱损、一荣俱荣之关系。

明刘绘,光州人,好击剑,力挽六石弓,非弱不禁风之书生也,然而又能文,擅制艺,举乡试第一,登嘉靖进士。他不同意"今举业无裨于吏道"的观点,认为今举业首经书义,不像"辞赋歌诗"那样可以"骋涂艳、侈枝叶",其业淳正。[1] 又娄坚,嘉定人,隆万间贡生,经明行修,乡里推为大师。他认为从制艺还是有可能看出文才人品:"制举之文,意不必创而依于传注,法不必古而束于排偶,然而能者亦往往徵见其胸中之奇,读之知为主然者也。"[2] 但晚明考官可能已有相当一部分难胜其任。故常熟顾大韶,一位老于诸生的士人,讽刺地把房考官比之于庸医和拙劣的看风水者,有意嘲弄说:"人不能夺天。"假使庸医能辨六脉,则夺了天之生死人之权;假使拙劣的风水先生能辨龙穴,则夺了天之祸福人之权,假使考官能辨文章,则夺了天之贵贱人之权了。所以,"庸医也,低风水也,盲考官也,三人者皆天吏也,敢弗敬?"就像"蓍龟本为枯草朽甲,何灵之有?"一样,"唯其无灵而天下至灵出焉","考官者,亦文章之蓍龟也",故不敢不敬。[3] 又文德翼,江西德化人,崇祯进士,他认为"从功令者意在尊王,悬功令者意在尊圣",但今"王之制也一,士之趋也二",即士不但欲以此博富贵,也欲以此显才华。[4] 然而,"文能垂一代之制,不能成一代之书",因为此学无纯师、无心传。[5] 文德翼之语,盖有此学为官学,此文为应试文,目的仅在博富贵,而并非学在民间,文在求道述志,故虽可显身立世,却难以显才传世之意。也就是说,要明白此科举之学,应制

---

[1] 刘绘:《醒泉总稿序》,载《明文海》卷三百零七,序九十八,北京中华书局1987年版,第3160页。第3160页下明人议论未另注明出处者,均引自《明文海》卷三百零七至三百一十三"时文序"部分。

[2] 《张伯隅稿序》。

[3] 《书十八房后》。

[4] 《皇明功令翼序》。

[5] 《观文大社序》。

之文的局限性。他感叹其友巢端明若是生在汉建安以后，隋大业以前，必能展示其突出才华，可惜却生在了制义蹶张之世，因而难展其才，文章本君子自异于人者，今却难以自异，且人多趋同，唯恐其有以自异者。[1]

　　明至万历末及启、祯年间，八股已由正而奇，由盛而衰，如诗之已入晚唐。故当时颇有一些确具才华、又有魄力者，在猛烈批评当时时文风气时，又仍试图以时文救时文。他们多出身贫苦而又场屋困顿，得第甚迟，深疾当时场屋文腐烂，而不肯追逐流俗。其中，如曾异撰，晋江人，为遗腹子，家中一贫如洗，荒年常采薯叶杂糠煮吃，事母至孝，久为诸生，直到崇祯十二年49岁时方举乡试，再赴会试，不中而还，不久就死了。其人见解颇不凡，他痛切地感到士之处境日厄而发愤激之言，说："士何事不可为，而必为文章？"而既然俯首为文章，又史、骚、赋、诗、词以至巫书、小说、优唱亦何事不可为，而必为今日之帖括经义？他认为以文章立言，是立德、立功、立言中最卑的。而在立言中，又数帖括经义为最卑，乃至无足挂齿。然而，今日即使周孔，舍此亦无以自见其德与功于天下，于是今之大才就像巨鹄峻鹤，未生于海阔天空之际，而不能不饮啄于农桑之田，虽时而稍露其高寄不屑之态，但大多数时候还是只能安然无异于稻粱之鸡。曾异撰说他自己无奈，为养寡母不能无禄，故在未中举前，不能不年近五十还沉溺于制义溲溺之中，但他诧异为何父祖为大官、又有文才的徐文匠竟然也斤斤于科举之文。[2]他说："夫时文者，谀世之文也。"其风格大概不能不渐以多数为转移，现主司成天讲欲得钱、王（钱福、王鏊），但今天即便有真钱、王，也未必不在摈落之中。人才能太高太全于中举反而是个妨碍，他举友人王有巢为例，王有巢能诗、能画、能

---

[1]《巢瑞明文稿序》。
[2]《徐文匠制义序》。

文，其制义中兼有李长吉之幽险，杨子云之蕴奥，而更以小李将军之笔意刻画古圣贤之音容形貌，然此三者有一即可使其不售，何况兼三者？故其犯世甚深，世皆嗔怒其文，兼及其诗画，故穷困潦倒。[1] 曾异撰不喜墨义，他曾对人说："昔日之程墨掩时义，今日之时义敢于侮程墨。"认为今之行稿社义已可与程墨争道而驰，因今日之主司已庸弱不堪，[2] 且程墨之选有二失：其一使浅学腐生盲目崇拜；二是使摈落诸生摘伏发瘢。不过他也不无幽默地说，考虑到闱中作者、阅者的两难，雄才博学之士一入闱中也不免拘谨，而碌碌凡庸之流也可能以一日之长而窃取终身富贵，这大概就是天下使科举一途不尽为文人才士占据的天意，主司也没什么办法，不宜太归罪于他们。[3]

艾南英，江西东乡人，长为诸生，好学无所不窥，天启四年始举于乡，因对策中有讥刺魏忠贤语，罚停三科不得与会试，崇祯即位后诏许会试，久之卒不第，却日渐有名，负气陵物，人多惮其口。他认为，制举之业至今日败坏已极，"究归于臭腐而不可读"，而此皆空疏不学之过，名曰"尊经"，"吾恐先圣有知必以为秽而吐之矣"。然而，要救此病，"莫若以今日之文救今日之为文"，即以时文救时文，[4] 所以艾南英屡有房稿之选，又与同郡章世纯、罗万藻、陈际泰刻四人所作时文行世，又有《四家合作摘谬》，其宗旨大致是"以贤德之天抗强大之天"，以质抗量，"人以华、吾以朴；人以浮，吾以奥，人以俚语，吾以经术，人以补缀蹭蹬为篇法，

---

[1] 《叙王有巢文》。

[2] 艾南英也认为，当明成弘正嘉之际，朝廷主司之所取与民间舆论之所推还是相当一致，所以无须行稿社义与程墨抗衡，行稿社义也就不流行。这也说明了晚明以前坊刻不多的一个原因，见其《黄章丘近艺序》。

[3] 《叙庚午程墨质》。

[4] 《戊辰房书删定录》。

吾以浅深开合、首尾呼应为篇法。"[1] 时人一时间翕然归之。

在艾南英看来，文运殆随国运，明制举业近三百年来每科必有数人数首佳，下至穷乡僻壤，白屋崛起之秀，亦有知圣人之深者。"三百年名人卿相理学文章之选，相与翊赞太平者，率由是科以出，故其文亦如是，由此观之，文章之盛衰，常以一代之制为轻重消长。"[2] 由此可见，艾南英对时文的抨击并不是要否定时文本身，而是认为当时文运已随国运而衰，但他欲以时文挽文运乃至挽国运是否可能呢？这是否恰恰表明他对时文期望过高呢？艾南英确有才，亦有魄力，他引孟子才不罪才，而罪夫不能尽其才之语意，[3] 说："吾不求尽夫文之量，而求尽吾才之量而止，则何不可为？世之才庸而售者多矣。"从其所举古"救之而非所救""救之而失其平者"等事例，似可见其心底亦疑以时文救时文是否合适，是否是"智薄而谋尊，力小而图大"，[4] 因为人才难抗世俗潮流，况又是以时文形式，但人不能尽才又确有不安，尤其是看到前人传世之作的时候。艾南英甚不满于汉赋，说《子虚》、《两京》、《三都》，读其文不过如今之学究之书，无内心自得之见；《客难》、《解嘲》、《宾戏》、《七发》、《七启》、《七辨》、《七徵》之类，前后创意命辞亦如出一辙，无异于今之童子抄袭摹仿八股之文，读其文不终卷而生厌，而它们却已传世。他指斥好以浮华为异者常是内心无所得，故反而会趋于同，而如今此类人却占据了馆阁台省，并来考试录取诸生。他与陈际泰、罗万藻等想从下层起而振之，而少年又从而效之，真是无可如何。于此我们可见出艾南英不欲随俗而又不能不为世俗

---

[1]《黄章丘近艺序》。
[2]《王康侯合并稿序》。
[3]《孟子·告子上》，原文为："若夫为不善，非才之罪也。……或相倍蓰而无算者，不能尽其才者也。"
[4]《吴逢因近艺叙》。

所趋的无奈,以及他不满于复古,又尚难决定究以何种形式显其才华的无奈。而且,且先不说呈其才华,即科场而言,艾亦蹭蹬难中式。艾南英在《前历试卷自序》中详述了其多年所备尝的诸生之苦,以及种种忧患、惊怖、束缚之情态。

陈际泰也与他同命,陈幼年极穷苦,[1] 又极好读书,他偶得别人的文章,学着作文时尚不知其为八股,也不知朱注等功令格式,他完全凭趣味入,从自得入,竟然有俨然吻合朱注处。他为文敏甚,一日有时成二三十篇,先后所作至万篇,经生制艺之富大概没有哪个士子能比得上他的,然其也至崇祯三年方举于乡,四年方成进士,此时他年已68岁了。明科举积久成弊,世俗流行,考官亦难免,明季文运与国运一样,都快到了一个山穷水尽的地步。

艾南英等明季数子,以在野之身振兴时文的努力,可视为是一种欲以时文立名、立言的近乎绝望的努力,借用布鲁姆(Harold Bloom)的观点,他们在文学上处在一种感觉前人似已把一切诗文主题和技巧用尽的"影响的焦虑"(the anxiety of influence)之中,[2] 而今天明清文学竟以小说最著名,岂是当时士人所能预料哉?艾南英等掀动的这一明季复兴时文的潮流也是最后一次社会性的潮流,后不再见有。清人对时文大都不再抱有如此高的期望,而多只视为考试用之"敲门砖"而已。

明室成墟之后,当时士人儒者对八股文的抨击是相当激烈的,至有以八股为明亡国原因者。[3] 明清之际的大儒如顾亭林、黄宗羲、王夫之、

---

[1] 陈际泰:《大乙山房稿·自序》,《古今图书集成》理学汇编文学典"经义部",卷一百八十二"纪事"。

[2] 布鲁姆:《影响的焦虑》,三联书店1989年版。

[3] 如人们时常引用的,据说有一幅书于朝堂的大束:"谨具大明江山一座,崇祯夫妇两口,奉申赘敬,晚生八股文顿首拜。"

颜元等对八股文以及科举均有所批判，其中以著名学者顾亭林的批判最为尖锐并具代表性，如顾亭林《日知录》卷十六"十八房"一条说："今满目皆坊刻，天下人唯知此物可取科名，享富贵，而他书一切不观，无知童子唯读十八房稿，读之三年五年而一幸登第，则俨然与公卿相揖让。间有一、二好学者，欲通旁经而涉古书，则父、师交相斥责，以为不能够专心于时文，将为坎坷不利之人。故曰：'八股盛而六经微，十八房兴而廿一史废'。"又"经义论策"一条说："若今之所谓时文，既非经传，复非子史，辗转相承，皆杜撰无根之语。还不如唐所试诗赋，虽曰雕虫小技，而非通古知今之人所不能作。""拟题"一条说富家多先拟题请人代作，令子弟先行记诵熟习，入场抄誊，得第前后均不读本经，"因陋就简，赴速邀时"。故顾以为八股之败坏人才，等于焚书坑儒。他提出的变革考试内容之法则是恢复经义疑，四书五经皆先问疑义，所出之题不限盛衰治乱，使人不能意拟；若此不行，则姑用唐赋韵之法，犹可以杜绝节抄剽盗之弊，"盖题可拟而韵不可必，文之工拙，犹其所自作"，总胜过抄袭中式者。又主张不宜分经试士，而是要通五经。顾氏并在"试文格式"一条中批评明万历中不许在"大结"中触及时事等。

　　顾亭林对八股的批判主要是站在尊经、尊学问的立场上，认为八股无裨于学问，八股使人不学，其主要锋芒不是针对经义的内容，而是针对八股的形式，而他对八股形式的批判又与其说是针对八股的初衷，毋宁说是针对世俗和流弊，他指斥明末之坊刻泛滥，抄袭成风，说"八股盛而六经微"。清制艺名家、名臣李光地则说是"坊刻出"而真八股亡。任何有价值的事业之真精神、之初衷都可能被流俗改变、曲解和淹没。虽然作为后来坊刻主要内容的行稿社义，初衷本也是用来抵制考官中的流俗的，[1]

---

[1] 参见前所述艾南英四子。

但很快它们就流俗化了，不仅本身泛滥成灾，纯成俗众弋取功名之具，且使八股乃至科举亦为之腐化。我们可注意顾亭林所真正厌恶的是世俗和流弊，而尤其厌恶的是少年不学而躁进，如其《生员论》言："时文之出，每科一变，五尺童子能诵数十篇而小变其文，即可以取功名，而钝者至白首而不得遇。老成之士，既以有用之岁月，消磨于场屋之中，而少年捷得之者，又易视天下国家之事，以为人生之所以为功名者，唯此而已。故败坏天下之人才，而至于士不成士，官不成官，兵不成兵，将不成将，夫然后寇贼奸宄得而乘之，敌国外侮得而胜之。苟以时文之功，用之于经史及当世之务，则必有聪明俊灵通达治体之士，起于其间矣。"[1] 这也是他除了学问，所涉及的另一个批判八股的理由：八股有害国事。

我们再看另一方面的意见。明清之际著名文人、名士侯方域说："夫设学校于此，必其才者入，不才者不得入，是以才者有以自见，而不才者无所容。傥其杂然并进，是才与不才混也，才与不才混，而天下之才者少，不才者多。是才无以胜不才也，才无以胜不才，其势必尽化为不才而后止。"他也是痛恨流俗，并提出改革之方说："以作养之意，而寓澄汰之权，以文章之事，而行军旅之法，庶几其可矣。而其要，则尤在勿以文艺为浮华而以德行为借口。盖其所可饰者，行也，而其所不可饰者，文也。今使恃其才力以乱其名实，而使人保而举之曰，此德行者也，则督学者必俟论定于岁月，而无由一旦以知其然否，设使人保而举之曰，此文章者也，取而试之，阅其数语不终卷，而了然矣。夫然后察之曰，之子也，得无佻达者乎，而士行亦可以饬矣，故舍文而论其行者，奔竞之端也，既论文而后察其行者，齐一之术也，天下固有文学而无德行者，未闻不文不学而有德行者。"侯氏于此谈到入学不能以文章时艺为浮华而改试

---

[1] 《亭林文集》卷二。

德行的两点重要意见：第一是德可饰而文不可饰，德行可以作伪，可以假装，但文章假装不了，因文章首先关乎天生材质，其次要经过长期的后天训练培养；第二，我们当然可以说，伪德最终还是假装不了的，但要验证就须待以岁月，不像文章可以一旦而定，所以不如先察文，再看行，循名责实。[1]

黄中坚亦为八股作了辩护，他说：

> 自汉以来，皆以言取士，而议者独咎明制，至谓八股一日不废，则人才一日不出，呜呼，亦甚矣。
>
> 愚以为八股之不可不变者，其势也，因八股而议明制之失则非也。原夫有明立法之初，初实取历代之法而折衷之，其为具盖至备也，是故其用八股也，则经术之遗，而帖括之式也；其用判语也，则因于唐；其用策论也，则因于汉宋；其用诏表也，则因于诗赋之骈丽。夫先之以经义以观其理学，继之以表以观其才华，而终之以策以观其通达乎时务，以是求士岂不足以尽士之才，士果有能与其选者，岂不足以当公卿之任，而佐理国家之治，故曰折衷至善而为具之至备者，无如明制也。
>
> 世之论者徒见其末流之弊，而遂以有明之制，为败坏人才之具，此岂通论哉。虽然，凡人之才莫不各有所能，所不能，司马辨论官材，论定然后官之，明乎全才之难得，而当详为之辨也，今必兼此数者而求之，则是必得天下之全才而后可也，天下之全才不常有，而吾顾唯其全之求，则彼有勉强涂饰以侥幸于一得已耳。且吾所以试之者，既多其端势，不得不分先后，一分先后，则吾无所轻重于其间。

---

[1] 《清经世文编》卷五十七。

而轻重已自此而判矣,于是士皆尽力于八股,而其他但取办於临时,以应故事,校士者既已取其所长,即未有不曲护其所短,宜乎应举者之日沦于空疏,而不复以通今博古为事也,然则明制之所以为得者在乎其具之备,而其所以为失者亦正以其求备也欤。且夫天下固无久而不弊之法也,八股之制行之已三百余年,士子之心思才力毕竭于其中,不可复有所加矣,今将从乎其同,则陈陈相因,几于无可措手,将从乎其异则又将跅弛泛驾而不可为训,故八股之在今日,其亦穷而必变之势也。

然却变八股,而易之以策论,或易之以诗赋,则亦仅一偏之见,而未为得其中,尝观唐宋之世,其取士初不限以一科,是以有科目之称,今特设一科以待士,则士有科而无目也,愚谓宜仿其意而行之,略取今之试士者稍变其法而分为数科。……务精其选而不必广其额,其所取之士,量才授职,而勿使遽列于清要,若国必欲求特达之彦,则宜间设拔萃一科,随时定制,使凡中已上诸条,无关于已仕未仕者,皆得就试焉,取之以至严,而待之以不次,则尤足以鼓舞真才矣。至于童子之试,则不妨仍以八股从事,盖初学之士惟以明理为急也。[1]

黄氏指出了明八股取士之制实际是历代选举之法的一个折衷和综合,其得在"具之备",其失亦在"具之备",而难改也在此。他提出的改革办法是童试仍不妨以八股从事,但可多设几科以待各种人才,并设特科以待特别优秀之才,而不论其已仕未仕。后清廷于康熙、乾隆朝分别有两次博学鸿词特科,清季又有一次经济特科,第一次特科堪称得人,后两次却不甚理想。

---

[1] 《清经世文编》卷五十七。

清中叶的朝议

　　康熙二年乡、会试曾废制义（时鳌拜用事），以原第三场策五道移第一场，第二场增论一篇，表、制如故，即仅两场，亦只行两科会试、一科乡试即罢。[1] 康熙四年，礼部侍郎黄机言："制科向系三场，先用经书使阐发圣贤之微旨以观其心术，次用策论使通达古今之事变以察其才猷，今止用策论，减去一场，似太简易，且不用经书为文，人将置圣贤之学于不讲，请复三场旧制。"著名文人王渔洋于此亦有力焉。[2] 康熙八年己酉科乡试即恢复原制。[3] 雍正时，又有议变取士法、废制义者，上问当时大臣张廷玉，张对曰："若废制义，恐无人读《四子书》讲求义理矣。"遂罢其议。[4] 乾隆初，兵部侍郎舒赫德请废八股取士之制而改移更张，乾隆末又有杨述曾至请废制义以救其弊，而议均寝。[5]

　　现在我们来仔细考察在这些争议中双方理由展示最充分的一次。乾隆三年，[6] 舒赫德上疏请废制义，他从两个方面提出了四条理由：这两个方面一是说"科举而取，案格而官，已非良法"；一是说其"况积弊已深，侥幸日众"，四条理由是："古人询事考言，其所言者，即其居官所当为之

---

[1] 康熙三年甲辰科会试、康熙五年丙午科乡试、康熙六年丁未科会试。

[2] "会左都御史王公熙疏请酌复旧章，予时为仪制员外郎，乃条上应复者八事，复三场旧制，其一也。尚书钱塘黄公机善之，而不能悉行，乃止请复三场及宽民间女子足之禁、教官会试五次不中者仍准会试三事，皆得俞旨。余五事，后为台省次第条奏，以渐皆复，如宽科场处分条例、复恩拔岁贡、复生童科岁两考等是也。"（王渔洋：《论古文三》，《池北偶谈》。）

[3] 《清史稿·选举志》。

[4] 陈康祺：《郎潜纪闻二笔》卷十五。此理由与上面黄机一条同，说"无人读""无人讲"可能强调太过，只要经书本身有价值，一定还会有少数人不管是否有利可图都会讲求，但正如阮元所说，制义之重要在吸引大多数中间的人，保证他们能够讲求孔孟义理。所以，作为一般泛泛之论此亦无不可。其实，不能废的理由还不在此。

[5] 《清史稿·选举志》。

[6] 梁章钜在《浪迹丛谈》中说是"乾隆九年"，现从《清史稿·选举志》。

职事也,今之时文,徒空言而不适于用,此其不足以得人者一;墨卷房行,辗转抄袭,赝辞诡说,蔓衍支离,以为苟可以取科第而止,此其不足以得人者二;士子各占一经,每经拟题,多者不过百余,少者仅止数十,古人毕生治之而不足,今则数月为之而有余,此其不足以得人者三;表、判可以预拟而得,答策就题敷衍,无所发明,此其不足以得人者四;且人才之盛衰,必于心术之邪正,今之侥幸求售者,弊端百出,探本清源,应将考试条款改移而更张之,别思所以遴拔真才实学之道。"[1]

以上理由,第一条说时文无用及第四条说表判策可预拟敷衍,无所发明,与指科举本非良法有关,中间二条则是指斥其流弊,但舒说古人询事考官是考其居官之事,显是混淆了入仕与考绩。至于其指斥的抄袭预拟之风等积弊显然都是事实,但抄袭预拟是否真能像舒(以及前面顾亭林)所说的那样轻而易举,那样"数月为之而有余"呢?这些积弊是否又真的严重到必须"改移更张",而以新的选拔之道来代替它呢?新的"遴拔真才实学之道"又是什么呢?舒赫德没有对此做出正面的回答。

舒赫德疏上后,时正大学士鄂尔泰当国,力持议驳。礼部的复奏首先追溯了古代选举取士之法的历史:"取士之法,三代以上出于学,汉以后出于郡县吏,魏、晋以来出于九品中正,隋、唐至今出于科举。科举之法,每代不同,而自明至今,则皆出于时文。"然后提出诸法皆有弊:"三代尚矣,汉法近古而终不能复古,自汉以后,累代变法不一,而及其既也,莫不有弊。九品中正之弊,毁誉出于一人之口,至于贤愚不辨,阀阅相高;刘毅所云'下品无高门,上品无寒士'者是也。科举之弊,诗赋则祗尚浮华而全无实用,明经则专事记诵而文义不通,唐赵匡举所谓'习非所用,用非所习,当官少称职吏'者是也。时文之弊,则今舒赫德所陈奏

---

[1] 梁章钜:《浪迹丛谈》卷五。

是也。圣人不能使立法之无弊,在乎因时而补救之。苏轼有言,观人之道在于知人,知人之道在于责实。盖能责实,则虽由今之道,而振作鼓舞,人才自可奋兴;若专务循名,则虽高言复古,而法立弊生,于造士终无所益。"复奏并不否认舒赫德所指斥的时文之弊确系事实,但是,"及其既也,莫不有弊",从中我们可以推出一个很重要的思想,即这种弊是由积而成,或可称"积弊",它又是由俗而成,或可称"流弊"。即便由圣人所订的最好的善法在时光流衍、世俗染化中也不免生弊,关键在因时补救。但是,补救、变法之后,也还是会慢慢又演出新弊。我们看到,在某种意义上,科举正是为纠正察举之弊、九品中正之弊而来;而经义八股又正是为纠诗赋浮华之弊,帖括记诵之弊而来;但久而久之,它又产生如上面舒赫德(又不仅舒赫德,还有许许多多眼光更犀利的批评者)所指斥的弊端,此大概也是事物当然变化之理,明智的态度也许是:一方面既要努力纠正这些弊端,另一方面又要看到这些弊端在某种意义上的自然性,从而不意气激切而偏执一端,而是冷静地寻找出一些比较合理、公允的解决办法。

礼部复奏又为当时首场试经义时文与二场试表判制论作了辩护:"今舒赫德所谓时文、经义,以及表、判、策、论,皆为空言抄袭而无所用者,此正不责实用之过耳。夫凡宣之于口、笔之于书者,皆空言也,何独今之时文为然?且夫时文取士,自明至今殆四百年,人知其弊而守之不变者,非不欲变,诚以变之而未有良法美意以善其后,且就此而责其实,则亦未尝不适于实用,而未可一概訾毁也。盖时文所论,皆孔、孟之绪余,精微之奥旨,未有不深明书理而得称为佳文者,今徒见世之腐烂抄袭,以为无用,不知明之大家如王鏊、唐顺之、瞿景淳、薛应旗等,以及国初诸名人皆寝食经书,冥报幽讨,殚智毕精,殆于圣贤之义理,心领神会,融洽贯通,然后参之经史子集,以发其光华,范之规矩准绳,以密其法律,而后乃称为文,虽曰小技,而文武干济、英伟特达之才,未尝不出于其中。至于奸邪之人，迂懦之士，本于性成，虽不工文，亦不能免，未可以为时艺咎。若今之抄袭腐烂，乃是积久生弊，不思力挽末流之失，而转咎作法之凉，不已过乎？即经义、表、判、策、论等，苟求其实，亦岂易实，亦岂易副？经文虽与四书并重，而积习相沿，慢忽既久，士子不肯专心肄习，诚有如舒赫德所云，数月为之而有余者。今若著为令甲，非工不录，则服习讲求，为益匪浅。表、判、策、论，皆加核实，则必淹洽乎词章，而后可以为表；通晓乎律令，而后可以为判；必有论古之识，断古之才，而后可以为论；必通达古今，明包时务，而后可以为策。凡此诸科，内可以见其本原之学，外可以验其经济之才，何一不切于士人之实用？何一不可见之于施为乎？"

复奏并不否认时文有空言、无用的方面以及积久所生之弊，但一是没有良法美意以善其后，[1] 一是毕竟经义精深博大，有才者既可于此心领神会，又未尝不可以此作为进身之阶。接着，复奏指出，如果不由文字选人，而复古代养士或察举之制，即如果大改，则结果可能只会徒增纷扰，乃至助长虚伪而已："必变今之法，行古之制，则将治宫室，养游士，百里之内，置官立师，狱讼听于是，军旅谋于是。又将简不率教者，屏之远方，终身不齿，毋乃徒为纷扰而不可行！又况人心不古，上以实求，下以名应。兴孝，则必有割股、庐墓以邀名者矣；兴廉，则必有恶衣菲食、弊车羸马以饰节者矣。相率为伪，其弊尤繁，甚至借此虚名，以干进取，及乎莅官之后，尽反所为，至庸人之不若，此尤近日所举孝廉方正中所可指数，又何益乎！"

那么小改怎样呢？"若乃无大更改，而仍不过求之语言文字之间，则论、策今所见行，表者赋颂之流，即诗赋亦未尝尽废，至于口问经义，背

---

[1] 这是重要的。当时确看不到有何良方可改弦易辙，今天的中国人面对世界眼界大开，反复试验，付出许多代价，但仍难说就已经找到了合适的制度性举人之道。

诵疏文，如古所为帖括者，则又仅可以资诵习，而于文义多致面墙。其余若三传科、史科、明（原误为名）法、书学、算、崇文、宏文生等，或驳杂芜（原作无）纷，或偏长曲技，尤不足以崇圣学而励真才矣。则莫若惩循名之失，求责实之效，由今之道振作补救之为得也。……然此亦特就文学而言耳，至于人之贤愚能否，有非文字所能决定者，故立法取士，不过如是，而治乱盛衰初不由此，无俟更张定制为也。"[1] 最后几句话指出了科举考试的局限性，尤其重要。科举考试只是一种诉诸文字的基本能力测验，是要选合适的人任官，有这一道门大概总比没这一道门好，但是，并不能完全由文字看出人之能力大小和道德高低，而文字更无法决定"人之贤愚能否"，有些"奸邪之人，迂懦之士，本于性成，虽不工文，亦不能免"。所以，"立法取士，不过如是"，且国家之"治乱盛衰，初不由此"，这是非常重要的一点，即国运并不赖此，国运并不随文运（严格说来只是时文之运）消长，虽然相反的情况倒是有可能。所以，国衰、国亡亦难以咎八股。科举较适合被视作是一种社会与政治联结的管道，而不是单纯的一种政治制度，不太依一朝一代的政治为转移，也不易仅仅因考场的文体文风就影响到一朝一代的政治。科举致力于把当时的一些突出者选上来，然而，这些突出者是否能力上超过前面或后面的被选者，选上后又是否能恰当地发挥作用，乃至于一代盛治是否能完全依赖于当时的人才，都是一些必须在当时一定的历史政治情境中回答的问题。

清中叶的野议

乾隆初，方苞（1668—1749）奉命编选《四书文》，并认为"制义之

---

[1] 梁章钜：《浪迹丛谈续谈三谈》，中华书局1981年版，第84—87页。

兴七百余年，所以久而不废者，盖以诸经之经蕴汇涵于四子之书"，"而况经义之体以代圣人贤人之言，自非明于义理、挹经史古文之精华，虽勉焉以其形貌，而识者能辨其伪，过时而湮没无存矣"。[1] 然而，这实在并不是方苞很情愿做的一件事情。方苞曾说："余尝谓关教化、败人才者，无过于科举，而制艺则又盛焉。盖自科举兴，而出入于其间者，非汲汲于利，则汲汲于名者也。八股工作，较论、策、诗、赋为尤难，就其善者，其持之有故，其言之成理，故溺人尤深，有好之老死而不倦者焉。余寓居金陵，燕、晋、楚、越、中州之士，往往徒步千里以从余游，余每深颦太息。"[2] 方苞对科举时文的反感，主要是由于他觉得世人在这件事上过耗心力，是他看到世俗者"唯科举之知，及其既得，则以为学者之事终"。[3] 袁枚（1716—1798）自述："仆少不好作四书文，虽入学，虽食饩，虽受荐于房考，而心终不以为然。心之所轻，烟墨知之，遂致得题握管，不受驱使。四战秋闱，自不惬意。不敢有闵於有司。丙辰年，二十有一，蒙金中丞奏荐鸿词科，心乃然喜，以为可长辞时文矣。不料此科亦报罢。齿渐壮，家贫，两亲皤然，前望径绝，势不得不降心俯首，唯时文之自攻。又虑其不专也，于是忍心割爱，不作诗，不作古文，不观古书。授馆长安，教今嵇相国家七岁童子，朝暮瞿瞿，寝食于斯。于无情处求情，于无味处索味。如交俗客，强颜以求欢。半年后，于此道小有所得，遂捷南宫，入词馆。四十年来真与时文永诀。"[4] 袁枚以半年专攻时文，换取四十年不涉时文且无生累，此不亦宜乎？

---

[1] 《钦定四书文》首卷所载方苞奏折语。
[2] 《方望溪先生全集》中《何景恒遗文序》。
[3] 姚翠蕙：《方望溪文学研究》，文史哲出版社 1988 年版，第 127 页。
[4] 袁枚：《与俌之秀才第二书》，《小仓山房续文集》卷三十一（嘉庆本编入卷三十五），上海古籍出版社 1988 年版。

所以，袁枚是很明白地把时文视之为"敲门砖"，喻之为"假道于虞以取虢"的。他语重心长地对一位姓孙的秀才说："正如李生云：生方举进士，而作古文弃时文，是伐柯而舍其斧也，奚可哉？斯言殊有意义。……然则仆之弃时文作古文，乃假道于虞以取虢，而非贸贸然遽恃晋以绝秦也。……足下既已举茂才，试秋闱矣，势必借此梯媒为科名计，而科名又以早得为佳。何也？意不两锐，事不并隆。必绝意于彼，而后可专精于此。古之人，不特韩、柳、欧、苏为科名中人，即理学如周、程、张、朱亦谁非少年进士？盖天欲成就此人，必先使之得早出身，捐除俗学，唯古人是归，而后可传之于无穷。不特此也，作文戒俗气，亦戒有乡野气。无科名，则不能登朝，则不能亲近海内之英豪，受切磋而广闻见；不出仕，则不能历山川之奇，审物产之变，所为文章不过见貌自臧已耳，以瓮牖语人已耳。此亦有志者所深惧也。"[1]

袁枚认为，不必去考虑时文会不会传世，实际上此类功令应试之文，大概都不会传世。"至于功令之文，从古不重。昌黎所称下笔大惭者，诗赋也，唐之时文也。文文山跋李龙庚墓志云：'今虽圣贤不能不为时文，然非其心之所安，故苟足以讫事则已矣。'此策论也，宋之时文也。诗赋策论，何尝不传？而应考试者则不能传，何也？犹之濠之鱼，与校人馈子产之鱼，生死不同故也。仆愿足下於未秋试之年，分七分功于古学，而于应试之年，则以搏象之力为时文，不取其效不止。焉几名世寿世，两者兼获。譬如祭者未荐牲牢，先陈雏狗，固明知其无益而用之也。"[2] 亦即欲弃之，不能不先拾之；欲轻之，不能不先重之，且宜分开用力，庶几两者兼获。

---

[1]　袁枚：《与俌之秀才第二书》，《小仓山房续文集》卷三十一（嘉庆本编入卷三十五），上海古籍出版社1988年版。

[2]　同上。

袁枚又在致一位欲与时文绝的举人的信中,鼓励他不要半途而废,还是要考虑先取得进士。他说:时文病天下已久,欲焚之者岂独你,我也是如此,但是,我焚可以,你却不可以,我得科第早,又不必去担任考官,而"足下未成进士,不可弃时文;有亲在,不可不成进士"。古进身之道较多,今只一条路;古进士多至八百人(指宋代),今取进士只三百人,所以进身也难,这种形势是圣贤豪杰也难免的,既然知道势之不免,则能选择本末缓急而作大努力者,不也是圣贤豪杰?袁这里所举要成进士的理由,还不是宋明人常说的要"显身弘道","化治其民,尧舜其君",而只是"有亲在",要养亲乃至进一步娱亲,就势不能不习时文而考进士。袁枚说:"官一乡,可以具鱼菽养其亲,为古循吏。较夫踽踽喔呀,矜不可必之传者,宜谁先焉!就使入世难合,退而求息,然后积万卷以成一家言,其时非独心闲而力专也;既已磨砻乎世事,阅历乎山川,驯习夫海内之英豪,则其耳目闻见,必不沾沾如今已也。"所以,袁枚又喻"时文"为"媒":"昔有未婚而憎其媒者,或告之曰:'子之憎媒,子之所以婚迟也。子之婚迟,媒之所以病子也。子不能以憎媒故而勿婚,则不如速婚焉而绝媒氏。'仆劝吾子勿绝时文,乃正所以深绝之也。"[1] 在此,袁枚代表了清人对时文一种相当明晰,透彻的理解。此是褒时文乎?贬时文乎?轻时文乎?重时文乎?抑或又褒又贬,又轻又重?

除了作为一种进身的媒介,袁枚不否认时文还是自有某种存在的价值只是这种价值不可估计过高,这里的关键是在代言中是否有自得之见。袁枚比较了时文与古文:"古文者,自言其言;时文者,学人之言而为言。自言其言,以人所不能言而已能言为贵;学人之言,亦以人所不能言而已能言为贵。夫至于学人之言而为言,似乎传声搏影而言人人同矣。不知

---

[1] 袁枚:《答袁蕙缵孝廉书》,《小仓山房文集》卷十七,上海古籍出版社1988年版。

所学者何人也，圣人也。圣人之言，圣人之心也。能得圣人之心，而后能学圣人之言。得之浅者，皮传于所言之中而不足；得之深者，发明于所言之外而有余。孔子，学周公者也，孔子所言，周公未尝言。孟子学孔子者也，孟子所言，孔子未尝言。周、程、张、朱学孔、孟者也，周、程、张、朱所言，孔、孟未尝言。时文者，依周、程、张、朱之言，以学孔、孟之言，而实孔、孟与周、程、张、朱皆未尝言。然明诸大家，学其言而言之矣。本朝诸大家，又学其言而言之矣。言之肖与否，虽不能起数圣贤于九原而问之，而天下之人，皆以为肖，皆以为圣人复起，不易其言，此四百年来时文之所以至今存也。"[1]

并且，他认为代有其法，明清以时文取士还是合适的，天下事莫不有名有实，如仅务其名，则古取人之乡举里选，策论诗赋，也即今之时文，其不能得人是一样的，而如果按其实，则于时文观心术，即古之乡举里选也，于时文徵学识，即古之策论诗赋，其能得人也是一样的。[2] 时文"无关学问，而有系科名"。[3] 袁枚并且主张习时文不必要国家出钱出力去培养，考时文也不是旨在养成学问，而只是觇其已经达到的学问水准。"时文者，干禄之具，宜听士之自谋，而不必朝廷代为之谋。"卢抱经论时文亦曰："时文者，验其所学，而非所以为学也。"[4] 章学诚（1738—1801）则把举业比作先秦士人周游列国见君求用之"贽"（见面礼），又比作用以购买生活物件的媒介——金钱，以下是他的一段话：

  制举之业，如出疆之必载贽也。士子怀才待用，贽非才。而非

---

[1]　袁枚：《胡勿厓时文序》，《小仓山房续文集》卷二十八，上海古籍出版社1988年版。
[2]　同上。
[3]　袁枚：《与陈省斋转运》，《小仓山房尺牍》。
[4]　袁枚：《答戴敬咸进士论时文》，《小仓山房尺牍》。

赟无由晋接,国家以材取士,举业非材,而非举业无由呈材。君子之于举业无所苟者,必其不苟於材焉者也。余尝谓学者之于举业,其用于世也如金钱,然人生日用之急,莫如布帛菽粟,彼金钱者,饥不可食,寒不可衣,然流通交易,不用金钱,而用布帛菽粟,则布帛菽粟,必且滥恶售伪,而病人衣食矣。故急在布帛菽粟,而质剂必于金钱,理易明也,学人具有用之材,朴则有经史,华则有辞章,然以经学取人,则伪经学进而经荒,以史学取人,则伪史学进而史废,辞章虽可取人,毕竟逐末遗本,惟今举业所为之四书文义,非经非史非辞章,而经史辞章之学无所不通,而又非若伪经伪史之可以旦夕剿饰,又非若辞章之逐末遗本,上以此求,下以此应,正如金钱之相为交质耳,非然,徵金钱者,志不在金钱,而在布帛菽粟。试士以举业者,志不在举业,而在经史辞章有用之才。富家广有金钱,正以布帛菽粟,生人日用所需无所不聚之所致也,士子习为举业,而忘所有事,则如锻工铸匠,仅能熔造金钱,而家无布帛菽粟之储,虽金钱出入其手,而其身仍不免于饥寒者也。科举之士,沿流忘源,今古滔滔,习焉不察,惟豪杰之士,警然有省,则不肯安于习俗,由举业而进求古之不朽,此则不负举业取人之初意也。

族婿屠君怀三,英年负奇,所为举业之文,已自裒然成集,父兄师友,嘉其志尚,为一再付刻,以问当世,其业既斐然矣,君犹自不足,以其所刻霁岚制义三集,凡若干篇,以质于余,余惟君能不苟於举业,必能不苟於有用之才。金君墨间叙君文曰,见君所为古文,有见道语,则已从事于古人之不朽。举业其余事也,然举业所以求知于人者也,英妙之年,刻以问世,唐人投行卷,宋人进策论,皆为进身之贽。亦其例也,经史辞章,无论华实本末,要皆求立于己者也,十年读书,十年义气,毕生事业,不以岁月为期,昔伊川易传既成,

> 门人请出以问世，伊川云：尚冀有所进也，著述之事，所求者远大，古人不欲早传，自有深意，与举业不同道矣，譬之富家金钱，与世流通，而田宅世业，恃以安身而养命，则终身守之，而不与人为市，故能长守富也，余於金钱田宅，皆无所有者也，然常从事于斯矣，如牙人贫无立锥之地，犹能品评物价者也。"[1]

章学诚确实不失为一个客观、公允的品评者，我们还可以把这段话与王阳明的一段话比较。王阳明说，自举业初起，而后有所谓"古文"，古文之去六经远，由古文而举业又加远矣。"然中世以是取士，士虽有圣贤之学，尧舜其君之志，不以是进，终不大行于天下。盖士之始相见，必以贽，故举业者，士君子求见于君之羔雉耳。羔雉之弗饰是谓无礼，无礼无所庸于交际矣。"要工于举业，不可不学古，弗工于举业而求于进，是伪饰羔雉以网其君也。"是故饰羔雉者，非以求媚于主，致吾诚焉耳。"[2] 以上言论说明以时文举业为"贽"、为"媒"（或俗称"敲门砖"），确实是明清士人相当持久的一种认识。康熙时何焯说：自元八比取士至今，"推而褒之者十九，薄而贬之者十一"，[3] 也表明即便在明末清初的反激之后，大多数士人还是颇认同以八股时文作为进身之道。并且，即便此为小技，一旦决定做它，士人也就应认真对待，不苟于此，"以致吾诚"。因为，如果要进取遂志（无论此志是行道还是养亲），它毕竟是一绕不过去的开始，它又仅仅是开始，故对此一始业，在一段时间里不能不谨，亦不能不勤。

---

[1] 章学诚：《跋屠怀三制义》，《章学诚遗书》，文物出版社 1985 年版，第 323 页。
[2] 谢枋得：《文章轨范》卷首，王守仁于《正德丙寅仲秋》所作"序"。
[3] 梁章钜：《制义丛话》卷一。

第八章 今 评

本章先大略观察一下 20 世纪以降对于八股的批评，尤其注意 90 年代以来大陆学者文人的一些最新看法，然后，我将试图回答历史上八股之得人及人得八股的问题，最后以论八股的应试功能为题收结。

今人对八股的批评

八股先于科举而亡，[1] 而科举随后亦不能不废。[2] 既然八股所附之体的科举已随之偕亡，批八股也就等于打死老虎，故在废八股科举之前，还不乏人激烈地批判八股，[3] 废除之后十多年，反而没有多少对八股的激烈攻击。人们只是已不屑于再说八股。

---

[1] 1901 年上谕废八股，改试经义论策。
[2] 1905 年上谕废除科举。科举与八股实已是同命，发展至清，已很难设想无八股的科举，就像若无科举，也很难设想会有八股。废八股之后的经义文实已不堪读，政治时务策论亦不能不流于汗漫空谈。
[3] 如唐才常《时文流毒中国论》，中华书局 1982 年版，第 160—163 页。但他此时还是站在维护孔教的立场上批评八股。

但是，当对传统社会的反叛与改造深入到思想文化、价值体系的层面，五四新文化运动开始兴起，八股文又成为被攻击的旧文学的陪绑对象，乃至成为旧文化的众恶所归和突出象征了。文言古文被视为与八股时文是一路货色，"与八股家之所谓代圣贤立言者同一鼻孔出气"，[1]"以视八股试帖之价值，未必能高几何"。[2]胡适"文学改良"的八大主张，陈独秀"文学革命"的三大主义，虽然矛头主要是针对一般文言，但时文自然是其中之最"烂朽"者。时文与古文本就有不解之缘。

周作人说严复、林纾都十分聪明，他们看出了新文学运动的危险将不限于文学方面的改革，其结果势非使儒者思想根本动摇不可。他提议大学里应该讲八股，至少北大应该讲，因为八股是中国文学史上承先启后的一个大关键，假如想要研究或了解本国文学而不先明白八股文这东西，结果将一无所得，"既不能通旧传统之极致，亦遂不能知新的反动的起源"。八股文永久是中国文学，乃至中国文化的结晶，它整个是不活了，那一块一块的却都活着。八股不但是集合古今骈散的菁华，凡是从汉字的特别性质演出的一切微妙的游艺也都包括在内，所以说它是中国文学的结晶，实在是没有一丝一毫的虚价。"民国初年的文学革命，据我的解释，也原是对于八股文化的一个反动，假如想了解这个运动的意义而不先明了八股是什么东西，那犹如不知道清朝历史的人想懂辛亥革命的意义，完全是不可能的了。"[3]

胡适敏锐地察觉到五四新文化运动，尤其是白话文运动的社会含

---

[1] 曾毅：《与陈独秀书》，载《中国新文学大系》，郑振铎编，《文学论争集》，第3页。良友图书公司1935年版。

[2] 陈独秀：《文学革命论》，载《陈独秀文章选编》上册，三联书店1984年版，第173页。

[3] 周作人：《中国新文学的源流》，胡适、周作人编《论中国近世文学》，海南出版社1995年版页65，第74—76页。

义：它实际上是要破除等级社会的文化价值残余，清除传统等级社会在文化上的隔离手段，在这个意义上，时文和古文其实都是起着同样的作用，文言是传统的精神文化贵族的最后藏身之地，白话文运动就等于要将精神贵族从其最后的避难所驱逐出来，以适应一种不可避免的社会转变。他说：1904年以后，科举废止了。二十多年来，有提倡白话报的，有提倡白话书的，有提倡官话字母的，有提倡简字字母的；这些人可以说是"有意地主张白话"，但不可以说是"有意地主张白话文学"。他们的最大缺点是把社会分作两部分：一边是"他们"，一边是"我们"。或如周作人所言，古文是为"老爷"用的，白话是为"听差"用的。直到"一九一六年以来的文学革命运动，方才是有意地主张白话文学。这个运动有两个要点与那些白话报或字母的运动绝不相同。第一，这个运动没有'他们'、'我们'的区别。白话并不单是'开通民智'的工具，白话乃是创造中国文学的唯一工具。……第二，这个运动老老实实的攻击古文的权威，认他做'死文学'。从前那些白话报的运动和字母的运动，虽然承认古文难懂，但他们总觉得'我们上等社会的人是不怕难的：吃得苦中苦，方为人上人'。这些'人上人'大发慈悲心，哀念小百姓无知无识，故降格做点通俗文章给他们看。"[1]

胡适又引《官场现形记》1903年版茂苑惜生序："选举之法兴则登进之途杂，士废其读，农废其耕，工废其技，商废其业，皆注意于官之一字。盖官者有士农工商之利而无士农工商之劳者也。天下爱之至深者，谋之必善；慕之至切者，求之必工。于是乎有脂韦滑稽者，有夤缘奔竞者，而官之流品已极紊乱。"说《官场现形记》的主意只是要人人感觉官是人

---

[1] 胡适：《五十年来的白话文学》，胡适、周作人编《论中国近世文学》，海南出版社1995年版，第97—98页。

间最可恶又最下贱的东西。[1] 胡适盛赞《儒林外史》的一个重要原因,也是因为他认为该书的主题是"想要提倡一种新的社会心理",叫人知道官的丑态;叫人觉得人比官格外可贵,学问比八股文格外可贵,人格比富贵格外可贵。[2] 胡适的批判颇见分量。当时及后来主北大等新学校者,每悬一宗旨曰,来此读书不是为做官的,但此一观念的根本转变尚需时日。

孙中山对中国古代考试及监察制度的推崇人所熟知,[3] 他主张行政、立法、司法、考试、监察五权分立,实际上等于对行政权力除了现代的立法、司法两大限制之外,又加上古代的考察、监察两大限制。他又主张今天的被选举者应当首先参与考试,以限制被选举人的资格并提升其文化修养。[4]

作为旧日翰林、今日新教育家的蔡元培,主要批评了旧的科举教育的所学狭窄,且又削足适履,强人所难,以及世俗不论人的才质合适与否,尽驱之于利禄之途的弊害,[5] 但他也认为:八股"由简而繁,确是一种学文的方法"。只是学成以后还这样,有点叠床架屋。[6] 钱穆在20世纪四五十年代的《国史大纲》、《中国历代政治得失》、《国史新论》等著作中,对中国历史上的社会政治制度,包括古代选举做了一种相当具有"温情和

---

[1] 胡适:《五十年来的白话文学》,胡适、周作人编《论中国近世文学》,海南出版社1995年版,第81—82页。

[2] 见其《吴敬梓传》《吴敬梓年谱》,转引自李汉秋编:《儒林外史研究资料》,上海古籍出版社1984年版,页66—67,又参见86—87。

[3] 可参《总理全集》上,《三民主义·民权主义》第六讲,《五权宪法》以及《三民主义与中华民国的宪法》、《采用五权分立制以救三权鼎立之弊》等演讲。

[4] 参见其《五权宪法》,亦即被选举人应当首先被选举(考试),这在某种意义上可沟通中国古代选举与现代流行的选举,并考虑到现代的选举者也应具备一定的文化和政治素养。

[5] 《新教育与旧教育的歧点》,高平叔编:《蔡元培教育论集》,湖南教育出版社1987年版,第207页。

[6] 《我在教育界的经验》,同上书,第612页;又见《我所受旧教育的回忆》,第548页。

敬意"的理解和阐述,并指出从四书义演出八股文,也是一种客观上的"不得已",正因为应考人多了,录取标准成为问题,才不得不出此下策。[1]"然四书演成八股,则经术其名,时艺其实,朝廷取士标准依然在文艺,不在义理,仍不失为是一种中立性的。"但也指出"八股是一条死路"[2],最终是八股拖累了科举,拖累了中国。

恽代英在1923年12月发表于《中国青年》第8期的一篇文章《八股?》中认为:若文章不管它对于人生有没有用,只问它美不美,那八股文便也有它美的地方。做这种文章的人,有时候也能够在这种死板的格式中间,很自由很富丽地发表他的意见。而另一方面,他批评当时使全国中学生疲精劳神、而考试完大半就要忘记干净的应试教育,说它未尝不是一种洋八股,仍然是一种敲门砖,使中学生们没有一点工夫学习做人、做公民的学问。[3]

20世纪下半叶对中国人(至少大陆)思想和语言方式影响最大的自然首推毛泽东和鲁迅。瞿秋白以轻蔑的口吻说"八股原是蠢笨的产物",并说"八股无论新旧,都在扫荡之列"。[4] 这些言论因为收在《鲁迅全集》中,以鲁迅的名义更是在中国不胫而走。[5] 毛泽东则有《反对党八股》的名文。[6] 他肯定五四新人物的反文言文,反旧教条,认为洋八股、洋教条是对五四运动的一个反动,是一种把好、坏皆绝对化的形式主义,[7] 并

---

[1] 钱穆:《明代考试制度》,《中国历代政治得失》,台湾三民书局有限公司1974年再版。
[2] 钱穆:《国史新论》,1966年版,大中国印刷厂承印,第89页。当然,他的主要研究兴趣不在这一点上。
[3] 《恽代英文集》上卷,人民出版社1984年版,第389—392页。
[4] 鲁迅:《伪自由书·透底》,《鲁迅全集》卷五,人民文学出版社1957年版,第83、86页。
[5] 鲁迅当然也是赞同这一观点的。
[6] 吴稚晖说过,中国有土八股,有洋八股,有党八股。
[7] 这是一个很有意思的思想。

列举党八股的八大罪状是：1. 空话连篇，言之无物；2. 装腔作势，借以吓人；3. 无的放矢，不看对象；4. 语言无味，像个瘪三；5. 甲乙丙丁，开中药铺；6. 不负责任，到处害人；7. 流毒全党，妨害革命；8. 传播出去，祸国殃民，其中前五条是较具实质性的。[1] 这一批判自然有当时政治斗争的背景，但此后八股成一恶谥却是铁定，凡沾八股者皆在否定之列。大陆自不必说，包括海外也有人认为："八股文，跟抽鸦片、缠小脚三者，同为毒害中华民族的痼疾。"[2]

　　进入20世纪90年代以来，随着对传统文化研究的升温，对八股的兴趣也有一点小小的回升（但决说不上是热），尤其在1994年，先是有启功、张中行、金克木几位老一辈文人陆续写下了评论八股的长文，此年由中华书局集为一帙出版，[3] 又有学者搜集旧文，编有《八股文观止》一书问世。[4] 其中启功认为：八股作为一种文章的形式，本身并无善恶可言，只是被明清统治者用作约束士子思想的工具，从本质上看，用《四书》中零章断句来强迫人东拉西扯，还要算"代圣贤立言"，分明是"公开造谣"，"假传圣旨"。皇帝还郑重其事地封官任职。既然自己令人造谣，自己还以为选拔人才，所选的那些人和他们做的官，自宰相一级直到地方县令，都是久经锻炼说假话的人，这样从朝政到吏治都不易好转。明清历朝科举出身的人，虽然并不都是专会欺诈撒谎的人，也有许许多多具有各方面的才能，为国为民做过若干好事。但那些人的各项才能和所做的好事，绝

---

[1] 《毛泽东选集》卷三，北京：人民出版社1966年版，第787—803页。毛在另一处也谈到八股，他在《中国革命战争的战略问题》一文中说："干了十年的革命战争，对于别的国家也许是值得惊奇的，对于我们却好似八股文章还只作了破题、承题和起讲。"同前书卷一，第217页。

[2] 曹聚仁：《中国学术思想史随笔》，三联书店1986年版，第390页。

[3] 启功、张中行、金克木：《说八股》，中华书局1994年版。

[4] 田启霖：《八股文观止》，海南出版社1994年版。此前还有王凯符所著《八股文概说》（1991）等。

对不是从八股文中学来的。[1] 金克木认为，八股的罪看来不过这么几条：一是限制了思想，但只是限制读书人的思想，限不住文盲。二是糟蹋了文学，但糟蹋的也只是书本上的文学，毁不了口头流传的文学。三是害了朝廷，毁了国家。以八股取士，中进士点状元的都是书呆子，会作破题、小讲、对偶，不懂治国安邦，背诵经书，不知实际。但八股亡国论这个罪名太大。在这样的政治机制的运转中，无论采取什么方式作升官途径，实质不变。文字上考什么体裁，用赋，用策，用诗，用论，用八股，形式变化，实质效用变动很小。会作诗赋不比会作八股四书文讲经义就好些，对于做官和进行统治都一样，差别有限。[2]

作家刘绍棠则明确地说，八股文之可恶，在于内容。它"代圣贤立言"，为封建统治者服务；又由于它是封建王朝开科取士的制艺，便成为封建王朝禁锢思想、加强统治的政治工具。因而，被一切开明、进步、民主、革命的知识分子深恶痛绝，正是理所应当，罪有应得。八股那严格僵化的程式，束缚了思想的活跃，也桎梏了写作的生动活泼，这种文体已被淘汰，不应复活。然而，正如平衡木运动，限定在十厘米宽的平衡木上，一分钟之内做出成套高、难、险、美的动作，因此才产生运动效果和艺术魅力。于是，对于那些写文章浪费笔墨的人，大可以"八股"他一下。强迫他念篇八股文，给他批讲几篇八股文，以毒攻毒，或可恶治而病除。[3]

在最近余秋雨广为流行，对传统文化颇具同情和了解的散文中也有一篇《十万进士》，作者一方面在描述唐代以诗赋取士的科举时写道："中国居然有那么长时间以文化素养来决定官吏，今天想来都不无温暖。"另一方面又做出了以下的结论："科举考试最终的彻底败落，在于它的考试

---

[1] 启功、张中行、金克木：《说八股》，中华书局1994年版，第1，62—63页。
[2] 同上书，第98—107页。
[3] 王凯符：《八股文概说·序》，中国和平出版社1991年版。

内容。""八股文的毛病首先不在形式而在内容。这是一种毫无社会责任和历史激情,不知究竟要选择什么样的人的昏庸考试方式。"[1]

"文革"后对八股开始研究较早、评价也较高的是邓云乡,他在1994年出版了《清代八股文》一书,后又撰有《眉园日课·书后》等文。邓云乡说,在以八股取士的科举中,智商特别高的连连得中,且将这套功夫作为量才玉尺,再去遴选别人,而智商一般的,或一下子掌握不了八股深度奥妙的,苦下功夫,揣摩几十年名文,到五六十岁才中进士、点翰林,甚或到老也中不了,从个人说,自是很苦恼的、不幸的。但从当时的政权说,其目的就是要通过这样严格的手段,遴选人才,取得平衡,在平等的竞争机会中,保证遴选人才的质量,和社会公认的荣誉。客观上使人们在培养以儒家思想为主的道德教育、惊人的记忆力、周密的逻辑思维、思维的敏锐性、准确性、细微性等方面,都受到不同程度的应有的严格训练。这种文体在明、清两代的教育中,由浅入深、由简到繁,对于智商高的人尽快涌现,对于一般智商的人受到应有的文化和逻辑思维锻炼,是起过长期的历史作用的。[2]

90年代的这些评论与三四十年代的批评相比有了一种有意思的变化,三四十年代毛泽东、瞿秋白等人的主要兴趣是反对"党八股"、"新八股"、"洋八股",涉及八股的方面主要是批判八股的形式(当然也决非肯定其内容),而90年代评论的主要兴趣方转到八股本身,这时主要是否定八股的内容,而对八股的形式却反做了相当的肯定或至少认为其无罪了。

---

[1] 余秋雨:《十万进士》,《收获》1994年第3—4期。
[2] 邓云乡:《眉园日课·书后》,《中国文化》第13期,刘梦溪主编,1996年。

八股是否能得人？

明清八股取士是否能实现其之所以被设立的功能本意——为国得人？是否能使各种人才，首先是政治人才被选拔上来为朝廷所用？或者更广义地说，是否能使主要是道德政事文章方面的卓越之士居于他们应得（desert）的社会高位，[1] 乃至于接近于古人"野无遗贤"的理想？即便在传统社会崩溃之前，这也一直是一个有广泛争议的问题。肯定者可以举出许许多多获得了科名的卓越政治家、文学家、思想家和学者的证据，而否定者也可以举出相当一些未能获得功名的各方面卓越者，这方面所能举出的人数自然还是要比前面少得多，但如果考虑到历史上可能还有许多正是因为无功名而未能自显，被埋没的人才可能又不少。而所有有关得人或不得人的罗列或统计都可能碰到这个问题：即究竟还有多少我们根本不知道的人才呢？由于究竟历史上有多少人才湮没几乎是一个无法验证的问题，因而争论也就不容易得到解决，所以我们后面还要从一个确实有才者如果想得功名能有多大把握的角度再次涉及这一问题。

我们先略微罗列一下清代主要以八股取士得人的情况。在清代的著名文人中，[2] 钱谦益为明朝进士，吴伟业、王士祯、纳兰性德、朱轼、方苞、方舟、袁枚、翁方纲、姚鼐、沈德潜、彭元瑞、纪昀、汤鹏、龚自珍、冯桂芬、李慈铭、吴汝纶、沈曾植均为进士；尤侗是康熙十八年试鸿博列为二等；侯方域顺治八年乡试仅中副榜；刘大櫆累世为诸生，方苞激赏之，然雍正中两登副榜，应乾元词科又遭张廷玉黜落。厉鹗、恽敬、林

---

[1] 道德、政事、文章——这是按古人重视的次序排列，但由于科举考试自身的发展规律，在选择时的实际次序可能恰好相反。

[2] 文人、学者只是大致划分，分别依据《清史稿》"文苑"与"儒林"两传而略有调整，且在政治上作用较重要者不计在内，对政治家我们主要观察晚清。

纾均为举人。金圣叹、吴敬梓、蒲松龄、李汝珍只是秀才，曹雪芹则以禁锢不能与考，但高鹗是进士，李渔为明代秀才，清代未再应试；清代著名文人完全是布衣的还是罕见。总的说，在文人中，才能偏于诗、文者似较占优，有小说、戏曲之长才者的功名之途却要逊色一些。[1]

在清代的著名学者中，一些明亡后立志不仕的清初学者是一特殊的集团，如孙奇逢17岁即中举人，王夫之23岁亦中举人，明生员顾亭林据说八股文也写得很好，[2] 还有黄宗羲、张尔岐、颜元等，这些人若是去应清代科举，成进士大概不是难事，但他们明亡后都不再应试。其后则有万斯大为举人，顾栋高、惠周为进士，全祖望雍正七年充贡入京，旋举顺天乡试，乾隆元年举博学鸿词，是春会试却先成进士。何焯是一很特别的例子，他藏书极富，读书极多，著有《义门读书记》，康熙四十一年被荐召入南书房，次年赐举人试礼部，下第复赐进士。他曾被人诬陷而致罪，但皇帝看了从他家查抄的东西觉他只是一个嗜书如命者而不再追究，这大概是清代对不擅考者也赐两榜的一个特例。以后钱大昕、王鸣盛、赵翼、朱筠、章学诚、法式善、孔广森、邵晋涵、王念孙、毕沅、洪亮吉、阮元、孙星衍、凌廷堪、桂馥、刘宝楠、龙启瑞、陈立、俞樾、廖平、王先谦等均为进士，但也有段玉裁、严可均、焦循、王闿运、孙诒让等仅为举人。戴震年28方补诸生，乾隆二十七年举乡试，四十年命与会试中式者同赴殿试，赐同进士出身。而江永为诸生数十年，大概也是一个不擅或不愿考者，汪中20岁补诸生，乾隆四十二年拔贡，以母老竟不朝考，后亦不与

---

[1] 但各种文学才能还是较密切相关的，所以也可说如蒲松龄等人是因科场失意方转向笔记小说的。

[2] 何焯：《行远集·跋》："亭林《且比化者》二句题文，谓可与文集中《齐四王冢》并读，以时文论，亦逼真鹤滩殿撰也。"梁章钜《制义丛话》卷八因此评论说："观义门跋语，则亭林非不工时文者，工时文而痛诋时文若此，彼盖疾夫藉圣贤之言为梯荣钓宠之术，转相摹仿愈趋愈下，遂发此过激之论耳。"

试,使满心想要中他的朱珪落空,黄式三、江声也是以母丧或父疾不复事科举,江声是一个极其专注的学问家,从小就问师:"读书何为?"嘉庆元年(1796)方被举孝廉方正。[1]

政治家几乎都不能不走科举"正途",我们只略看一下晚清(主要是光绪朝)著名政治家的情况。19世纪影响最大的两位政治家曾国藩、李鸿章均为进士,其他如沈桂芬、李鸿藻、孙毓汶、翁同龢、王文韶、张之万、张之洞、瞿鸿机、阎敬铭、鹿传霖、林绍年、孙家鼐、张百熙、唐景崇、于式枚、沈家本、张佩纶、郭嵩焘、洪钧、丁宝桢、陶模、徐致靖、刘光第、康有为、袁昶、文廷式、徐桐、赵舒翘、陆润庠、梁鼎芬,劳乃宣这些在清季政坛或外交领域内扮演过重要角色的风云人物也都是进士,其中且有几位状元(翁同龢、张之万、孙家鼐、洪钧、陆润庠)及榜眼探花等。陈宝箴、杨深秀、杨锐、林旭、梁启超等则为举人,袁世凯是由在朝鲜的军功及李鸿章保荐上升。荣禄为荫生,曾纪泽也是荫补;刚毅以笔帖式累迁,周馥初侍李鸿章司文牍,累保道员;薛福成以副贡生参曾国藩幕,谭嗣同游新疆刘锦棠幕,以同知入赀知府;端方由荫生中举人,入赀为员外郎,盛宣怀以诸生纳赀为主事。由以上情况,我们大致可以看到晚清入仕的多途并进,但显然还是以正途科名(进士、举人、贡生)为主,又是以入翰林者为重。

这些正途出身者是具有中国传统特色的政治家,他们能在其时数千进士、数万举人中进一步凸现,自然是因为他们还具有相当的实际政治的才能和兴趣,而他们最初要从更为广大的数十万乃至数百万应考者中脱颖而出,又不能不具有相当精湛的经史学术和一定的为文才能,所以,在他们中间,相当深入地讨论学问和相当优雅地应酬唱和自然就是很稀松平

---

[1] 清代仍保留此途,虽不重,亦是汉人遗意。

常的事了，全然不学无术或不学有术者不易混迹其间。他们除了公务，自己也常能写出漂亮的诗文，传世姑不论，但至少能写，也能在较高水平上鉴赏。总之，无论英雄枭雄，激进保守，留下善声或骂名，这些人确为当时的一时之选，而决非资质平庸、侥幸得举之辈。而曾国藩、张之洞等人的努力虽未能挽回传统社会的颓势，也并不就是他们无能，而是势已有所不能。

八股虽然并不具有总能把最好的人推到最高位置的确定性，它还是把大量的庸才挡在了门外。换言之，名次并不很重要，甚至人们津津乐道的状元亦不值得过分注意，关键在举人、进士队伍确实网罗了一大批有才华者。在一个人那里，各种才华是有联系的，有文学才华者中也不乏有政治才能者，至少，政治才能也需要有一定的文学、经学基础，尤其对于中国传统的政治家是这样。所以，柳宗元会有那样一种自信，认为不管是选孝廉还是考进士，而考试也不管是重诗赋还是重经义，被选中的基本上还会是同样一批人。[1] 也就是说，不管察举、科举，还是有相当一批英才不会被埋没。当然，另一方面，在不同的人那里，才华又是有分断的，有相当政治才能者可能还是缺乏文学才华，尤其是某些具实干才能者，所以还是有理由怀疑中国古代选举漏掉了一些政治人才，这里且不说古代选举"以文取人"的特点会使不少有其他才能（如经商才能，科技发明才能，某一专门艺术的创造才能）的特殊人才可能就因此湮没不显。所以，人们还是有理由批评：一方面，八股取士的门可以说开得太大，使一些并不合适的人们也羼入其中，另一方面，又可以说它的门开得太小，使另一些其他方面的有才者亦不得其门而入。邓嗣禹说："夫科举之重视，千有余年矣。而考试之本旨，又在得才，千余年中，此种目的，果达到乎？殆难言

---

[1] 柳宗元：《送崔子符罢举诗序》，《全唐文》第六册，中华书局1983年版，第5841页。

矣。历代名臣贤相，建功立业，及硕学名儒著书立说者，十之八九，盖从此孔穿过，不能谓未得人才也。然以盖世奇才，有不尽出身科场者，此中原因，盖一以奇伟之士，无意举业，虽有荣禄，不能纲罗；一以科举之时，人数众多，阅卷草率，易于遗才。"[1]

由于八股主要是考一种理解经典及组织文字的能力，要求理法与文辞兼备，故学者与文人在考试中较占优势，而兼具政治才能的人则更在入选后的官职擢升中占优势。但在此我们要注意一点，即传统的中国国家形态并不像现代意义上的国家，在今人看来，它的国家能力是很弱的，很多事情都是由社会、由民间自行解决，所以，传统中国也就有了其他文明所罕见的一身而兼学者、文人、政治家三任的官员。学识、文才、政治三种才能虽然相异，又毕竟同样作为智力而有相通互渗的一面，尤其对大多数人来说是这样（仅在某一个方面极为突出者极少）。而且，重要的是在于，我们不宜以现代国家所需人才的类型和数量来要求传统型的国家。对于传统中国这样一种国家形态来说，它可能并不太需要那种过于精明、强悍、与道德与文化水平失去平衡的政治才能，甚至无须太注重遴选很能办事、很有政治才能的人。我这一看法可能与许多人的看法相悖，人们一直说八股无用，不能选拔到能干的政治人才，而我却说倘非危机时期，传统中国可能无须太多太能干的政治人才，而这种无须恰反映出社会生活的某种正常乃至繁荣，繁荣的一个标志就是文饰增多，就像建筑物，最富丽堂皇的建筑往往就是其无用（不实用）部分最多的建筑（当然也需精巧安排），无论如何，一个民族，一个时代，能够有一些不实用，非功利、非政治的东西还是幸运的，对大多数个人的生活来说这更不失为幸运。

在传统中国占统治地位的治国思想中，实际有一种相当深厚的自然

---

[1] 邓嗣禹：《中国考试制度史》，台湾学生书局1982年版，第339页。

无为,清静自化、让人自为之、自养之、自竞之的思想,[1] 乃至科举,也主要是让人自谋之、自竞之、自请先生、自筹经费,而不是全由国家给包下来。所以,在古代中国,太平年景并不需要多少政治干才,太多的管理可能还适足以扰民。一个才华主要表现在文学、学术的人有时也就颇能胜任其政治职务,而对学术与文学的浓厚兴趣也有可能淡化一个官员对聚敛财富的欲望,转移他的视线,使之不会去一心一意地搜刮民脂民膏,因他确实另有事可做,另有为他看重,也为社会所看重、他也有能力做的事情可做,且不说儒家的学问还一直是一种约束利欲、端正品行的学问。

另外,我们也注意到:政治人才按理说应当通过"试之以职",才能最好地发现和培养,但实际上又不可能普遍地对所有愿意从政者都授予职务来进行考察,这样做的成本显然太高。所以这是一个矛盾,于是就不能不有一个初选,仅选择一些人来授之以职,科场就是这样一个选才之地,它并非一个养才之所,养才是在高层,是在人们成进士之后,如钱穆所说,明清翰林院就是这样一个培养高级政治人才,使之暂不领实职,而是暂居清要习练政事的场所。

在传统中国占支配地位的价值体系中,征服欲和扩张欲不是很强,而是更为追求一种天下的太平和文化的繁荣,于是在和平繁荣与科举兴盛之间就有一种密切的联系。[2] 政府求政治、军事人才甚急的时分往往是

---

[1] 这方面可以说是道家表现得更突出,但儒家也有这样的思想,参王夫之《读通鉴论·明帝七》所言:不必政府劝学、士自劝也,农亦不必劝,劝农常常反以伤农。中华书局1975年版,中册,第522页。

[2] 即以"凝定"科举的唐开元、天宝年间为例,孤独及说:"开元中蛮夷来格,天下无事,缙绅闻达之路惟文章。"梁肃说:开元中,"时海内和平,士有不由文学而进,谈者所耻。"权德舆说:"自开元、天宝间,万户砥平,仕进者以文讲业,无他蹊径"。杜佑说:"开元以后,四海宴清,士无贤不肖,耻不以文章达。"沈既济说:"开元、天宝之中……家给户足,人无苦窳,四夷来同,海内宴然。……百余年间,生育长养,不知金鼓之声、烽燧之光,以至于老。故太平君子,(转下页)

在积弊已深，或者外敌侵逼的时候，但过去碰到这种情况往往还能一蹶复振，直到西方挟其强大的军事、经济势力而来，且一波复一波地猛烈冲击时，传统社会的结构遂难以抵御，而当其内里一向被压抑的一种强大力量（如艾南英所说世俗"强大之天"）起来之后，这一社会结构在反复重击之下就不能不土崩瓦解。

人才能否得八股？

下面我想再稍稍改变一下角度，不是从"得人"，而是从"人得"的角度，不是从国家的立场，而是从社会及个人的立场来看这个问题，即改而问：社会上人们获得功名的情况大致怎样？如果一个确有才能的人想得到这科名，他能有多大的把握得到它？从这个角度进入有助于我们进一步了解八股得人的情况，因为，如果一个有才者想得到这功名就不难得到的话，那他未与试而不显就不能算是被埋没。林纾诗言："须知人才得科第，岂关科第得人才。"如果人才想得功名就大致能得，就说明科举还是能得人的。[1]

确有一部分有才者不想得到这科名，当然，其中有些人之所以不想，可能是根本不知道有这机会，是根本想不到，如居穷乡僻壤，父母又愚钝如王安石《伤仲永》一文中所写父母那样的神童；还有一些人则有可

（接上页）惟门调户选，征文射策，以取禄位。此行已立身之美者也。父教其子，兄教其弟，无所易业，大者登台阁，小者任郡县，资身奉家，各得其足，五尺童子耻不言文墨焉。是以进士为士林华选，四方观听，希其风采，每岁得第之人，不浃辰而周闻天下。"（《通典》卷十五《选举三·历代制下》），转引自吴宗国著《唐代科举制度研究》，辽宁大学出版社1992年版，第169—170页。但由此所带来的问题也正如李华在《杨骑曹集序》中所说："开元、天宝之间，海内和平，君子得从容于学，于是词人才硕者众。然将相屡非其人，化流于苟进成俗，故倚道者寡矣。"

[1] 林纾：《闽中新乐府》；转引自中国史学会主编《戊戌变法》第四册，上海人民出版社，第369页。

能是自我估计偏低，不敢去尝试本可一试的科名（当然另一方面，也有一些文才并不高，却具冒险气质或进取心切者踊跃尝试，乃至也跃过龙门），可能有更多的人会因困于直接而紧迫的家庭生计问题无法去考，从而根本不敢作此想，尤在一代王朝的衰落期。另外，我们也不宜忽视，也还有一些人是为了道义、为了自己的尊严而不欲赴试者（如前述明遗民及张佩聪等），[1] 也有生性淡泊情愿隐于山间林下自得其趣的隐士一类人物（如吴敬梓笔下的王冕），还有些人则是另有他途仕进，可避开此路或此路之一段（如小试）者，如可荫补者，[2] 晚清，尤其太平天国以后，家庭饶有资财者有较多的机会通过捐纳的方式获官。

在那些参加了考试的人们当中，张仲礼根据1871—1905年无锡、金匮两邑80个生员的材料，统计出他们中生员时的平均年龄约为二十四岁；[3] 张仲礼又根据道光六年，咸丰元年的直、省同年录，统计出士人中举时的平均年龄约为三十一岁；根据道光十五年、同治七年、光绪二十年共三年的会试同年齿录，统计出进士中举时的平均年龄约为三十四岁。[4] 这就意味着，一般一个童生要得到最高科名，自六岁入学到十五六岁开笔，约需十年；自此用力约需六七年得生员，又需六七年才中举。然后需三四年成进士，即总共约需十八年才能得最高科名。这只是平均数，有不少英才可能比一般有文才的人更早得科第，且这一统计主要是依据晚清科

---

[1] 张士元：《书张佩聪事》。"余所居西南数里，明末有张佩聪先生，名嘉玲，师桐乡张杨园先生之学，居家造次不违礼，一日赴乡试，见士人闻者必先露索，二人夹持之，惊曰，国家取士，上为公辅，下为百司，不加征聘，而自往就试已卑矣，乃防其怀挟书策，如闻盗贼邪，吾不能受此辱，遂去，终身不应试。"

[2] 如曾国藩就没让其子曾纪泽去考，又其不主张其弟曾国华继续参加小试。

[3] 由于这是晚清最后三十多年的科举，外患内塞，人口与经济压力很大，锡、金又系人文荟萃之地，竞争激烈，所以估计全国生员取中时的平均年龄会比这为小，以下举人、进士情况亦如是。

[4] 张仲礼：《中国绅士》，社会科学院出版社1991年版，第93、121、125页。

举衰落，人满为患时的情况。当然，这并不意味着士子在这十多年中始终要把主要精力用在八股上，他们可能只是在临考试前才开始用功，[1] 但笼统说来，许多青年将自己最宝贵的精力用在这确实并无多少实际用途的八股上，还是不能不让人感到触目惊心，这在国泰民安，正需风雅点缀的时期也许尚少使人痛心，而在国家危机、民生交瘁的情况就难以让人容忍了，故明末、清末八股最为人诟病。

但是，在某种意义上，文之难售，八股之拖累人，亦是人为造成的，即由于人多之累。[2] 八股本身也难也不难，难是由于其形式容有多种变化，无穷花样、风气会转移，格调也会改变；不难是由于其基本形式并不难于掌握，尤其对确有文学才华而又尚肯努力者是如此。这使中国的科举之学（举业）确实呈现出一种很奇怪的特点，即同授于一师，同处于一馆就学，花同样的时间学文，水平却可能悬如天壤，鲁钝者即便在私塾多年也仍然只是等于无谓的陪读。[3] 由于八股所考确实不单纯是一种知识，而主要是一种能力——深入理解经书和巧妙驾驭文字的能力，这就不单纯是靠后天努力就能成就的，而一些勉强习举业者往往在多年努力之后，既放不下架子，又缺乏知识和技艺去从事他业而结果一事无成，这些人就可能由国家升平时的点缀变为国运维艰时的累赘。

当时的人们要比今人更清楚地认识到这一点，故有"读书种子"和"非读书种子"的种种区别。人们多接受这一事实：不具备某种起码的读书作文的才能，再学也是枉然，而此种才能又非金钱、权力、家庭优越环境或某种其他方面的技艺、才能乃至狡黠、冒险气质所能直接换来，所以常有

---

[1] 如张謇后期几次考试都是临时抱佛脚，他大部分时间在社会上做事。又梁启超说他十九岁以后就不怎么在八股上用力了。

[2] 此问题请见第三编第一章的分析。

[3] 有许多讽刺不会读书的"读书人"的笑话，包括一些财主子弟，如刘宝瑞的单口相声。

世家败落，而一些穷乡僻壤赤足读书孩子却屡屡从田间走入书斋，又从书斋走入上层。"通经得仕"、"学古入官"也就有了源远流长的动力。流风所及，传统中国的乡村也有了相当可观的教育，兴学、助学的义举也层出不穷。[1] 在科举时代，人们的乡土观念也相当浓厚，无论现任官员还是荣归故里的已致仕官员，对本地的文风都相当注意，对已出的人才如数家珍，而对潜在的俊杰则关心扶植，由此遂形成扎根于下的地方文化景观。

以八股取士的考试虽然使文才、学识处于优先的地位，从而使人文学者、风雅之士比其他方面的有才者更为突出，甚至有时堵塞了有其他诸如经商、打仗、技术发明等才能的人上升到最佳位置，这些人只好另寻蹊径，但也不是全无机会。例如宋朝的马仁，"十余岁时，其父令就学，辄逃归。又遭于乡校习《孝经》，旬余不识一字。博士鞭笞之，仁夜中独往焚学堂。博士仅以身免"。马仁曾经一度为匪，但后来还是成为了将军。又如《太平广记》卷二十四《萧静之》载："兰陵萧静之，举进士不第。性颇好道，委书策，绝粒练气，结庐漳水之上，十余年而颜貌枯悴，齿发凋落。一旦引镜而怒，因迁居邺下，逐市人求什一之利，数年而资用丰足，乃资地葺居。"又宋人王庭珍，他出身于书香门第，一个兄弟已成进士，另外两个兄弟也是当地的著名学者，但他"不惜龌龊为章句书生"，也不想升入学府，因而把学校和学者生活一并抛弃，后来竟也非常善于赚钱。[2]

由于各种才华和智力具有相当的关联性，所以，也不是没有一些其他方面的才俊之士间从八股之道出。即以清代114个状元论，其中有迷恋天文数学的康熙四十八年状元赵熊诏，有近代最初的矿产实业家、嘉庆七

---

[1] 迨至晚清，尚有商人叶成忠、杨斯盛乃至乞丐武训的兴学，而吾乡江西的进贤、吉安一带，重视教育的风气至今在乡间犹存。

[2] 贾志扬：《宋代科举》，东大图书公司1995年版，第10页。

年状元吴廷琛，有近代植物学的开拓人，嘉庆二十二年状元吴其浚，有著名的实业家、光绪二十年状元张謇。[1] 其他如民国时期的总统徐世昌、国务总理熊希龄，国民政府主席谭延闿、大法官沈钧儒、教育家蔡元培、出版家汪康年、张元济等，也都是从清代进士中走出来的，首任共产党总书记陈独秀也是举人出身。说明从科举中也并非不可能出现代社会意义上的各种人才，只要这些人智力确非一般。

有才者是否容易早得科名？应当说确有相当一批是很早就得了科名的，如周敦颐、张载、朱熹等宋代大儒都是少年即得科名。八股定型以后，如王守仁（1472—1529）早年曾泛滥于词章，并不以"读书登第为第一等事"，[2] 即便如此，他十八岁始学八股，二年后即在浙江乡试中得举，其后又曾出入于佛老，沉醉于格物，却仍在弘治十二年（1499）27 岁时即成进士。清代也有一些很早就得科第的人才，如徐元梦、朱珪、彭绍升皆年十八就成进士。徐世昌、谭延闿、沈钧儒，蔡元培等也都是二十几岁就成进士，梁启超十七岁、陈独秀十八岁即中举。

但自然也有晚得科第的人才，清中叶以前如姜宸英年七十三、查慎行年五十四、沈德潜年六十八方成进士，晚清如张謇也至 42 岁方成进士，还有些人会试不第后索性不再考了，如王闿运。各人文章的风格有不同，而有的风格容易早中，有的风格可能晚中，如王缑山说："举业之文，大抵明润像春，而柔嫩亦像春；畅茂像夏，而秽杂亦像夏；高洁像秋，而萧索亦像秋；老成像冬，而闭塞亦像冬。"这四种风格并无高下，各有利弊，但文章得春夏气多者，较容易速售，而得秋冬气多者，又可能久

---

[1] 李铁：《科场风云》，中国青年出版社 1991 年版，又其书说这 114 状元中，仅 2 人有过受贿的处罚，其他均为官清廉，第 175 页。

[2] （明）王守仁：《年谱》，《王文成公全书》卷三十二。

滞。[1] 但早发者可能迅速枯萎，而久滞者或能持久。有些人善于考小试，做截搭题，动辄得案首，但却难售于乡会试，而有些人（往往是大才）则小试辄不利，如曾国藩小试七次，康有为小试六次方通过，但一旦通过小试，则常乡会试连捷。如江宁邓廷桢少年时屡踬於童试，他读书于瓦官寺，攻苦弥甚，曾于室中拟联以自警云："满盘打算，绝无半点生机，饿死不如读死；仔细思量，仍有一条出路，文通即是运通。"结果不久即考上生员，旋举于乡，连捷成进士。[2]

还有的不利甚至可能是因为太能而不中规矩，或者太认真，太想在试卷中尽展才华而反而不中，如马世琪以工制举文名于江南，未遇时，某年应乡试题为"渊渊其渊"。马求胜之心太切，不肯轻易落笔，至次日，还没写一个字，时已放牌，举子纷纷出闱，马只好放弃，却口占一诗题于卷曰："渊渊其渊实难题，闷煞江南马世琪。一本白卷交还你，状元归去马如飞。"显示出了他的信心。[3] 确实，只要他们认识到了这种情况，适当调整就不难成功，马至后科即连捷，大魁天下。这还可从另一面的例子反观之，龚自珍、林旭等都是才情豪放之士，但他们得第之文却都是循规蹈矩，如"林旭，生而颖异，其文则绳趋矩步，无一奔放"[4]。又有人见到嘉庆乙丑春闱第十房同门录，上有龚自珍闱作，三题为"夏曰校，至小民亲于下"，其小讲云："昔者三代之制，八岁入小学，十五入大学。小学学六书九数而已，大学之道，在明明德，在亲民。"并不怪异，其首、次两艺，气格尤醇简，所以有人说："此在定庵，盖已俯就绳尺矣。"[5] 因为

---

[1] 唐彪：《读书作文谱》，岳麓书社1989年版，第81—82页。
[2] 徐珂：《清稗类钞》第二册，第600页。
[3] 同上书，第639页。
[4] 同上书，第655页。
[5] 同上书，第667页。

在此优先的是中式而不是逞才。

我们由有才考生的自信心可以看到：即便遭受挫折，在他们看来，只要耐心坚持，科名仍然不是很难得。所以他们往往谢绝保荐，或其他职务而仍然要从科名入（当然这也是因为科名最重），如方苞说："天下欲废吾道，自有堂堂正正登进之阶，何必假史局以起？"[1] 张謇也放弃了许多科场外不无优渥的机会。在考试过程中确实会有一些偶然，但一般不会始终偶然，也不会始终都是不利的偶然。如明人唐皋在歙庠日，每以魁元自命，虽累蹶场屋而志不息，乡人讽刺说："徽州好个唐皋哥，一气秋闱走十科，经魁解元荷包里，无奈京城剪绺多。"唐闻之，志益励，因题书室壁曰："愈读愈不中，唐皋其如命何？愈不中愈读，命其如唐皋何？"他又尝见人画一渔翁网鱼，因题曰："一网复一网，终有一网得，笑杀无网人，临渊空叹息。"后来果连捷及第。[2] 又如道光辛巳科（1821）江西乡闱解元吴廷珪，当嘉庆辛酉科（1801）乡试时，主司极赏其文，拔置第一，将要发榜时，忽然找不到他的卷子，遍搜不获，只好换了一人。撤闱后，主司检行李，才发现吴卷在帐顶上，懊恨久之。自是以后吴试辄不利，然越二十年而仍获解首。[3] 吴虽然一下就耽误了二十年，但最后毕竟还是得了解元，他如魏源、张謇等也都是失而复得。

唐皋的态度或许过于虚荣，过于才子气。一种合适的态度也许是适当坚持，却不以得失为意，用一年半载专心用力于八股，达到一定的、符合自己才力的水平。[4] 然后该做什么还做什么，读书、作诗、作古文、求学问、寻师访友、游幕、谋生、教书皆可，然后每次赴场也只不过临考前

---

[1] 徐一士：《左宗棠与梁启超》，《一士类稿》。

[2] 李调元辑：《制义科琐记》卷二，第 53 页。

[3] 徐珂：《清稗类钞》第二册，第 649 页。

[4] 一般达到这一水平就不易往下掉了，当然要往上升一点也不容易，且要费大力。

温习一段时间,然后在号子里受几天罪(后场其实已放松)。作文首先求中规中式,然后才在这程式中适当发挥才情,得失不介于怀,大概也会是"一网复一网,终有一网得"的。当然,这是对确有才华者来说,有人引唐寅一句话,意思是唐寅说过,如果用力一年半载于时文,取解首易如反掌,以证八股很容易,这又是一种误解了,这话其实也只有唐寅这样的才子才敢这样说(他确有此才,这后来已在他夺得乡试解元一事中证实);同时,也只有唐寅这样的才子才会这样说(别的有才者也许不屑于说,也不会这样虚荣,故唐寅在会试时竟然还是会因通关节而栽了筋斗,其实他本大可不必如此的)。功名迟早晏速确有偶然因素("命"),但有"命",又不全是"命",总的说来,其间还是有些规则可循,并且应当说,对真正的杰出大才来说,还是不算很难得的,虽然不能说是易如拾芥,轻而易举,但只要有耐心坚持,一般还是不难获隽。

敲门砖

王阳明、袁枚、章学诚等人把八股时文比喻为"贽"(见面礼)、为"媒"、为"伐柯之斧"、为"假道于虞"等,更通俗的比喻是"敲门砖",此喻盖起源甚早,最初出处已难考知,王夫之在《夕堂永日绪论·外编》中已提及当时人以八股为"敲门砖子"的说法并予认可。[1] 对八股也许还可有一个通俗的比喻是"独木桥",要达到对岸无法他渡而只有这一座桥,且人多拥挤,颇不易过,但是,这河流上毕竟又还是有桥,而不是完全不可渡,就像那通向殿堂的大门不是完全不开,而还是可以敲开,但必须会用这敲门砖才能敲开,所以,前人不重视(甚至鄙视)时文而又不苟于此

---

[1] 焦循在《雕菰楼集》卷二十三中亦述其父语:"乍闻科名,有敲门砖之目,谓不必原本经术,但求涂饰有司耳目,便可骗得,余甚骇之,不愿子孙效之也。"但此"敲门砖"有特定之贬义。

就不难理解，也并不矛盾，这是某种因为人多，因为世俗化所必须付出的代价，舍此也许情况会更糟，付出的代价会更大。

故睿智者常能把握此中之度，恰如其分地看待八股，尤其到清代，相当多的人清楚了这一点，不再想让它载上沉重的整个文运乃至国运的重负，它的主要功能不过就是"敲门砖"，而且我们前面已经看到它还是相当不错地履行了作为应试文的这一功能的，对它义愤填膺的批判倒反而常常是来自对它期望过高，想扩大它的功能，希望从它也能产出最好的文学，最好的学问，乃至独创的思想，完美的人格，甚至于最强盛的国家，然而它一与这种政治的选官入仕联系起来实际上就出不了最好的作品。凡最具独创性、最有力量的东西都是少数个人在某种寂寞中酝酿出来的，当然，由于传统中国人差不多都以入仕为唯一荣途，又以科举为入仕的唯一正途，其影响面深而广，对一个人一生的前途关系至大，所以，对它的抱怨与谴责又情有可原。

于是，由于种种原因，还是会有不少人会竭力为此，甚至毕生为此。如阮葵生《茶余客话》卷六记载：有一位专心制义的老儒，自总角至白首，凡六十年，手不停批，褒贬得失，老不应举，将生平评点之文分为八大项，按卦名排列，其乾字箱，则王唐正文，其坤字箱，则归胡大家，降而瞿薛汤杨以及隆万诸名家。连次及之，金陈章罗诸变体又次及之，其坎离二箱则小纯大疵、褒贬相半，艮兑二箱，皆历来传诵之行卷社稿及岁科试文，所深恶而丑诋之者。书成后，自谓不朽盛业，将传之其人，举以示客，无一阅终卷者，数年后益无一人过问，一日有后生叩门请业，愿借其书，先生大喜，欣然出八大箱，后生检点竟日，乃独借其艮兑二箱而去，结果这位老儒太息流涕累日。这位老先生还可说是嗜制义者中的高者，他也许确实有点迂，但迂得并不让人生厌，所为也许不是很有益，但也决非有害，其好八股亦无功名心，而是已成一种爱好。另外，冯班亦言:"人于其所业,当竭一生之力为之,毋求其便者,必为其难者。吾少年学举子之业,教我者曰'此敲门砖也',得第则舍之矣。但猎取其浅易者,可以欺考官而已,远者高者不足务也,必无人知,则踬矣。后从魏叔子先生见缪当时先生,二先生之言曰:'欺人者,欺之以所不知也,尽天下之人,方竭才力以为举业,谁不知者,而子欲欺之以浅易,子其闲矣。'始知向来之误也。农必为良农,贾必为良贾,工必为良工,至于士人之业,乃欲为不良者,抑何心也。"[1] 冯班不同意以举业为"敲门砖"的说法,认为士人应像农、工、贾各务其业一样毕生为之,但他可能误解了什么是儒者所业。举业并不是儒者的专业,更不是终身之业,而至多是一种始业。

在此,我们也许可以将八股与"托福"作一比较来进一步说明八股作为敲门砖的性质。我们知道:"托福"(TOEFL,"Test of English As a Foreign Language"的简称,即"作为一种外语的英语考试")常被美国、加拿大等国大学用作接收外国留学生时衡量其英语水平的一个主要标准,所以,也可以说,可被外国留学生视作要进入美、加等国大学的一块"敲门砖",为了方便用电脑客观、准确、快速地判卷,托福的听力、语法、词汇、阅读部分用的都是选择题,每道题可从四个答案中选择一个,故考生纵不懂英语平均大致也能"蒙"对四分之一(当然这样的分远不够格)。此法行之已数十年,虽陆续有一些改革,但基本不变,也未听到过多少大的抱怨,更勿论激烈的批评。考试就是考试,任何考试都不可能是十全十美的,但又不能没有。大概谁都不会认为一个考生的托福分数就能完全准确地代表其英语水平,但它还是提供了一个大致相应的标准。同样,大概也没有哪个学生会傻到只是通过托福来学习英语,他知道,考好托福的主要功夫还是在托福之外,是在平时的学习积累,他只会花一段时间来集中

---

[1] 《钝吟杂录》,转引自梁章钜《制义丛话》卷一。

训练一下托福的技巧；大概也没有哪个学生会在已拿到托福高分而被美、加大学录取之后，还孜孜不倦地毕生致力于训练托福，他考过了也就把它丢开了，托福已履行了自己的应试功能，如此而已，岂有他哉？天底下尽有不完善的考试，甚至很愚蠢的考试，为何唯独咎八股？

当然，任何类比都不是完全贴切的，八股的地位之重、历史之久、涉及面之广自然远非"托福"所能比，而其中的精致、奥妙大概也远非"托福"所能比，中国人的实用技巧和中文的特性都于此发挥表现到了极致，所以，有人称八股为"中国一绝"（金克木），美国一位哲学家寒哲感叹说，世界上还没有见过一种对人文经典知识的客观的大规模的考试。[1] 然而在中国却有过这样一种考试，这就是以经义八股为主要内容的科举考试，对人文经典知识的把握及表达这种把握的能力确实是最难客观化的，而中国人却把这种把握及表达人文知识的能力测验，实现为一种全国规模的、能相当客观、准确地判卷的考试，并行之有效地实行了数百年。八股也许力难胜任出最好的文学，出最好的思想、学问或者救国救民的重任，但至少它履行其作为入仕的"敲门砖"的功能看来却相当有效。我们是否还能对它寄托比这更高的期望呢？它确实还可以有一种训练某种文学的欣赏水平乃至自娱、自得的意义，但它主要还是一块"敲门砖"，弃之可也，拾之可也，先拾后弃乃至先弃后拾均可也，而不管它有多少毛病，无论如何，有它也许终胜于一个贫寒子弟要想上升，完全无路可入、无门可敲，或者只有一些鼠隙犬洞的情况。对确有才华的人们来说，对它真正完全投入的时间并不需要很长，不喜欢它、不擅长它的文人、学者也还是有可能适当调整一下自己的精力，致力于此一段时间而奏功，如凌廷堪，少学经商，常为人所骗，母使从事于学，博通经史，尤精三礼及推步之学，但他生平

---

[1] 参见《读书》1992年第9期。

不好八股文，不肯去学，入都见翁覃溪先生，翁奇其才，强之习举业，遂以乾隆己酉、庚戌两榜成进士。陈康祺于此评论说："通经志古之彦，苟欲以科第自娱，譬如池鱼阑豕，取以供客，可立而待，可炊而竟也。"[1]

余 论

法国年鉴派史学大师布罗代尔（F. Braudel）在其巨著《15至18世纪的物质文明、经济与资本主义》中写道："无论怎样进行观察都只能表明，这种内在的不平等是社会的恒在法则。"[2] 我们常说现代社会是"平等的社会"，但现代社会的"平等"迄今为止也许主要只是表现在普遍流行观念、社会经济利益和公民基本权利方面，以及在制度和政策的价值取向上顺从民意，或者说顺从多数，表现为一种程度不同的形式的机会平等，"权利的平等"，而实际的状况，首先是政治的权力、权威则还是——也许从社会的功能而言也不能不是——处在一个复杂乃至悬殊的差别系列之中。[3] 那么，如果决定及实施政策的官员阶层永远只可能是一个少数，即无论怎样选择和监督他们，选上来的总只会是少数，且在他们被选中的这段时间里，他们还必须拥有比一般人更大的权力，方能履行他们之所以被选择的功能，那么究竟由哪一些少数居于上层，通过什么方式选择他们，监督他们，制约他们，必要时罢免或者替换他们，而不是侈谈"民主""公

---

[1] 陈康祺：《郎潜纪闻初笔》卷十四。

[2] 《15至18世纪的物质文明、经济与资本主义》第二卷，三联书店1993年版，第509页。他在1985年生前参加的最后一次研讨会上又说："我看到，经济的不平等是社会不平等的移位。就我所知，人类社会没有一个是平等的，当今世界上没有，在历史学家们掌握的历史上也没有。"他用社会的动物性来解释这一基本问题：既然人是一种社会动物，从某种意义上讲，他就在集体中生活，他便是这个集体的受害者，没有不平等，没有等级，也就不成其为集体。经济上的不平等是社会不平等造成的后果。参见《资本主义的动力》一书附录，三联书店1997年版。

[3] 韦伯等许多社会学家都指出在现代社会官僚制有加强的趋势。

意",就确实是至关重要的了。[1] 而其中最优先的又是如何选择。

五代人王定保说:"三百年来,科第之设,草泽望之起家,簪绂望之继世。孤寒失之,其族馁矣;世禄失之,其族绝矣。"[2] 自唐以后,无论孤寒还是世族,要上升或者延续,就都必须走提升自己的文化修养应科举一途了。社会越来越归重于"学而优则仕"。邓嗣禹说:"清代保荐之制,尚须略行考试,即宗室八旗,亦贵笔帖式出身。故明清以前,登仕籍者,皆比较为解律例治文书之人。知县大都进士举人出身。舍元朝外,未有为官不识字者。当此数朝,官场请托之习,固非绝无;然欲将未经科第之私人,纳诸要津,予以高官美爵,殆不可能。"[3]

如此,需要进一步研究的问题就是:传统中国的选举制度与其他类型的文明、其他形态的社会的选择官员方式比较起来如何?传统中国社会的上升之道与其他社会的上升之道比较起来又如何?这主要应是一种认识论方面的工作,然而价值的问题大概也会不可避免地时常涌现其间而引起我们的注意;[4] 究竟哪一种选择方式较好呢?如果说"学而优则仕"不好,那么,是否"学而劣则仕"甚或"不学而仕"就好呢?如果说由有文化的

---

[1] 一般认为:民主理论有两大派,一派是认为"民主"其实是一种被统治者挑选和罢黜统治者的制度;一派认为"民主"应是全体人民直接参与政权和其他权力运作的制度。熊彼得认为民主就是一些人通过选票争取统治权。按照波普尔对于民主的理解,民主的最重要意义是在于以和平的、不流血的手段把一批不称职或不合适的决定政策的官员们罢免掉(而那些只是执行一般事务的公务员或者说"吏"则可保留不动),以另一批人们来替换他们,如果这新的一批人再不行,还可以再通过和平的投票选举的手段把他们替换掉,因为有这一层制约,也就可以促使当轴者不能不对选民的愿望和利益有所顾及。民主的最重要功用正是体现在这里。或者可以这样说,现代民主(现代选举)注意的主要还是出口,是换人,它在和平替换方面是颇成功的,但在选人方面却并不那样成功;而中国古代的选举则注意的主要是入口,是选人,它在选人方面颇为成功,但在替换方面却不太成功。

[2] 《唐摭言》卷九。

[3] 邓嗣禹:《中国考试制度史》,台湾学生书局1982年版,第342页。

[4] 假如古人复生,大概也会如此问。

读书人任官不好,是否由不读书的人任官就好呢?

美国民主最重要的阐述者和奠基人之一托马斯·杰弗逊在 1813 年 10 月 28 日致约翰·亚当斯的信中说:"我同意你的说法,即人类之中有一种天然贵族。它产生自美德与才干。……还有一种是人为的贵族,他们仰仗的是财富和出身门第,既无需美德,也不要才干。……我们是否可以说,那种能够最有效地、毫不掺假地把这些天然贵族选进权力机构的政府才是最好的政府。……在你看来,最好把那些假贵族放到一个单独的立法院里。……我则认为,为防止这种人生惹麻烦而把权力交给他们,无异是武装他们去干坏事,……我想,最好的解决办法还是各州宪法中所规定的,让公民实行自由选举,他们会去伪存真,把真假贵族区分开来。一般说来,他们会选举那些真正优秀和聪明的人。"[1] 我们可以将这段话与孟子所说的"天爵"、"人爵"作一比较。[2] 但杰弗逊的这一预期在美国的历史进程中看来却并未完全如愿。[3]

---

[1] 钱满素编:《我有一个梦想》,中国社会科学出版社 1993 年版,第 47 页。又参见《杰斐逊文集》下,三联书店 1993 年版,第 1527—1528 页。

[2]《孟子·告子上》:"孟子曰:'有天爵者,有人爵者。仁义忠信,乐善不倦,此天爵也,公卿大夫,此人爵也。古之人修其天爵,而人爵从之。今之人修其天爵以要人爵,既得人爵而弃其天爵,则惑之甚者也,终亦必亡而已矣。'"

[3] 到了 20 世纪中叶,《权力精英》(1956) 一书的作者查·赖特·米尔斯批评说:"美国开国之初,事务家们同时还是有文化修养的人;那些手握重权的人在相当大的程度上也是文化界的精英。权力与文化即便没有集于一身,也常常融合成一个群体。在那些有头脑,有活力的公众眼里,知识与权力是有机地联系着,不仅如此,许多决策都是由这些优秀的公众制定的。……1783 年,乔治·华盛顿读了伏尔泰的《哲学书简》及洛克的《人类理智论》,而二百年之后的艾森豪威尔读的却是牛仔传奇和侦探小说。……到了 20 世纪中期,美国的精英已经成了另外一种人,截然不同于那些从任何合乎情理的观点看都是文化精英的人物——敏感而有教养的人。在统治集团中,知识和权力并没有有机地结合起来。知识界人士即便与他们发生联系,那也不过是受雇于他们而非平起平坐。……18 世纪时,即使在这块前哨殖民地也是有权势者追求学识,有知识者拥有权力。我相信,在这方面我们饱尝了退步之苦。"米尔斯《论知识与权力》,转引自钱满素编:《我有一个梦想》,中国社会科学出版社 1993 年版,第 303 页。

或许，我们应当放弃一种非此即彼的思维方式，也考虑到中国似已结束一个激烈动荡的过渡期，而进入了一个持久的制度建设和创新的时期，[1] 这样，如果说传统社会单一的、突出政治的进取上升之道确有问题，不合于今天的社会，那么，是否可以别思其他的补救更新之道？古代选举与现代选举在某些方面是否能有所结合？这一新结合是否能避免如古代中国政制那样常常官场人满为患、壅塞不通并且不易有方针政策的重大而适时改变的情况，又避免如现代民主国家时而出现的那样权力与知识过于分离、竞选者与在任者为了哗众取宠、多得选票而并不真正考虑人们的长远利益和文明价值的问题？

以上讨论还主要是集中在政治方面，如果把眼光扩大到整个社会，则一个社会的真正出路可能还是在于权力、财富、声望等各种资源的多元分流，使人们不再注意于政治一途，不再集中于做官一途，而是能在公平的条件下各得其所，各尽所能，各取所值，各遂所愿，而一种政治制度，也应主要以是否能促进、保护这种状况而衡量其正当和优劣。

---

[1] 而制度创新又在某种程度上不能不如董仲舒所说的那样借助传统，"退而更化"。而且目光又不能仅注意 20 世纪近数十年来"反传统"的所谓"传统"，而更应该注意数千年来中华民族源远流长的历史文化传统。

第三编

终结

第一章 历史的困境

第三编探讨选举社会的历史困境及其在20世纪初的走向终结。在本章中，我们试图描述在选举社会中持久存在的，仍属于传统范畴内的矛盾和困窘，特别指出一些使古代选举屡陷困境、却往往被人忽视的关键因素；而在后面有关"终结"的二章中，我们主要的关注不再是那些历史上一直起作用的旧因素，而是着眼于那些使选举社会不再能够摆脱困境，而是不得不走向终结的新情况、新问题。

1905科举之废在当时引起的反响几近于无声无息，这与其漫长的历史及其在中国传统社会政治结构中所达到的地位似乎殊不相称。[1] 此后

---

[1] 科举之废究竟定于何年为妥？1905年9月2日（光绪三十一年八月初四日），清廷"上谕"宣布：自下年"丙午科为始，所有乡、会试，一律停止；各省岁、科考试，亦即停止"。这样，若从事实言，前此一年（1904）举行的光绪三十年甲辰恩科会试就成为最后一次会试，前此二年（1903）举行的光绪二十九年癸卯恩科乡试就成为最后一次乡试，但当时人并不知道这实际上是最后一次，故我们似不宜以1904或1903年为定。而若从上谕宣布所要废者而言，则对象是预定下年（1906）的乡试及嗣后的会试，以及各省岁、科考试，但这只是指一个开始的年份，因1905年本非举行乡、会试之年，并且，正像前面一样，对于错开年份举行的科举乡、会试，究竟以乡试还是以会试为准亦难确定，且此后亦非所有科举系统的考试全部废止，为旧学寒儒筹设出路的优贡、拔贡等考试照旧举行，且又新辟了给予留学生以进士、举人等科举功名的考试。所以，我们仍选择以清廷决定并宣布废除科举的1905年为科举废除之年。

直至 1980 年代，这一事件也一直不为国人所注意，[1] 在中国内地，后半世纪对科举制度的研究本非热门，专门研究科举废除的论文更属寥寥，目前仅有的几部较多地涉及科举废除的研究专著都是在海外由西方学者完成的。其中有傅吾康（Wolfgang Franke）1960 出版的《中国科举制度革废考》、威廉·艾尔斯（William Ayers）1971 年出版的《张之洞与中国的教育改革》、以及同年玛丽安·巴斯蒂（Marianne Bastid）在法国出版的《二十世纪初中国教育改革概况》。其中傅书最接近我们的主题，但相当简略。

"科举累人"与"人累科举"

中国传统社会一直是一个等级社会，并且主要是官、民两大等级，然而，自选举制度稳固地确立以来，这两大等级之间有了一种持续的上下流动，这种流动率在汉代就已相当可观，魏晋南北朝时期是一个特殊的时期，对这一时期尚须专门分析，而自唐，尤其宋以来，政权开放的范围更加扩大和稳定，以致我们已可以说，两汉及唐宋以来的传统等级社会是如此特殊的一种等级社会，其特殊性就在于等级之间是保持开放的、持续流动的；政治机会的相当平等（这类似于一种"权利的平等"）与政治地位的相当不平等（这类似于一种"状态的不平等"）同时并存。这种格局促成了王朝的稳定和统一，使处在社会下层的人才也有相当的表现机会，但其单一性和硬化性也带来了一系列的问题，深深困扰着中国的社会和政治。

钱穆指出："凭事实讲，科举制度显然在开放政权，这实是科举制度之内在意义与精神生命。汉代的选举，是由封建贵族开放政权的一条路，

---

[1] 笔者仅见香港中文大学王德昭《清代科举制度研究》一书中有叙述科举之废的专章。

唐代的公开竞选,是由门第特殊阶级中开放政权的一条路。唐代开放的范围,较诸汉代更广大、更自由。"但因报考人之无限增加,录取名额亦不得不放宽。"唐代前后三百年,因政权之开放,参加考试者愈来愈多,于是政府中遂有员外官,有候补官,所谓士十于官,求官者十于士,士无官,官乏禄,而吏扰人,这是政权开放的大流弊。"[1] 钱穆认为唐以下是科举的社会,说:"这一种社会的最大缺点,则在平铺、散漫、无组织、无力量。既无世袭基础,又无工商资本大企业出现,全社会比较能向往平等之路前进。但社会不平等固是一弊,而组织与力量则有时需从不平等带来。直到现在,人类智慧尚未发现一个既属平等而又能有组织有力量的社会。那种平等性的社会,若范围较小,弊害亦可较轻,不幸中国又是一个绝大范型的社会,而时时处处用心在裁抑特殊劳力上。封建贵族社会崩溃了,资本主义的社会始终未产生;门第社会消灭了,军权社会也难得势,终于走到科举制的社会上面停滞不前,这是中国社会在其已经演变中的一个客观历史的真相。"[2] 此可视为是一种依据效率原则对一般的社会平等进行的批评,明末清初大儒如顾亭林、王夫之等亦多有类似意见,中国自宋以后实际上就已经变得相当文弱了。

以上意见也可视为是立足于国家实力的立场立论,这种国家实力的强弱在传统中国主要是在遇到外患时凸现,但历史上的外患一直都不是全方位的挑战,军事征服者往往迅速在文化上被征服,或者说被吸引,而他们所带来的一种清峻豪放的生气也注入到了这一文化之中,延续乃至加强了这一文化的活力,从而在文化乃至于种族上走了一条融汇之路,华夏文化核心的价值体系则一直保持不变。但近代以来所发生的社会激荡却远非

---

[1] 钱穆:《中国历代政治得失》,三民书局有限公司 1974 年再版,第 48—49 页。
[2] 钱穆:《国史新论》,1966 年第 3 版,大中国印刷厂承印,第 24 页。

中土在历史上所遇到的挑战所能相比,鸦片战争至今一百五十多年,中国始则被迫卷入、继则自愿并全身心地投入的追求富强、追求现代化的过程也许还只是一个开始,与西方等其他文明的冲突、摩擦也远未结束,甚至能否顺利磨合或者如何磨合也还是个未知数。

我们现在想不从国家社会、力量效率的角度进行批评,而是转而从个人生活、人们各展其才、能否满意遂愿的角度观察选举社会的困境。由此观察,不论从古代选举发展的总趋势而言,还是从其在一个王朝内的发展趋势而言,它似乎都有一种越来越累人的倾向,平均而论,士子在它上面花费的精力越来越多,消耗的生命越来越长,然而却还是越来越难于中式,以致常常使相当多也相当聪明的一部分人不能尽早结束这一始业,不得不把自己青壮年最宝贵的年华殚心竭力于并不实用的应试诗文之上,而不能在其他可能于自己较有益、自己也更情愿的方面——例如具有独创性的文学创作、广博艰深的学术研究、建功立业的政治活动等——求得发展。有许多士子连考许多次都不能考中,或考中已是晚年精力衰竭之时,如宋代刘南甫是一个由江西吉州府三次赴京应试的举人,他曾对他的友人欧阳守道说过:"科举累我久,人生得婆娑林谷,贮满腹书足矣,何用他求?"刘南甫终于在1238年成进士,但赴官不久即去世。[1]

这里对许多人来说可能有一个对自己才能性质和大小的估计问题,但也还有似为"命运"的偶然因素在起作用,因而一些相当有才者也不例外地科场蹭蹬、难得科名,如唐代李翱、李商隐、沈亚之考了五六次之后才进士及第,钱起也曾下第,沈千运屡试不第,五十多岁还没有功名,晚唐几位诗人像吴融、郑谷竟考了一二十年,还有如徐夤考了十七年,黄滔考了二十三年,孟棨考了三十多年,刘得仁也考了三十年,竟没有成名

---

[1] 贾志扬:《宋代科举》,东大图书公司1995年版,第10页。

而死,诗人顾况的儿子顾非熊也是考了三十年,曹松考了一辈子,到七十多岁了,才因年老而特放及第。韩愈于贞元二年(786)年十九岁时至长安应进士试,至贞元八年年二十五岁时方登进士第,又应博学宏词试数年,一直未能考中,不得已到贞元十一年只好离开京都,他的《上宰相书》说:"四举于礼部乃一得,三选于吏部卒无成。"[1]清代如张謇毕竟经历了三十五年方成进士,参加考试数十次,仅在考场里就呆了一百八十天。[2]

但是,如果我们仔细研究一下这些问题:科举累人又是什么原因引起的呢?为什么看似不可解的"命运"的偶然性会越来越起作用呢?在这后面是否还有一种可以合理解释的因素呢?我们就会发现,"累人"可能又还是由于"人累",正是人们越来越广泛、越来越鱼龙混杂地奔赴考场,就不能不造成一种扑朔迷离、犹如投筹一般的"命运"。

朱子有一段话说:"非是科举累人,人累科举。若高见远识之士,读圣贤之书,据吾所见,为文以应之,得失置之度外。虽日日应举,亦不累也。居今之世,虽孔子复生,也不免应举,然岂能累孔子也?"[3]朱子在这里所强调的是一种个人对待科举的态度,即如果"得失置之度外",则不会为其所累,而如果患得患失,就会为其所累,即累的是"人心",然而,我们想,"人累科举"还可以引申来进一步说明科举之所以累人的客观原因,[4]我们可以先看几位西方学者对晚清,也就是说对科举最累人时期的观察。

---

[1] 傅璇琮:《唐代科举与文学》,陕西人民出版社1986年版,第334—336页。

[2] 余秋雨在《十万进士》一文中也写道:"科举实在累人,考生累、考官累,整个历史和民族都被它搞累,我写它也实在写累了。"见《收获》1994第4期,第136页。

[3] 转引自《清会典事例》卷三百八十九,《礼部·学校·训士规条、考试规条》乾隆五年,《训饬士子文》。

[4] 从后面朱子对宋代科举的批评也可看出:在客观原因方面,他也认为科举的主要症结是人累。

苏珊·琼斯与菲利普·库恩认为：晚清和近代中国社会史的最显著特点是人口的迅速增长。如果说人口的增长对农民生活的影响最终是毁灭性的，那么，它对政治制度的影响也同样严重。看来中国那时已在经历着与现时代不发达社会相联系的那些典型症状：文化人生产过剩。因为，容纳他们、并给他们以报酬的经济和政治制度的能力有限。造成这种情况的原因是：一是教育制度是专门用来培养公职人员的；二是价值体系往往阻止有文化的人才从事其他事业；三是行政机构阻止它自身扩展或重新组成新形式，以适应周围正在变动的社会。不论是政府公职的法定数额，也不论是科举的名额，都没有按照人口的增长速度而相应增长。虽然在某些地区进士的分配名额有所增加，但比起整个18世纪增长的人口数来说，进士及其以下功名的总数实际上是显著下降了。乾隆时代的进士名额在绝对数字上已有所减少，生员名额不变，甚至从前不受数量限制的童生，在18世纪末也受到了限制。出售功名和官阶使适合做官条件的人数增加，因而实际上加剧了对有限官职数量的压力，而教育的发展甚至使科举竞争更为激烈，人们受教育的机会越来越增加，也越来越规范化。地方书院网建立以后，学生可以离开本乡本土求学，这无疑在更多的人口中培养了希求上进发迹的愿望。在中国新开发的地区，升迁的机会是增加了，但就总的趋势来说，特别是在富饶而人口稠密的东南地区，上升的机遇是每况愈下的。[1]

摩尔（B. Moore）也认为：在研究中国时，我们需知晓地产、知识所有者和政治机构之间的相互关系。所有这一切是通过家族，或更确切地说是父系血统的途径联系起来的。在理论上，官僚阶层对一切人开放，哪怕

---

[1] 载费正清编：《剑桥中国晚清史》上卷，中国社会科学出版社1985年版，第116—117页、第120—121页。

是地位卑贱的农民。只要智慧超群而又雄心勃勃，都能做官。因此，政权和财富通过血缘家族联系起来，这可以说是中国社会面貌最重要的特征之一。是官僚构成，而不是土地本身，提供了最大的物质奖励。防止家道中衰的主要办法是不断把有知识有才干的子弟送到官僚机构中去。然而，科举制度有使官僚过剩的趋势，尤其是在王朝末期，在官僚体制的底层，存在大批的候补官员，他们应划为掌权官僚和平民百姓之间的过渡集团。他们处于特权阶梯最底层的窘境，使人联想起19世纪日本的低级武士。[1]

从理论上说，参加科举考试的人越多越好，面越广越好，如此从国家的角度，才越有可能选拔到最好、最优秀的人才；而从社会的角度也是与试者越多，机会越广大，才越有可能使"野无遗贤"，使个人能"物尽其用、人尽其才"。但是，一个国家，尤其一个像中国那样古典形态的"国家"所需的官员又非常之少，[2]这样，在门里与门外，入口与出口之间就始终存在着一种紧张，选举制度就要承受越来越多的报考者的压力。印刷术的发达，文化教育的扩展不断使甚至穷乡僻壤的子弟也有了报考的可能，而另一方面，生存的压力，官府特权的压迫又不断迫使普通平民试图通过求富贵来"保身家"，[3]尤其在一个朝代晚期人口压力加重，生计日蹙，"四民皆溢"的情况下，应科举就成为不仅是一条出人头地之路，而且是一条逃离冻馁死亡的生路了。何况，获得功名之后的美妙前程，始终是一个巨大的诱惑，所以，不仅确有文学与政治才华的人，会想走这条路，各种素质，各种才能的人也都会挤上这条路，包括一些具有冒险气质、投机心理乃至痞子性格的人，舞弊现象就可能越来越严重，而使整个

---

[1] 巴尔顿·摩尔：《民主与专制的社会起源》，拓夫译，北京：华夏出版社1987年版，第130、136、142、175页。

[2] 近人常批评传统中国未脱宗法形态，"国不像国"，一般老百姓很少感觉到政府的存在，终其一生可能都未见过官，一个人可能旅行数千里遇不到一个类似现代"警察"的官员。

[3] 顾亭林认为，生员70%是为了保身家，见其《生员论》。

士人队伍都降低人格，接受不仅非士子，甚至非人的待遇（如搜身、臭号等）。考试内容的越来越程式化，以及它不能不带有的如掣签般的各种偶然性，使各种品行颇卑，才能颇低者，尤其是一些除八股外不再知其他的学究也能够得中，若干年后，这些人可能又再充考官，文风、士凤就渐渐产生某些变异而日趋于下。

所以，选举不仅为人口数量所累，遭受巨大的总人口增加的绝对压力和报考人数比重增加的相对压力；选举还为人的素质所累，它本来是一种选拔少数人的精英性质的活动，却不可避免地要越来越"世俗化"，虽然常有英才出于其间，但中才乃至庸才在考生和考官之间的反复循环，却越来越有可能使大量平庸之人、迂腐之人、苟且之人、投机之人获隽，因为他们实在是人太多了。

由此，我们将抽绎出一些用来在后面进行分析的范畴，首先是"人累"，而"人累"又被区分为"量累"与"质累"。"量累"又可分为两个方面：一是由总人口数量的增加所形成的对选举制度的"绝对压力"；一是由应考者人数的比重增加所形成的对选举制度的"相对压力"。而"质累"也可分为两个方面：即一是才能之异所造成的"质累"，一是由品质之异所造成的"质累"。我们当然不会认定这就是导致古代选举陷入困境的或唯一重要的原因，但它至少是一个一向被人忽视的关键因素。

或说何种制度之起不是由人所创，何种制度之衰又不是为人所累？这样，说"人累"不等于什么也没说？然而此处所说"人累"却有其特定涵义，是与古代中国的选举本身的性质有关，古代选举本质上是一种选拔少数精英，使他们居于社会政治高位的制度结构，它所要求的人才是才智与道德水平须相当地高于社会水平线的人才，他们在任何一个社会中事实上都是少数，因此它不同于那种需要人们广泛参与的制度活动（如经济活动、大众民主），相反，它必须始终保证某种优质少量才能顺利运作。

因此，对于古代选举来说，有时仅仅数量的某些变化就有可能使其受到拖累，乃至于陷入困境。

人之量累

我们可以先由以下一些统计数字约略观察到人口增长对古代选举客观上构成的一种"绝对压力"。

察举时代两汉岁举孝廉的统计数字及其在总人口中所占的比重（见表一[1]）虽系推算估计，不可能完全精确，但还是大致反映了当时情况，两汉多数情况下是每二十万人口岁举一人，且无公开、自下而上的自由报考，故奔竞之风还是受到相当的约束，人口的压力要比选举时代为轻，但是，在一个朝代内，每年所举的人数是基本持平的，而人口在王朝晚期显然要比在王朝早期增加许多，因而就还是不能不对选举形成某种压力，尤其在君主有时逞其喜好，打破常规的时候。

表一　两汉岁举孝廉在总人口中所占的比重

项目 时间		岁举孝廉人数	总人口	岁举孝廉人数在总人口中所占比重	举孝廉总数
西汉	公元前134年以后，包括新莽时期	206	5959万 a	0.00035%	32000
东汉	永元新规定之前 b	189	4336万 c	0.00043%	42000
	永元新规定之后	228	4915万 d	0.00046%	

注：a. 据《汉书·地理志》所载汉平帝时人口。
　　b. 永元年间（公元89—105）的新规定主要是增加边疆地区的名额。
　　c. 据《续汉书·郡国志》注所列汉章帝时人口。
　　d. 据上书汉顺帝时人口。

---

[1] 根据黄留珠的《秦汉仕进制度》第102页表并补充第105页有关人口资料而成。西北大学出版社1985年版。

再看科举时代的情况。由于其他科目以及举人以下功名的数字难于取得,我们仅看历朝录取进士的情况(见下页表二)。

由表二可看出,唐代科举尚承魏晋南北朝贵族之风,进士远比后世少而贵,在两宋则发生了一个重要的变化,录取进士数大为增加,达到了一个最高峰,明代则减少,而清代略增,但清代中叶以后,人口已比明代、比宋代增加了数倍。

我们看下页表三几个具体年份录取进士数占当时总人口的比重。唐代虽行科举,但进士在总人口中所占比重极小,基本上还是一个贵胄社会,或如陈寅恪所言,是一个有赖于门第的旧贵族与借助于科举的新贵族并存及相争的社会,至宋考试行糊名、誊录、锁院等,取士全然不问门第,且数量较大,士大夫多出草野,贵族世家就无论新旧而皆消亡,社会就渐转成一个完全的选举社会了。然而,由此所造成的对社会的搅动、人口的递增及普遍期望值的提高,反过来又加重了对选举本身的压力。人之存在是一最确凿的事实。一个人要生存,就必须吃饭、穿衣、居住、行走、活动,而且他还要追求自己的目的,自己的幸福。[1] 马尔萨斯不过是在他的时代里注意了一个最明白却又最容易为人所忽视的事实,并估量了这一事实将对人类产生的影响。他的结论是悲观的,却未曾不是出于悲天悯人之心。其指出的常常令今人觉得不快甚至毛骨悚然的自然出路(战争、瘟疫等),更多的是作为一种历史客观事实的描述,而并不是要作为救治之方推荐给统治者来实行。而这种人出生长大之后客观的自然强制的解决办法,今天看来似已可以用人类事先主观有意的补救(如计划生育)来替代。马尔萨斯当时还没有料到日后工业革命的规模和计划生育的技术水平,但他提出的问题从长远来说仍然有效:相对于人类来说,资源可

---

[1] 这不仅是今天人所共认的权利,也为古人所承认,虽然古人也注意人之差别。

能总是显得不足；或者反过来说，相对于资源来说，人类可能总是显得过多，如果人类还是现在这样集中注意满足不断增长的物欲的话。

表二 科举时代历朝年平均录取进士数[a]

	录取进士总数	朝代总年数	年平均录取进士数
唐代	6546	289	23
北宋	18523	167	111
南宋	23649	152	155
元	1136	97	12[b]
明	24480[c]	276	89
清	26747	267	100
合计	101079		

注：a. 表中进士数是根据黄光亮博士论文《清代科举制度之研究》的各朝统计数，台北：1974年8月打印本。因朝代更迭频繁、短暂，未列五代，另外，萧源锦《状元史话》中的统计数约有不同，可以参考，他统计的历朝进士数是：唐6637（缺一榜）、五代十国635（缺三榜）、宋42548（缺二榜）、辽2555、金1916（缺二十二榜）、元1135、明24610、清26699，总计是106855人，参见《状元史话》，重庆出版社1992年版，第57页。

b. 元代因停科举多年，故平均数较少。

c. 何炳棣的统计是24594人，比此略多。又何炳棣统计明会试共85次，每次平均录取288人，每年平均录取90人；清会试共112次，每次平均录取239人，每年平均取100人。参见Ho, Ping-ti: *The Ladder of Success in Imperibel China*, Columbia University Press, 1962, 第189页。

表三 科举时代录取进士数在总人口中所占比重[a]

		总人口（万）	录取进士数	录取进士在总人口中所占比重
唐	开元20年（732）	4543	24（逐年）	0.000053%
北宋	大观3年（1109）	4673	685（三年一科，下同）	0.000489%
南宋	嘉定16年（1223）	2832	550	0.000647%
元	至元27年（1290）	5883	50（1315年之科）	0.000028%

		总人口（万）	录取进士数	录取进士在总人口中所占比重
明	洪武26年（1393）	6055	100（1394年之科）	0.000055%
清	嘉庆25年（1820）	26428	246	0.000031%

注：a. 以上人口数是根据何炳棣《1368—1953中国人口研究》中提供的几个户口统计数字选择而定，参上海古籍出版社1989年版，页317—318，何炳棣认为后两个数字较为可靠。录取进士数是根据《文献通考》、《古今图书集成》及《明清进士题名录》，其中元、明两个进士数因当年未开科，时间上有些错动。

在中国漫长的历史上，其主导价值系统内一直存在着一种矛盾：一方面，它主张"慎终追远"，尊敬祖先，孝顺父母，而又以"不孝有三，无后为大"，提倡多子多福；另一方面，它又不以生产力迅猛发展与财富的大量增加作为自己追求的目标，而是重义轻利，重农抑商。这样，迅速增长的人口与相对萎缩的生业的矛盾就相当突出，而历史上一治一乱的反复循环也与此大有关系。[1]

---

[1] 如20世纪初有人撰文指出："盖中国之治乱，与人口之众寡相比例者也。中国之治，非真有求治之道也，徒以人口之寡少耳。中国之乱，亦非真有致乱之道也，徒以人口之增加耳。观中国自古代以来，其户之数，大抵以五六千万为极盛。汉平帝时，户口五千九百五十九万四千九百七十人，为西汉户口极盛之时，而卒有王莽赤眉之乱。东汉桓帝时，户口五千六百六千有奇，为东汉户口极盛之时，而卒有黄巾董卓及三国之乱。隋文帝时，户口四千六百一万九千九百五十六，为隋代户口极盛之时，而卒有隋末群雄之乱。唐天宝时，户口五千二百九十万有奇，为唐代户口极盛之时，而卒有唐末群雄之乱。宋大观时，户口四千三百八十一万有奇，为北宋户口极盛之时，而卒有女真之乱。明万历时，户口六千六十九万，为明代户口极盛之时，而卒有张李之乱。岂非大乱之生，皆由于人民之过庶哉？及观大乱既平之后，即光武中元时，户口仅二千一百万七千有奇，晋武帝时，户口仅一千六百一十六万三千有奇，唐高宗时，户口仅三百八十万，唐元和时，户口仅二百四十四万二百五十四，宋淳熙时，户口仅一千二百万有奇，国朝顺治九年，户口一千四百四十八万三千八百五十人，以统计之学言之，则昔之养给数人者，今仅为养给一人之用，焉有不家给户足者哉？"原载1904年5月25日的《警钟报》，《东方杂志》第1卷第6号（1904年6月）转载。又参见罗尔纲对太平天国人口压力的分析，见《中国社会经济史集刊》八卷一期《太平天国前的人口压迫》。汪士铎1855—1856年的《乙丙日记》中也认为人口每30年增加一倍，带来动乱与人口质量下降，也招致外国侵略，他主张晚婚、少育、限婚配，甚至溺婴等。

人口因素首先影响到社会的物质生产方式及生活水平。傅筑先认为：人口压力使中国历史上早期的土地公有变为"计口授田"的井田制，然后又使授田与休耕的井田制亦不再可能。[1] 为了应付人口压力，中国历史上后期的地产实际上划分得越来越小，农民小土地所有制广泛存在，[2] 农业生产也日趋精耕细作的集约化。然而，即便加上如洪亮吉（1746—1809）所谓"水旱疾疫"之"天地调剂之法"，以及"使野无闲田、民无剩力、疆土之新辟者，移种民以居之，赋税之繁重者，酌今昔而减之，禁其浮靡，抑其兼并"等"君相调剂之法"，也难于解决承平日久条件下人口剧增的难题，所以洪亮吉说其深为"治平之民虑也"。[3] 洪亮吉说，按五十年以前物价计算，当时一人食力约可养十人，而"今则不然，为农者十倍于前而田不加增，为商贾者十倍于前而货不加增，为士者十倍于前而佣书授徒之馆不加增"，"何况户口既十倍于前，则游手好闲者更数十倍于前，此数十倍之游手好闲者，遇有水旱疾疫，其不能束手以待毙也明矣"。[4]

人口压力造成的生计压迫使人纷纷弃农而从事他业乃至无业，晚明何良俊（约公元1524—1573）说："正德以前，百姓十一在官，十九在田，盖因四民各有定业，百姓安于农亩，无有他志。……自四五十年来，赋税日增，徭役日重，民命不堪，遂皆迁业。昔日乡官家人亦不甚多，今去农而为乡官家人者已十倍于前矣；昔日官府之人有限，今在农而蚕食于官府者五倍于前矣；昔日遂末之人尚少，今在农而改业为工商者三倍于前

---

[1] 傅筑先：《人口因素对中国社会经济结构的形成和发展所产生的重大影响》，《中国社会经济史研究》1982年第3期。

[2] 李文治把这视作"封建土地关系的松解"的一个重要特点，参见其《明清时代封建土地关系的松解》第一篇第四节，中国社会科学出版社1993年版。

[3] 洪亮吉：《卷施阁文甲集》卷一，《治平篇》。

[4] 同上书，《生计篇》。

矣；昔日原无游手之人，今去农而游手趁食者又十之二三矣。大抵以十分百姓言之，已六七分去农矣。"[1]

以上洪、何所言数字或不很精确，但这一趋势却是确凿无疑的。如果说高官富贵之诱惑，尚因其隔如天堑等各种原因，最初尚不易真正成为大多数人心中的动机的话，生存下去还是坐以待毙的压力却可以使人们走向一切可以自救自存的出路，而在这些出路中，科举无疑又是最具吸引力的。所以，凡是略微能学、能文的，都有可能蜂拥走上此途。顾亭林曾说明末五十万生员中，大部分都只是为了"保身家"而已，因为考上生员不仅可以免死、免役，还可以免去一些官府的压迫和欺凌。而如此大量涌入科举一途的结果就使科举发生了性质上的某些变异，人口的压力就不仅影响到人们的物质生活水平（这往往受到重视），也将影响到人们精神生活的水准（这往往不易为人注意）。物质资源的匮乏最终也影响到精神资源的贫困。总之，由于生计的逼迫，人口的剧增不仅会加重对选举的绝对压力，也会同时加剧对选举的相对压力，不仅使报考人的绝对人数、也使其在人口中的比重增加。

由于选举就是由下举上，客观上是一条功名荣耀、富贵利禄之途，所以它总是保持着对广大社会的巨大吸引力，如汉文帝"初即位，诏天下举方正贤良文学材力之士，待以不次之位。四方士多上事言得失自衒鬻者以千数"，[2] 而后至武帝时，窦太后崩后，"黜黄老、刑名百家之言，延文学儒者以百数，而公孙弘以治《春秋》为丞相封侯，天下学士靡然乡风矣"。[3]

有时上之所好更加剧了下之奔竞，如西汉末王莽掌政时的元始五年（公元5年）："征天下通知逸经、古记、天文、历算、钟律、小学、《史篇》、

---

[1] 何良俊：《四友斋丛说》卷十三。
[2] 《文献通考》卷三十三，"选举六"。
[3] 《汉书》卷八十八，"儒林传"。

方术、《本草》及以《五经》、《论语》、《孝经》、《尔雅》教授者,在所为驾一封轺传,遣诣京师。至者数千人。"[1] 又如东汉灵帝时,"初,帝好学,自造《皇羲篇》五十章,因引诸生能为文赋者。本颇以经学相招,后诸为尺牍及工书鸟篆者,皆加引召,遂至数十人。侍中祭酒乐松、贾护,多引无行趣势之徒,并待制鸿都门下,喜陈方俗闾里小事,帝甚悦之,待以不次之位。又市贾小民,为宣陵孝子者,复数十人,悉除为郎中、太子舍人。"[2] 再如唐武后时,"初,试选人皆糊名,令学士考判,武后以为非任之方,罢之。而其务收人心,士无贤不肖,多所进奖。"[3]

　　学术的传播、教育的普及、循吏的教化,客观上也是更多的人向往和走向此途的一个更为持久的因素。例如:"自武帝立《五经》博士,开弟子员,设科射策,劝以官禄,讫于元始,百有余年,传业者浸盛,支叶蕃滋,一经说至百余万言,大师众至千余人,盖禄利之路然也。"[4] 西汉时循吏、蜀郡太守文翁"修起学官于成都市中,招下县子弟以为学官弟子,为除更繇,高者以补郡县吏,次为孝弟力田,常选学官僮子,使在便坐受事。每出行县,益从学官诸生明经饬行者与俱,使传教令,出入闺阁。县邑吏民见而荣之,数年,争欲为学官弟子,富人至出钱以求之"[5]。

　　人口对选举的相对压力因时间、地域的差异呈现不平衡的状况,总的说,是战乱甫平,王朝初建时压力很轻,朝廷有时甚至采取措施不惜降低标准,提高出身之任官标准来吸引人们,而当承平日久,人口蕃生,压力越来越大就改而立严标准。如《晋书》卷七十八《孔坦传》载:"先

---

[1]《平帝纪》,《汉书》卷十二。
[2]《后汉书·蔡邕传》。
[3]《新唐书》卷四十五,"选举志下"。
[4]《汉书》卷八十八,"儒林传"。
[5]《汉书》卷八十九,"循吏传"。

是，以兵乱之后，务存慰悦，远方秀孝到，不策试，普皆除署。至是，帝申明旧制，皆令试经，有不中科，刺史、太守免官。太兴三年，秀孝多不敢行，其有到者，并托疾。"又《新唐书》卷四十五《选举志下》载："初，武德中，天下兵革新定，士不求禄，官不充员。有司移符州县，课人赴调，远方或赐衣续食，犹辞不行。至则授用，无所黜退。不数年，求者甚多，亦颇加简汰。"《宋史·周必大传》中也记载：曾任右丞相的周必大说："大抵创业之初，入仕之途寡则阙员为多，承平既久，入仕之徒众而官始冗矣。……流弊及今，抑又甚焉。鱼贯于都门，至于铨曹守选之人殆过二千，率数十而竞一阙，五六岁而俟一官，士而至此亦可谓淹滞失职矣。"

贾志扬（John Chaffee）根据他对宋代科举的研究指出：宋参加各州检定考试的考生人数在11世纪初期约为2万至3万人，而在一个世纪之后，参加1099、1102、1105这几年考试的人数已达7.9万人。到13世纪中叶，光是中国南部（即南宋）的考生大概就已达40万人以上。在这种压力之下，政府不得不把州试的法定配额比率从1009年的十分之一降到1275年的二百分之一。再以南宋时期出进士的一个主要地方，福建的福州府为例，1090年在3000名考生中只有40个举人的名额（1/75），而1207年在1.8万多名考生中仍只有54个举人名额（1/333）。两浙西路的严州1156年在1781名考生中只有18个举人名额（1/100）。到1262年，考生增加到7000多人，却仍然只有18个举人名额。统计还表明：读书人的人数相对于人口的其余部分也在增长着，而不仅是与宋代的人口同步增长而已。[1] 政府由此常常陷入十分尴尬的境地，例如，在公元1000年，它授予了1500多名各类学衔，其中409名为进士，所授学衔比中国历史上

---

[1] 贾志扬：《宋代科举》，东大图书公司1995年版，第56—58页。

任何其他年份为多。而两年以后则不得不紧缩名额，只授予了 38 名进士和 168 名诸科科衔，然而由此又引起严重骚乱。[1] 这样，随着宋朝的发展，官僚机构就越来越显得臃肿了，官员的人数日益超过可以获得的官位。[2]

　　在地域方面，则是文风愈盛的地方报考人愈多而学额就相形见少，如乾隆二十六年（1761）上谕提及：四川之直隶茂州及所属保县，直隶松潘厅、宁远府之越巂卫等处，均属边徼地瘠，向学寥寥，而取进额数，茂州、保县各 12 名，松潘、越巂各 8 名，人少额宽；至直隶资州、直隶眉州、直隶达州之新宁县等处，应考童生自七八百至千余名不等，而取进额数，资州 8 名，眉州 10 名，新宁 4 名，人多额少，较之茂州等处，不无偏枯。湖南浏阳考文生员的童生通常为 2000 人，而学额仅 12 人，但在安乡考生虽刚过 200 人，学额却有 15 个。在河南南阳，19 世纪初每次有将近二千名考生竞争 16 个文生员和 16 个武生员学额。广东南海、番禺两县，道光十二年（1832）有考生 2000 名以上，而附近香山县还不足其半数。道光十三年（1833）在广州举行的一次府试中，所属七县有 25000 名考生应试。道光十五年（1835），学政在广州主持一次院试，参加者达五千至六千人，而江苏苏州府举行的一次院试竟达约万名考生。[3]

---

[1] 据李焘《续资治通鉴长编》卷五十一载："先是，贡举人集阙下者万四千五百六十二人，命吏部侍郎陈恕知贡举，恕所取士甚少，以王曾为首。及是，糊名考校，曾复得甲科，时议称之。旧制，试经科复旧场第，始议进退。恕初试一场，即按通、不去留之。以是诸州举送官吏，皆被黜责，谴累者甚众。江南、恕乡里，所斥尤多。人用怨谤言，竞为谣诵讥刺；或刻木像其首，涂血掷之庭；又缚韦为人，题恕姓名，列置衢路，过辄鞭之。"

[2] 贾志扬：《宋代科举》，东大图书公司 1995 年版，第 4、76 页。但下面这一点仍然给这位西方学者留下了深刻的印象：即与中国辽阔的幅员相比，这一"庞大"的官僚机构还是显得太小。宋朝的鼎盛时期统治着大约二百万平方英里的土地，一亿多人口，却只有几万名官僚和几十万名吏员，它就依靠这相对于现代国家来说少得可怜的官吏，在三个世纪的大部分时间内设法维持了相对的和平秩序。见第 29—30 页。

[3] 张仲礼：《中国绅士》，上海社会科学院出版社 1991 年版，第 88—89 页。

清代决定生员录取的院试一般每三年举行两次,每次院试录取名额,顺治十五年定大府学为 20 名。大州、县学 15 名,小州、县学 4—5 名,后中、小官学名额有增加,报考人与录取数之比平均约为 100:1。太平天国前夕,全国 1741 所官学每次院试录取名额为 25089 名。张仲礼估计在太平天国前夕,全国文生员约 53 万人、武生员约 21 万人,合计约 74 万人,约占全国总人口(道光二十二年户部统计数 40230 万)的 0.18%。[1]

乡、会试三年一次(但有时增加恩科),全国乡试的举人名额,顺治二年为 1428 名,十七年为 736 名,康熙三十五年为 988 名,五十年为 1223 名,乾隆九年为 1143 名,嘉庆廿五年为 1493 名,道光十四年为 1371 名,咸丰元年为 770 名,同治元年为 1566 名,同治九年为 615 名,光绪七年减至 1254 名,光绪十一年又调至 1521 名,整个清代略有上升但变化不大。[2] 通过资格考试可参加乡试的报考人与录取数之比约为 70:1。清代会试中式无定额,每科以应试实在人数,并上三科中式人数,请旨钦定中额。据商衍鎏统计,清代会试共 112 科,录取人数 26391 名,平均每科取中 236 人。[3] 每次会试约有七八千举人参加,报考人与录取数之比约为 30:1。张仲礼估计太平天国兴起前夕,全国举人总人数约为 1.8 万人,进士总人数近 2500 人,翰林则仅 650 人。[4] 而当时京师和地方文武官员职位数据《清会典》可定为近 2.7 万人,其中 2 万是文官缺。

我们要注意,以上学额、举额、进士额及官员额虽主要是以晚清为据,但在整个清代都变化不大,增加不多,而清代的人口已由清初的不足

---

[1] 张仲礼:《中国绅士》,第 98—100 页。
[2] 王德昭:《清代科举制度研究》,中华书局 1984 年版,第 63 页。
[3] 《清代科举考试述录》,三联书店,1958 年版,第 153 页。人数比何炳棣统计略少。
[4] 张仲礼:《中国绅士》,上海社会科学院出版社 1991 年版,第 124 页,第 120 页。

一亿,[1]迅速上升到乾隆二十七年(1762)年的超出二亿,乾隆五十九年(1794)年的超出三亿,道光三十年(1850)年的约四亿三千万。[2]所以,即便没有西方的侵入,清帝国也已陷入了某种危机,龚自珍在19世纪初已经深切地感到了"万马齐喑究可哀"的沉闷。

人之质累

如果说人口数量对社会结构与精神文化的影响尚少为人注意,那么人口素质的影响就更不为今人所注意了,这其间的一个原因是因为受到了现代平等观念的强烈影响。古代选举本质上是一种选拔少数文化道德精英入仕的活动,所以,它如果要成功地运作,并持久平稳地运行,除了需找到合适并切实可行的录取标准,还有一个基本前提条件就是要保持一个适当数量的报考者(候选者)队伍,这个数量不宜太少以至于相当多的人才不能包括在其中,这个数量也不宜太多以至泥沙俱下而同样将使人才难于得中。在某种意义上,量累与质累是相互联系的,量累也将引起或加剧质累。人多加大了遴选传统社会所需人才的难度,而才低品卑考生的混入及其再为考官的辗转往复,更趋向于把古代选举拖入困境。

古代中国人对人的才能素质的差异持有相当坚定的信念。孔子并不轻许人为"上智",同样,他也不轻贬人为"下愚",但他还是认为人有"生

---

[1] 据何炳棣的研究,明末万历中(1600)人口约为一亿五千万,明清之际由于战乱及流寇,死亡很多,清初户口数偏低,仅一千多万户,不能表示人口真相,但直至近百年后,人口方恢复到乾隆六年(1741)的较可靠数字:一亿四千三百万,似可推断清初人口高于当时统计的户口数,但却不足一亿。

[2] 参见全汉升、王业键:《清代的人口变动》,载《中央研究院历史语言研究所集刊》第32本,1961年。

而知之""学而知之""困而学之""困而不学"等种种差别。[1] "在他心目中，人的天赋差异可能大致是一个两头小、中间大的状况。而"学而优则仕"就尤其是对中间一部分人的一种吸引了，虽然学成而官者与学优而仕者还是只能是很少数。但一个社会文风兴衰的关键则系于这中间的阶层——系于他们追求什么，尤其是他们尊重什么。后来孟子的圣贤史观，董仲舒、王充的性分等级，[2] 荀悦、韩愈的"性三品"说，[3] 其说作为一种哲学理论来说或嫌粗糙，却都反映了古人对人之差异的一种持久共识。

人之才德的差异乃至遗传在科举考试中似也得到某种证实。潘光旦指出：清代共举行过会殿试112科，共得巍科人物约560人（指一甲三名及二甲第一名以及会元，其中有重复者）。这560人，据他调查所及，已经可以指明至少有42%是彼此有血缘关系的，即属于同一个庞大的血缘网，尽管他们表面上是属于张王李赵等许多不同的家世，而分散在全国的各地，底子里在血缘上却息息相通，是同一个脉络。[4] 应当说，科举取士还是把质累控制在一定的范围之内，虽时有侥幸，但取中的大多数还是人才。但是，由于人潮汹涌及考试过程中难免的种种偶然因素，仍有相当一些迂腐、平庸之人得以厕入。他们在试前囿于见识，主要以坊刻时文为

---

[1] 这些差别固然不可能绝对孤立化，在一个人那里可能同时存在着"生知""学知"乃至"困学"等种种因素，只是以某一个因素为主。即便一个天才也不可能不学，甚至有时是困而后学。而确有相当一部分人是即使困也不肯向学（原因可能既包括缺乏兴趣，又因为难以学成），而如果失去"学而优则仕""学而优则贵"的吸引，如果学而劣（乃至不学）也能仕、能贵、能富，亦即不学无困甚至有利，就可能连困而后学的一部分人也不会向学了。

[2] 《春秋繁露·深察名号》："名性不以上，不以下，以其中名之。"又《实性》："圣人之性，不可名性；斗筲之性，又不可以名性。名性者，中民之性。"又王充《论衡·本性》："人性有善有恶，犹人才有高有下也，高不可下，下不可高。""无分于善恶，可推移者，谓中人也。"

[3] 荀悦《申鉴·杂言下》："有三品焉，上下不移，其中则人事存焉尔。"韩愈《原性》："性之品有上中下三，上焉者，善焉而已矣；中焉者，可导而上下也；下焉者，恶焉而已矣。"

[4] 潘光旦：《优生原理》，天津人民出版社1981年版，第104—105页。潘并引两位科学家的测验，说明人们的体格及智力差别都是两头小中间大。

学,所以,坊刻时文在宋代实际上就早已泛滥过一圈。[1] 这些人侥幸得第,其学即已告终,不再求进学,故除一点时文考试范围内的内容,其他经史子籍几一概不知,且再以此去录取新的同类,就像吴敬梓在《儒林外史》中所写的暮年登第,后做过学道、国子监司业的周进,以及不知苏轼为谁,但也做到学道的范进等,皆此类也。而这些人尚称是平庸的老实人,更有才能平平而品质卑下者亦混迹其间。《儒林外史》对科举及儒林的讽刺,实际上主要是对科举之流弊,儒林之世俗化的讽刺,而一种制度,哪怕是一种再具精英性的制度,实行一久,与者一多,也难逃在某种程度上世俗化的命运。

古代选举所欲选拔者不只是有才者,而且是有一定道德品行的有才者,如此才可加强对缺乏外在权力制衡的官员阶层的一种内在约束。所以,不仅察举时代重品行,科举时代到王安石改革时也是想以考经义扭转以往考诗赋的文人浮薄之习,此正如阮元所言:"唐以诗赋取士,何尝少正人?明以四书文取士,何尝无邪党?唯是人有三等,上等之人,无论为何艺所取者,皆归于正;下等之人,无论为何艺所取,亦归于邪,中等之人最多,若以四书文囿之,则其聪明不暇旁涉,才力限于功令,平日所习者唯程朱之说,少时所揣摩者皆道理之文,所以笃谨自宁、潜移默化,有补于世道人心者甚多,胜于诗赋远矣。"[2]

但是,由于选举本身也是一功名利禄之途,且为客观公平计,又要以文取人(虽是经义文),要想防止品行不端者混入就颇为困难,尤其是

---

[1] 岳珂:《愧郯录》:"自国家取士场屋,世以决科之学为凭,故凡编类条目,撮载纲要之书,稍可以便检阅者,今充栋汗牛矣。建阳书肆,方日辑月刊,时异而岁不同,以冀速售,而四方转致传习,率携以入棘闱,务以眩有司,谓之怀挟,视为故常。……特先朝盛时,多士辐集,而此风已于议者之口,驯至今日固无怪也。今此等书遍天下,……盖有不胜其禁且毁者。"载《笔记小说大观》册四,第378页。

[2] (清)阮元:《四书文话序》,《揅经室集》。

那些善于揣摩,具有一定为文才能的追名逐利者,就更不易防范。而社会上确实不乏此类追名逐利者。还在相对封闭的察举时代,此种苟且钻营之风就已大炽,晋刘毅曾上疏批评九品中正制下的钻营之风说:"公无考校之负,私无访讦之忌,用心百态,求者万端。廉让之风灭,苟且之俗成。天下汹汹,但争品位,不闻推让,窃为圣朝耻之。"[1]

武后载初元年(689),薛谦光亦上疏批评说:"今之举人,有乖事实,或明诏试令搜扬,则驱驰府寺,请谒权贵,陈诗奏记,希咳唾之泽;摩顶至足,冀提携之恩。故俗号举人为觅举。夫觅者,自求之称,非人知我之谓也。故选曹授职,喧嚣于礼闱,州郡贡士,诤讼于陛闼。谤议纷纭,寖成风俗。"[2]

唐代每年科目甚多,但进士科甚狭,岁贡八、九百人仅取二、三十,但考试不糊名誊录,也不专以考场试文定录取,应试举子可编选己作,写成卷轴,考试前送呈当时社会、政治、文坛上有地位者,请他们向主司推荐,此卷即为"行卷"。这本来是一件兼顾考生平时学问水平的好事,由此也确实选中了一批才华横溢者,但是,久而久之,一些品行低下,或品行才华均低下而又热衷名利者不惜滥投行卷,广托公卿,一时"公卿之门,卷轴填委,率为闱媪脂烛之费"。[3] 江陵项氏描述当时风俗之弊说:"天下之士,什什伍伍,戴破帽,骑蹇驴,未到门百步辄下马,奉币刺再拜以谒于典客者,设其所为之文名之曰'求知己',如是而不问,则再如前所为者,名之曰'温卷',如是而又不问,则有赘于马前,自赞曰'某人上谒者'。"[4] 乃至有些人窃人旧文以为自己的"行卷",借此招

---

[1]《刘毅传》,《晋书》卷四十五。
[2]《文献通考》卷二十九,"选举二"。
[3]《自负》,《唐摭言》卷十二。
[4] 转引自《文献通考·选举二》。

摇撞骗，甚至当场被人逮住也面不改色。[1] 如此风气，无怪乎洁身自好与恃才自傲者不愿与之为伍，[2] 而本来一种可结合士子平时水平与考场成绩的好办法，在此风冲击下遂不能不渐趋废止，而走向完全的以三场试文为定的制度。

改试经义后，此类钻营者仍屡见不鲜，有的乃至辗转于对立的朝廷与农民政权之间。以求一逞，如"张申伯为咸丰时之廪生，文誉颇著。咸、同间，苏常州县相继失陷于粤寇，张避世乡居。时洪秀全开科取士，张为侪辈所推举，改名诸维星，至金陵，入场。题为'平定江南文'，仿制艺体，张作颇雄壮，拔置解元，……张于粤寇平后，思复应秋试。苏人欲攻之，因作七律二章，以明前者应试之非己志。既而乡试，亦擢高第。"[3] 而许多品行、文才均不佳者，更是或托关节，或以怀挟，使科场风气趋于卑下，士子尊严遭到屈辱，因为，即便是很少数人的作弊，也将使所有考生都不得不蒙受搜身等严格防范措施的羞辱。

因此，真正的德行高洁之士不能不为此感到痛心，并严厉批评这种流风颓俗。明末清初，曾受业于刘宗周等大儒，同时也是农学家的张履祥在为塾师时，谆谆告诫子弟勿陷入流俗，他说："大凡为学，先须立志。……立志之道，先须辨别何者上等人所为，何者是下等人所为，我愿学者，是何等样人；我所不屑为者，是何等样人。……若知其上等而不肯学，知其下等而不能去，此为无志，民斯为下而已。"他并引刘宗周言"吾自幼有不甘流俗之志"，说此念最真，可每日反省。"人若甘于流俗，其流而下也，何所不至？若一念不甘，其达而上也，何所不至？"他认为：

---

[1]《太平广记》卷二百六十一"李秀才"条。
[2] 如李商隐《李义山文集》卷四中《与陶进士书》："除凶书及凭倩作启铭表之外，不复作文，文尚不作，况复能学人行卷耶？"
[3] 徐珂：《清稗类钞》册二，中华书局1984年版，第730页。

人各有业，农有畎亩之事，工有器用之事，商贾有市肆车牛之事。而废业游手，必入于不肖。士为四民之首，则有学业。既然整衣冠、挟书册、号为民首之人，就当思言民首之言，行民首之行，处不愧为士君子，出不愧为士大夫，使人敬而爱之。若不自己爱惜，荒废本业，乃至寡廉鲜耻，决裂名教，逐蝇头之利，工市侩之术，反不若胼手胝足，为质朴之农夫，以没其齿矣。今世极多游民，是以风俗日恶，民生是蹙。虽其业在四民者，莫不中几分惰游之习，而士益甚。饱食终日，无所用心而已；群居终日，言不及义而已，究其为害，更甚于游民。原其病根，只是不勤于学，无上达之志，而甘下流之趋。而所救还是在学。士须知此身除却学问，更无一事可为。此生自小至老，忧乐穷达，无非学问之日，应委心矢志，以求无负此"读书人"三字。他批评当时："取士者以诗赋，请谒者以文辞，而务本力穑之事荡如矣。相沿至于今日，人人耻不文，不耻不仁；畏不奢，不畏不义。"指出读书人应当"与其文而为不仁，孰若朴而以仁存心；与其奢而为不义，孰若俭而以义律己"。总之，凡人既读书，须实作个读书人，有读书人之容貌，有读书人之言语，有读书人之行事，凡事以心术为本。[1] 由此可见出明末"人人耻不文，不耻不仁"的世风以及真儒达士的志向。

传统的批评与改革意见

　　历代对选举制度的传统范围内的批评，锋芒主要是针对选举的流弊而非选举本身，因而改革的意见也就主要是改良而并不导向废除。

　　东汉左雄于阳嘉元年（132年）进行了察举时代最重要的一次改革，

---

[1] 张履祥：《初学备忘》。

一是规定郡国所举孝廉必须在年龄四十岁以上；一是要求诸生、文吏先得通过分别的考试才能被举。这些措施正是针对少年躁进、庸妄干请、量质皆累的流弊的，此正如马端临所言：东汉初所举大概皆得其人，"中叶以来，此意不存，往往多庸妄之流，以干请而得之，于是人得假试文之事以为革谬之法矣"。[1] 所以，左雄任尚书行新制期间，"天下不敢妄选"，牧守"莫敢轻举"，在一段时间里，相当有效地遏制了奔竞之风。

如前所述，科举至武后时，人多已"委积不可遣，有司患之，谋为黜落之计，以僻书隐学为判目，无复求人之意"[2]。至中、晚唐，猥琐士人奔竞觅举之风日烈，庸愚咸集，取士更滥，大中十年（856年），中书门下奏权停三年，上果从之。

但暂停一类措施只是权宜之计。杜佑曾探讨选举弊病的根本原因说："缅徵往昔，论选举者，无代无之，或云'官繁人困，要省吏员'，或云'等级太多，患在速进'，或云'守宰之职，所择殊轻'，或云'以言取人，不如求行'。是皆能知其失，而莫究所失之由。"那么，究竟什么是选举各种缺失的根源呢？

杜佑认为主要还是人太多了："按秦法：唯农与战始得入官。汉有孝悌、力田、贤良、方正之科，乃时令征辟；而常岁郡国率二十万口贡止一人，约计当时推荐，天下才过百数，则考精择审，必获器能。自兹厥后，转益烦广。我开元、天宝之中，一岁贡举，凡有数千；而门资、武功、艺术、胥吏，众名杂目，百户千途，入为仕者，又不可胜纪，比于汉代，且增数十百倍。安得不重设吏职，多置等级，递立选限以抑之乎？常情进趋，共慕荣达，升高自下，由迩陟遐，固宜骤历方至，何暇淹留著

---

[1] 《文献通考》卷三十四，"选举七"。

[2] 《新唐书·选举志下》。

绩。……苟济其末，不澄其源，则吏部专总，是作程之弊者；文词取士，是审才之末者；书判，又文词之末也。"而改革之要，则在最终使士与民保持一个适当的比例，即士寡民众："凡为国之本，资乎人氓；人之利害，系乎官政。欲求其理，在久其任；欲久其任，在少等级；欲少等级，在精选择；欲精选择，在减名目。俾士寡而农工商众，始可以省吏员，始可以安黎庶矣。"[1]

宋代取士名目虽少，而额数却大增，其最盛一朝大概是北宋仁宗一朝，四十一年里共取进士4570人，平均每次考试取351人，最高一次取538人。南宋每科取人亦不少。至朱熹（1130—1200）时，人累已很明显，朱子有关科举的议论多是针对此，他回顾北宋之初的情况说：当时张乖崖守蜀，有士人亦不应举。乖崖去寻得李畋等出来举送去，只一二人。商鞅论人不可多学为士人，废了耕战。此无道之言，然以今观之，士人千人万人，不知理会什么，真所谓游手！这样的人一旦得了高官厚禄，只是为害朝廷，何望其济事？又说今日学校科举不成法，上之人分明以贼盗遇士，士亦分明以贼盗自处，动不动便闹事，以相迫胁，非贼盗而何？这个治之无他，只是严格挟书传义之禁，不许继烛，少间自淘汰了一半。不是秀才的人，他亦自不敢来，虽无淘汰之名，而有其实。朱子一方面说科举种子不好，说试官也是这般人；但另一方面又说：科举是法弊，大抵立法，只是立个得人之法。若有奉行非其人，却不干法，若只得人便可。今却是法弊，虽有良有司，亦无如之何。亦即此法弊也是积弊，仅仅靠个人的力量是难于改变的。他提出的改革是：乡举里选之法是第一义，但既然今不能行，只能就科举法做些变通，如为了使天下士子通五经大义，可一举试春秋，一举试三礼，一举试易、诗、书，禁怀挟。出题目，便写出注疏与诸

---

[1] 杜佑：《通典》，中华书局1988年版，第455—456页。

家之说,而断以己意。策论则试以时务,如礼、乐、兵、刑之属。更重要的是要开辟一些其他科目取人。[1] 另外,欲革奔竞之弊,还须平均诸州解额,减少太学之额。[2] 总之,朱子主张严加淘汰,适当限额,以保证科举作为一种选拔英才的制度的顺利运行。

顾亭林对科举的意见我们前面已引其批评时文的言论,下面再着重察看一下他对人多谬滥的批评及改革办法。他说当时约 50 万生员中有 35 万只是"保身家"而已,而并非有学问之秀才。然而,科举并不是保身恤平之途,而是选拔英才、立功建业之途。[3] "夫立功名与保身家,二途也;收俊乂与恤平人,二术也,并行而相悖也,一之则敝矣。"他主张废天下生员,然而:"吾所谓废生员者,非废生员也,废今日之生员也。请用辟举之法,而并存生儒之制,天下之人,无问其生员与否,皆得举而荐之于朝廷,则我之所收者,既已博矣,而其廪之学者之限额,略仿唐人郡县十人,等而上之,大郡四十人而止;小县三人,等而上之,大县二十人而止。……然则天下之生员者少矣。少则人重之,而其人亦知自重。"他又说:"科场之法,欲其难,不欲其易。使更其法而予之以难,则觊幸之人少。少一觊幸之人,则少一营求患得之人,而士类可渐以清。抑士子之知其难也,而攻苦之日多。多一攻苦之人,则少一群居终日、言不及义之人,而士习渐以正矣。今日欲革科举之弊,必先示以读书学问之法。暂停考试数年,而后行之,然后可以得人。"[4] 他并指出:"今人论科举,多以广额为盛,不知前代乃以减数为美谈,著之于史。《旧唐书·王丘传》:开元初,丘迁考功员外郎。先是,考功举人请托大行,取士颇滥,每年至

---

[1] 详细内容可参见《学校贡举私议》,《朱子大全》文六十九。
[2] 《朱子语类》第七册,中华书局 1986 年版,第 2692—2703 页。
[3] (清)顾炎武:《顾亭林诗文集·生员论》。
[4] (清)顾炎武:《日知录集释》卷十六,"拟题"。

数百人。丘一切核其实材，登科者仅满百人。议者以为自则天以后，凡数十年，无如丘者。《严挺之传》：开元中考功员外郎，典举二年，人称平允，登科者顿减二分之一。《陆贽传》：知贡举，一岁选士才十四五，数年之内，居台省清近者十余人。此皆因减而精，昔人之所称善。今人为此，不但获刻薄之名，而又坐失门生百数十人，虽至愚者不为矣。"[1] 顾亭林并远承左雄等人意见，主张限年，[2] 他还同意欧阳修逐场淘汰的意见，批评北宋初年取人太多，用人太骤、太显，为后世开了坏的先例。[3]

其后又有袁枚亦言："今则不然，才仅任农工商者为士矣，或且不堪农工商者亦为士矣，既为士，则皆四体不勤，五谷不分，而妄冀公卿大夫，冀而得，居之不疑，冀而不得，转生嫉妒，造诽谤，而怨之上不我知，上之人见其然也，又以为天下本无士，而视士愈轻，士乃益困。嗟夫！天下非无士也，似士非士者杂之，而有士如无士也。"[4]

然而，这人累又是一种时累。人弊又是一种时弊，一种流弊。邓之诚于1934年写道："三代取士之经，出于乡举里选。至汉三途而一变，至六朝九品而再变，至隋唐科举而三变，皆承其敝而变者也。实则试言试行皆试也，特变其所试之法。世安有不敝之法哉。科举历时独久，弊亦最著。防弊之法，监守巡察糊名誊录磨勘回避，且严刑峻法以临之，不可谓疏，而弊则益随之滋长。诋科举者，至目为探筹，宜若可废而不废者，其法专壹，足以一天下趋向，骤无以相易故也。……二十年来，进用者不必试，试者不必得，生徒学成而无所职者日多，于是一世又争颂考试之利，且有以广其科目为说者，是则法亦何常之有。"[5] 几乎任何现实地存在过

---

[1] 《中式额数》，《日知录集释》卷十七。

[2] 《年齿》，《日知录集释》卷十七。

[3] 《中式额数》、《出身授官》，参见《日知录集释》卷十七。

[4] 《小仓山房诗文集》中《原士论》。

[5] 邓嗣禹：《中国考试制度史·邓序》，台湾学生书局，1982年版。

的制度差不多都可以说是有利有弊,其产生和存在常常是因为其始利多弊少,但随着时光流转,积累的弊害就可能与日俱增,乃至于超过其利,本身由利器变成累赘。[1]

批评断代史而主张会通,主张以一种综合、长远的眼光看待历史的宋人郑樵,深深感叹过儒道与选举结合之后而必然世俗化的衰落:"九流设教,至末皆弊,然他教之弊,微有典刑。唯儒家一家,去本太远。此理何由,班固有言,自武帝立五经博士,开弟子员,设科射策,劝以官禄,讫于元始,百有余年,传业者浸盛,枝叶繁滋。一经说至百余万言,大师众至千余人,盖禄利之路然也,且百年之间,其患至此,千载之后,弊将若何,况禄利之路,必由科目,科目之设,必由乎文辞。……经既苟且,史又荒唐,如此流离,何时返本,道之污隆存乎时,时之通塞存乎数,儒学之弊,至此而极。寒极则暑至,否极则泰来,此自然之道也。"[2] 而明人宋应星既认识到科举时弊,又指出其延续了如此之久的生命力说:"从古取士进身之法,势重则反,时久必更。两汉方正贤良,魏晋九品中正,唐宋博学弘词、明经、诗赋诸科,最久者百年而止矣。垂三百年,归重科举一途而不变者,则唯我朝。"[3] 毕竟,在克服了种种弊病和做了若干调整之后,古代选举延续了两千多年,科举延续了一千三百年,乃至于八股取士也延续了近五百年,说明它们自身确有一种自我调整和更新的能力。从一种社会结构自身而言,其褒之可说"气运",贬之则曰"停滞"的持久延续,不正是它生命力的一个证明?当今有多少制度敢以千年乃至以百年论其生死兴衰呢?

---

[1] 英国经济学家白哲特说:"整个文明史充满着那些最初十分珍贵而最后使人致命的主义和制度。"转引自塞尔兹编:《影响人类历史的名人思想》,上海人民出版社1991年版,第25页。

[2] 郑樵:《通志·总序》。

[3] 《宋应星佚著四种·野议》中《进身议》,上海人民出版社1976年版。

古人甚明时累之理，且知此势常有人难以一下扭转处，所以朱子一面批评读书种子、试官不好，一面又说这是法弊、积弊"良有司"一时也"无如何"。人累科举，但又几可说不能不累，人性之自我关怀，人情之均欲向上可以说是人情所难免，所以此种奔竞又可说是情有可原。于是，一种"进取归一律"的上升之途就不能不承受某种人累的负担，它可以裁抑却无法杜绝人之奔竞。所以，恰如其分地承认"人累"，承认"时累"又是必要的，不能幻想有一种十全十美并永久存在的制度，人类许多制度及社会形态的存在可以说其始兴也自然，其终败也自然，其中含有一种深刻的自然合理性。

以上批评主要是改革性的意见，而在这种种批评之后，我们还可以不时听到一种虽不激昂，却很顽强的声音存在，这就是对于门第、贵族社会的某种追思缅怀，这种追思且并非总出自高官贵胄之子弟，而也常出自贫寒沉落之大才。如前述晚清之贡生，一位生活贫困、英才早逝的杰出学者沈垚（子敦）就曾在与张渊甫书中说："唐以前士大夫重门阀，虽异于古之宗法，然尚与古不相远，史传中所载多礼家精粹之言，至明则士大夫皆出草野，议论与古绝不相似矣。古人于亲亲之中寓贵贵之意，宗法与封建相维，诸侯世国则有封建，大夫世家则有宗法。尊意谓宗子可无爵，鄙意窃不谓然，既无爵安用宗子？既为宗子安可无爵？明代士人议论自谓极精者，皆求之古而绝不然者也，其故由全不讲贵贵二字耳。"[1] 又说："封建之世，计口授田，处四民各异其所，贫富无甚相悬。周末兼并，而货殖之术以光，魏晋后崇尚门第九品士庶之分，事虽异古，而杂流不得与清班并。仕者禄秩既厚，有功者又有封邑之租以遗子孙，故可不与小民争利，唐时封邑，始计户给绢而无实，至宋太宗乃尽收天下之利权归于官，于是

---

[1] 沈垚：《与张渊甫书》，《落帆楼文集》卷八，外集二。

士大夫始必兼农桑之业,方得赡家,一切与古异矣。仕者既与小民争利,未仕者又必先有农桑之业,方得给朝夕以专事进取,于是货殖之事益急,商贾之势益重,非父兄先营事业于前,子弟即无由读书以致身通显,是故古者四民分,后世四民不分,古者士之子恒为士,后世商之子方能为士,此宋元明以来变迁之大较也。"[1] 这或对宋明以来人之经商之趋势估计过重,且"士之子恒为士"会影响到从他业者也恒为他业,从而使从他业的人才,对改业上升"断路"乃至"断念"。然而,在使之全然"断念",懵然不知己才还是使之有念却不能上升,明知自己有才却又不能施展两者之间,哪一个更为痛苦、更为不幸尚难论定。[2] 无论如何,上述批评都还是基于一种天道循环的乃至"向后看"的时间观,而当西方大规模的冲击日趋明显与激烈之后,就渐渐引入了一种新的时间观,亦即一种单线的、进步的、一切"向前看"的时间观了,从而也就难再有此类追思。

总之,中国古代的选举制度一直遭受着人口数量的巨大压力,遭受着人的素质所带来的趋下变异之苦,它所采取的对策主要是:一是不断地加长"走廊",亦即增加功名的层次,增加考试的次数;汉代被察举者可以从乡间直登朝廷,唐宋科举层次也还算少,而明清却得经县、府、院三试才仅能入学,又须参加科试才能应乡试,乡试中举后才能应会试,会试中后才能应殿试,此外还有秀才的岁考,举人的复试,进士的朝考等等名目繁多的考试;二是立严录取的标准,考试内容的限制越来越严,自由发挥的余地越来越少。在传统政治的格局下,科举名额有一个很难逾越的限度,因为传统政治并不需要那么多官员,原有的官场已经臃肿,扩大名额

---

[1] 沈垚:《费席山先生七十寿序》,《落帆楼文集》卷二十四,别集。

[2] 也许这是不可比的,或者说是同样的不幸,但前者可能更多地是在他人看来的一种客观不幸,后者则更多地是本人强烈感受到的主观痛苦。而沈垚在衰落的传统选举社会中所感受到的不遇之痛苦,与在激烈动荡的20世纪中纯粹学者所感受到的痛苦比较起来,可能又是小巫见大巫。

往往只会进一步加剧百姓的负担，并激起另一轮竞争的浪潮，而不扩大名额又将使人才压抑，"人才无可表现，于是有大乱"[1]。

  这就是选举社会所内在地具有的一个深刻的、难解的矛盾，这一难解的矛盾常常使社会陷入困境，对这种困境的解决办法有时是靠一种"没有办法的办法"，即客观上通过战乱、通过改朝换代来得到大的缓解。战乱使人口大大减少，并有鉴于战乱中官员首当其冲，"世家先亡""大家先覆"，人们期望值降低，经济压力也减轻，应试者人数比例也会相应减少，然而，当时光流逝，和平持续，生息繁衍，选举可能又会陷入另一轮困境。只是中国在未遇西方前，尚能一次次走出这一困境而已。

---

[1] 钱穆：《中国历代政治得失》，三民书局有限公司1974年再版，第143页。

第二章　衰落与改革

中国在晚清未遇西方前已陷入某种传统王朝经常遇到的危机，太平天国战争的爆发主要并非是由于外部的刺激而起，而是内在矛盾的爆发，战后虽有短暂的中兴，但由于新的时代因素的介入，传统制度已难凭自身走出这一危机，结果就是不仅科举制度，而且是整个传统社会的被打破。但是首先覆灭的是科举却是颇具戏剧性的一幕，这一中国历史上最具"现代性"、最具形式理性、平等精神和个体主义色彩的制度，却必须在中国想进入"现代化"时最先被废除，这真像是历史的揶揄。

晚清科场的衰落

清代康熙朝是一个休养生息、国泰民安、统治层最有生气也最有信心的朝代，雍、乾两朝承其积累下来的国力并予以展开，使繁华与武功都达到了一个高峰，然到乾隆晚期，内囊已开始上来。当道光年间中国与西方大规模冲突之际，不巧正是一个西方解脱羁绊、发展气势最盛，而中国却正接近一个王朝的晚期，是一个积弊已多、积弱趋深的时期。西方列强的几次入侵使中国的元气受到了严重斫伤,而在沉重的人口、生计的压迫下,[1] 由华南贫瘠之地兴起的太平天国农民战争,席卷了半个中国,尤其使中国最富庶的一角——东南部的经济实力遭到了一次沉重的打击。然而,在此之后,在一批最早有所觉悟的官员的艰苦努力之下,仍然有过一个短暂的同治中兴,但毕竟,这样一个老大的帝国适应新形势的调整速度远远赶不上西方进逼的速度,乃至也赶不上急起直追学习西人的东邻崛起的速度,光绪初中法战争的刺激,把一批原先的清流党(多为翰林)也驱入了适应改革的潮流,而甲午中日战争的刺激更使朝野震动,使整个士绅官员阶层都受到一次深深的震撼,于是就有了1898年的百日维新,而如果说上次是居清要的"翰林造反",这次就主要是刚入仕的"进士、举人造反"了,这次维新表面上虽然失败了,但由于其后深藏的社会矛盾及危机并未解除,所以在经历了庚子事变之后,[2] 从1901年起,朝廷实力派自己发动了改革,而这次新政改革的规模与深度,实已远远超过仅仅三年前失败的变法维新,其中就包括废除科举。

现在我们想再观察一下废除科举前的社会情势,尤其是19世纪与20世纪之交前后十年的形势,这十年是传统中国真正在社会结构层面开始发生深刻的,不可逆转的变化的十年,[3] 通过科举取得功名的传统士绅官吏的社会中坚地位此时仍然保持着,但由晚清战乱及训练新军而催生并加强

---

[1] 汪士铎《乙丙日记》:"忆寓陈墟桥蔡村时,通村千余家,并官历竟无一本,四书五经殆如天书,古或有之,今亡矣。夫民皆不识字,而仇恨官长,问:'官吏贪乎?枉法乎?'曰:'不知。'问:'何以恨之?'则以收钱粮故。问:'长毛不收钱粮乎?'曰:'吾交长毛钱粮,不复交田主粮矣。'曰:'汝田乃田主之田,何以不交粮?'曰:'交则吾不足也,吾儿子儿女如何能足!'曰:'佃人之田,交人之粮,理也;安问汝不足?且地不足,当别谋生理。''人多无路作生理,无钱作生理也。'呜乎,岂非人多之患哉?"

[2] 在犹豫和绝望之际,最高统治层曾试图利用民气,但结果自然仍是大失所望。

[3] 或可扩大到19世纪最后十年,20世纪最初十年的二十年。

的新的军人势力已开始上升，商人、企业家及至专与西人打交道的买办阶层也崭露头角，新知识阶层也借助报业、出版、学会等开始形成，新式教育和学校也在开始探索过程之中。但在社会下层，在广大的农村，基本的体制依然如故，只是绅士越来越城市化，其在乡村的权威和影响力都趋下降，人口在太平天国，捻军等内战造成大量死亡之后又迅速恢复，并超过了原先水平而居高不下，流民越来越多，总的说农民的生活水平下降了，但也有一些暴发户出现，在传统以"四民"为主体的有业阶层之外，无业阶层的人数大量增加，[1] 产业工人1894年有10万人，到1912年增加到66万人，但与众多的农民相比还是区区之数。不时爆发的民众运动与骚乱大部分是由秘密会社煽动起来的，旋起旋灭，[2] 而孙中山的革命组织的力量尚很微弱。但一种普遍的忧虑，焦灼不安的气氛却笼罩着社会上层，社会下层的多数人也感到生活不安定，前途莫测。总之，社会的各方面都已出现一个过渡期的各种征兆。

我们下面着重来看一看科场的情形及其在社会上地位的变化。晚清出现的新情况：列强的侵略及战争赔款，大规模的内乱，不得不向现代国

---

[1] 有业与无业之民的划分可参孙宝瑄《忘山庐日记》上册，第794页："我国人有业之民，约十四种：曰士，曰农，曰工，曰商，曰官，曰兵，曰丁，曰幕，曰书，曰差，曰僧，曰道，曰倡，曰优。尚有无业之民二种：曰纨绔子，曰乞丐。合成十六种。尚有不在十六种之内者，则江湖无赖之人，约分八种，彼中人自称曰八行：曰经，曰皮，曰李，曰瓜，曰风，曰火，曰除，曰妖。所谓经者，如拆字、占课、相面、算命及卖春联等，约分九类，属于文墨者也。所谓皮者，如贩卖药材、行医及伪神仙等，分十八类。所谓李者，如变戏法等，分四类。所谓瓜者，如挥刀舞拳卖艺等，分三类。以上四行，知者颇伙，盖所操技业多为王法所不禁也。若风、米、除、妖四种，皆显犯国宪，踪迹甚秘，故罕有知者。何为风？即绿林大盗，分七类。何为米？如冒充官长、私刻印玺，及假造金银等，分八类。何为除？即诈骗讹索一流，分五类。何为妖？即惯用邪术，以色诱人者，分六类。此八种人，大抵无业游民，遁而入此，彼中各联小社会，有急相助，大有共产主意，故其群能久而不涣。"上海古籍出版社1983年版。

[2] 见《剑桥中国晚清史》下卷，第十章"社会变化的潮流"，中国社会科学出版社1985年版。

家转型的努力（如练新军）等等，都大大加剧了原本就已严重的国家财政危机，以及科场"人累"、官场"人累"的状况。士人不仅在获得科名前的考试因人多拥挤而获隽甚难；在获得科名之后的任官出路也越来越窄，越来越难了。

何刚德如此描述晚清入仕之途的拥挤："从前举人不中进士，即可截取，以知县按省分科分名次，归部轮选，当时举人何等活动！乾隆年间，以此项选缺尚欠疏通。乃加大挑一途，凡举人三科不中，准其赴挑。每挑以十二年为一次，例于会试之前，派王公大臣在内阁验看。由吏部分班带见，每班二十人之内，先剔去八人不用，俗谓之跳八仙，其余十二人，再挑三人，作为一等，带领引见，以知县分省候补，余九人作为二等归部，以教谕训导即选，行之数科，逐渐拥挤，外省知县，非一二十年，不能补缺，教职亦然。光绪以来，其拥挤更不可问，即如进士分发知县。名曰'即用'，亦非一二十年，不能补缺，故时人有以'即用'改为'积用'之谑，因县缺只有一千九百，而历科所积之人才十倍于此，其势固不能不穷也。"过去举人于大挑之外，还有教习誊录议叙各途，种种疏通，无非使举人皆得由知县、教职两途入官也。秀才则予以五贡升途，恩、副、岁三贡可选教职，拔贡、优贡许以朝考，亦以知县教职入官，拔贡且有小京官之希望。再说进士，进士分省之即用知县，拥挤固如前所述，主事一途，光绪年间，非二十年不能补缺。何刚德说："余十四年而得补缺者，因在吏部，较疏通也，中书一途，欲升侍读，与主事之难同，至于补缺后，截取同知，分省候补者，则与即用知县等耳，唯翰林一途，当时最为活动，每科学政十八人，正副主考三十六人，乡会试房考各十八人，每科有九十人之差，而当时翰林不过数十人，以之分派，每科一人竟有得两差者，宜其优胜也，乃至光绪年间，长短大小之差，仍是此数，而馆选太滥，人才拥挤，考差者竟有二百余人之多，平均牵算，每人约需九年可得一差,且得一差而若系房差,则九年之中,只得数百金而已,试问如此养士,如何能济。"因此,何刚德感叹说:"古者学古入官,谓官必须学古,而后可入也,然官有限,而学古之人无限。学古者必欲人人入官。则天下乱矣。……有清时代,一科举时代也,二百余年,粉饰升平,祸不作者,不得谓非科举之效,所谓英雄入吾彀中是也,大抵利禄之途,人人争趋,御世之术,饵之而已,乃疏导无方,壅塞之弊,无以宣泄,其尾闾横决,至不可收拾,末季事变分歧,何一不因科举直接间接而起,而究其始,特一着之错,不知不觉耳。"[1] 何氏此意大概是认为没有及早限制人数。

另一方面,士人本身质量也愈来愈成问题,士风日趋卑下。如陈独秀回忆说:"大概是光绪二十三年七月罢,我不得不初次离开母亲,初次出门到南京乡试了。……那时到南京乡试的人,很多愿意坐民船,这并非保存国粹,而是因为坐民船可以发一笔财,船头上扎起一条写着'奉旨江南乡试'几个大字的黄布旗,一路上的关卡,虽然明明知道船上装满着私货,也不敢前来查问。"[2] 试期士人常聚众闹事,当时一般市民不太敢惹他们,地方官员也因害怕耽误考试大典而尽量求息事宁人,对士人此时言行不无姑息偏袒。又钟毓龙回忆说:"不知起于何时,第三场乱号竟已成定例,至壬寅科(1902年),二场就乱了,其原因大概是三场考策论,大多数士子未尝梦见,非求救于相识之有研究者,则必曳白,二场五经亦不熟。壬寅科头场史论五题,阅过《通鉴纲目》等书者,尚可成篇,至于二场策题,兼问洋务,斯时怀挟虽多,亦无从措手,故二场即乱,官员强欲整顿,又虑激成事变。"他参加的癸卯(1903年)科为最后一科,所见有三事:1. 头场拆魁星。即头场未封门之前,就有考生上明远楼将塑像之

---

[1] 何刚德:《客座偶谈》卷二,上海古籍出版社1983年版。
[2] 陈独秀:《实庵自传》,收在《陈独秀文章选编》下册,三联书店1984年版,第559页。

头拆下,抛掷以为戏;2. 二场捉枪手。去年已中式之费某被怨家召人从号中曳出,后提调审讯,故意指其是冒充费某,仅枷号示众,否则须正法;3. 三场许多士子偷号灯,甚至有公然提灯出者。"魁星"本为应试士子最尊重敬畏之对象,此时却已成其中一些人手中揉捏玩弄之物,足见科举之神圣已去,此正如钟毓龙所言:"士子之无行至此,科举虽欲不废,不可得也。"[1]

如此入口既堵塞,出路又狭窄,士人无行,量、质互累,科举在其最后一朝——光绪朝最后三十年的地位就不能不日趋衰落,尤其是在庚子之后。如胡思敬谈道:在社会下层非科目中人的眼里,科举的地位已远非昔日可比,"本朝最重科目,咸、同时俗尚未变,士由异途进者,乡里耻之。……江西人嫁女,必予秀才。吉安土俗,非士族妇人不敢蹑红绣丝履,否则哗然讪笑,以为越礼。新翰林乞假南归,所至鼓吹欢迎,敛财帛相贶,千里不赍粮。庐陵周氏、泰和萧氏由淮鹾起家,拥赀各数百万。新法初行,巡抚柯逢时劝令输财市义,为奏奖京堂,两家子弟皆不屑。周维藩选拔萧敷德、敷政兄弟,先后领乡荐,极力营求,一举掷数万金不惜。光绪庚子以前,予亲见者尚如此。后遇永新龙舍人于京师,询其遗俗,今不然矣。诸生焚弃笔砚,辗转谋食四方,多槁死。翰林回籍措赀,俗名'张罗',商贾皆避匿不见。科举废,学堂兴,朝局大变,盖不独江西为然也。"[2]

而光绪朝最后十一位状元的遭遇远不如前亦是一证。"近岁十一科殿撰陈冕早卒,黄思永由狱中赦出,久之乃还原官。赵以炯、刘福姚、骆成骧皆困踬不起。后进若刘春霖、王寿彭入进士馆,屈伏充生徒。张建勋,

---

[1] 钟毓龙:《科场回忆录》,浙江古籍出版社1987年版。
[2] 胡思敬:《国闻备乘》卷二。

吴鲁稍通声气，同时简放学使，又投之吉、黑。夏同龢游学东瀛，三年毕业归，自循其发已割辫，改易西装，妻孥相对悲咤。唯张謇以经商致富，人皆艳之。"[1] 科举末科状元刘春霖按惯例得魁后到各地"打秋风"，连在张之洞那里也受到相当冷遇，[2] 后于四十年代在默默无闻中死去。清末年青士子，在新的风气影响及有见识的父兄乃至官员鼓励之下，许多人已改进新学堂，乃至出国留学而不愿再应科举，[3] 或者脚踏两只船。

最后，科举的衰落也反映到贡院的凋败上，何刚德回忆说："京师贡院，余会试时已极破坏，号末座位离地仅及尺，号壁崩蚀，楗板不能安，每以带悬板于梁，以置笔砚，可谓苦极矣。雨天滴漏，尤为不去，每科必有工程，余念过来之苦，于承修时，曾于应修之号，各捐灰一斤以益之，乃匠人巧滑，改用灰水，将全号屋顶一律刷之，以致无从复验，偷减掩饰，愈修愈坏，后经全体改造，焕然一新，余亦与其役，当未改造时，人言明季因修贡院而国亡，有清一代，相戒不敢改造，似以仍旧贯为宜，当时多以迷信斥之，谁知国未亡而科举先废，亦可怪也。"[4]

一位乡绅所见的清末世变

下面，我们再选录一位一直生活在晋中乡间的士绅日记，以对科举被废前十多年的社会变迁有一连贯的印象。作者刘大鹏（1857—1942）1894年中举，以后三次会试未中，一生未做官，其家"贫穷，只有薄田十数亩，不足养十口之家"，自己播种、耕作，仅收割时雇几个农夫，并

---

[1] 胡思敬：《国闻备乘》卷二。
[2] 参张达骧等文《张之洞事迹述闻》，载《文史资料选辑》合订本第34册，中国文史出版社1986年版。
[3] 如丁文江等后来的新学者。
[4] 何刚德：《春明梦录》下卷。

在太谷县一票号商人家中任塾师近二十年,其日记对晋中地方士风民习、人们生计出路记之甚详,现仅分类摘引有关生计、科举、士风可见世变者若干条如下:[1]

一、有关生计者

人们的生活在光绪年间明显已不如在同治年间。如作者1893年2月7日记:"犹记忆同治年间,吾乡到处皆家给人足,气象甚觉丰隆,而贫穷之家,寥寥无几。迨光绪初年遭大荒后,人民去其大半,所留者多贫不能支,到处皆墙倒屋塌,气象凋零,人人嗟叹无钱,莫能度日为生。今日者去荒年已十四、五岁,世势日觉贫穷,人情愈觉浇漓,即如生意之家,每年到此时收账,前数年欠账者甚少,迄于今,欠账之人,不唯不还,甚且有欠人钱而以为无者,然此亦由贫穷所致也。"不仅缺钱,饭食也压缩到吃一顿是一顿的地步。如1893年12月11日:"朝食朝买,午食午买,晚食晚买,如此人家一乡总有大半。"

生计日蹇于小事亦可略见一斑。1894年2月2日(阴历腊月廿七):"巳刻,适递头部,只是一里老剃头,余向剃头工人曰:'此数日宜多剃耳?'工人曰:'尚少。'余曰:'比前岁若何?'工人曰:'前数年一过廿三日,每日剃头者接踵而止,吾等四五人自朝至夕,无一刻暇隙,天未晓吃早饭,二鼓后始能吃午饭,去年虽不若前数年,颇觉可以,今岁只吾一人,自廿三日以来,犹常常坐之。'"

一方面货币贬值,如1897年7月31日记:"吾邑钱数从前九五周行,浸浸而九十文,浸假而八八九矣;浸假而为八五六矣。迨于去岁,不唯钱数之滥,更有奸商从外贩来小钱甚多,凡周行之钱,每百钱中有小

---

[1] 刘大鹏:《退想斋日记》,山西人民出版社1990年版。

钱二三十文。今岁更甚，小钱、大钱参半周行，百姓苦之。"另一方面物价却呈腾飞之势。如1901年4月12日记："当此之时，菽粟腾贵，斗麦千七八百文；斗米千四五百文；勺面六、七十文，且非止此也。勺葱三十文；每勺菜一、二十文；生姜每勺三百文；每勺猪羊肉二百文，凡入人口之物，无一不贵，此人所以饥困特困，日不聊生也。"

二、有关科举及出路者

科举之路日见狭窄。如1893年10月17日记："中举一事，若登天然，太原一邑应乡试者九十余人，未尝中了一个。"又1895年5月6日："三晋西馆下会试场者共十人，俱落孙山之外，同人皆曰：'吾等寓此，令馆减色。'余曰：'科名有定，岂在人谋，况吾省只取十名，下场者二百七、八十人乎。'"1898年5月2日："山西来京会试者三百八十余人，所中才十一名。"[1]

教馆者也处境悲惨。如1893年6月21日记："半途遇一教书人，……备言所教童子五、六人，每人送束修钱一千六百文，一年所得不满十千钱，糊口亦不够，何能养家乎，真苦之至也。"包括他自己也是如此。如1896年3月17日记："前岁定馆时言明：及门者四人，看文者一人，修金一百，馔皆东家备办。此外尚带外徒二人，小儿一人。今者来馆，东家又荐一人及门，未曾言修金多寡，此亦够吾办理矣，世之舌耕者不少，余亦与之为伍耳。"1896年3月24日："教书一事，累人太甚，今因母亲大人之病，而去来不能自如，殊令人闷闷。"1896年6月24日："谚云：'家有三石粮，不作童子王。'盖深知教学之难也，读书之士若能于他处寻出糊口之需，即可不从事于一途矣，盖此事不但耽搁自己工夫，而且大损己

---

[1] 当年全国与会试者总共8200余人，取中349人。

德也。"1896年12月28日:"近来教书之人往往被人轻视,甚且被东家欺侮,而犹坐馆而不去,作东家者遂以欺侮西席为应分。"1897年4月30日:"读书一场未能身登仕版,上致君而下泽民,而乃流落教学一途,受东家之气,被弟子之恶,真有负于读书矣。"

不仅应试难筹旅费,候得官职后也须再筹资金。如1897年10月25日记:"郝济卿来函,言其来年无志公车北上者,其故有二:一、因数年未曾作文;二、因资斧不给。"又1897年10月15日记:"王锡九今晚来看余,言:其起服文书到京,只因费金四两未绞[缴],部吏阻隔未能起服。虽有教缺而未能补,必须再费一二十金,方可起服。吏之作弊不亦甚乎?!锡九大挑二等以教官用,于今十年方才赶上得缺,而且有此阻隔。仕途偃蹇亦何至此!"

因此,进入20世纪后,欲应试入仕者也日见减少。如1903年1月13日记:"吾邑于本月初四日开棚考试童生,应童生试者才二十三人,较前锐减太甚,去日考试完竣,余初应童试时尚百数十人(光绪三年),是岁晋大祲,光绪四年,余入泮,应童试者尚八十余人,自是而后,屡年递减,去岁犹垂四十人,今岁则减之太锐,学校衰微至是已极,良可浩叹。"又1904年7月22日记:"去日在徐沟见考试之事十分萧疏,士皆无甚精神,而应童生试者甚少。太原、交城、清源三处均有余额,榆次甫足额,祁县、徐沟二处皆不足额,冒籍大半,始足其额,六处统共二百八十余人。"

三、有关士风及社会风气者

以上情况不能不影响社会风气发生变化。如1893年1月2日记:"近来吾乡风气大坏,视读书甚轻、视为商甚重,才华秀美之子弟,率皆出门为商,而读书者寥寥无几,甚且有既游庠序,竟弃儒而就商者。……当此之时,为商者十八九,读书者十一二。"又1893年5月3日:"吾乡僻处偏隅,士人甚少,即游庠序者,亦多不用功,非出门教书而塞责,即在家行医而苟安,不特读书求实用者未尝多观,即力攻时文以求科名者亦寥寥无几。"同年6月22日:"吾邑应桐封书院课者,生有三十余人,童二十余人,尽心作文者不过数人而已。或直录成文窃取奖赏,或抄袭旧文幸得膏火……"

而功名一途也名器甚滥,士风浇薄,如1897年2月16日记:"当此之时,名器甚滥,所到之处,有顶戴者甚多,或金顶,或砗磲石顶,或水晶顶。究其顶戴之来历,彼亦不知其所以然也。吁!名器如斯,宜乎读书者之少也。"又1901年10月27日:"为赔汉款,山西一省共捐二百余万金,凡出捐输金者,皆赏给实职官阶。现在因捐输而得官职者纷纷,上至道台、知府,下至知县、教官杂职,皆因捐输而得,名器之滥,如此其极,无论至贱之人,亦有官职在身,良可慨也。"1901年11月15日:"今岁七八月间,各处捐赔汉款,士多借此捐纳职官,富者以己之捐项,贫者借人之捐项,温饱者买人之捐项,以百金买千金,如是者纷纷。"

以上描述展现了清末一幅民生凋敝、士人亦惶惶然的画面,然而,我们不应忘记,这是一个自身已经数百年流弊,又遭遇数十年西潮轮番冲击,内忧外患下的传统中国,是一个已入衰态的传统中国,而并非是处在其盛期或者常态中的传统中国。近人所耳闻目睹的旧中国正是这样一个百孔千疮的中国,它仍属于传统社会,是传统社会的最后一段,但以之概括全部传统社会的历史却显然不妥。[1]一百多年前,龚自珍于吴市偶得康熙三十年旧本制举之文,忽然有感,神游于往,赋诗曰:"红日柴门一丈开,

---

[1] 有些学者,包括一些专研近代史的西方学者,因未能上溯传统社会的历史,往往以其所见的清末民初的中国来概括整个传统中国。

不须逾济与逾淮，家家饭熟书还熟，羡杀承平好秀才。"[1] 康熙年间的中国之承平景象，确非道光年间的中国所能比，而道光年间的中国之尚能相安，也远非光绪年间的中国所能比，其后则更勿论矣。

改革科举的意见

以下我们将观察清代废除科举前四五十年间朝野的主要议论及科场改革，尤其注意那些与传统的批评及改革意见不同的新看法，新理由。晚清文字言语之禁已弛，士人多已敢放言，有一"夙有狂名"的举人饶廷襄说科举一途是明太祖有意禁锢败坏天下英雄才人之举，冯桂芬则认为验诸史实，此非正论，但嘉道以降，时文取士之功效确已渐不如前，至近二三十年乃至等于探筹，所以，"穷变变通，此其时矣"。他认为，考试取士不过是区别人之聪明智巧高下而已，试诗赋，人则把聪明智巧用之诗赋；试经义，人则把聪明智巧用之经义，故所试异而所得仍同，但如果所试之事太易，则难辨聪明智巧之高下。所以，考试内容要有一定难度，这样，中材以下的人可知难而退，中材以上的人可奋勉而进。而所谓难者，不外乎经解、古学、策问，宜以经解为第一场，经学为主，且先汉学而后宋学，以策论为第二场，史学为主；以古学为第三场，散文骈体文赋各体诗各一首。并主考分校，搜检加严。[2] 总之，是提高难度，此基本上还是欲以传统方式减轻人累；而其"改会试议"，"广取士议"，基本上仍不出传统范围，但其《采西学议》、《制洋器议》等篇，却显然是对西湖涌入的吸纳回应，虽然所重还在科学器用，目的在"以夷制夷"。

王韬18岁即考中秀才，以后却屡试不中，太平天国期间先是向清廷

---

[1]《龚定庵全集》中《古今体诗》下卷。
[2]《校邠庐抗议》中《改科举议》。

献策，据说又曾向太平天国苏州当局上书。他于19世纪六七十年代避居香港，又游历英法，对西方有了较切实的认识，力主变法自强，但其论科第仍不离传统大体，他引何镜海言说：国家之所以岌岌可危，在于"农多则治，士多则乱，非士之能乱天下，托于士者众，则附于仕者亦众"。又引管同之言说："今之士，皆民之实而窃士之名。"今国家之于士，取之太多，简之太骤，人人皆可为士，而士遂为人所轻。为今计者，当废时文而以实学，略如汉家取士之法，又于考试之外行乡举里选，尚行而不尚才，则士皆以气节自奋。至于考试取士，亦当减其额，远其期，与其多取而贤不肖者皆多，毋宁寡取而贤不肖者皆少。[1]

郑观应于1874年在香港刊行的《易言》36篇本中《论考试》一篇则谓："古乡举里选宽其途以求士，严其制以用人，降而唐、宋，却严于取而宽于用，其取士也隘，则豪杰每有沉沦；其用士也宽，则庸妄不无忝窃。"此意是承黄宗羲的看法而来，[2]但郑又叙述了西人设数科量材取士，虽王子国戚，无不兼习各门科学，试为各种至贱至粗之事，"坐而言者，可起而行焉"。中国之士专尚制艺，将一生有用之精神，尽消磨于此无用之物，国家措治无从，"皆因仕、学两岐，以致言行不逮也"。然而，郑观应并不主张废文科，而只主张分列经史、策论、诗赋、政事四科以拔真材。在1894年出版的《盛世危言》的《考试》篇中，郑观应又一次强调"一材一艺，总期实事求是，坐而言者，即可起而行"，说以之入仕的时文不能用于内政外交，而一旦入仕者又尽弃其所学，是"所学非所用，所用非所学"。在改革方面，这次他提出在文、武岁科之外另立一科，专考西

---

[1] 参见《弢园文录外编》卷一《原才》、《原士》，卷十二《取士》、《重儒》等篇。
[2] 见《明夷待访录》中《取士下》，其视不能自由报考的荐举路为宽（因可多途，可不拘一格），而视自由报考的考选路反为狭（其客观趋势不能不集中于一途，又集中于首场），也是一耐人寻味之事。

第三编　终　结

学,而看其所列西学,主要是天、地、生、数、理、化一类自然科学,考取后曰"艺生",此科亦即所谓"艺科"。又建议全国州县设小学,府、省会设中学,京师设大学。认为西人籍各种西法已臻富强,中国步趋其后,较易见功。[1]

郑观应已提出"富强"口号,但其注意的较多的尚是西人之技艺,至于对西人技艺之后精神、价值观念的认识以及对富强目的与手段的阐述,自然远不及在英伦留学多年的严复。严复1895年2月在天津《直报》上发表《论世变之亟》一文,他说:

> 盖我中国圣人之意,以为吾非不知宇宙之为无尽藏,而人心之灵,苟日开瀹焉,其机巧智能,可以驯致于不测也。而吾独置之而不以为务者,盖生民之道,期于相安相养而已。夫天地之物产有限,而生民之嗜欲无穷,孳乳寖多,镌镵日广,此终不足之势也。物不足则必争,而争者人道之大患也。故宁以止足为教,使各安于朴鄙颛蒙,耕凿焉以事其长上,是故春秋大一统。
>
> 一统者,平争之大局也。秦之销兵焚书,其作用盖亦犹是。降而至于宋以来之制科,其防争尤为深且远。取人人尊信之书,使其反复沈潜,而其道常在若远若近、有用无用之际。悬格为拘矣,而上智有不必得之忧,下愚有或可得之庆,于是举天下之圣智豪杰,至凡有思虑之伦,吾顿八纮之网以收之,即或漏吞舟之鱼,而已暴鳃断鳍,颓然老矣,尚何能为推波助澜之事也哉!嗟乎!此真圣人牢笼天下,平争泯乱之至术,而民智因之以日窳,民力因之以日衰。其究也,至不

---

[1] 以上分别见《郑观应集》上册,上海人民出版社1982年版,第104—106、203—204、291—301页。

能与外国争一旦之命,则圣人计虑之所不及者也。

虽然,使至于今,吾为吾治,而跨海之汽舟不来,缩地之飞车不至,则神州之众,老死不与异族相往来。富者常享其富,贫者常安其贫。明天泽之义,则冠履之分严;崇柔让之教,则嚣凌之氛泯。偏灾虽繁,有补苴之术;崔苻虽伙,有剿绝之方。此纵难言郅治乎,亦用相安而已。[1]

严复在此指出了中国与西方价值观念的根本差异,与"日进无疆"的西人不同,中国"圣人之意"主要在相安相养,止足防争,天下太平。假如西人不来,未曾不可有相安之局,但西潮既已来,中国就不得不被驱向谋求富强之路了。[2] 而要求富强,求经济与军事的发展,学术文化就不能仅仅是人文的、文学的,而是要包括各种自然科学与技术,乃至以后者为主。所以,严复1896在《原强》修订一稿中总结说:"故曰:'民智者,富强之原。'"[3] 严复指出旧日学校科举精英性的特点说:"至于吾民,姑亦无论学校已废久矣,即使尚存如初,亦不过择凡民之俊秀者而教之。至于穷檐之子,编户之氓,则自襁褓以至成人,未尝闻有孰教之者也。"[4] 严复且认识到此一新途难与旧制并存:"今者物穷则变,言时务者,人人皆言变通学校,设学堂,讲西学矣。虽然,谓十年以往,中国必收其益,则又未必然之事也。何故?旧制尚存,而荣途未开也。……是故欲开民

---

[1] 《严复集》第一册,中华书局1986年版,第1—2页。

[2] 因为在西潮压迫形成的世界竞争格局中,即便仅要求生存也不能不通过求富强来求生存。对严复此方面论述的分析可参见拙著《良心论》第七章"生生"第四节,上海三联书店1994年版。

[3] 《严复集》第一册,北京:中华书局1986年版,页29。《原强》发表于1895年3月的天津《直报》上,1896年10月严复在给梁启超的信中说要删益此篇后给《时务报》转刊,但不知何故《时务报》后未转载。

[4] 同上书,第30页。

智,非讲西学不可;欲讲实学,非另立选举之法,别开用人之涂,而废八股、试帖、策论诸制科不可。"[1]

严复认为今日中国不变法则亡,而变莫急于先废八股。其《救亡决论》一文主要就是批八股。他说,八股非自能害国也,害在使天下无人才。他从知识、道德、社会后果三方面指出其大害有三:一曰锢智慧;二曰坏心术;三曰滋游手,但其所批主要还是在世俗和流弊。严复揭出旧科举的两个目的说:"夫科举之事,为国求才也,劝人为学也。"然而他认为:"求才为学二者,皆必以有用为宗。而有用之效,征之富强;富强之基,本诸格致。"[2]这就在旧目的之上又提出了一个新的目标——实用以臻富强。即已带入时代的、亦即西方的价值观念,与其前所述中国古代圣人之意已经迥然不同了。集中体现为"富强"的"有用"并非中国传统的价值取向,而是新引入的价值标准。严复以此衡量旧学,则自然认为不仅八股制艺,举凡古文考据,汉学宋学一概"无用""不实"。当然,此无用"非真无用也,凡此皆富强而后物阜民康,以为怡情遣日之用,而非今日救弱救贫之切用也",[3]所以,今日皆宜束之高阁,先考虑如何救亡。"且天下唯能者可以傲人之不能,唯知者可以傲人之不知;而中土士大夫,怙私恃气,乃转以不能不知傲人之能与知。彼乘骐骥,我独骑驴;彼驾飞舟,我偏结筏,意若谓彼以富强,吾有仁义。而回顾一国之内,则人怀穿窬之行,而不自知羞;民转沟壑之中,而不自知救。指其行事,诚皆不仁不义之尤。以此傲人,羞恶安在!"总之,驱夷之论不可行,则不能不以西学为要,"求亡之道,自强之谋亦在此"。而严复并非单线思维,以此纯为奔向光明而欢欣鼓舞,这正是其高出常人之处,他感觉到"运会"之大力,"运会所趋,

---

[1] 《严复集》第一册,第30页。这是我所见到最早明确提出废除科举的言论。

[2] 同上书,第43页。

[3] 同上书,第44页。

岂斯人所能为力？"自今以后，"中法之必变，变之而必强，昭昭更无疑义，此可知者也；至变于谁氏之手，强为何种之邦，或成五裂四分抑或业归一姓，此不可知者也"[1]。茫茫大海，漂漂浮萍，只能委之运命了。

严复另一高人一筹处又在其看到现代学术须与政治两分，教育须与政治有某种脱节。他批评："今日学校官制之弊，实生于可坐言即可起行之立念耳。"[2]并主张："学成必予以名位，不如是不足以劝。而名位必分二途：有学问之名位，有政治之名位。学问之名位，所以予学成之人；政治之名位，所以予入仕之人。若有全才，可以兼及；若其否也，任取一途。……农工商各业之中，莫不有专门之学。农工商之学人，多于入仕之学人，则国治；农工商之学人，少于入仕之学人，则国不治。野无遗贤之说，幸而为空言，如其实焉，则天下大乱。今即任专门之学之人，自由于农、工、商之事，而国家优其体制，谨其保护，则专门之人才既有所归，而民权之意亦寓焉。"[3]严复为我们粗略勾画了一幅人们各自奋发，国家仅予保护，各种专门之学多途并进的现代社会的远景，而其间却不幸还可能要经历一个艰难的、在政治、经济、文化三位一体中尤其突出政治，归于政治一途的过渡时期。

谭嗣同亦批评今之所谓官"甚伙而可纪"，尤其是保举滥，捐例开，"士农工商并出于仕之一途，屠沽无赖，错杂其间"。他主张办学会，使官中之人才皆出于学，而"官中之人才皆出于学，于是无变科举之名，而有变科举之实"[4]，甚至"有废科举之实"[5]。

---

[1] 《严复集》第一册，中华书局 1986 年版，第 50 页。
[2] 参见前郑观应语。
[3] 《严复集》第一册，中华书局 1986 年版，第 89—90 页。
[4] 《壮飞楼治事十篇》第六，《仕学》。
[5] 其父湖南巡抚谭继洵光绪二十四年有《立学校之规模》与《筹科举即出于学校》二折，亦有兴学校而使科举名存实亡、不废而自废之意，但取而代之的官方"学校"尚不同于民间"学会"。

梁启超也与严复一样认为：假如中国能够闭关画界，永绝外敌，未尝不可以治天下，而且，他对清代之治给了相当客观的评价。他在1896年开始在《时务报》刊载的《变法通议》中的《论不变法之害》一文中说：

> 中国自古一统，环列皆小蛮夷，但虞内忧，不患外侮。故防弊之意多，而兴利之意少；怀安之念重，而虑危之念轻。秦后至今，垂二千年，时局匪有大殊，故治法亦可不改。国初因沿明制，稍加损益，税敛极薄，征役几绝；取士以科举，虽不讲经世，而足以扬太平；选将由行伍，虽未尝学问，然足以威崔苻；任官论资格，虽不得异材，而足以止奔竞；天潢外戚，不与政事，故无权奸僭恣之虞；督抚监司，互相牵制，故无藩镇跋扈之患。使能闭关画界，永绝外敌，终古为独立之国，则墨守斯法，世世仍之，稍加整顿，未尝不足以治天下，而无如其忽与泰西诸国相遇也。[1]

在《论科举》一文中，他甚至对取代了世卿制的科举给予了相当高的评价：

> 科举敝政乎？科举，法之最善者也。古者世卿，《春秋》讥之；讥世卿，所以立科举也。世卿之弊，世家之子，不必读书，不必知学，虽骏愚淫佚，亦循例入政，则求读书、求知学者必少，如是，故上无材。齐民之裔，虽复读书，虽复知学，而格于品第，末从得官，则求读书、求知学者亦少，如是，故下无材。上下无材，国之大患也。科举立，斯二弊革矣。故世卿为据乱世之政，科举为升平世之政。[2]

---

[1] 梁启超：《梁启超诗文选》，广东人民出版社1987年版，第11页。
[2] 同上书，第46页。

但今日与万国既通，要保国、保种、保教，则不能不变法，而"变法之本，在育人才；人才之兴，在开学校；学校之立，在变科举；而一切要其大成，在变官制"。[1] 中国要求自强于今日，必须以开民智为第一义。梁启超虽主张"欲兴民权宜先兴绅权"，先"开绅智"，而"开官智又为万事之起点"[2]，但两者并不矛盾，因为正要借助绅权来"广开民智"，先使一部分人（绅士）明白起来，再使大多数人（民众）明白起来，此时绅权尚未与民权对，而是与王权对。正是从"开民智"的立场出发，旧科举的弱点立刻呈现，此正如梁启超所问："故号为受教者四万万人，而究其实能有几人？"所以他忧虑一旦不再以经义取士，则儒教之经典殆几绝也。"吾恐二十年以后，孔子之教将绝于天壤，此则可为痛哭者也。"[3]

而更直接更紧迫的焦虑还是国家之救亡图存，保国先于保教。国家要救亡图存，则必须各行各业都有好学杰出之士。"凡国之民，都为五等：曰士，曰农，曰工，曰商，曰兵。士者学子之称，夫人而知也。然农有农之士，工有工之士，商有商之士，兵有兵之士。……今夫有四者之名，无士之实，则其害且至于此。矧于士而不士，聚千百帖括、卷折、考据、词章之辈，于历代掌故，瞠然未有所见，于万国形势，懵然未有所闻者，而欲与之共天下，任庶官，行新政，御外侮，其可得乎？"[4] 他并观察了昔人对科举的批评及今人的改革意见说："昔人论科举之弊不一，而以探筹之喻为最当。所谓非科举之能得人才，而奇才异能之人之能得科举，斯固然矣。然奇才异能者，固能得之；阘冗污下者亦能得之，则将何择

---

[1]《梁启超诗文选》，广东人民出版社1987年版，第26页。

[2] 可参见梁启超1898年初所撰《论湖南应办之事》。

[3] 同上书，第39页。二十余年后，差不多正是五四运动开始批孔之时，此一批孔在七十年代中国大陆的"批林批孔"运动中达到最高峰。

[4] 同上书，第34—35页。

也?……今之为说者,每以科第猥滥,欲裁中额,以清其途;不知由今之道,无变今之法,虽进士之额,裁至数十,举人之额,裁至数人,而猥滥如故也。"[1]

梁氏这里确实接触到了古、今之变的一个关键:即由旧科举到新学校的转变,[2] 实质上是一个由选拔少数道德文化精英从政的制度(即它甚至还不是一种精英的教育培养制度,而只是一种初步的选拔制度),向一个普及全民教育、广泛实施专业、技术训练的制度的转变,前者是依附于一个等级社会,而后者是走向一个平等社会;所以前者必须严格精选,限制数量,保证质量;而后者则尽不妨广开学路,尽量吸引人受教就学,各学一技,各习所业。前面我们看到冯桂芬、王韬所主张的科举限额尚不离传统范畴,他们虽然也主张立艺科、办学校,但还是以科举为主。而梁启超则主张上策是"合科举于学校",即已不是以严限科举,而是以广开学校为主了,多设诸科只是中策,略变取士之具,改变考试内容已是下策了。他主张自京师以迄州县,以次立大学、小学、聚天下之才,不限额,不糊名,并使此学校亦寓"科举"意:"入小学者比诸生,入大学者比举人,大学学成比进士,选其优异者,出洋学习比庶吉士,……学成而归者,授职比编、检。"[3] 但此"科举"意实际上只能约同于"分等第","奖优秀",所以,这还不是融合两者,贯彻此一主张,旧科举实际将被新学校所清除、所替代。

---

[1] 可参见梁启超1898年初所撰《论湖南应办之事》,第51页。

[2] 虽然当时人并不一定清楚地认识到这一由传统选举到现代学校的质的转变,而常是以复"三代"之学校为理由。

[3] 梁启超:《论湖南应办之事》,第54页。但是,显然,在教育一旦普及,真的实施了全民教育的情况下,大学学成乃至留洋博士何能与昔日进士地位相比?今日数百万大学毕业生从数量上大概只能约略与往日诸生相比,对社会的影响力也已远不如诸生。

改革的最后尝试

以上是在新形势压迫下要求改革科举的主要代表性意见，这些意见形成了一种有力的舆论，加上一批有现实感、有见识的实力派官员的努力，遂导致了自同治初至光绪中的一系列改革尝试。

1862年，恭亲王等奏设同文馆，当年同文馆在北京成立，1866年恭亲王又提议在其中添设算学馆，倭仁则反对招聘正途来学习天文算学。[1] 后李鸿章、左宗棠、张之洞等又建议设立了各种军事学堂，1875年，礼部奏请考试算学，1884年潘衍桐奏请开艺学科，1895年盛宣怀请设天津中西学堂，两年后又请设南洋公学，1896年李端棻上《请推广学校折》，1898年初严修奏请设经济专科。然而，以上多属在科举之外"立"的措施，至戊戌变法时则对科举有"破"有"革"。1898年6月2日，杨深秀奏请厘定文体，各项考试不得割裂经文命题，6月11日（阴历四月廿三）光绪帝诏更新国是，变法自强，先举办京师大学堂，6月17日宋伯鲁奏请废八股，光绪令降旨，为刚毅所阻，6月20日光绪为废八股事诣颐和园向慈禧太后请旨，6月23日诏命自下科始，乡、会试及生童岁科各试向用四书文者，一律改试策论，亦即废除八股，[2] 7月10日诏改各省大小书院为兼习中学西学之学校，7月19日从张之洞，陈宝箴7月4日所奏《妥议科举新章折》，定乡会试随场去取之法，将三场先后之次序互易，并推行于生童岁科考，且令嗣后一切考试，不得凭楷法优劣为高下，7月

---

[1] 他认为"根本之图，在人心不在技艺"，算学"所成就者不过术数之士"。见《同治朝筹办夷务始末》卷四十七。

[2] 又据梁启超《戊戌政变纪事本末》，旧历三月康有为等就曾奏请废八股，为礼部尚书许应骙所驳。四月初旬，梁启超复联合举人百余名连署上书请废八股，亦格不达，当时多数举人因与八股性命相维，闻梁此举，"嫉之如不共戴天之仇，遍播谣言，几被殴击。"

25 日部颁发张之洞所著《劝学篇》于各省；8 月 19 日诏停止朝考。[1] 9 月 21 日（阴历八月初六）复由慈禧临朝训政，变法失败，10 月 9 日谕内阁：着仍以八股取士并罢经济特科。说剿袭雷同"此非时文之弊，乃典试诸臣不能厘正文体之弊"。"试场献艺，不过为士子进身之阶，苟其人怀奇抱伟，虽用唐宋旧制，试以诗赋，未尝不可得人。设论说徒工，心术不正，虽曰策时务，亦适足长嚣竞之风。"[2]

值得注意的还不是改革的过程，而是这后面的理由。梁启超的观点已略如前述，在 1898 年 5 月下旬的《公车上书请变通科举折》中，梁启超进一步强调教育必须面向全民、面向世界、面向富强，他对科举的批评正基于此："且科举之法，非徒愚士大夫无用已也，又并其农、工、商、兵、妇女皆愚而弃之。夫欲富国必自智其农、工、商始，欲强其兵必自智其兵始。……吾生童无专门之学，故农不知植物，工不知制物，商不知万国物产，兵不知测绘算数，……窃谓当闭关卧治、士民乐业之时，无强敌之比较，无奸宄之生心，虽率由千年，群愚熙熙，固无害也。无如大地忽通，强邻四逼，水涨堤高，专视比较，有一不及，败绩立见。人皆智而我独愚，人皆练而我独暗，岂能立国乎！"[3]

康有为在《请废八股试帖法试士改用策论折》中认为："今变法之道万千，而莫急于得人才；得才之道多端，而莫先于改科举。今学校未成，科举之法未能骤废，则莫先于废弃八股矣。"但康有为仍相当地肯定了古代选举制度的发展，乃至认为其优越于欧美："夫自《春秋》讥世卿而选效野；汉世举孝秀而考经行；六朝至唐、宋，词章与帖括并用；元、明及国朝，经义与试帖俱行；自周与宋，曾取士于学校；经汉迄今，多试士

---

[1] 郭廷以：《近代中国史事日志》下册，中华书局 1987 年版。
[2] 《清德宗实录》卷四百二十八。
[3] 《梁启超诗文选》，广东人民出版社 1983 年版，第 88—89 页。

以策论,虽立法各殊科,要较之万国,比之欧土皆用贵族,尤为非才,则选秀于郊,吾为美矣;任官先试,我莫先焉。美国行之,实师于我。夫若汉之光禄四行,宋臣司马光之十科试士,朱子之学校贡举法,皆为良法,惜不见行。且凡法虽美,经久必弊。然而,及其弊已著,时会大非,而不与时消息,改弦更张,则陷溺人才,不周时用,更非立法求才之初意矣。……立法之始,意美法良。迨至明与国初,人士渐陋,然抉经心而明义理,扶人伦而阐心性,当闭关之世,虽未尽足以育才兴学,犹幸以正世道人心焉。"问题在良法经久亦弊,又逢开关之世,遂不得不变。然后,康有为具体批判了八股之弊害,中心也是说其无用、无益,不能培养人才使国家富强,亦即和严复一样,是以能否有助于富强的"有用"为衡量标准,他说:"夫人士之才否,国命之所寄托也。举贡诸生,为数无几。若童生者,士之初生。吾国凡为县千五百,大县童生数千,小县亦复数百,但每县通以七百计之,几过百万人矣。夫各国试皆无额,惟通是求。而吾国学额寡少,率百数十额乃录一人,故录取者百之一,而新试者不止百之一。故多有总角应试,耄耋犹未青其衿者。或十年就试,已乃易业。假三十年之通,则为三百万人矣。故有人士终身未及作一大题,以发圣经大义者。夫以总角至壮至老,实为最有用之年华,最有用之精力,假以从事科学,讲求政艺,则三百万之人才,足以当荷兰、瑞典、丹麦、瑞士之民数矣。以为国用,何求不得?何欲不成?……且童生者,全国人之蒙师也。师之愚陋盲瞽既极,则全国人之闭塞愚盲益甚,是投全国人于盲瞽也,何以为国?昔在一统闭关之世,前朝以之愚民则可矣。若夫今者,万国交通,以文学政艺相竞,少不若人,败亡随之。"康有为又认为:"中国之割地败兵,非他为之,而八股致之也。"[1] 八股既然学非所用,何不立

---

[1] 又据梁启超:《戊戌政变纪事本末》,康有为于光绪召对时言:"台湾之割,二万万之赔款,琉球、安南、缅甸、朝鲜之弃,轮船、铁路、矿务、商务之输与人,国之弱、民之贫,(转下页)

行废弃?"此在明诏一转移间耳。"此后,"以中国之大,求人才之多,在反掌间耳"。于此可见出一种对于改革的浪漫主义态度。康有为并明确提出,以后要"宏开校舍,教以科学,俟学校尽开,徐废科举"。废除科举看来只是一个时间问题了。[1]

(接上页)皆由八股害之。"但诏废八股后亦有人持反对意见,《申报》光绪廿四年六月十九日有一篇文章《八股辨》说:"今之訾议八股者,以中国无可用之人材故也,人材何以知其不可用?以中东之役战败故也。姑弗论近世科第进身人员,非加捐保,多半束之高阁,朝廷并非专用八股人材,官吏非以八股治地方,将士非以八股筹守御,试问平壤等处败,粮械垂诸草野,是八股之咎乎?旅顺之失险要,让诸敌兵,是八股之咎乎?刘公岛之降,举数十年经营,数百万赀财之海军,举诸邻国,是八股之咎乎?他若机器总办之潜逋,电报学生之漏师,皆与八股人材无涉。唯厥后主持和议之大臣,则系八股出身,然其人是非功罪,自有公论,初非以八股为轻重,况中土受困於外国,自昔有然,唐则西京屡失,不闻归咎於诗赋,宋则二帝蒙尘,不闻归咎于经义;何犹以今此之败,集矢于八股,此不可解者一也。唐以诗赋取士,宋易以经义策论,徽宗政和年间,曾禁士大夫习诗,其时律书云:士庶等有习诗者,杖一百,然两宋诗集甚多,此禁当亦虚设。今明诏第云:停止八股,改用策论,未尝云废,亦未尝云禁也。宋以后人,仍作诗赋,明以后人,仍作词曲,文人行写,各体皆宜,考试之余,何妨涉笔,而乃视同厉禁,屏若坠渊,此不可解者二也。刻下中国臣工,力主维新之议者,除东粤某公,非八股中人外,若某某等,皆系举人进士出身,可知能言时务者,未尝不工时文。因时制宜,不外简练揣摩之旨,而乃谓时文时务,判若冰炭,此不可解者三也。时文为文章之一,立言居不朽之三,苟有本,虽田歌樵唱,亦同暝赋师箴,言苟无本,即演易伪经,无异虫雕条刻,今里巷习俗,不知文章为各种之总名,而以文章为八股,而直曰,不考文章矣,此不可解者四也。"

[1] 舒新城:《中国近代教育史资料》上册,人民教育出版社1961年版,第36—39页。

第三章　走向终结

实力派变革科举的基本思路

1900年义和团事变，八国联军进占北京，避居西安的清廷于1901年1月29日诏议变法，着各内外大臣、督抚在两个月内参酌中西政要，对国政的各个方面发表改革意见，与戊戌变法颇不同的是，这次改革主要不是由年青新进的进士举人发动，而是由久居权要的上层官员自己倡议进行，且改革的内容更深且广。1901年6月3日，张之洞请降旨议改科举，7月26日，张又与两江总督刘坤一会奏改文科、罢武科，8月29日，即有诏自次年开始，头场改试中国政治史事论五篇，二场试各国政治艺学策五道，三场试四书义二篇，五经义一篇，且四书五经义均不准用八股文程式。又谕永远停止武科。[1] 这不仅是恢复三年前百日维新的改革内容，而且是一个新的开始。

在清代1900年前后约十多年的政治舞台上，张之洞是一位很重要的

---

[1] 朱寿朋：《光绪朝东华录》第五册，中华书局1984年版，第4697—4698页。

人物。张之洞出身于世宦之家，又是乡试解元，会试探花，担任过考官、学政、巡抚、总督，中学深湛，又久经政事历练，对改革取的是一种现实主义态度，既注重传统的基本价值，又考虑改革措施的可行性，其事业声名不及李鸿章，却是清末最得曾国藩精神真传的一位重臣，[1] 在清末变革科举中起了极重要的作用，反映了朝廷实力派变革科举的基本思路，故我们约略追溯其基本思想。

1898年春风云变幻之际，张之洞撰成《劝学篇》，他认为"保种必先保教，保教必先保国"，因而"今日时局，唯以激发忠爱、讲求富强、尊朝廷、卫社稷为第一义"。[2] 他又引《礼记·大传》"亲亲也，尊尊也，长长也，男女有别，此其不可得与民变革者也"，认为民权之说不可行，[3] "使民权之说一倡，愚民必喜，乱民必作，纪纲不行，大乱四起，倡此议者，岂得独安独治？"，而"泰西诸国，无论君主民主、君民共主，国必有政，政必有法，……君民皆不得违其法"。张之洞注意到作为自由民主之前提的法治，并认为"唯国权能御敌国，民权断不能御敌国，势固然也"[4]。然而，张之洞也反对恶西法者一概屏之之"自塞"、以为中国早已有西法之"自欺"，以及杂糅中西、以为中西无别之"自扰"三种弊病，以为合适的态度是以"中学为内学，西学为外学，中学治身心，西学应世事"，[5] 即要以"旧学为体，新学为用"[6]。

具体到兴学改科举，张之洞主张：各省、道、府、州、县皆宜有学，并形成京师省会为大学堂，道府为中学堂，州县为小学堂的层次升级

---

[1] 百日维新要臣陈宝箴之孙陈寅恪言其思想囿于"湘乡南皮之间"。
[2] 《劝学篇·同心》。
[3] 《劝学篇·明纲》。
[4] 《劝学篇·正权》。
[5] 《劝学篇·会通》。
[6] 《劝学篇·设学》。

体制，并提出了校舍、经费筹集之具体举措：即先以书院改为之，以善堂之地、赛会演戏之款为经费，不足再以僧道寺观改为之，可取十之七以改学堂，留十之三以处僧道。[1]且师不苛求，渐渐过渡。鼓励民间自愿兴学，自立学会。[2]而变科举一节，张之洞认为仅仅科举之外设学堂，或者在常科之外开特科是不够的，"夫学堂虽立，无进身之阶，人不乐为也。其来者必白屋钝士，资禀凡下，不能为时文者也。其世族俊才，皆仍志于科举而已。即有特科之设，然二十年一举，为时过远，岂能坐待？则仍为八比诗赋小楷而已。救时之才，何由可得？……故救时必自变法始，变法必自变科举始。"所以，张之洞主张，对今日科举之制，宜存其大体而斟酌修改，将今日三场先后之序互易之，而又筛选汰取，第一场试以中国史事，本朝政治论五道，此为中学经济。二场试以时务策五道，专问五洲各国之政，专门之艺，政如各国地理、官制、学校、财赋、兵制、商务等类，艺如格致、制造、声、光、化、电等类，此为西学经济。三场试四书文两篇，五经文一篇。"大抵首场先取博学，二场于博学中求通才，三场于通才中求纯正。先博后约，先粗后精，且分场发榜，下第者先归，二三场卷数愈少，校阅亦易，寒士无久羁之苦，誊录无卷多谬误之弊，主司无竭蹶草率之虞。一举三善，人才必多，而着重尤在末场，犹之府县试皆凭末复以定去取，不愈见四书五经之尊哉？"[3]张之洞又建议省去朝考，以后职官的考试文艺小楷之事也一概停免，而只讲求政事。

以上主张基本上也见于其在戊戌变法期间于1898年7月4日所上的《妥议科举新章折》中，此议虽同为维新之举，赞同开经济特科与废八

---

[1] 张之洞并认为西教日炽，佛道二氏日微，只有儒风振起，中华乂安，二氏方能受其保护，此亦是一有意思之见解。

[2] 《劝学篇·设学》。

[3] 《劝学篇·变科举》。

股,却也表现出对改革新流弊的担忧,张之洞担心废八股会波及人们对四书五经的信念,重申四书五经道大义精,"圣教之所以为圣,中华之所以为中,实在于此"。他强调废八股"非废四书五经也",且考试还须有定式,否则为文者必至漫无遵守,徒骋词华,乃至于背道忘本,所以,经义不仅要正名、定题、正体、征实,还须闭邪。"若周秦诸子之谬论,释老二子之妄谈,异域之方言,报馆之琐语,凡一切离经叛道之言,严加罢黜,不准阑入。"[1] 此奏由上谕实行,虽不久随变法失败而中止,但在前述 1901 年 8 月的诏中,除随场去取之外,皆已得实行。

但为什么上述改革还不够?甚至于很快就显得不够?为什么旧科举与新学校以及旧学与新学、中学与西学如此难于整合,乃至难以并存?这里当然有多种原因,张之洞等局中人是否已如百年后的我们一样认识到旧科举与新学校,实在是性质上根本不同的两件事;[2] 是否意识到也许虽然不能不改科举,乃至不能不废科举,但此却是牵一发而动全身的事情;意识到由此导致的将不止是一个制度的废止,而且是一种社会形态的终结,中国将进入一个全然新颖的"现代社会"。我们自然不能以"后见之明"去苛责前人无"先见之明"。但无论如何,1900 年以后的形势变化,已使人们不能不走向废除科举之途了。

从主张渐废到主张立废

舒新城说:"光绪二十五年庚子变后,国人始知非变法不足以图存。

---

[1] 转引自《戊戌变法》第二册,神州国光社 1953 年版,第 466—467 页。张之洞甚不喜新名词,如"作报告""手续"之类。参见张达骧等:《张之洞事迹述闻》,载《文史资料选辑》第 34 册,中国文史出版社 1986 年版,第 86 页。

[2] 此对比尚不十分恰当,因旧科举已成以往传统社会政治之命脉,而新学校则不过是未来新社会教育之一端。

二十六年上谕京内外官条陈时政，二十七、八年之间，各督抚应诏言事者极多，而实际上影响之最大者为张（之洞）、刘（坤一）二人之变法三疏，时刘为两江总督，一切主张多出自张，刘不过画诺耳。"[1]

1901年7月26日，在张之洞、刘坤一会奏变法三疏的第一疏《筹议变通政治人才为先折》中，提出了四条重大举措：一为设文武学堂，二为酌改文科，三为停罢武科，四为奖劝游学。会奏先叙述了选举取士的发展过程："取士之法，自汉至隋为一类，自唐至明为一类，无论或用选举，或凭考试，立法虽有短长，而大意实不相远。汉魏至隋，选举为主，而亦间用考试，如董晁郄杜之对策是也。唐宋至明，考试为主，而亦参用选举，如温造种放之征召是也。"会奏并指出察举、科举的共同特点是："要之，皆就已有之人才而甄拔之，未尝就未成之人才而教成之。故家塾则有课程，官学但凭考校，此皆与三代学校之制不合。现行科举章程，本是沿袭前明旧制。承平之世，其人才尚足以佐治安民。今日国蹙患深，才乏文敝，若非改弦易辙，何以拯此艰危！"晚清主兴学校者初期每以三代为据，此殆是尊古的思维定式使然，以后进化观点流行，就越来越不如此了。

会奏再论西方学校之义及与富强的关系说："今泰西各国学校之法，犹有三代遗意，礼失求野，或尚非诬。其立学教士之要义有三：一曰道艺兼通。二曰文武兼通。三曰内外兼通。其教法之善有四：一曰求讲解不责记诵，一曰有定程亦有余暇，一曰循序不躐等，一曰教科之书官定颁发，通国一律，大小各学，功有浅深，意无歧异。其考校进退章程，皆用北宋国学积分升舍之法，才能优绌，切实有据。既不虞试官偏私，亦不至摸索偶误，故其人才日多，国势日盛。"耐人寻味的是其欲整合旧科举与新学校，使科举之意入学校，学校之中含科举，新学生也享有旧日科第中人

---

[1] 舒新城：《近代中国教育史料》第一册，中华书局1933年版，第77页。

之政治性功名之良苦用心:"统计自八岁入小学起,至大学校毕业止,共十七年——计十八岁为附生,二十一岁为廪生,二十五岁为优贡举人,二十八岁为进士——除去出学入学程途考选日期外,亦不过三十岁内外,较之向来得科第者并不为迟,此大中小学层递考取录用之大略也。其取中之额,即分旧日岁科考取进学额,以为学堂所取生员之额;分乡会试中额,以为学堂所中举人进士之额。优贡应请新定学堂之额,大率比本省中额加倍而略多,初开办数年,学堂未广,取中尚少。前两科每科分减旧日中额学额三成,第三科,每科分减旧额四成,十年三科之后,旧额减尽,生员举人进士皆出于学堂矣。"这即意味着渐废科举,这时仍限名额。"至日久才多以后,应仿各国章程,视其学业分数以为中额之多少,并可不拘定额以昭核实而资策励,总须较旧额之数有增无减,此学堂取中额数移拨旧额,日后并不限以定额之大略也。"待新学校兴起,就不必限额了。此时天平实际上已决定性地倾向学校一边了,而倘若真的如此,此类"功名"是否还能保持旧日少而尊贵的地位呢?甚至是否还能保持旧日入仕为官的性质呢?

会奏又谈到改革科举的宗旨与方案:"科举一事,为自强求才之首务。……改章大旨总以讲求有用之学,永远不废经书为宗旨。……大略系三场先后互易,分场发榜,各有去取;以期场场核实。头场取博学,二场取通才,三场归纯正,以期由粗入精。……此系原本朱子救弊须兼他科目取人之意,欧阳修随场去留、鄙恶乖诞、以次先去之法,而又略仿现行府县复试童生,学政会考优贡之章。"[1]虽然宗旨还是强调"有用",但又有"永远不废经书"一条。

此前,还有任山东巡抚的袁世凯上疏列十条,其中有教官吏、崇实

---

[1] 舒新城:《近代中国教育史料》第一册,中华书局1933年版,第78—88页。

学、增实科、开民智等。两广总督陶模上疏列十三条,其中有整饬国子监、汰考生、减中额、定小试年限、停捐例、设算学艺学科目等。陶又有奏请变通科举折,其中说道:"自小学以上凡涉洋务者,许参用各国之人,在学有成,小学大学均各授以本学执照一纸。嗣后无论旗汉,无论由何项进身,非有学堂执照者不得授以实官,则所取皆实学,所学皆实用,学校既兴,人才自出。吏治、民生、军政、财政,渐可得人而理。其商学、农学、工学、化学、医学、亦皆听民间自立。仍于京师国学附列专科,学成各就所学用之。……俟学校齐备、课有成才,即将科举停止,俾天下向学之士归于一途,庶几真才蔚起,百废俱兴。"[1] 此折已明确主张凡学成者皆有执照,无论旗汉,无学堂执照者不得授官,而改革科举只是向废除科举过渡的权宜之计。舒新城称此折为"废科举之先声",我们也可说这是由选拔极少数精英集中于政治一途的功名社会,转向比较广泛普及的教育、多途分流的文凭社会的先声。

其时也有明确反对骤废科目者,安徽巡抚王之春上疏说:"科举学校当逐渐变通,不宜骤行偏废也。治国以求才为先,育才以学校为始。而群材之所奋兴,恒视乎科举之所取舍。国朝承前明之旧,向以制义取士,而名臣硕彦亦多出乎其中。……自俗儒专尚揣摩,以声调章句为弋取科名之具,遂不免为世诟病。究之实浅学之有负科举,非科举之果误人才也。……至易制艺为策论,近来洋板书籍广刻盛行,徒恣钞胥,难窥心得,故臣愚以为时至今日,国家之所以取士,与士之所储以为世用者,诚不可以旧制自限,而要不妨即借为新学之始基也。盖凡工制义者,其于圣贤道谊,中国文理,先已晓然于中,由是而更译外洋有用之书,令求今世当亟之务,较诸颟蒙末学毫无根底者流,必当事半功倍,斯固理之灼然共

---

[1] 舒新城:《近代中国教育史料》第一册,中华书局1933年版,第99—101页。

见者也。议者动欲骤废科目,不思此时各府州县学堂尚未周设,或教之无其人,或立之无其费,究从何猝拔奇尤以应选举。"[1]

孙宝瑄也有类似的意见,他在光绪二十九年八月初八的日记中写道:"日内与荫亭论废科举。余谓:以今日政府及督抚手段,虽停科目,而学校亦必不能养育其才。何以故?以办学务者不得人,故学生程度稍高,必不肯低首下心,甘受无礼之压制。于是动遭嫉疾,不免无故被斥。如浙省大学散堂事可鉴矣。充此以往,则凡国聪达才敏一派,必不为学校所容,而舍此又无进身地,不驱而之乱党几何哉?不如暂留科目,使草野通儒志士得借此上进。盖科目中多一明白人,即宦途中多一明白人。明白人通显者日多,终为国家之利,科举奚为无用耶?荫亭始不谓然,辩之良久,终服余之说。"[2] 孙已预感到科举骤废,学校将接不上来,不仅草野之人才,乃至学校学生也可能将激成革命之先锋。

然而,时势似已不可逆转,1903年3月13日,张之洞、袁世凯又一次奏请递减科举,这次主要理由是科举阻碍了学校,会奏说:"盖学校所以培才,科举所以抡才;使科学与学校一贯,则学校将不劝自兴;使学校与科举分途,则学校终有名无实。何者?利禄之途,众所争趋,繁重之业,人所畏阻。学校之成期有定,必累年而后成材;科举之诡弊相仍,可侥幸而期获售。虽废去八股试帖,改试策论经义,然文字终凭一日之长,空言究非实诣可比。……今不入学堂,而亦能得科举,且入学堂反不能如此之骤得科举,又孰肯舍近而图远,避易而求难。"会奏尤其认为科举阻碍了普遍教育而使国家不能进于富强:"大抵高等教育之责,国家任之,普遍教育之责,士民任之,唯其众擎,是以易举。中国非无忧时之人也,

---

[1] 舒新城:《近代中国教育史料》第一册,中华书局1933年版,第101—102页。
[2] 孙宝瑄:《忘山庐日记》,上海古籍出版社983年版,第737—738页。

而绅民不闻倡建学堂者，亦以群情注重科举，父兄以是勖子弟，乡党以是望侪偶，但使荣途不失，何暇远虑深谋！故不独不肯倡建学堂，且并向来宾兴、公车等费，亦不能移作学堂之用。其为阻碍何可胜言！是科举一日不废，即学校一日不能大兴；将士子永远无实在之学问，国家永远无救时之人才；中国永远不能进于富强，即永远不能争衡于各国。"[1] 会奏并引乾隆九年（1744年）上谕减额的理由为据："国家科目，岂为养老恤贫而设乎？"重申要在三科中将科场名额减尽，使天下士子舍学堂一途，别无进身之阶。奏上后，潘庆澜批评张、袁误解了乾隆九年的减额，指出那是为了改进而非废除科举。

1904年1月13日，朝廷正式颁布张之洞及管学大臣所厘定之学堂章程，明确宣布十年三科内减尽科举名额，这是废科举过程中决定性的一步，由于许多争议是在幕后，我们尚不很清楚反对此举的具体人物和意见。[2] 但从张之洞、张百熙与荣庆为此而上的《奏请递减科举注重学堂折》的解释中，我们可以约略看出反对者的几条主要理由：一是恐科举一废则无人再讲中学；二是担忧考核取材不能如科举那样客观公平；三是担心学堂品类不齐，不无弊端。此折一一回答了这些反对意见说："兹臣等现拟各学课程，于中学尤为注重。凡中国向有之经学、史学、文学、理学，无不包举靡遗。凡科举之所讲习者，学堂无不优为。学堂之所兼通者，科举皆所未备。是则取材于科举，不如取材于学堂彰彰明矣。顾或又虑学堂功课虽重积分之法，而分数定自教员，难保无以爱憎而意为增损。殊不知学堂功课之优绌，皆系当堂考验，全堂学生及堂内执事人员众目共睹，教员即欲违众徇私，而公论可凭，万难掩饰。臣等尚恐偶有此弊，故于中学堂

---

[1] 《光绪政要》卷二十九，转引自《中国考试制度史资料选编》，黄山书社1992年版，第428页。

[2] 一些御史如左绍佐、熙麟、瑞璐提出了不同意见。

考试归诸学政主持，督同道府办理。高等学堂毕业，则请简放主考，会同督抚学政考试。大学堂毕业，则请简放总裁，会同学务大臣考试。并不专凭本学堂所定之分数。如是则中西之学既已兼赅，固不患其偏重。取舍之权，仍在试官，更不患其不公。凡科举抡才之法，皆已括诸学堂奖励之中。"此折还不是明言废除科举，而是说"实乃将科举学堂合并为一而已"[1]。但科举实只剩下分等第、黜差劣、奖优秀之意，这大概是所有学校都程度不同地要做的一件事。

科举之革废也受到外部列强压力的刺激。1901年改革的直接动因即起自庚子之变及八国联军入京，且 1901 年签订的辛丑和约第二款规定：停止外人被戕害地区的科举考试五年，这些地区包括重要的顺天府、天津府、保定府、山西太原府、东三省之盛京等地，如果真的严格实行这些规定，则等于华北许多地区已在 1905 年前先行废除科举，但事实上，这些地区的考试多只是易地举行（如顺天的考试移至河南开封，山西改到陕西），所以，说科举之废出自《辛丑条约》并无证据，[2] 但是，列强的压力及斗争仍是内部改革的一个持久和强大的动因，并常常成为采取改革措施的直接导火索。就像 1894 年甲午中日战争刺激了 1898 年的改革一样，1900 年的八国联军入京刺激了 1901 年开始的改革，1904 至 1905 年的日俄战争显然也加速了废除科举的过程：这两国之间的战争竟然是在中国领土上进行，且所争主要是它们在中国的权益，这使中国感到屈辱和改革的迫切性；而战争的结果竟然是新起的、通过改革急起直追的东方岛国日本战胜了庞大的、改革缓慢、运转不灵的俄罗斯帝国，又使急欲改革的中国感

---

[1] 舒新城：《中国近代教育史资料》上册，人民教育出版社 1961 年版，第 59—62 页。

[2] 傅吾康亦持此观点，参见 Wolfgang Franke: *The Reform and Abolition of the Traditional Chinese Examination System*, pp.68—69. Harvard University Press, 1960. 他指出在废除科举前考试已恢复常轨。

到某种鼓舞和信心。

1905年9月2日，直隶总督袁世凯终于会同盛京将军赵尔巽，湖广总督张之洞，两江总督周馥，两广总督岑春煊与湖南巡抚端方六人一起奏请立停科举，获诏准自丙午（第二年）科为始，所有乡会试一律停止，各省岁科考试亦即停止。

这次立停科举之议主要出自袁世凯，而由端方促成之，故奏折是在袁处主稿。[1] 一向主动倡导改革乃至渐废科举的张之洞，这次却不是很主动，甚至颇有些犹豫观望。以前张、袁这方面的会奏多是在张处主稿，而1905年夏，当袁世凯打电报给张之洞，建议他们联合要求立停科举时，张却回电说他今年已有大量奏折，他只愿附议以袁为主的奏折，并加入考优拔，与举贡考职两段。[2] 我们所知道的一个坚决的反对者是王文韶，据说王文韶在枢府，恒以聋自晦，为人透亮圆到，遇事不持己见，独于废科举一事极坚持。其时荣禄当国，自以非出身科目，不敢力主废。王文韶谓："老夫一日在朝，必以死争之。"及王文韶出枢垣，端方以江督入觐过天津，袁世凯与之商废科举，乃约张之洞联请诸朝，遂得请。[3]《清史列传》卷六十四《王文韶传》亦载："文韶退出军机后二日，停止科举之诏始下，知文韶在直时持异议。"

袁世凯等六人会奏首先陈述了为何等不及在十年三科内渐废科举的理由："科举一日不停，士人皆有侥幸得第之心，以分其砥砺实修之志。

---

[1] 据许同莘《张文襄公年谱》卷九，又据王芸生回忆，袁奏请废科举前，曾询时任直隶学校提学司的严修，严表赞同。参见王芸生《严修与学制改革》，《文史资料选辑》第三十册，中国文史出版社1986年版。

[2] 参见 Willams Ayers：*Chang Chihtung and Educational Reform in China*，Havard University Press，1971，p.232。

[3] 原载《庸言》第一卷，第六期，民国二年二月，转引自舒新城编：《近代中国教育史科》第四册，中华书局1933年版，第128—129页。

民间更相率观望，私立学堂者绝少，又断非公家财力所能普及，学堂决无大兴之望。就目前而论，纵使科举立停，学堂遍设，亦必须十数年后，人才始盛。如再迟至十年，甫停科举，学堂有迁延之势，人才非急切可成，又必须二十余年后，始得多士之用。强邻环伺，岂能我待。近数年来，各国盼我为维新，劝我变法，每疑我拘牵旧习，讥我首鼠两端。群怀不信之心，未改轻侮之意，转瞬日俄和议一定，中国大局益危，斯时必有殊常之举动，方足化群疑而消积愤。科举夙为外人诟病，学堂最为新政大端，一旦毅然决然，舍其旧而新是谋，则风声所树，观听一倾，群且刮目相看，推诚相与。而中国士子之留学外洋者，亦知进身之路，归重学堂一途，益将励志潜修，不为邪说浮言所惑，显收有用之才俊，隐戢不虞之诡谋，所关甚宏，收效甚巨。"然后，又对"最为新政大端"的学堂宗旨及其与国家富强的联系做了一番新的阐述，"且设立学堂者，并非专为储才，乃以开通民智为主，使人人获有普及之教育，且有普通之知能，上知效忠于国，下得自谋其生。其才高者，固足以佐治理，次者亦不失为合格之国民，兵农工商，各完其义务而分任其事业。妇人孺子，亦不使逸处而兴教于家庭。无地无学，无人不学，以此致富奚不富，以此图强奚不强。故不独普之胜法，日之胜俄，识者皆归其功于小学校教师。即其他文明之邦，强盛之源，亦孰不基于学校。而我国独相形见绌者，则以科举不停，学校不广，士心既莫能坚定，民智复无由大开，求其进化日新也难矣。故欲补救时艰，必自推广学校始。而欲推广学校，必自先停科举始。"[1] 这一阐述已由原来的英才选拔及教育，转而更为强调"无地无学，无人不学"的国民教育，普通教育了。

总之，清末科举的革废，从科举与学校的关系看，约略可分三个阶

---

[1] 舒新城：《中国近代教育史资料》上册，人民教育出版社1961年版，第63—65页。

段:第一个阶段大致是在戊戌变法之前,是与科举分开的维新教育,兴办学堂,仍是以科举为主,学校为辅;然而,当学校发展到一定规模,就与作为正途的科举发生矛盾,尤当与列强冲突,国家选拔之精英不适合于富强目标的特点立即鲜明地呈现时,就转入了以1898年戊戌变法为高峰的第二个阶段,即试图整合科举与学校,尤其是试图改革科举考试的内容、程式,废弃八股,开设经济特科,以适应新的形势,促进学校的发展,虽然还不是要放弃科举,但俨然已有日后将以学校为主的意思了。而到了1901年以后的第三阶段,科举之废看来已经是势在必行了,虽然还经常说要结合科举与学校,但争论和犹豫实际上主要是集中在是究竟何时废除科举为妥,是渐废还是立废的问题上。最后,原先的渐废派在内外形势的冲激下自己主动转成了立废派,从而亲手结束了这一延续了1300年,他们自己大多也是从中出来的科举制度。

然而,他们是否充分地意识到了这一变革的意义和后果呢?他们是否认识到,这一变革实际上意味着几千年来一个根本价值观念的转换呢?几千年来,中国居支配地位的价值观念一直不是要追求富强、追求功利、追求经济的不断发展与财富的不断增殖,而是要追求天下太平,追求一种内外、上下的相安相养,并鼓励一种道德的人格类型和一种精致、文雅的文化,但以这种价值观为核心的中国文明,自然无法抵御近代以来强劲扩张的西方文明。[1] 在科举的革废过程中,我们已经看见了由传统中国的

---

[1] 东西文明类型的不同及其最终估价标准,可参见辜鸿铭《中国人的精神》令人印象深刻的卷首语:"在我看来,要估价一个文明,我们最终必须问的问题,不在于它是否修建了和能够修建巨大的城市、宏伟壮丽的建筑和宽广平坦的马路;也不在于它是否制造了和能够造出漂亮舒适的农具、精致实用的工具、器具和仪器,甚至不在于学院的建立、艺术的创造和科学的发明。要估价一个文明,我们必须问的问题是,它能够生产什么样子的人(What type of humanity),什么样的男人和女人。事实上,一种文明所生产的男人和女人——人的类型,正好显示出该文明的本质和个性,也即显示出该文明的灵魂。"海南出版社1996年版,第3页。

价值观向现代西方的价值观转移的轨迹，此种转移此时自然还是发生在上层，甚至不一定为他们所清楚地意识到，但它很快就会明显化和普遍化了。而且，统治层是否充分地认识到了这一废除的深远后果与影响呢？他们是否意识到了由此将带来的一种社会结构的根本改变呢？而即便他们充分地认识到所有这些情况，他们又是否能够不废除它呢？

人们对他们亲自参与、推动的一个事件提出的理由（reasons）与真正造成这一事件的原因（causes）并不都是一致的，而短期的理性与长远的理性，个人选择的理性与集体选择的理性，人们主观的理性与最后由历史呈现出来的某种客观理性也都不是一致的。人们的行动都是有目的的行动，但由于种种原因，行动的结果与这行动的目的常常并不吻合。[1] 人们的行动常常是有理性、有理由，经过慎重考虑的行动，但最后的为人公认的解释却常常并不是那些理由所指示的解释。形势要比任何个人的力量都更强。艾尔斯以下的评论也许只是由一件事和一个人说明了一个普遍的道理："一个自唐以来就存在的制度被推翻了，它是近代中国史上最有意义的变革之一，张之洞帮助发动与保证了这一推翻，但他看来不久就多少被他所做的震惊了。"[2]

废除科举后的反应

得知诏废科举的消息之后，前述那位在晋中乡村里耕读教馆的举人

---

[1] 这种不吻合可参见黄平文《有目的之行动与未预期之后果——中国知识分子在五十年代的经历探源》，载《中国社会科学辑刊》，1994年秋季卷。我想强调的只是：这不仅是某些人在某些时候的一种特殊情况，而且是很普遍的一种情况，是不仅包括失败者、也常常包括胜利者的一种情况。

[2] William Ayers: *Chang Chihtung and Educational Reform in China*, Havard University Press, 1971, p.244.

刘大鹏在自己的日记中写道：[1]

> 1905年10月15日："下诏停止科考，士心散涣，有子弟者皆不作读书想，别图他业，以使子弟为之，世变至此，殊可畏惧。"
>
> 1905年10月17日："甫晓起来心若死灰，看得眼前一切，均属空虚，无一可以垂之永久。惟所积之德庶可与天地相终始。但德不易积，非有实在功夫则不能也。日来凡出门，见人皆言科考停止，大不便于天下，而学堂成效未有验，则世道人心不知迁流何所，再阅数年又将变得何如，有可忧可惧之端。"
>
> 1905年10月23日："昨日在县，同人皆言科考一废，吾辈生路已绝，欲图他业以谋生，则又无业可托，将如之何？"
>
> 1905年11月3日："科考一停，同人之失馆者纷如，谋生无路，奈之何哉！"
>
> 1905年11月2日："科考一停，士皆殴入学堂从事西学，而词章之学无人讲求，再十年后恐无操笔为文之人矣，安望文风之蒸蒸日上哉！天意茫茫，令人难测。"

作者首先感到的是一种精神上的幻灭感，所忧首先在世道人心，虽仍讲积德可垂之长久，但也知积德不易，尤在失去制度依托的情况下，其次是对文风的忧虑，但最直接的，很快就要面对的则是一种生计上的压力，是失馆失学，谋生无路。

以前对废除八股、改革科举主张甚早甚力的严复此时也采取了一种谨慎的态度，他在环球中国学生会上的演说表明他深刻认识到此事的重大

---

[1] 刘大鹏：《退想斋日记》，山西人民出版社1990年版，第146—147页。

意义,却不敢盲目乐观:"不佞尝谓此事乃吾国数千年中莫大之举动,言其重要,直无异古者之废封建,开阡陌。造因如此,结果何如,非吾党浅学微识者所敢妄道。"[1] 而且,他在此篇演说中强调道德将可能沦丧,而社会之所以为社会,正恃有天理人伦,故非狂易失心之夫,必不敢冒言破坏。他还批评了新学校的弊病,强调德育应当更重于智育。[2]

《东方杂志》当年第 11 期教育栏转载了《中外日报》1905 年 9 月 10 日的一篇文章《论废科举后补救之法》,文章指出,中国社会行科举法已千年有余,今一日举而废之,必有大不便处,乃就上谕中安顿诸生,多设小学二事,考虑其有至难处。文章说,停滞于考试之诸生尚有数十万人,大概不免将归于被时代"淘汰"之例,然而,"国家之政教万不能以此念置之胸中,当轴者固宜有策以处之"(此皆为人,不可像数字一样轻轻抹去)。又说过去读书花费不多,且有仕进荣升之诱,废科举兴学堂之后,"恐中国识字之人必至锐减,而其效果将使乡曲之中并稍识高头讲章之理之人而亦无之,遂使风俗更加败坏,而吏治亦愈不易言,则于立宪之途更背驰矣"。[3]

但是,虽有种种忧虑担心,当时社会上总的反应却大致接近于是无声无息,革命派的报刊几乎不注意此事,改良派、保守派的反应也不热烈,既乏激愤者,也少欢呼者,似乎这并非是一个延续了千年以上,且一直为士子身家性命所系的制度的覆亡。这里的原因自然复杂多样:比方说此事已喧闹多年,从改科举、废八股到主张渐废科举、立废科举,早已不新鲜,人们已有了相当的心理准备;而废除科举的长久、深远的后果也还

---

[1] 《严复集》第一册,中华书局 1986 年版,第 166 页。

[2] 严复实已触及传统伦理的现代转化问题,这一转化的方向即是向普遍的、社会的伦理的转化。参见《严复集》第一册,第 168—169 页。

[3] 《东方杂志》1905 年第 11 期。

没有显露出来,上层已仕者可以继续享有自己的既得利益,许多有势力或有金钱者还可以让自己的子弟占据新学堂以及留学的先机。真正悲惨的可能是那些已经从事举业,而又年龄较大、家境较贫、不易改业的生员和童生,然而他们散居在广大的乡村,不易形成自己的力量,乃至难于表露自己的呼声。至于大部分的民众,则这事本就与他们无涉。

废除科举对社会变迁的影响

在这最后的一节中,我们准备先约略叙述一下废除科举对辛亥革命之前中国社会所发生的直接影响,最后也对它的长远意义与影响略加评述。

废科举是以新学术、新教育、新人才为号召的,废除科举的直接理由就是为了给新学堂让路,给新教育开路,这从传统方面也许可以说是:为了实现早在王安石改革时就已怀抱在胸的理想——使育才与拔才相结合;而从现代世界大势方面则可以说是:为了普及教育,使中国臻于富强。以下的数字可以表明,1905 年废科举之后,新式教育确实有了长足的进展,全国学堂总数的增长情况是:1904 年 4222 所,1905 年 8277 所,1906 年 19830 所,1907 年 35913 所,1908 年 43088 所,1909 年 52348 所;学生总数的增长情况是:1905 年以前最多不过 258873 人(不含军事,教会学堂),1907 年达到 1024988 人,1909 年达到 1638844 人,1912 年跃升为 2933387 人,此外,加上未经申报立案的公私学堂,军事学堂,以及教会所办学校的学生,估计辛亥时国内学生数在 300 万人左右,几乎是 1905 年的 12 倍。[1]

---

[1] 桑兵:《晚清学堂学生与社会变迁》,稻禾出版社 1991 年版,第 156—158 页。

当时学校教育的质量如何呢？据李宗仁回忆：1907年冬，他参加广西陆军小学第二期招生考试，报名不下千余人，录取仅一百三四十人，他以第一名备取。那时，陆小重要负责人都是刚自日本回国的留学生，办事认真，执法如山，他仅以报到迟到十来分钟即失去当年入学资格。1908年冬，他又考取第三期。学校教育甚好，经费充足，四菜一汤，有呢制服、大衣，每月有零用钱，而当时物价颇低，师生颇有朝气，注意仪表，学习努力。但入校后第二年，校内发生两次风潮，学风渐不如前。辛亥之后，陆小改为陆军速成学堂，学风及质量更每况愈下了。李宗仁评论说："当清末厉行新政时，朝廷中一部分大员和各省少数封疆大吏，可能是敷衍门面，缓和舆情；然下级办新政的人物，都是受过新式教育的人，的确生气勃勃，有一番新气象。不意在革命之后，这种欣欣向荣的气象反而消失，以前的所谓新人物，现在大半变成旧官僚；以前的新政机构，现在大都变成敷衍公事的衙门。"[1]

李宗仁所在的学校大致是属于当时比较好的一类学校，当时的学校由于增长过快，教育质量实际上参差不齐，但总的说，当时的学校尚承精英教育的遗风，并具有乡土的色彩。包括许多出洋归来的留学生等各种人才，乃至一些很杰出的人才，也都愿回到自己的家乡，办中学、师范乃至小学，不因其小而努力为之。故我们看许多在20世纪前一二十年接受初、中等教育的名人回忆录，他们的中小学老师中尚有不少确具巨大才华、在当时或后来全国闻名的学者和文化人。[2]

但是，学生数量的增加并不一定意味着受过教育的社会精英的数量增加，新的中小学学生的社会地位和影响力还远不能与旧日功名获得者的

---

[1] 李宗仁口述，唐德刚撰写：《李宗仁回忆录》，广西人民出版社1988年版，第29、45页。
[2] 这种情况在今天的中小学，尤其乡村的中小学里已不复能睹。

社会地位和影响力相比,远比不上旧日的举人、进士,甚至比不上扎根乡土、融于社会、年龄较大的生员。按照原来新学制建立者的设想,他们还须积以若干年月才能获得类似功名,但后来的革命很快就把这些如一阵风似的吹跑了。[1] 这样,由于将文化精英补充进上层的渠道实际上已经中断,受过教育的社会精英数量就反而呈不断下降的趋势,文化精英的延续接替出现了"断层",这种"断层"甚至意味着"断绝"。例如,以大致相应的旧书院与新的中学相比,19 世纪末有书院两千多处,学生近 15 万人,1909 年则只有中学 702 所,学生超过 7.2 万人。[2] 另一个可供参考的数量比较是:19 世纪末有功名或有爵秩的人的总数为 144.3 万人,而在 1910 年 6 月散发的、由各省谘议局起草的、要求立即召开国会的请愿书上签名的人数(主要是绅士)为 30 万人。[3]

另一方面,教育的普及状况亦不见改善,在某种意义上甚至可以说反而是恶化了。据罗斯基(E. Rawski)的研究,1880 年代清代识字率男性为 30%—45%,女性为 2%—10%,平均识字率在 20% 左右,这一比率不亚于英国和日本现代化以前的识字率。但自 1895 年后到南京国民政府成立期间,全国平均识字率一直在下降,直到 30 年代,具小学文化程度的人数只占总人口的 17%,以至于梁启超曾在 1915 年批评新政说,20 年来办现代教育使得全民不识字。[4]

---

[1] 1911 年京师大学堂的学生尚未毕业,无法授予本拟授的进士功名。

[2] 费正清:《剑桥中国晚清史》下卷,中国社会科学出版社,第 630 页注。精英减少的详情可见巴斯蒂《二十世纪初中国教育改革概况》和罗兹《中国的共和革命在广东》等书。

[3] 费正清:《剑桥中国晚清史》下卷,中国社会科学出版社,第 634 页。

[4] 转引自金观涛、刘青峰著《开放中的变迁》,香港:中文大学出版社 1993 年版,第 155—157 页。又邓嗣禹在 20 世纪 30 年代写道:"三十年前稍可糊口之家,每举一男,甫四五岁,即令发蒙读书,以便应童子科。中国儿童向学之早,及重男轻女之习,考试之制,不无影响。启蒙以后,家资虽贫,必茹苦含辛,送子学成:天资虽鲁,父师必严厉挞责,谆谆告诫,俾成可造之材。贫苦子弟,类皆廉谨自勉,埋首窗下,冀求一第。即纨绔公子,亦知苦读,以获科第,(转下页)

当时新学术、新教育的弊病还可从 1905 年废除科举以后重新对科举有所肯定乃至要求恢复科举的呈文中略见一斑。例如，1907 年 8 月 26 日，候补内阁中书黄运藩在《请变通学务、科举与科学并行、中学与西才分造呈》中说："然以今考之，学堂之推广既稀，人才之进步转滞。何也？盖原业科举之士失业者千万人，既难一切收入学堂，亦无如许之学堂概归造就，且地方贫困，搜括已穷，新政屡兴，尤苦罗掘。以是一县之中延至一二年，不能有一完全学堂，以资教育，官司苟为敷衍，人才坐见消亡，父兄子弟有太息相戒不学，故一乡十里数十里之中，求一旧有之蒙学馆而不得。又况有学生之习气风潮，潜为构陷，父兄更甘令子弟废学，以免意外之惊，兴学而学转废，岂先后管学务大臣所及料哉。……计唯科举与科学并行，即中学与西才分造，斯益多而害少乎。何言之？科举办法，士子自少至壮，一切学费，皆量力自为，亦无一定成格，故即有多人应试之州县，尽多贫窭之家，要不阻碍大局。"[1]

总之，呈文是想以学堂通科举之穷，以科举补学堂之失。又，曾肄业高等学堂，乡荐后又充中学监督教员，并游历日本的举人李蔚然在《请变通整顿学务呈》中也说："今我内外各学堂，待学生过于优异，食于兹，衣服鞋帽，一切文具，无不取给于兹。财力几何，势难持久，因其费用浩

(接上页) 否则虽富不荣。倪肆业之时，一暴十寒，遇大比之年，名落孙山，则不拘富贫，皆垂首丧气，无面见人。非若现今学校，毕业与否，不甚紧要也。因此之故，前清时代，无分冬夏，几于书声遍野，夜静三更，钻研制义，是毕科举鼓励之功：有甚于今日十万督学之力也！自罢科举后，中大学毕业，无噉饭之所：于是纨绔子弟，终日逸游；贫困之士，有志莫遂。甚至平民义务学校，免费供膳，犹辞不入。强迫教育之令日盛，反不若科举时代能使人力争向上也。"《中国考试制度史》，台湾学生书局 1982 年版，第 349—350 页。孔子曾目人有"生而知之""学而知之""困而后学""困而不学"四种，但既然他自己都不轻许为"生而知之"者，则实际上大概只有三种。不管环境如何都"有志于学"者可能还是少数，很多人是"困而后学"，一部分人甚至"困而不学"。因且不学，在今天的社会里，如果不困，自然就更不必向学了。

[1] 《清末筹备立宪档案史料》下册，中华书局 1979 年版，第 981—983 页。

繁，名额不能不加限制，于是得入校者，千人中不及一人，教育普及将何日乎？"所以，他认为学堂急须整顿，按立宪宗旨颁行教科书，按科举成法鼓励毕业生。"科举之弊，近人详言之矣。而其中亦有至善之处，则公平是也。今学堂学生，近城镇者入之，僻远不与；有势力者入之，寒微不与。今日之学生，即异日之官吏，同是编氓，谁甘废弃，倘能改为通学，则收纳既多，向隅自少。惟毕业考试，不能不严定法规，不特糊名扃试宜照科举旧章，并须严重关防，明定私通罪律。寻常考试，可由监督教员酌定，一至毕业，全由学臣主持，学臣亦必于署内奏派专门职员，分司校阅。"[1] 乡下的农人亦常常表现出对于新学堂的反感。[2]

曾长期在京曹供职的何刚德则表示了对日后学生出路的忧虑，他说："今日学堂之弊，与学生无与也，而当时兴学者，急于观成，仓促定制，人不一心，适蹈不知轻重之弊也。一在毕业太易。科举时代，三年一会试，取进士三百余人焉，三年一乡试，各省统计，取举人约二千人，五贡并不及此数，进士固即时任用，而得意者尚不及半，举贡分途，消纳十不得一，日积月累，后来已拥挤不堪矣。今改科举为学堂，大学毕业视进士，中学毕业视举贡，而且无人不可毕业焉。今默揣其数，试问何以位置？一酬报太丰：前清大学士，年俸三百六十两，而从前出洋毕业回国，当轴极意优待，年俸视大学士十倍且有不止，其次亦必五倍。后难为继，向隅者多，此二者皆视之太重，而势处必穷也，一备索学费：从前寒士读书，无所谓学费也，且书院膏伙，尚可略资以津贴家用，今则举学中田产，悉数归入学堂，而学生无论贫富，一律取费，且膳宿有费，购书有

---

[1] 《清末筹备立宪档案史料》下册，中华书局 1979 年版，第 983—985 页。
[2] 如毛泽东在《湖南农民运动考察报告》中说："农民宁欢迎私塾（他们叫'汉学'），不欢迎学校（他们叫'洋学'），宁欢迎私塾老师，不欢迎学校教员。"载《毛泽东选集》第一卷，人民出版社 1966 年版，第 40 页。

费,其数且过于学费,其出洋之由于官费者,寥寥无几,其自费之费,即千金之家,亦必裹足焉,是出洋生不得有寒士矣。一不恤生计:学生之弃家产,负重债,以期毕业者,不过求出路以取偿耳,今对待学生者,则曰,学生之头角峥嵘者,不难自谋其生,历次考试,亦有任用,即不然,亦得有学位,则亦已矣。不观当日之秀才乎?秀才中举中进士,固有出路,若终于秀才,则亦有秀才顶戴荣身也,有何不可,不知当日秀才无资,本无产可破,今之秀才,则大半自破产来也。"[1] 当时学生所费甚多,许多人破产求学,而观念上又仍以入仕为主要出路,而仕途早已拥挤。

但这些弊病主要还是一种过渡期的弊病,多涉及转变观念、改进方式,并非是不可治的痼疾,倘若有一段相对持久的和平时期,也许并不难于克服。而试图恢复科举的尝试显然是不可能,也不合适的。问题在于中国不久就陷入了激烈并且持久的动荡,渐进的"教育救国"很快就被看成是不合时宜的了。

前面说到了绅士的数量减少,但在辛亥革命前一短暂的时期内,绅士的权力与影响力并未因这种数量的减少而相应降低,反而因王权的衰落而有所增加了。新式的学堂和教育只是包括了旧科举的一部分功能,即为社会统治层选拔一批候选者的功能,但真正的学堂选拔几乎还未开始就被打断了,另一方面,旧日科举的拔才功能则在某种程度上由新式的选举接替了,所以,我们还须观察一下清末最后几年的新选举。

清末预备宪政,仿效各国议会制度选举议员以博采舆论。议员选举有二:一是资政院议员的选举,一是各省谘议局议员的选举。在此值得注意的是各省谘议局的选举,谘议局虽非直接的权力机关,但不可低估其当

---

[1] 何刚德:《客座偶谈》卷二。

时的影响力。[1] 据张朋园对全国 21 省谘议局总数 1643 名议员中 1288 人身份的统计，有生员以上功名的议员占 89.13%，而据贺跃夫的研究，有科举功名背景的议员的比例比这还要高，如广东谘议局的 94 名议员全部都来自士绅阶层，因此贺推断：清末各省谘议局议员几乎全部来自绅士群体。[2] 又据黄炎培等回忆，当时的人们对选举还相当认真，选举尚没有像民国北洋军阀政府时代那样被权力与金钱腐化而贿选成风，[3] 议员也因此在民间享有远比后来议员高得多的尊重，绅士权力至此达到了一个扩张的顶点，中央及代表中央的地方行政权力出现了某种矛盾和紧张，互有制衡又互有合作，但冲突明显较前为多。

1911 年 10 月，武昌的新军仓促起义，随之各地不稳，举事日多，十多个省的谘议局遂纷纷组织和发动了和平独立，最后导致了清帝的退位，绅权抛弃了王权，漫长的君主制就此宣告结束。绅士群体也许仍然遵奉了儒家"乱不自我、祸非我作"的原则，但按他们的判断收拾乱局或残局则是另一回事。在某种意义上，我们甚至可以说，推翻清王朝的辛亥革命是由革命者仓促发动，却是由不革命者使其成功的，而两者当时均没有享受到胜利果实，后者的势力甚至很快就消退了。士绅上失其根，下失其路：上失其根则失去对社会下层的影响力和由下层源源不断补充的更新力，于是在辛亥最后的回光返照之后立见枯萎；下失其路则大量破落的士绅子弟或潜在的读书种子被驱往对社会的反抗、成为动员民众和进行革命的先

---

[1] 当时选举权有一定的资格规定，如须办学务及公益事务三年以上；有中等以上学堂文凭；有五千元以上资产；有生员以上出身等，但只要有上述一条即可，又本省官员、幕员、军人、巡官、不识文义者等不能参与选举及被选举。

[2] 金观涛、刘青峰《开放中的变迁》，香港中文大学出版社 1993 年版，第 141—142、164—165 页。

[3] 黄炎培：《八十年来》，北京：文史资料出版社 1982 年版，第 50 页。

锋。[1] 绅权在抛弃了王权之后，很快就被一种新起的、它更难于抗衡的权力所取代。辛亥革命不是革命的结束，而只是20世纪一系列革命的开始，士绅群体终于在这些革命中被彻底埋葬。

一些学者已指出过废除科举前后绅士城市化的浪潮，尤其在这之后，他们逐渐离开乡土，走进城市从政、求学或者经商，且愈有见识、愈具才干者愈加如此，留在乡村的多为一些年老力衰的绅士，一些暴发的、缺少文化的"土豪劣绅"则逐渐兴起，许多并成了地方上新的头面人物，乡村成了一个被文化精英遗弃的地区，宗法关系淡化，地主与贫困农民的冲突开始尖锐，广大乡村遂成为一块酝酿革命的温床。

传统中国的社会上层继1905年的废除科举开始了一种体制上的自我摧毁之后，在1919年由其子弟发动的五四运动中，则可以说是开始了一种价值核心体系上的自我摧毁。而这一切又几乎可以说是自然会发生的，乃至可以说是一种传统文化要想有一种凤凰涅槃似的更新所不得不经历、不得不承受的。[2] 辛亥革命之后，曾有过一段短暂的各政党尝试议会政治及武人当政的时期。然而，由于种种原因，单纯的理念组织与单纯的军事力量均未能持久，随后遂有信奉一种意识形态型理念的政党与军事力量的结合，[3] 并取得节节胜利。

废除科举所引起的最直接、也是20世纪最引人注目的变化自然是知识阶层的变化。过去，通过"学而优则仕"的途径，传统社会在"知识阶层"与"社会上层"之间是大致可以划一等号的。然而，随着"学而优则仕"这一传统的中断，辛亥之后首先是军人，然后是有武装力量作依托的

---

[1] 士绅子弟的动荡不安及分化可参见路翎的小说《财主底儿女们》。

[2] 后者又可以说是前者的继续，有了1905大致就会有1911，就会有1919，虽然前者并不是后者的必然充分条件。

[3] 党军或者说军党，其中党更居主导地位，但军队也必不可少。

党人占据了社会的中心地位，知识阶层出现了如余英时所标示的"边缘化"的位移。[1]

然而，用"边缘化"这一概念也许尚不足以说明 20 世纪知识阶层的全面变化，尤其不足以说其内在成分的种种变化。[2] 更长远、更深刻的可能还是整个社会结构的变化。比起说知识分子的"边缘化"来，说社会的"平等化"也许是立足于一个更广泛的视角、也是在一种更确切的意义上说的。科举之废除实在是"亘古奇变"的 20 世纪所发生的一个最早的重大事件。它的意义要超过一个王朝的覆灭，它也不仅仅是一个延续了一千三百年的制度的消失，而是还意味着一种起始已有两千多年历史的社会形态（选举社会）的终结，而且还不仅此，它也许还意味着一个有着更为久远得多的历史的社会形态（等级社会）的终结。等级结构不再是法律

---

[1] 余英时：《中国知识分子的边缘化》，《中国文化与现代变迁》，三民书局股份有限公司 1992 年版。汪曾祺的一篇小说《徙》也相当生动、深刻地触及到这种变化，可以参看。又王国维 1927 年的自沉，亦可从社会学意义上视为是一传统士人在 20 世纪命运的典型事件，陈寅恪在《王观堂挽词（并序）》中说："凡一种文化值衰落之时，为此文化所化之人，必感苦痛，其表现此文化之程度愈宏，则其所受之苦痛亦愈甚。"（42 年后，陈寅恪亦在长久苦痛后去世，而其死时连悼人亦无。）另一方面，顾颉刚在《悼王静安先生》一文中，则可以说是以另一种方式表达了学者找不到可专门研究学问的净土的绝望，转而大喊："士大夫阶级的架子害死了王国维！我们应该打倒士大夫阶级！我们不是士大夫！我们都是民众！"而之后仍有"士大夫"求为"民众"而不可得的更绝望年代，由后转视二三十年代，那时反是 20 世纪学术文化的黄金时代。士阶级的子弟瞿秋白亦真切地描述了这一阶级的破产，并对这一阶级作了严厉的自我批判，然而，无论是托命继绝而郁郁死者，或投身革命而终被革命所吞噬者，传统类型的士大夫及其最后的子弟连同许多传统风俗一样，"说没有，也就没有了"。（汪曾祺语）

[2] 20 世纪以来，尤其在后半世纪，知识分子已多次被"掺沙子"（借用毛泽东喜欢用的一个词）。我们今天有什么样的知识分子呢？他们是不是和一百年前的士大夫无论外在的、还是内在的方面都有了天壤之别呢？今天知识阶层中出现的成分多元化、队伍扩大化、其主体部分技术实用化乃至于世俗化等现象，已经使今日一些激烈的批判者或其他类型的持异议者反复申明自己不是"知识分子"，或者说自己虽然不幸而身为"知识分子"，却决不愿与今天一般所谓的"知识分子"为伍（如朱学勤、张承志等，又如顾城更激愤地说"知识分子早在 1911 年以前就死光了"，他自己也走上了杀妻自杀的毁灭）；有些干脆进一步使自己的标志更世俗化（如王朔说自己只不过是一个"码字工"，虽其骨子里仍是相当骄傲、并不认为自己的码字是其他的码字工所能码得来的）。

明文规定，且为人们广泛认可的一种可接受的社会组织方式了，平等的观念已经广为传播并深入人心，成为一种巨大的变革时期的社会动员力量，或者一种和平时期制约政府的力量。它常常被人们作为衡量政府合法性——乃至衡量一切公共领域的政策措施、甚至常常被僭越地作为衡量私人努力领域的事务的一个基本依据。平等的观念虽然常常含混不清，平等的感情却极其强烈。

中国在经过了20世纪这样一个激烈的社会动员和流血革命的过渡时期而进入21世纪之后，人们至少在宪法所规定的法律地位和一些基本的生存和发展权利方面已相当地趋于平等，在政治参与的程度和经济收入的方面也要比以前的社会广泛和平均，虽然分化和差别今天又在诸如财富收入等领域不断产生，但平等的呼声在这些领域也同样高涨。追求国家强盛和人民富裕的目标也更为明确且不可动摇。相应于社会平等化的潮流的，则是各种价值追求、生活方式的多元化，以及各种职业声望的自然分流开始出现。

总之，有关中国古代选举所内在具有的矛盾及不断陷入的困境，以及导致其最终被废止的各种因素及其深远影响，笔者就暂时叙述到这里，还有许多问题需要继续研究，许多疑云需要继续澄清，而我们今天能够比较可靠地指出的一点只是：我们现在依然没有脱离这种影响。古代选举社会后来所陷入的困境，在某种意义上也就是平等发展所遇到的困境，或更准确地说：是单一的、硬化的政治机会平等所遇到的困境。这种机会平等自然不同于现代社会的平等，但两者又不是全无相似之处，故而仍可给我们提供一面以古鉴今的镜子。

中国经过了20世纪的激烈动荡和流血斗争，社会结构与20世纪初相比已发生了天翻地覆的变化，今天似已在开始走向一个自然分流、多元取向的平等社会。这种具有世界性和现代性特征的平等社会与中国古代的选举社会相比有何自己的特色，有何自身的问题和矛盾，它可以允诺什么和达到什么，可以带给我们什么期望或者失望，以及这种平等社会如何体现出自己文明的特色，它与传统因素如何关联，它自身又如何构成其平等与不平等的方面（因为无论如何不可能一切平等），最后，它的未来前景又究竟如何，就不是我们在此所能回答的了。这一切目前都还处在变化之中，还远不是我们现在所能看得很清楚的。

附录

中国的儒学传统与太学

儒家素来重"学"。儒家作为一个学派的正式形成即由于孔子的讲学。孔子十五"志于学"而终身不懈,并"有教无类",广招学生,晚年以"韦编三绝"的精神,与其弟子从事修《诗》、《书》,订《礼》、《乐》,赞《易》而作《春秋》的工作,努力承担了对古代一些最重要的人文经典、政教大典的整理和解释的重任,使这些官家经典也成为民间之书,成为儒家特有的经典。儒家对它们的解释成为支配性的解释,儒家思想客观上主导了其后中国两千多年的社会历史与政治。孔子不遇于当时的政治统治阶层,然而,通过其"学",却为后世绵延数千年的社会政治、修身为人以及风俗教化立下了基本的法则。《汉书·儒林传》有言:"古之儒者,博学乎六艺之文。六艺者,王朝之经典,先圣所以明天道,正人伦,教至治之成法也。"所以,儒家之外又有"儒学"之称,这是一个更具广泛性和超越性的称谓。[1] 无学可以名道、名隐,名法术之士、阴阳术士、名墨者、

---

[1] 先秦出现的其他各家各派则或者无此类称谓,或者纵有也不显著和持久。这自然与它们的性质有关,如道家主张"为学日损""绝学不教",而法家、墨家、农家等或偏于政策权术,或偏于实践应用,都相对缺乏对广博的人文政教思想学术的重视。

农家等,然而,无"学"却不可以名儒。无"学"儒家无以成其家。

而儒学究竟为何?儒学的传统究竟如何阐明?这当然是一些很大的问题,我在这里仅限于简单地从为学的主体和建制,按我粗浅的理解略微做一些说明。在我看来,儒学首先是一种生命的学问,修身的学问,一种希圣希贤、渴望把自己造就为一个君子,一个有道德和品质高尚的人的学问。在这个意义上,儒学就主要是一种"为己之学",其含义有二:一是"由己",一是"成己",也就是说要通过自己的道德努力达到使自己成为一个德行高洁、精神丰富的人。这就需要自己立志、自己发奋,主要依靠自己的努力。如孔子说"为仁由己"[1],"君子求诸己"[2]。孟子也说:"君子深造之道,欲其自得之也。自得之,则居之安,居之安,则资之深,资之深,则取之左右逢其原,故君子欲其自得之也。"[3] 并且,在儒家看来,要达到成为君子的目的,主要并不是靠个人纯然的天性或一时的顿悟,而必须通过"学"的磨砺。故《论语》首言"学而时习之",荀子说:"学止乎没而后止。"

然而,儒学又不是一种个人关门闭户,修身养性的学问,而是一种入世的,主张门户开放、教学相长、师友切磋的学问。孔子首开私人讲学,民间兴学之先河。有可能的话,儒者自然希望能为世所用,通过政治手段实现其道德理想,但如果不能如此,儒者也自有安顿、自有追求,乃至仍握有一定的社会资源和保持一定的社会影响力。孟、荀等大儒身处乱世,不能在政治上得志,却都以学名显。正如司马迁所说:"孔子卒后,……后陵迟以至于始皇,天下并争于战国,儒术既绌焉,然齐鲁之间,学者独不废也。于威、宣之际,孟子、荀卿之列,咸遵夫子之业而润

---

[1] 《论语·颜渊》。
[2] 《论语·卫灵公》。
[3] 《孟子·离娄下》。

色之，以学显于当世。"[1] 此又不仅乱世所为，和平时期之民间兴学亦可纠官府学之弊，并补其不足，例如两宋儒者的大量兴办书院。实际上，初衷再良善的官府之学也有可能变得僵硬、枯萎或者丧失其本意，学术思想上的创新能力多是来自民间，有"学"在民间方能保持一种学术上的活力和张力。这种官学与私学的关系不是本文研究的重点，但确实是一个值得进一步仔细探讨的课题。

而儒家又不仅注重个人的修学和民间的私学，亦注重官府之学。孔子主张治国应富民教民，实行教化以淳风美俗，而在这方面，政治自然是一个最有力的杠杆。儒学不仅是关心社会的学问，也是关心政治的学问，不仅是入世的学问，还提出了一套完整的治国方略。自然，儒学不是乱世打天下的学问，但却是治世的学问，或由乱世走向治世的学问。儒学不教人如何征战夺权，却教人如何掌权用权，以及如何和平地把贤者和秀异之才选拔到掌握政治权力和社会资源的合适地位上来，以造就一种和谐稳定的传统政治社会。

总之，儒家不仅是个人向学的始终不懈的积极倡导者，也不仅是民间私学的积极倡导者，还是官府之学的积极倡导者。本文主旨即在研究儒学与这种官府之学的关系，尤其是与最高学府——太学（国子监）的关系；考察儒家在创立和发展太学中的作用；太学与儒学"一损俱损、一荣俱荣"的关联；古代学校制度与选举制度的一种相辅相成而又相互紧张争胜的关系；儒家"学而优则仕"的理念通过这些制度的实现以及对中国社会结构产生的影响，等等。我们将特别注意制度与制度之间以及制度和思想理念、社会结构之间的关系。下面我们就来结合这些问题，叙述太学的建立与发展。

---

[1] 《儒林列传》，《史记》卷一百二十一。

1. 尊崇儒学与太学的建立

太学在汉武帝时期的创办显然不宜作为一个单独的事件来观察，而是可视作儒学兴盛，且开始在国家政治生活中占据主导地位过程中的一环。将这一过程归之于汉武帝个人的选择显然不妥，[1] 甚至归功于一两个儒者亦不完全贴切，此实在是有某种势所必然之处。换言之，儒学兴盛于汉武帝之时并不是偶然的，而太学兴办于尊崇儒学之后也不是偶然的。

汉朝自建立到武帝登基已有近七十年，而"马上得之"终不能以"马上治之"，暴秦即是其前车之鉴，黄老之术似也仅可作为战祸后一段时间里的休养生息之道，而难使社会臻于长治久安、教化良善之境。同时，上层人士究竟如何补充，统治阶级的再生产究竟走哪条路，是继续走任子补郎的世袭制呢还是另辟新径？新也在一代功臣大都逝去之后成为严重的问题。此时，儒家经过数百年的摧残和冷遇之后，地位并不显得特别突出，只是诸家中的一家，专属儒家的博士在汉因秦制备员的七十余博士中也只是占一部分，但历史终于选择了尊崇儒学，实在是因儒学既有合乎世道人情的理想，又有对于社会政治的现实感和一定的可操作性。

以下就是太学创建过程中的几件大事：

汉武帝建元元年（前140）冬十月，诏丞相、御史、列侯、中二千石、二千石、诸侯相举贤良正方直言极谏之士。丞相卫绾奏："所举贤良，或治申、商、韩非、苏秦、张仪之言，乱国政，请皆罢。"此奏得到批准。此即为"罢黜百家、独尊儒术"的开始。此年卫绾旋免相，以魏其侯窦婴为丞相，武安侯田蚡为太尉，两人也皆好儒术。虽然他们不久即被好黄老的窦太皇太后免职，但这只是把这一进程延缓了几年，在太皇太后死后，

---

[1] 武帝即位时年仅16岁，很难说此时他就对政治有深刻的认识，他后来成熟后的施政实际是"王霸道杂"的。

田蚡又任丞相，重新开始了一系列"更化"之举。

又《通鉴》系董仲舒对贤良策于本年。[1] 董仲舒在"对策二"中提出了"兴太学"的主张，他说："夫不素养士而欲求贤，譬犹不[琢]玉而求文采也。故养士之大者，莫大乎太学；太学者，贤士之所关也，教化之本原也。今以一郡一国之众，对亡应书者，是王道往往而绝也。臣愿陛下兴太学，置明师，以养天下之士，数考问以尽其材，则英俊宜可得矣……"[2] 在为什么要兴太学的理由中，董强调的是"养士"和"教化"，且这一举措是在其论述天道、人道、春秋一统、退而更化的一整套理论中提出来的，其中有其理论基础、基本原则、变革理由以及其他各种配套的政策措施，班固在其本传中言："自武帝初立，魏其、武安侯为相而隆儒矣，及仲舒对策，推明孔氏，抑黜百家，立学校之官，州郡举茂材孝廉，皆自仲舒发之。"又刘向称董仲舒"有王佐之才，虽伊吕亡以加"。无疑，不管董仲舒的天人三策究竟系于何时或其主要著作著于何时，说董仲舒最为系统地阐述了汉武帝时儒家改革更化的主张，代表了当时儒家思想的最高水平是有道理的，而他的这些思想在当时人数并不太多、相当紧凑的统治层里也显然产生了相当的影响，成为一种行动的理论纲领。

建元五年（前136），置《五经》博士。如王国维所言："博士一官，盖置于六国之末，而秦因之。汉兴因秦制，员至数十人，……武帝始罢黜百家，专立《五经》，而博士之员大减。"[3] 这无疑有助于突出儒学的地位。如前所述，对《五经》的解释工作主要是由儒家完成的，而《论语》、

---

[1] 《汉书·董仲舒传》中亦说："武帝即位，举贤良文学之士前后百数，而仲舒以贤良对策焉。"《汉武帝本纪》则说仲舒对策是在元光元年五月武帝亲策贤良时，"于是董仲舒、公孙弘等出焉"。

[2] 《董仲舒传》，《汉书》卷五十六。

[3] 王国维：《汉魏博士考》，《观堂集林》卷四。

《孝经》博士虽也随之而罢，但在两汉，实际构成了一个始学《尔雅》（犹如小学），继学《论语》、《孝经》（犹如中学），再学《五经》（犹如大学）的为学次序。

元光元年（前134）冬十一月，初令郡国举孝廉各一人。此前，文帝二年（前178）、十五年（前165）虽也有诏举"贤良方正能直言极谏者"，但均属特举，目的主要在求言，且并非常行之定制。只是自此年起，岁举孝廉方成为两汉察举一种主要的常行科目。六年后又有诏书规定必须举人，批准了有司所奏："不举孝，不奉诏，当以不敬论；不察廉，不胜任也，当免。"[1] 察举由此得到严格的贯彻执行。

元光元年之后十年，董仲舒建议的"兴太学"终于出台。据《汉书·儒林传》记载：元朔五年（前124），公孙弘时为学官，悼道之郁滞，乃请曰："丞相御史言，制曰'盖闻导民以礼，风之以乐。婚姻者，居室之大伦也。今礼废乐崩，朕甚悯焉，故详延天下方闻之士，咸登诸朝。其令礼官劝学，讲义洽闻，举遗兴礼，以为天下先。太常议，予博士弟子，崇乡里之化，以厉贤材焉。'谨与太常臧、博士平等议，曰：闻三代之道，乡里有教，夏曰校，殷曰庠，周曰序。其劝善也，显之朝廷；其惩恶也，加之刑罚。故教化之行也，建首善自京师始，由内及外。今陛下昭至德，开大明，配天地，本人伦，劝学兴礼，崇化厉贤，以风四方，太平之原也。古者政教未洽，不备其礼，请因旧官而兴焉。为博士官置弟子五十人，复其身。太常择民年十八以上仪状端正者，补博士弟子。郡国县官有好文学，敬长上，肃政教，顺乡里，出入不悖，所闻，令相长丞上属所二千石。二千石谨察可者，常之计偕，诣太常，得受业如弟子。一岁皆辄课，能通一艺以上，补文学掌故缺；其高第可以为郎中，太掌籍奏。即有秀才

---

[1] 《武帝纪》，《汉书》卷六。

异等,辄以名闻。其不事学若下材,及不能通一艺,辄罢之,而请诸能称者。"制曰:"可。"

这就是"太学"的开始,正如马端临所指出的:"前此博士虽各以经授徒,而无考察试用之法,至是,官始为置弟子员,即武帝所谓兴太学也。"[1] 又说:"前此所谓博士者,虽有弟子,要皆京师自授其徒,其徒自愿受业,朝廷未尝有举用之法,郡国亦无荐送之例。而蜀化僻陋,非齐、鲁诸儒风声教化之所被,故文翁遣其民就学,必以物遗博士而使教之。及武帝既兴学校,则令郡国县官谨察可者,与计偕诣太常受业如弟子,则郡县皆有以应诏,而博士弟子始为国家选举之公法也。"[2] 亦即,不仅博士有了受教者,而且这些受教者有了稳定的、官方保障的来源和出路,有了固定的教学、考评等制度。

我们观察以上公孙弘所陈"兴太学"之理由,依然是强调道德教化,而且是想由内及外,由上及下,由京师及地方。但更直接的效果看来还是统治阶层成分的改变,与岁举孝廉一样,博士员弟子资格也不受家世、财富、父祖官职之限,这就为平民进入政治上层敞开了道路。此前,官员多出于吏二千石子弟和富訾两途,而自元光元年岁举孝廉、元朔五年予博士弟子成为稳定的制度之后,官员就多出此两途了,即班固所谓"总礼官之甲科,群百郡之廉孝"。并且,自此以后,"公卿大夫士吏彬彬多文学之士矣"。所以,马端临视置博士弟子员"为国家选举之公法"。

2. 太学最初的发展与儒学的兴盛

此后博士弟子员人数不断扩大:西汉昭帝时博士弟子员增满百人,

---

[1] 《学校一》,《文献通考》卷四十。
[2] 《学校七》,《文献通考》卷四十六。

宣帝末增倍之。元帝好儒，能通一经者皆复。初元五年（前44）诏"博士弟子毋置员，以广学者。"几年后，以用度不足，不能不限制名额，但永光三年（前41）冬，仍规定置博士弟子员千人，并且郡国置《五经》百石卒史。成帝末，或言孔子布衣养徒三千人，今天子太学弟子少，于是将弟子员增加到了三千人。岁余，复如故。平帝时王莽秉政，增元士之子得受业如弟子，勿以为员，岁课甲科四十人为郎中，乙科二十人为太子舍人，丙科四十人补文学掌故。同时，博士人数也有所增加：宣帝之末，博士增员至十二人。平帝复立《古文尚书》、《毛诗》、《逸礼》、《乐经》、《左氏春秋》，博士一时增加到三十人。另外，博士弟子课试也渐成制度，其射策考试一般是"甲科补郎、乙科补吏"。

东汉重儒学经术，太学得到进一步发展。据《后汉书·儒林列传》记载："昔王莽、更始之际，天下散乱，礼乐分崩，典文残落。及光武中兴，爱好经术，未及下车，而先访儒雅，采求阙文，补缀漏逸。先是四方学士多怀协图书，遁逃林薮。自是莫不抱负坟策，云会京师，……于是立五经博士，各以家法教授，《易》有施、孟、梁丘、京氏，《尚书》欧阳、大小夏侯，《诗》齐、鲁、韩，《礼》大小戴，《春秋》严、颜，凡十四博士，太常差次总领焉。"后又立春秋左氏穀梁博士，未几而罢。自是讫后汉之末，博士员数无所增损。建武五年（公元29），修起太学。建初四年（公元79），汉章帝大会诸儒于白虎观，考详同异，连月乃罢，班固奉命将讨论结果编成《白虎通义》。及邓后称制，学者颇懈。安帝览政，薄于艺文，博士倚席不讲，朋徒相视怠散，学舍颓敝，鞠为园疏，牧儿荛竖，至于薪刈其下。顺帝感翟酺之言，乃更修黉宇，永建六年（公元131）秋九月起修缮太学，凡所造构二百四十房，千八百五十室。阳嘉元年（公元132）秋七月，以太学新成，试明经下第者补弟子，增甲、乙科员各十人。除郡国耆儒九十人补郎、舍人。冬十一月辛卯，因左雄上言，令郡国举孝廉限年四十以上，诸生通章句，文吏能笺奏，乃得应选；其有茂才异行，若颜渊、子奇，方不拘年齿。这就是著名的"阳嘉新制"，旨在纠正察举和学校人多谬滥的弊端。本初元年（公元146）令郡国举明经到太学，梁太后并下诏要大将军下至六百石，悉遣子就学，岁满课试，拜官有差。自是游学增盛，太学诸生渐渐增至三万余人。

但是，在太学生人数激增的过程中，学风也慢慢由敦厚朴实转向浮华激越，诸生章句渐疏，而多以浮华相尚、激越相标，又值政治腐败，乃至酿成党锢之祸。汉灵帝熹平四年（公元175），灵帝乃诏诸儒正定五经，刊于石碑，为古文、篆、隶三体书法以相参检，树之学门，使天下能由此取则。而光和元年（公元178）二月，灵帝始置并青睐鸿都门学生，鸿都门俨然与太学成对屹之势，而其学生多为尺牍及工书鸟篆者，以及无行趋势之徒，喜陈方俗闾里小事。十二月，灵帝又诏为鸿都文学乐松，江览等三十二人图像立赞，以劝学者。并初开西邸卖官，自关内侯、虎贲、羽林，入钱各有差。私令左右卖公卿，公千万，卿五百万。这也是汉室已入衰期的表征，选举与太学之衰只是其一个方面而已。

但纵观两汉，总的说，仍可说是儒学兴盛、经术精湛、学风及民风都比较朴实、名臣宿儒、仁人志士迭出的一个时代。据《文献通考》，西汉以博士入官有：贾谊、董仲舒、疏广、薛广德、彭宣、贡禹、韦贤、夏侯胜、辕固、后苍、韩婴、胡毋生、严彭祖、江公。以博士弟子入官有：息夫躬、儿宽、终军、朱云、眭弘、萧望之、匡衡、马宫、翟方进、何武、王嘉、施仇、房凤、召信臣。东汉以博士入官有：蔡茂、承宫、郎𫖮、曹褒、庐植、戴凭、欧阳歙、牟长、杨伦、魏应，可说是人才济济。范晔于《儒林列传》中论曰："自光武中兴以后，干戈稍戢，专事经学，自是其风世笃焉。其服儒衣，称先王，游庠序，聚横塾者，盖布之于邦域矣。……且观成名高第，终能远至者，盖亦寡焉，而迂滞若是矣。然所谈者仁义,所传者圣法也。故人识君臣父子之纲,家知违邪归正之路。"且汉室衰象早呈,却能多历年所,"斯岂非学之效乎"。

3. 魏晋南北朝时期的一段曲折

太学的发展自魏晋起进入了一个特殊的时期。这时门阀世家势力上升,支配着当时的社会政治,在选举制度方面,察举也退居次要,而主要是重视家世品第的九品中正制在起作用。魏黄初元年(公元220)之后,乃始扫除太学之灰炭,补旧石碑之缺坏,备博士之员录,依汉甲乙以考课,申告州郡有欲学者遣诣太学。黄初五年夏四月,正式立太学,制五经课试之法,置"春秋谷梁博士"。太学始开,有弟子数百人。明帝太和二年(公元228)六月诏曰:"尊儒贵学,王教之本也。自顷儒官或非其人,将何以宣明圣道?其高选博士,才任侍中常侍者。申敕郡国,贡士以经学为先。"但"其时中外多事,人怀避就,虽性非解学,多求诣太学,诸生有千数,而诸博士率皆粗疏,无以教弟子。弟子本以避役,竟无能习学,冬来春来,岁岁如是。又虽有精者,而台阁举格太高,加不念统其大义,而问字指墨法点注之间,百人同试,度者未十;是以志学之士遂复陵迟,而浮虚者竞逐"。[1]

不仅志学之士,贵游子弟亦不愿与"本以避役,无能习学"的太学生为伍。正始中,刘靖上疏:"宜高选博士掌教国子,依古法,使二千石以上子孙年十五皆入太学,明制黜陟荣辱之路。"不从。但到了晋咸宁二年(公元276),终于法周礼"国之贵游子弟国子受教于师者也",兴办起国子学。然不久内乱外祸相继,学校皆名存实亡。

---

[1] 杨晨:《学校》,《三国会要》卷十五,中华书局1956年版。

到东晋成帝咸康三年（公元337），国子祭酒袁环、太常冯怀以江左浸安，请兴学校，帝从之，立太学，征生徒，而士大夫习尚老庄，儒术终不振。孝武帝太元九年（公元384），尚书谢石又陈之曰："请复国学，以训胄子；班下州郡，普修乡校。"其年，选公卿二千石子弟为生，增造庙屋一百五十五间。而品课仍然无章，士君子耻与其列。其时，反是北方十六国中有些统治者颇注意学校和崇儒。如刘曜曾立太学于长乐宫东、小学于未央宫西，简百姓年二十五以下十三以上，神志可教者千五百人，选朝贤宿儒明经笃学以教之。[1]"苻坚复魏晋士籍，使役有常闻，诸非正道，典学一皆禁之。坚临太学，考学生经义，上第擢叙者八十三人。自永嘉之乱，庠序无闻，及坚之僭，颇留心儒学，王猛整齐风俗，政理称举，学校渐兴。关陇清晏，百姓丰乐。"[2]

到了南朝，宋文帝元嘉二十年（公元443）立国学，二十七年即废。文帝雅好艺文，使丹阳尹庐江何尚之立玄学，太子率更令何承天立史学，司廷参军谢元立文学，散骑常侍雷次宗立儒学，为四学，被批评为不伦不类。梁武帝天监四年（公元505）兴学，诏曰："二汉登贤，莫非经术，服膺雅道，名立行成。魏晋浮荡，儒教沦歇，风节罔树，抑此之由。"置五经博士各一人。旧国子学生，限以贵贱，帝欲招来后进，五馆生皆引寒门俊才，不限人数。天监八年五月又诏曰："虽复牛监羊肆，寒品后门，并随才试吏，勿有遗隔。"赵翼评论说："南朝经学，本不如北，兼以上之人不以此为重，故习业益少。统计数朝，惟萧齐之初及梁武四十余年间，儒学稍盛。……益可见经学之盛衰，总由于上之轻重也。"[3]

这时的北方相对来说兴学的规模较南朝更为宏大，并且持久。魏道

---

[1]《载记·刘曜》，《晋书》卷一百零三。

[2]《载记·苻坚》，《晋书》卷一百一十三。

[3]（清）赵翼：《南朝经学》，《廿二史札记》卷十五。

武初定中原,虽日不暇给,始建都邑,便以经术为先。立太学,置"五经博士"生员千有余人。天兴二年(公元399)春,增国子太学生员至三千人。[1] 太平真君五年(公元444)又诏曰:"今制自王公已下至于卿士,其子息皆诣太学。其百工伎巧、驺卒子息,当习其父兄所业,不听私立学校。违者师身死,主人门诛。"[2] 这又有使士民各自世袭其业的倾向了,而总的说,儒家主张的"士民判"或"官民两分"主要是根据学业而非血统,如程子谓子弟皆入小学,大学则是"择其才之可教者聚之,不肖者复之农亩,盖士农不易业,既入学列不治农,然后士农判"[3]。总观魏晋南北朝时期的太学、国子学,入学资格还是受到了某种家世官品的限制,而不是完全平等,但统治层不时强调贵族子弟亦得入学,乃至参加考试方能得仕,又说明学风犹存。

4. 走向最盛期的太学(国子监)

中国从隋唐开始,政局有了新的宏大规模和气象,选举制度从原来以推荐为主的察举转向以考试为主的科举,太学也由此进入了一个鼎盛时期。

隋仁寿元年(公元601),诏以天下学校生徒多而不精,唯简留国子学生七十人,太学四门及州县学并废,又改国子为太学。这种精简说明了对过去太学滥而不实的不满。

唐太宗贞观期间,数幸国学,遂增创学舍一千二百间,国学太学四门亦增生员,其书算各置博士,凡三百六十员。高丽、百济、新罗、高

---

[1] 《儒林传序》,《北史》卷八十一。
[2] 《世祖纪下》,《魏书》卷四。
[3] 《学校一》,《文献通考》卷四十。

昌、吐蕃、诸国酋长亦遣子弟，请入国学，于是国学之内八千余人，国学之盛前所未有。

唐时中央一级的学校凡六，皆隶于国子监：国子学，生三百人，以文武三品以上子孙若从二品以上曾孙及勋官二品，县公、京官四品带三品勋封之子为之；太学，生五百人，以五品以上子孙，职事官五品期亲若三品曾孙及勋官三品以上有封之子为之；四门学，生千三百人，其五百人以勋官三品以上无封、四品有封及文武七品以上子为之，八百人以庶人之俊异者为之；律学，生五十人；书学，生三十人；算学，生三十人，以八品以下子及庶人之通其学者为之。入各类学校的资格受魏晋遗风影响，开始还是有家世品第的限制，但参加科举考试此时已没有限制，可以自由报考。学生最后也常常还是得参加科举考试方能为担任高官要职铺平道路，尤其进士试最是荣选。

此外，又有两馆容纳更高品级官员的子弟：门下省有弘文馆，生三十人；东宫有崇文馆，生二十人。以皇缌麻以上亲，皇太后，皇后大功以上亲，宰相及散官一品、功臣身食实封者，京官职事从三品，中书黄门侍郎之子为之。不过，后来也要求他们参加和其他学生一样的考试。如开元二十六年（公元738）敕文说："宏文、崇文生，缘是贵胄子孙，多有不专经业，便与及第。深谓不然。自今以后，一依令式考试。"至天宝十四载（公元755）又重申宏文馆学生，自今以后，宜依国子监学生例帖式，明经进士帖经并减半，杂文及策，皆须粗通，仍永为恒式。[1]

宋代学风最盛，太学学制也最为完备，教学在一段时间里也颇为认真，名副其实，如在北宋初胡瑗执教期间。宋代凡学皆隶国子监。国子生，以京朝七品以上子孙为之，初无定员，后以二百人为额。太学生，以

---

[1]《宏文崇文生举》，《唐会要》卷七十七。

八品以下子弟若庶人之俊异者为之。及三舍法行，则太学始定置外舍生二千人，内舍生三百人，上舍生百人。这时候的学生升级就主要是看学业而非家世了。

宋庆历四年（公元1044），建立太学并颁布州县"皆立学"的诏令。而宋神宗尤垂意儒学，熙宁四年（1071）王安石变法，"罢诗赋及明经诸科，以经义、论、策试进士"，并立太学三舍法。以三舍法为主体的学校就成为与科举并行的入仕途径，一度还曾取代了科举，太学的地位在宋代达到最高。学行成绩最优者通过三舍选察升补法可以迳奏除官，免除省试或解试。元丰二年（公元1079），令诸州行三舍法，考选、升补，悉如太学。神宗又颁布《学令》一百四十条，进一步规定了太学补试，私试，公试，舍试和升舍方法。又以学制所言国子监以国子名，而实未尝教养国子，乃诏许清要官亲戚入监为国子生听读，额二百人。

元祐元年（公元1086）在废除对王安石新法的过程中，亦曾罢三舍法。但仅过了数年，太后崩，哲宗亲政，绍圣初即推翻了元祐的命令，太学悉用元丰之制，三舍升补法照旧推行，不过略加限制："上等即注官者，岁毋过二人；免礼部试者，每举五人而止；免解试者，二十人而止。"元符二年（公元1099），哲宗又诏令地方各州也实行三舍法，其考选升补办法悉如太学。

徽宗崇宁三年（1104），诏："天下取士，悉由学校升贡，其州郡发解及试礼部法并罢。"《宋史·选举志》载："自此，岁试上舍，悉差知举，如礼部试。"于是原来的科举入仕之途完全由三舍法取而代之，只剩学校一途。至宣和三年（公元1121），宋徽宗又诏令恢复了科举制度，把州、县实行的三舍法废除。其后太学虽然仍用三舍法，但仅以此课试学生，到了贡举之年，举送一部分考试合格的学生参加省试，其独立的仕途意义已经丧失。宋代以三舍法取代科举有二十年时间，此前，唐天宝十二载（公元753）也曾有一次试图将科举纳入学校的尝试，但两年之后还是恢复了乡贡。[1]学校固然有将拔材与育材结合起来的优点，但学校考试，尤其是州县的学校考试，易受人事的干扰，造成严重的营私舞弊，远不如全国统一的，实行弥封、锁院等措施的科举考试客观和公平，所以难以持久也是有道理的。以后明清两代科举与学校合为一途则与其说是将科举纳入学校，不如说是将学校纳入科举。

5. 学校与科举的合流及国子监的衰落

明清的学校一度呈繁荣局面。明太祖洪武二年（公元1369），令天下郡县，并建学校，设教官，定生员之数，府40，州30，县20，生员月廪食米人6斗。洪武十五年（公元1382），在国子监颁学规，诏令恢复科举。明英宗正统元年（公元1436），并始特置直、省提学官，不理刑名，督抚等亦不许侵提学职事。提学官在任三年，主持学校岁科与科考，生员科考二等以上方能应乡试，也就是说，科举考试是以生员的入学考试和选拔考试作为起点的。科举与学校趋于合流。"学校储才以应科目，而科举亦必由学校。"吕思勉指出："盖自汉武帝置博士弟子，设科射策，劝以官禄，学校久成为选举之一途。选举有登用人才之意者二：一为学校，一为科目。以为世信重论，学校远非科目之比，然科目亦不能全与学校脱离，故至近世，二者遂互相依倚。其事始于宋庆历四年，范仲淹令士必在学三百日然后得应试，而成于明世之学校储材，以待科举。于是有应科举之人

---

[1]《选举志上》，《新唐书》卷四十四。但《缘举杂录》，《唐会要》卷七十六，说的时间是天宝十四载（公元755）七月十三日诏曰："天下举人不得充乡赋。皆必补国子学士，及郡县学生，然后听举。"而次年即放弃了这一尝试，依前乡贡。

处,必当有学校,而学校不得不遍设矣。"[1]

至于最高的学府,则为国子监。明国子监学生通谓之监生,亦称太学生。举人曰举监,生员曰贡监,品官子弟曰荫监,捐资曰例监。其来源一是民生,一是官生。民生主要来自府州县学保送的贡生员及举人。官生主要来自品官子弟、土司子弟和海外留学生。洪武四年以前,官生与民生的比例是二比一。官生是主体,二十四年以后,官生数目年少一年,和民生的比例,一度从二比一降到一比二千零三十。监生的出路基本有两条:一是参加科举考试入仕,监生可应乡试,有些亦可直接应会试;二是监生毕业也可直接入仕,但正式任职前须经一个实习的阶段,即"监生历事"。而由科场进身显然更为荣耀。

明初甚重国子监。国子监坐堂监生最多的时期,将近万人,校舍规模相当宏大,吴晗指出:从洪武二年到三十一年这一时期监生任官的情形来看,监生并没有一定的任官资序,最高的可以做到地方大吏从二品的布政使,最低的做正九品的县主簿,以至无品级的教谕。监生也没有固定的任官性质,从部院官、监察官、地方最高民政财政官、司法官以至无所不管的亲民的府州县官和学校官,监生几乎无官不可做。监生的任官以洪武二年和二十六年为最高,十九年为最多。"故其时布列中外者,太学生最盛。"为什么这一时期大量任用监生做高官呢?原因是刚开国,人才不够,明初又屡兴大狱,牵连致死的文武官僚、地方大吏为数极多,但在洪武十五年以后,监生做官的出路则一天不如一天,因为从那年起,会试定期举行,监生原来的出路为进士所夺,只好去做基层工作和到诸司去历事了。明成祖以后,监生出路更坏。而自明景帝开生员纳粟、纳马入监之例以后,国子监成为富豪子弟的京师旅邸,日渐废弛。明武宗以后,非府、

---

[1] 吕思勉:《吕思勉读史札记》,上海古籍出版社1982年版,第1089页。

州县学生也可以纳银入监,作个挂名学生,以依亲为名,根本不必入学,国子监到此完全失去初创的意义,只剩下一个招牌了。[1]

　　清太学生的类别,大体与明相同,但贡生与监生区别得较为明显。凡贡生之别六:曰恩贡生、曰拔贡生、曰副贡生、曰岁贡生、曰优贡生、曰例贡生、监生之别四:曰恩监生、曰荫监生、曰优监生、曰例监生。唯举监不在此列。[2] 太学生可应乡试或会试,以科举进身,亦可直接入仕。嘉庆以后,太学浸失旧规,虽然道光末曾整饬南学,同治时又增发岁费,但卒因隳颓已久,迄难振作,以致既无奖掖劝惩,亦不考试授官,大都循行故事,不过具文罢了,而入监读书者寥寥无几。尤其清世捐纳之风盛行,末期益滥,因此监生之名,多为捐纳以应乡试求官之用,并不受人重视。齐如山指出:本来,在国子监中读过书者,才可以说是真正监生,但是这些事情,都早已成为虚文,洪杨事平之后,一时承平,又整理了一次,重修房屋,广招学员,特名曰国监南学,功课除经史作文之外,又添了算学,地理,洋务等科。所收的学员,只论功课,不据资格,所以举贡生监,连童生都有。南学在光绪年间颇发达了一段,各学员的成绩,多数都很好,且有被保举得官的。但这里头出来的人员,都名为国子监南学出身,绝对不名曰监生,倘有人管他们叫作监生,他们认为是很大的一种侮辱。[3] 然而,这时的整饬已是回光返照,其时不仅旧学校已经遇到了新学校的严重挑战,整个传统包括儒学传统面对西方的进逼,也都陷入了生死存亡的深刻危机。

---

　　[1]　参见《吴晗史学论著选集》第二卷中《明初的学校》一文,人民出版社 1986 年版。
　　[2]　《国子监》,《清会典》卷七十六。
　　[3]　齐如山:《中国的科名》第四章"监生",《中国选举史科清代编》,台湾鼎文书局1977年版,第 1060—1061 页。

6. 余 论

总之，太学始兴于两汉，曲折于魏晋南北朝，至唐宋进入鼎盛时期，到明清时，实际学校的重心已移于下，移于府县了。学校遍布全国，初看起来很繁荣，却是非常松散的，常常徒有其名的，学生实际上并不在校学习，而一般只是参加几次考试，在学校与科举的争胜中，实质上的赢家是科举而非学校，在某种意义上，学校体制实际被吸收到选举体制中来了，学校差不多都是围绕着科举入仕旋转，太学亦然。太学虽然在明初晚清都曾被重视或重整，但却难挽其颓势。

当然，在此我们有必要注意古代学校与现代学校的根本区别：即究竟是以培养准备入仕的通才为主还是以培养各类专门人才为主；面对少数人还是多数人；主旨是选拔已有人才还是广泛培养人才；个人是以自学为主还是以教授为主，等等。古代学校显然是更注重前者的。古人一个根深蒂固的观念是：人是有差别的，科举主要是选拔已成之材或潜在之才——读书的种子，是选拔"民之俊秀"，因而是少数精英性质的，虽然学校也负有育材的任务，但是总难于摆脱选举附庸的地位。

当然，此并非儒学的失败，而毋宁说是儒学的胜利，因为选举制度是儒家所倡导的一个更为根本的制度。古代选举及附属于它的学校制度的发展意味着儒家"学而优则仕"理念的实现，意味着一个有别于春秋及春秋之前世袭社会的新的社会结构的形成。

太学及其所依附的选举制度正是朝着打破血统和世袭制的方向发展的。早在汉代，随着察举和太学的确立，贫民子弟通过学优而做高官者就已比比皆是，如吕思勉所说："汉世向学者，颇多孤寒之士。公孙弘初牧豕海上。儿宽诣博士受业，贫无资用，常为弟子都养，及时时间行庸赁，以给衣食。匡衡世农夫，至衡好学，庸作以共资用。承宫，少孤，年八岁，为人牧豕；乡里有徐子盛者，以春秋经授诸生数百人，宫过息庐下，乐其业，因就听经，遂请留门下，为诸生拾薪。桓荣，少学长安，习欧阳尚书，事博士九江朱普；贫窭无资，常客佣以自给。公沙穆游太学，无资粮，乃变服客佣，为吴祐赁舂。庾乘，少给县庭为门士，郭林宗见而拔之，劝游学宫，遂为诸生佣。卫飒，家贫，好学问，随师无粮，常佣以自给。"[1]

至魏晋南北朝时有一曲折。《齐书·礼志》载曹思文之表曰："今之帝时欲辨其泾渭，故元康三年，始立国子学。官品第五以上，得入国学。天子去太学入国学，以行礼也。太子去太学入国学，以齿让也。太学之与国学，斯是晋世殊其士庶，异其贵贱耳。然贵贱士庶皆须教，国学太学两存之可也。"但其时太学固然衰微，国学亦不振。因在世家势力最强盛时，得官毕竟主要不是靠学。但正如前述，此期间学风犹存，察举犹存。

至唐代科举制稳固地确立之后，贵族世家势力即无可挽回地衰落了，到宋代以后至明清更是"取士不问家世"。学校也得到很大的发展。但是，显而易见，古代学校与选举的兴盛是和政治权力，功名利禄紧密联系在一起的，使人向学的一个重要手段是"劝以官禄"。这造成了学校的普遍繁荣，却也常常导致学风的变异和学生素质的降低。在古代中国，政治权力、经济财富与社会声望三种主要资源是联为一体的，而又以政治权力为首要，一旦入仕取得官职，便可望获名得利。所以，学校就常常成为世人追逐功名利禄的场所，人满为患。如朱熹批评说："所谓太学者，但为声利之场，而掌其教事者，不过取其善为科举之文而尝得隽于场屋者耳。士之有志于义理者，既无所求于所，其奔竞辐辏而来者，不过为解额

---

[1] 吕思勉：《吕思勉读史札记》，上海古籍出版社，1982年版，第678—679页。

之滥,舍选之私而已。"[1] 叶适也说:"何谓京师之学?有考察之法而以利诱天下。……何谓州县之学?无考察之法则聚食而已。"[2] 虽然这些批评主要是针对学校的流弊而言,而并非完全否定学校,但古代学校在其发展中确实有一个两难的问题:如不与"仕"及功名利禄联系起来,就不足以普遍兴学、广泛劝学,亦不能提高儒学的地位,扩大儒学的影响;而与功名利禄联系起来则又容易造成学风的下降,失去劝学的本意,腐蚀儒学的真精神。当然,此不仅儒学、太学会碰到这一矛盾,举凡一切精神的事业要走向社会都可能遇到这一困难问题:即在"外在的世俗化"的同时如何避免"内在的世俗化",在获得权力的同时如何避免被权力所腐蚀。

总之,一种强烈的"政治化"和"官本位"色彩,确实贯穿了中国的几千年历史,对中国直到今天的社会生活依然产生着深远的影响。中国的儒学传统及太学体制附着于政,这可说是它们在近代以前两千年里兴盛的一个重要原因,但也是它在近一百年里迅速衰落的一个重要原因。而儒学本身是否能更化复兴,将视其如何处理与政治、与社会的关系,如何面对现代化的挑战,是否能在适应现代社会的多元心态的同时,又保持一种对于现代性的批判反省和警醒,以及是否能在保持其一种深厚的人文关怀时,又具有一种超越自身的能力。

(此文原为1998年秋参加韩国纪念成均馆大学600周年在"东洋学国际学术会议"上的讲演,后刊于《大东文化研究》1999年6月,大东文化研究院主编)

---

[1] (宋)朱熹:《学校贡举私议》,《晦庵先生朱文公文集》卷六十九。
[2] 《学校三》,《文献通考》卷四十二。

1905：终结的一年

在我的开始里包含有我的结局。

……在我的结束中是我的开始。

——艾略特，《东科克》

1905 距今一百年了。

是年爱因斯坦连续发表了三篇将大大改变人类的宇宙时空观念的科学论文——由此奠定的相对论无疑也将影响到人们的整个世界观和人生观；萨特于此年诞生，与他大致同龄的一批知识分子，看来注定要经受一个"极端的年代"的世界风云巨变，同时也有机会作为"公共知识分子"叱咤风云。俄国发生了 1905 年革命，因其遥远和失败倒没有引起中国人的多少注意，而日俄战争及其结果对中国人的影响却是切实的刺激和震撼——它本身就是一场奇怪的、对中国人来说既包含耻辱又包含希望的、以中国为主要战场的外国人的战争，多有国人以此为"立宪，专制二政体之战也"，认为其结果证明了"君主立宪"的优越和亚洲后发国家的希望。此年由于美国要续签排斥华工的条约，还引起了全国的抵制美货的运动。这样，三个日后将对 20 世纪中国发生最重要影响的国家——俄、日、美都在本年颇引起国人的注意。

是年在中国为乙巳光绪三十一年。清王朝试图延续自身统治的"新政"改革和试图推翻它的革命看来正在紧张地赛跑。7月，袁世凯、张之洞、周馥联衔奏请于12年后实行立宪政体，上命载泽等五大臣出洋考察宪政。而同月底在日本，孙中山与黄兴等七十余人在东京集会，商组"中国同盟会"，孙中山提议以"驱除鞑虏、恢复中华、创立民国、平均地权"为政治纲领，并解释说："本会系世界最新之革命党，应立志远大，必须将种族、政治、社会三大革命，毕其功于一役。"8月20日，中国同盟会在东京正式召开了成立大会，孙中山任总理。11月26日，在东京出版了机关报《民报》，孙中山在《民报·发刊词》中首次将同盟会的十六字纲领概括为民族、民权、民生三大主义。

而当9月24日考察宪政的五大臣出发时，在北京正阳门车站遭革命党人吴樾炸弹袭击，这就像是改良与革命的一次短兵相接。这次突然发生的刺杀（吴原本是计划刺杀铁良）并没有阻止、但至少迟滞了清廷立宪的步伐。某些激进行动的意义就在于：它即便失败，也造成了一种必须再往前走的气氛，使己方前仆后继，使对方欲罢不能。是年还有《革命军》作者邹容瘐死狱中；《警世钟》作者陈天华蹈海自沉，他们都曾试图以热血或死亡来唤起同胞，开辟革命和自新的道路。

的确，一些东西在消逝，似乎永远地消逝。从伍廷芳、沈家本奏请，清廷将律例内凌迟、枭首、戮尸三项酷刑，永远废除，凡死刑最重至斩决为止，又废除缘坐、刺字。后又从两人奏请，禁止刑讯拖累、变通笞杖办法，并请查监狱羁所，以矜恤庶狱。体制化的合法暴力似在努力使自己变得文明、变得温和；而体制外的暴力则方兴未艾，并最终要摧毁这一体制。而还有一些崭新的、初看是细小的东西也正在出现。例如第一部中国电影《定军山》本年在北京的丰泰照相馆诞生，日后人们将会感到这是一个"影视媒体时代"的先声，大众的"看"将排挤掉少数文化精英"读"

的中心位置。

　　而旧和新、保守与革命又常常顽固地纠缠在一起。是年为考察清政府的武备，一位干练的大臣铁良在秘密地巡视了东南及中原各省炮台、陆军、水师、军校等军事机构之后，写了数万字的详细报告，甚至细致到一兵一卒、一枪一炮地评述了国防力量的状况，指出了各地许多的积弊和腐败，却对张之洞治下武汉新军的训练赞誉有加，[1] 而正是这支新军，日后将成为发动辛亥革命的主角。

　　在19世纪向20世纪转换的那些年里，1905年比起此前朝野动荡的1898、1900和后来王朝倾覆的1911年来，看来并不很引人注目，甚至有点平平淡淡。但在我看来，它最适合于被称之为是中国传统社会"终结的一年"，其中具有决定意义的一件大事就是科举的废除。清廷宣布废除科举，自然有许多原因长期积累和多方面动力激荡而成，但最后的决定是在本年做出，遂使本年成为标志性的一年。科举的废除影响深远，它意味着中国历史的一个根本断裂。相对于此前中国的"千年"传承，它是终结的一年，相对于此后的"百年"变革，客观上又可说是开端的一年。它构成近代中国社会变迁链条中关键的一环。总之，科举之废除实在是"亘古奇变"的20世纪所发生的一个最早的最重大事件。它的意义要超过一个王朝的覆灭。以下我将依据我以前有关世袭社会和选举社会的研究对这一事件的意义再做一概括的重述。

古代选举制度的终结

　　废除科举首先意味着一个确立于唐代、延续了1300年的基本政治制度的消失，但还不仅于此，它还意味着一个延续了两千多年的中国古代选

---

[1]《光绪朝东华录》，第五册，总第5289—5306页。

举制度的结束，而这后一点往往不被人注意。所以，我想在此特别地强调这一点，从一个长远的观点来看，1905年所废除的不仅是科举，也是整个中国古代选举制度。因为，由唐至清的科举（考选）与此前由汉至隋的察举（荐选）实际是不可分开的。它本身正是由察举发展而来，是为了克服其问题而产生和发展的。察举制度和科举制度构成了中国古代选举制度的一个整体。它的名称和丰富内容可见之于正史的"选举志"，以及典章制度著作中的"选举典"、"选举略"或"选举考"等。而科举的废除则整个地改变了选举的主旨和方向。

秦王朝统一中国，其形成的一种中央集权的官僚帝国模式，为后世选举入仕的制度化提供了一种直接的客观需要和可能。汉朝虽也是"以马上得之"，并承袭了此模式，但却在官员的来源上颇思改弦更张，到建立王朝之后六七十年，其"统治阶层的再生产"终于发生了一种意义深远的变化。文景时已有不定期的"贤良方正"的特举，而就在武帝时的一次特举中，董仲舒提出意见，反对任子、纳赀取士，主张"使诸列侯、郡守、二千石各择其吏民之贤者，岁贡各二人以给宿卫"，这样，终于在汉武帝元光元年（前134），"初令郡国举孝廉各一人"。元朔元年（前128）又有诏书规定必须举人，批准了有司所奏："不举孝，不奉诏，当以不敬论；不察廉，不胜任也，当免。"察举由此得到严格的贯彻执行，并不断完善细则、增加其他名目，确定奖惩。我们翻阅《汉书》，《后汉书》，多有"坐选举不实"而免官的记载。而博士弟子课试也渐成制度，开后世选举与学校相结合的先河。

以"自由投考"和"以程文为定"两点为基本特征的科举在唐代正式确立。宋代采取锁院、糊名、誊录这些隔绝考官与举子，只凭程文而不再见本人等种种措施，遂导致"取士不问家世"原则在宋代的完全实现。这种种人格淡化、取士之途趋一、考试内容趋一的发展，都意味着科举越来越以一种尽量客观、中立、平等的标准和工具理性来对待所有投考者和处理升黜。科举制度在明代实际上已完备定型。清人承袭了明代的科举制度，他们对这一制度的作用主要是在严格坚持和进一步细密化。

所以说，中国古代选举制度在两千来年的发展中，渐渐具有了一种虽异族入主亦不能废、虽最高君主也不能改的稳固的连续性，就像稳定的民主国家的选举一样到一定时间就必须举行，皇帝也不可能随意与人功名。今天我们也许还可以这样比较：目前中国社会最严格、最为人所重的考试是进入大学的高考，但它无论在严格和客观性、还是在地位的重要性上、更不要说持续的时间之长和涉及范围之广等方面，都还远远比不上科举的考试。但这样一个本身最客观、最具个体主义和工具理性这样一些"现代"特点的制度，在中国进入西方主导的"现代"时却不得不废除。

"选举社会"的终结

以上是从政治制度着眼，然而，我想我们还可以从社会结构的角度来观察废除科举的重要性。这就是说，我认为中国这两千多年的古代选举制度的发展，已经反复锻造出一个新的社会结构，所以，科举的结束在我看来就还意味着中国在春秋战国与20世纪两次巨变之间逐渐形成和发展出来的一种社会形态的终结。我认为，中国在这样一种历史发展中，社会已渐渐由一种春秋之前的封闭的等级制社会——我将其称之为"世袭社会"（hereditary society），转变成为一种秦汉之后的流动的等级制社会——我将其称之为"选举社会"或"选拔社会"（selection society）。

当然，这还只是一种尝试性的思想类型或观察模式，我提出它们来是要尝试对中国这一长时段的历史做一种宏观和连贯的解释。但我如此尝试自然还是相信它确有相当充分的解释力，是较接近于历史的真相或者说古人对自己的看法的（尽管他们不会用今天这样的"社会科学"的字眼）。

我不可能在这里细述我的观点的论据了。在此我只是简要地指出，建立这样的概念解释框架有必要观察古代选举在中国传统社会中所达到的地位，它是否成为"统治阶级再生产"的主要和正规的途径（"正途"），是否成为社会资源分配的主要杠杆，是否成为个人合法上升的正常渠道，它对社会其他阶层——包括占多数的民众是否也有一种笼罩性的影响，以及由选举入仕的官员在政治上的重要性，他们所达到的最后地位，他们的家世背景和社会来源，等等。在我看来，在漫长的两千多年里，中国古代选举制度所造成的一种社会垂直流动，不仅已成为持久的结构性流动，而且这种结构性流动已使社会形成一种流动性结构，即流动已进入了社会的基本结构成为其持久不变的成分。

的确，中国内部一直在发生变化，包括回旋、曲折的变化，其各个地区的发展也不平衡。但其一致性也是相当高的。很多的学者看来也都会同意：中国最具意义的社会巨变是发生在春秋战国和 20 世纪两个时期。而在这两次巨变之间的漫长的两千多年里，中国社会虽然也发生了许多变化，但大致还是保持了一种相当稳定的结构形态，尤其是在其主要的文化圈内。那么，如何描述这一两千年未大变的社会结构的基本性质和特点呢？可不可以对之做出一种概括性的解释？受马克思主义影响的学者将其称之为"封建社会"，这也是目前仍居支配地位的解释；[1] 受韦伯思想影响的学者则将其称之为"官僚帝国社会"；而我想将其称之为"选举社会"，这是一种试图在回顾中描述一个向流动的等级社会演变的基本趋势的尝试。科举的废除最终斩断了这一流动。与君主"共治天下"的士人阶

---

[1] 甚至包括一般来说对宏观理论表示冷淡或拒斥的学者，只要超出自己的考证范围而涉及对事实材料的解释，就往往还是不自觉地受其观点的支配。而一些批评马克思主义的学者也并不例外，他们反对其针对现实和未来的理论，但仍然接受其对中国过去的解释。

层自此迅速边缘化并趋消亡，说20世纪的知识分子"皮之不存，毛将焉附"确有几分道理。

传统等级社会的终结

然而，还不仅此，在我看来，1905年的废除科举还不仅意味着选举社会的终结，它同时还在某种意义上意味着一个有着更为久远得多的历史的社会形态——传统等级社会的终结。我们前面提及选举社会曾经达到了相当高的垂直流动性和政治机会平等，然而，面向几乎所有人的政治机会的平等并不意味着所有人实际政治地位和权利的平等。统治阶层的社会成分可以是不断来自平民，然而并不就由此达到一个平等社会。统治阶层社会成分的平民化与社会结构的平等化是两件不同的事情。我们且不说这种流动性强化了等级制，但它至少使这种等级制更趋稳定。而科举的废除可以说最终结束了这一延续了几千年、几可说是与有文字记载的中国政治文明史并存的传统等级社会。

也许正是这一点，使随后的20世纪的巨变的重要性超过春秋战国时期的那一次巨变，因为春秋战国只是意味着为从封闭的等级社会向流动的等级社会过渡提供条件，而废除科举则在某种意义上开启了向一个平等社会的努力过程。昔日走向上层的"功名道断"，使士人及其子弟在一种全新的意识形态激励下，开始成为动员大众的主体。过去深信"劳心者治人"的昔日进士举人很快就喊出"劳工万岁"。新学堂的大学生们下到矿井向工人们宣讲"工人为天"。我也不想在此详述这一过程，而只想简略地指出：中国在20世纪进入了一个全新的过渡时代，我们或许可以称之为一个"动员时代"。开始是知识分子及政党试图启蒙和教育民众，使之成为历史的主角。但最后还是领袖在主导，是暴力解决问题。无论如何，现在的中国社会相对转入平静和沉寂,虽然一种隐蔽的社会等级层序或还会形成,但它无论如何不可能像传统社会那样是法律明文规定和广泛为人认可的了。

而这不仅中国是如此,正如托克维尔所指出的,近代以来,我们可以观察到一个世界性的历史趋势:这就是由不平等向平等的发展。平等,或渴求平等是现代社会的基本标志。在某种意义上,我们也许可以说,近代以前各文明的几乎所有类型的传统社会都是等级社会——亦即习惯公认的或法律明文地区分出权力和义务、利益和负担的不同层级的社会,而近代以来,各文明和各民族都在走向或试图走向一个至少是法律权利上平等的社会。借用19世纪法国一位学者勒鲁(Pierre Leroux)的一句话,他说:"我们如今正处于两个世界之间,处于一个正在终止的奴隶制的不平等世界和另一个正在诞生的平等世界之间。"[1]

未终结的"唯政治"

许多过去长期存在的东西都不再存在了,如1905年以后不久,君主制度也没有了。但还有一种东西在中国一直没有终结,到今天也没有终结,我们也许可以将其称之为一种"唯政治"的现象:即政治始终居首要地位、起关键作用、政治第一、政治一直作为决定性的因素以及活跃在人们观念和社会现实生活中的"官本位"。中华文明很早就是以政治为动力和取向的。即便是在中国西周发达的封建世袭社会,也要比西方的封建贵族社会更重视官职。在中国历史中,政治总是起决定的作用。在中国几千年的传统社会中,有一种政治权力、经济财富与社会名望这三种主要价值资源紧密联为一体的情况,而政治权力又是其中最为关键、表现最突出的,所以"仕"成为主要的出路,对"仕"的强调几可以说是一种中国有

---

[1] 皮埃尔·勒鲁:《论平等》,商务印书馆1988年版,第246页。

文明史以来的数千年一贯制。用一句通俗的话来说：中国社会经过春秋战国由一种"血而优则仕"转变成一种"学而优则仕"。但无论是"血而优则仕"还是"学而优则仕"，都还是"仕"第一，"仕"是最重要、最关键的。在三种主要社会资源"权""钱""名"中，政治权力相对于经济财富和社会地位和名声来说最为重要。有了政治权力，有了官职，就几乎笃定要获得其他的社会资源。而有了其他的资源，却不一定能获得政治权力，甚至仍要受到政治权力的挤压。各种资源和价值主要来源和集中体现是政治的权力，各种人才、各种凌云之志、腾达之愿都常常只能首先或主要从政治上求出头；一切其他途径往往是政治势力的旁支。就像现代社会开始相当"突出经济"一样，在中国社会的漫长历史中，也一直有一种"突出政治"的色彩。所以，要宏观和连贯地观察中国社会历史的基本动因和走势，与其从经济观察，不如从政治观察。相比于政治，经济的因素在中国的历史中一直并不是最重要。中国传统文明的特殊性也许恰恰就在它不很看重经济。

当然，虽说中国古代的政治社会几乎把官僚制利用和发展到极致，但又给了它一种文质彬彬乃至温情脉脉的色彩。我们可以想想白居易、苏东坡那许多文人官员、诗人官员。察举制强调文学德行，而科举制更使中国的官员都从诗文进身，而古典的"放任主义"国家形态和官吏之分也常可以使他们颇能潇洒的胜任其职。虽然无论是在春秋之前的世袭等级制社会还是在春秋之后的选举等级制社会，也无论是在前两者之间过渡的战国游士时代还是激烈动荡的20世纪，虽然也有一些政治的相对"弱化"期，比如东晋时期，但中国社会根本上并没有摆脱"突出政治"和"官本位"的格局。当然，官员或统治精英的来源和标准在不同的历史时期是存在一些根本的差异的：或以血统，或以文化，或以某一方面的才能、德性，或以对某一组织乃至个人的忠诚，甚或沦为一种没有章法的权术和金钱，这些根本差异在某种程度上也就决定了官员阶层乃至政府的不同性质和面貌,影响着社会上人们对它的评价、承认和尊敬程度。

就像中国古代的选举并没有削弱等级制一样,它也没有削弱中国自有文明史以来就相当突出政治和官本位的状况。以平等为号召的"动员时代"也没有改变这一格局。它甚至在一段时间里使政治变本加厉了。今天一个强势的政治运动的时代似已过去。但政治权力、政治体制对整个社会依然占据着压倒性的支配地位,与市场结合的权力体制甚至获得了更多的物质条件和动力,而官员们自20世纪90年代以来也更加具有自身所属群体的自我意识和保护意识。

新的开端?

那么,在这样一种前提和状况下,今天我们如何对待和处理政治?是淡化还是强化政治?或者说,今天是否有必要和有可能优化我们的政治,而这样做也还需要首先通过政治权力的杠杆或至少正视政治?在此我们主要想从中国古代选举制度给我们的教训和启发、古代选举制度(贤贤)和现代选举制度(民主)的比较的角度来提出一些问题。比如说古代选举制度是否能和现代选举制度有所结合?"贤贤"是否能和"民主"有所结合?少数统治是否能和多数裁决有所结合?重数量和重质量是否能有所结合?智慧是否能够和政治有所结合?古代中国发达的政治机会平等与现代西方发达的政治参与平等两者是否能够接笋?古代选举制度中所表现出来的法治态度、理性精神和人文关怀是否也能成为我们今天创新的思想和制度资源、给我们今天的宪政和法治建设以启发?[1]

---

[1] 有的学者如潘维在思考构建"咨询型法治"中,在"中立的文官制度"等方面对科举有所借鉴,而萧瀚则提出一种科举宪政论纲。此前我还读到过张祥平及香港大学贝尔向会议提交的有关利用科举的制度资源的论文。

中国古代的选举制度的确是够长寿的，但它在历史上也是不断遇到困境的。它从一开始也就包含了毁灭的种子，像其他任何事物一样，科举注定是要终结的。然而，我们还是可以说，它的生命力也是够让我们吃惊的。它的萌芽、发展和终结经历了两千多年，这真是一个漫长的过程，现代有什么制度敢有以"千年"来计算的期望呢？我们已经进入了一个快速变化的时代。

21世纪伊始，我们也许又面临一个新的开端。中国经济上正在飞速崛起，甚至已经像是一个巨人，但在信念、精神、观念和制度上并无多少自己独特的、可以吸引世界之处。它在很大程度上割断了自己的传统，而舶来的各种主义也并没有真正成为持久和广泛的"信仰"，故此在某种意义上它也许还是一个跛足巨人。人们对一种政治体制改革似还在希望。废除酷刑已经百年，而刑讯逼供仍时有发生；废除科举已跨世纪，而教育状况仍不容乐观，官员选拔也仍然未上轨道、不成章法，跑官买官似已成痼疾。宪政的目标似还遥遥在望，平等的理想也更多的是观念上的。"三农"依然是一个严重的问题。而在贫富又趋严重分化和地区差别等现象中，是否还酝酿着未来社会激荡的风雨呢？的确，中国需要面对过去几千年从未有过的新形势和新问题，需要走出一条新路，但我们的希望也许就在于返本开新。而要循这一条路前行，也需要在百年激荡之后恢复和保持一种对于"千年中国"的真实记忆。

（原刊《二十一世纪》，2005年6月号，
为纪念科举废除100周年而作，现有修改）

不仅是科举，不仅是教育制度

2005年是清廷宣布废除科举一百周年，一些报刊发表了回顾和评论这一事件的文章，《新京报》还精心组织了纪念专辑。但细观大多数文章，还主要是就科举本身和教育制度着眼，然而，如果我们放长历史眼光和放宽社会视野，则可以看到这一事件关系重大，绝不仅是废止一种考试制度或教育制度所能范围。

首先，科举是由察举发展而来，科举是通过考试选拔官员，察举是通过推荐选拔官员，两者在历史的联系中蔚然为一整体，可统称为"古代选举制度"，其反对世袭的思想则来自春秋战国诸子百家大都趋向的一个共识，而尤以儒家提出的"学而优则仕"为具体明确。察举盛行于两汉，其后也一直未中断，而兴起于隋唐并日渐占据主导地位的科举既延其续又纠其弊。所以，晚清的废除科举并不单纯是废除科举，也是废除整个中国古代选举制度，"统治阶级的再生产"从此走向了另一个方向。

其次，科举也不是单纯的教育制度，甚至也不同于后来受了它影响的西方文官考试制度。西方文官考试只是西方官员遴选的"辅路"而非"主路"，即它主要是通过考试来选拔"事务官"——选拔那些比较专业，也不太受政党政治影响的技术性官员；而"主路"是现代选举制度，即通过党派政治和民主选举来选择"政务官"，选择各级主官，而尤其是最高政治决策者。科举不能选择君主，但各级官员，尤其是高级官员则都大都由科举之途产生。科举被视为中国古代官员产生的"主路"和"正途"。这种新型的"士大夫与君王共治天下"是传统中国的基本政治格局。所以说，科举还是一种政治制度，而且是一种主要的政治制度。

但还不仅此，由于察举和后来的科举在中国实行了两千多年，它慢慢锻造了一种新的社会结构——一种迥然不同于春秋战国以前的"世袭社会"的社会结构，或可称之为古典的"选举社会"。西周封建贵族社会基本上是一种封闭的等级制社会，而中国自两汉起则走向一种中央集权下的流动和开放的等级制社会。血统是先天的，不能改变；而学力则是后天的，可以变化。以"学"择人，则意味着所有官职不再有固定不变的藩篱。尤其是宋代以后，"取士不问家世"，"士大夫多出草野"，新进官员常常有一半以上都是来自上溯三代无人做官的家庭，于是社会上下层保持了一种相当高的乃至在某些方面超过现代西方社会的垂直流动率，一种结构性的政治流动渐渐变成一种流动性的社会结构。

当然，这一传统社会仍然是公开的等级架构和少数统治，直到20世纪发生天翻地覆的变化，一种明文规定和广泛认可的等级结构才被打破，中国才由一个等级社会走向一个以平等为号召的动员时代，而1905年的废除科举则是自我启动这一"天翻地覆的变化"的关键一环。所以，科举的结束不仅是科举制度的终结，不仅是包括了察举的整个古代选举制度的终结，也不仅是古典的选举社会的终结，甚至还是公开的等级社会的终结。

中国自19世纪中叶与西方大规模撞击之后，由于千年文明的"尾大不掉"和几次三番的应对失当，到20世纪初的确面临了一种可能是不得不废科举的形势,但是,我们对它存在的千年意义和废除后的世纪影响却不可低估。科举的地位之重若一定要用现代制度来比附,大概要在一系列包括初、中、高考的教育制度加上一整套官员遴选制度再加上现代普选制度才好平衡。如此吃重,自然是牵一发而动全身。

今天许多人对科举的看法深受 20 世纪"天翻地覆的变化"的影响,换言之,我们往往是通过"百年中国"的有色眼镜来看待此前的"千年中国",且自幼濡染、经久而不自知。这种今人对古制的看法和古人自己对它们的看法大相径庭。而古代国家和社会形态及古人的政治目标、文明诉求和价值欲望与现代人其实相当不同,我们不必做"一根筋"的思考,也不必一切以"现代化"为批评标准。如果古代制度颇能胜任古人的追求,就应当给予尊重,不宜由于今天的追求发生了变化,就弃之如敝屣,甚至不屑于了解就横加贬斥。今天,我们已不敢再相信世界上还有三分之二的人们正处在水深火热之中等着我们去解救,今天,我们也很难再相信华夏文明迄今 95% 以上的历史就都处在愚昧与黑暗之中。科举等古代制度被痛骂了近百年,现在也该让人为它们说几句中肯和公道的话了。

笔者对古代选举制度在现代条件下是否还有可能复植和回归也表示怀疑。但是,慎终追远,尊重历史和我们先人的创造,乃至从中得到一些启发和借鉴则是另一回事。就其是一种教育制度而言,我们可以在考虑如何保障制度公平和落实机会平等、如何善用民间教育资源和调动各方面的积极性方面得到启发;就其是一种政治制度而言,我们可以在如何医治跑官卖官的痼疾,如何使"贤贤"与"民主"结合方面得到启发;而就其是一种社会结构而言,我们可以在如何达到一种使人们"各得其所"的社会流动,乃至如何实现一种最大可能的开放社会方面得到启发。

科举固有积弊,而且可能还要对中国历史中的一种顽症负有责任,那就是:它并没有减弱自三代治水文明以来就存在着的一种一切以政治权力和官职为中心的倾向，而可能还加强了这一倾向。也许中国自古至今只有一种东西经历了"千年渐变"和"百年巨变"而仍无改变，那就是一种以政治为第一乃至唯政治主义的思路和现实，其突出的表现则是一种"官本位"的现象，只有它，大概是中国最古老的"国货"了，是几乎与有文字的文明共始终的"数千年一贯制"。这种状况在未来中国社会的多元发展中是否能有所改变呢？

（原刊《新京报》，2005年10月16日）

索 引

A

阿隆 28, 48

埃梅里 2

艾尔斯 320, 388

艾南英 133, 202, 267, 270-272

爱因斯坦 27, 425

B

八股 39, 131-137, 139, 140, 144, 157-159, 161, 162, 165-167, 174, 178, 181, 182, 185, 189, 190-193, 195, 199, 200, 202-204, 217, 225-227, 233, 238, 239, 242, 249, 250, 252, 253, 266, 267, 269, 271-277, 279, 281, 282, 287-289, 291-297, 299-302, 304-306, 308-313, 326, 347, 366, 371-373, 375, 3778, 382, 387-390

巴斯蒂 320

巴特勒 2

贝尔 27, 28

波格丹诺 2

布劳 26

布罗代尔 25, 28, 313

C

蔡元培 182, 218, 225, 226, 245, 247, 291, 306

察举 1, 32, 39, 79, 80, 84-87, 89, 90, 94, 95, 100, 101, 113-115, 117, 141, 144, 279, 280, 299, 327, 339, 340, 342, 349, 379, 410, 413, 414, 416, 422, 423, 428, 433, 436, 437

陈独秀 55, 140, 289, 306, 355

陈黻辰 138

陈康祺 139, 313

陈寅恪 34, 192, 328

D

戴震 297

道格拉斯·雷 57, 59-61

等级社会 12, 25, 39, 53, 63, 97, 122, 123, 125, 209, 320, 370, 430- 432, 437

等级制 17, 19, 20, 24, 31, 39, 65, 70, 110, 123, 124, 429, 431, 433, 434, 437

邓嗣禹 89, 299, 314

邓云乡 295

邓之诚 346

董仲舒 6, 8, 12, 79, 81, 141, 338, 409, 410, 413, 428

杜佑 343

E

鄂尔泰 278

F

法式善 138, 139, 297

方苞 138, 139, 167, 171, 181, 213, 281, 282, 296, 308

费孝通 120, 121, 192

封建社会 7, 13-15, 22, 24, 29, 430

冯桂芬 139, 233, 296, 362, 370

傅斯年 53

傅吾康 320

傅璇琮 22

富永健一 26, 27

G

高鹗 138, 297

公平机会的平等 57, 59

龚自珍 296, 307, 337, 361

古列维奇 10

顾亭林 6, 133, 139, 162, 199, 272, 273, 274, 297, 321, 332, 345, 346

官本位 82, 125, 424, 432-434, 439

官僚帝国社会 16, 21, 430

归有光 173

郭沫若 14, 15

国子监 169, 339, 381, 417-421

H

韩菼 139, 252

韩愈 34, 213, 323, 338

何炳棣 23, 117-120, 329, 330

何焯 139, 289, 297

何刚德 139, 354, 355, 357, 395

何良俊 331

洪亮吉 297, 331

侯方域 274, 296

胡适 196, 198, 289, 290, 291

胡思敬 256, 356

黄留珠 22, 32, 33, 86, 113

黄运藩 394

黄中坚 275

黄子澄 163, 165

黄宗羲 272, 297, 363

J

机会平等 40, 46, 57, 58-62, 67, 70, 89, 90, 93, 100, 101, 107-112, 121-123, 194, 313, 400, 431, 434, 438

纪昀 161, 296

家产官僚制 17, 18

贾志扬 334

焦循 133, 139, 181, 267, 297

杰弗逊 315

金克木 293, 294

金声 35, 175

金耀基 43

经义 88, 101, 131, 133-135, 138, 140, 141, 143-145, 147, 149, 152-155, 158-166, 176, 193, 196, 211, 216, 251, 263, 269, 273, 279, 280, 282, 294, 299, 312, 339, 341, 362, 369, 372, 378, 382, 415, 418

K

康有为 145, 298, 307, 372, 373, 374

科举 1, 17, 22, 23, 33-35, 37, 39, 86-89, 92, 94, 95, 96, 100-103, 106, 107, 111, 116-119, 121, 122, 135, 136, 139, 142-145, 153, 154, 158, 204, 248, 249, 268-270, 272-274, 277-279, 281, 282, 288, 291, 292, 294, 295, 297-302, 304, 306, 310, 314, 319-321, 323-325, 328, 332, 334, 338, 339, 343-349, 351, 352, 355-359, 365-372, 374-391, 394-399, 416-423, 427-431, 433, 435-438

科特雷 2

克莱伯 21

孔子 6, 8, 12, 34, 64, 70, 119, 153-155, 174, 185, 186, 188, 223, 261, 285, 323, 337, 369, 405-407, 412

库恩 324

L

拉斯威尔 28

李慈铭 186, 188, 296

李光地 138, 273

李鸿章 298, 371, 376

李宗仁 392

梁启超 256, 298, 306, 368, 369, 370, 372, 393

梁漱溟 110

梁素冶 178

林纾 200, 289, 302

刘春霖 356, 357

刘大鹏 357, 389

刘绘 268

刘绍棠 294

柳宗元 7, 299

龙启瑞 139, 297

陆陇其 139, 231

罗尔斯 57, 59, 60, 61

罗斯基 393

M

马端临 95, 142, 343, 411

马尔萨斯 328

迈克尔·曼 2

毛汉光 115, 116

毛泽东 15, 292, 295

孟子 5, 8, 64, 70, 224, 241, 271, 285, 315, 338, 406

摩尔 324

墨子 5, 65, 68, 69

P

潘光旦 120, 121, 192, 338

破题 158, 160-162, 166, 175, 176, 178, 179, 183-185, 189, 190, 200, 221-224, 261, 294

普兰查斯 24

Q

齐如山 36, 136, 199, 421

启功 189, 293

起点平等 57, 58

前途考虑的平等 57, 60, 71, 93

钱福 162

钱穆 78, 106, 154, 155, 291, 301, 320, 321

钱泳 139, 265

琼斯 25, 342

瞿秋白 292, 295

瞿同祖 96

R

人格平等 64-65

人之量累 327

人之质累 337

荣禄 298, 300, 385

阮葵生 139, 310

阮元 138, 251, 297, 339

S

商衍鎏 22, 136, 137, 182, 336

少数统治 125, 122, 126, 434, 437

邵雍 9, 10

社会分层 4, 27-29

社会结构 7, 18, 20, 23-30, 35, 39, 46, 74, 113, 121, 122, 129, 130, 137, 267, 320,

337, 347, 352, 388, 399, 400, 407, 429-431, 437, 438
社会流动 23-25, 92, 117, 119, 121, 438
社会形态 12, 13, 15, 21, 25, 27-29, 348, 378, 399, 429, 431, 438
身份平等 47, 52, 57
沈尧 262, 348
沈曾植 186, 187, 200, 224, 296
实质平等 57, 58, 70, 109
世袭社会 7, 29, 109, 116, 422, 427, 429, 432, 437
手段考虑的平等 57, 93
舒赫德 277-280
舒新城 378, 381
四书 89, 105, 112, 131, 135, 143, 144, 153-156, 162-164, 181, 182, 191, 197-200, 211, 213, 214, 221, 225, 233, 239, 273, 280, 282, 292, 294, 339,371, 375, 377, 378
苏轼 143, 161, 279, 339
孙国栋 117
孙中山 23, 291, 353, 426

T
太学 80, 84, 221, 345, 407-418
泰洛德 24
谭嗣同 298, 367

唐彪 140, 196, 198-200, 260
唐皋 308
唐寅 308
陶福履 158
天下观 187
托福 311, 312
托克维尔 28, 39, 40, 45-53, 57, 109, 432

W
瓦莱里 136
王安石 12, 35, 134, 142, 143, 147, 152, 154, 155, 158, 159, 302, 339, 391, 418
王充耘 140, 150, 152
王道成 22
王定保 119, 314
王筠 140, 195, 197-199
王韬 362, 370
王文韶 221, 298, 385
王阳明 287, 309
王之春 381
韦伯 16-18, 20, 28, 30, 37, 44, 107, 108, 430
韦索沃夫斯基 24
魏特夫 92, 109
魏源 239, 250, 308
翁同龢 144, 196, 210, 247, 257, 259, 298
吴敬梓 297, 339

吴士鉴 253, 254, 256, 262

吴宗国 99

X

现代性 40, 43, 44, 351, 400, 424

现代选举 2, 4, 81, 316, 434, 437

乡举里选 1, 285, 344, 346, 363

形式平等 57-61, 66, 69, 70, 97, 102, 107

熊伯龙 202, 229, 231

许景澄 184

许树安 22

许仲元 139, 260

选举社会 1, 4, 25, 29- 31, 38-40, 109, 319, 322, 328, 350, 400, 427, 429, 431, 437

薛瑄 164

荀子 5, 8, 68, 406

循环的历史观 7, 9

Y

严复 8, 289, 364-368, 373, 389

阎步克 22, 85, 86, 113-116

余秋雨 294

余英时 75, 76, 399

俞长城 138, 145, 147, 149

俞樾 139, 297

俞正燮 251, 252

袁枚 126, 138, 139, 282-285, 296, 309, 346

袁世凯 298, 380, 382, 385, 426

恽代英 292

Z

曾国藩 298, 299, 307, 376

曾异撰 133, 214, 269, 270

张晋藩 22

张履祥 359

张佩纶 222, 298

张謇 138, 257, 259, 306, 308, 323, 357

张之洞 210, 298, 299, 357, 371, 372, 375-379, 382, 383, 385, 388, 426, 427

张中行 283

张仲礼 90-92, 103, 109, 119, 120, 125, 303, 336

章学诚 139, 195, 201, 213, 285, 287, 297, 309

赵吉士 261

赵翼 77, 297, 415

郑观应 363, 364

郑樵 347

郑训承 183

终点平等 57, 108

钟毓龙 249, 355, 356

周作人 140, 166, 226, 289, 290

朱彭寿 139, 182, 210,

朱时中 238

朱熹 12, 34, 154-156, 179, 306, 344, 423

庄子 8, 55, 66

状态的平等 55-57, 66

左雄改制 83-85, 141

左宗棠 33, 253, 371